LA

Cathédrale de Strasbourg

PENDANT LA RÉVOLUTION

Études sur l'histoire politique et religieuse

de l'Alsace

(1789-1802)

PAR

RODOLPHE REUSS

PARIS
LIBRAIRIE FISCHBACHER

SOCIÉTÉ ANONYME

33, RUE DE SEINE, 33

1888

Tous droits réservés.

OUVRAGES DU MÊME AUTEUR

                                                                                                   Fr. C.

La destruction du protestantisme en Bohême. Seconde édition. Strasbourg, Treuttel et Würtz, 1868, in-8º . . . . 3 —

La sorcellerie au seizième et au dix-septième siècles, particulièrement en Alsace. Paris, Cherbuliez, 1871, in-8º 3 50

Abraham Lincoln, conférence faite au profit des victimes de la guerre en France. Strasbourg, Treuttel et Würtz, 1872, in-12. 1 —

La chronique strasbourgeoise de J. J. Meyer, l'un des continuateurs de Kœnigshoven. Strasbourg, 1873, in-8º . . . . . . 3 —

Le marquis de Pezay, un touriste parisien en Alsace au XVIIIᵉ siècle. Mulhouse, Bader, 1876, in-8º . . . . 2 —

Strassburger Chronik von 1677-1710. Memorial des Ammeisters Franciscus Reisseissen. Strassburg, Schmidt (Bull). 1877, in-8º . . 5 —

Die Beschreibung des bischöflichen Krieges anno 1592. Eine Strassburger Chronik. Strassburg, Treuttel u. Würtz, 1878, in-8º. . 4 —

Les tribulations d'un maître d'école de la Robertsau pendant la Révolution. Strasbourg, Treuttel et Würtz, 1879, in-18 . . . 1 —

Pierre Brully, ministre de l'église française de Strasbourg, 1539-1545. Strasbourg, Treuttel et Würtz, 1879, in-8º 2 50

Strassburg im dreissigjährigen Krieg. Fragment aus der Chronik des Malers J. J. Walther. Strassburg, Treuttel u. Würtz, 1879. in-4º. 2 —

Notes pour servir à l'histoire de l'Église française de Strasbourg (1545—1794). Strasbourg, Treuttel et Würtz, 1880, in-8º. . 3 —

L'Alsace pendant la Révolution française. I. Correspondance des députés de Strasbourg à l'Assemblée nationale (année 1789). Paris, Fischbacher, 1880, in-8º . . . . 8 —

Vieux noms et rues nouvelles de Strasbourg. Causeries biographiques. Strasbourg, Treuttel et Würtz, 1883, in-16 . . . . 3 50

La justice criminelle et la police des mœurs au seizième et au dix-septième siècles. Causeries strasbourgeoises. Strasbourg, Treuttel et Würtz, 1885, in-16 . . . . 2 —

David Livingstone, missionnaire, voyageur et philanthrope, 1813-1873. Paris, Fischbacher, 1885, in-8º 1 50

Charles de Butré, un physiocrate tourangeau en Alsace (1724-1805) d'après ses papiers inédits. Paris, Fischbacher, 1887, in-8º. . 5 —

Louis XIV et l'Église protestante de Strasbourg au moment de la révocation de l'Édit de Nantes. Paris, Fischbacher, 1887, in-12. 3 —

Strasbourg, typ. G. Fischbach. — 2685.

LA

CATHÉDRALE DE STRASBOURG

PENDANT LA RÉVOLUTION

OUVRAGES DU MÊME AUTEUR

                                                                                                     Fr. C.

La destruction du protestantisme en Bohême. Seconde édition. Strasbourg, Treuttel et Würtz, 1868, in-8º . . . . 3 —

La sorcellerie au seizième et au dix-septième siècles, particulièrement en Alsace. Paris, Cherbuliez, 1871, in-8º. 3 50

Abraham Lincoln, conférence faite au profit des victimes de la guerre en France. Strasbourg, Treuttel et Würtz, 1872, in-12. 1 —

La chronique strasbourgeoise de J. J. Meyer, l'un des continuateurs de Kœnigshoven. Strasbourg, 1873, in-8º. . . . . . 3 —

Le marquis de Pezay, un touriste parisien en Alsace au XVIIIe siècle. Mulhouse, Bader, 1876, in-8º. . . . . 2 —

Strassburger Chronik von 1677-1710. Memorial des Ammeisters Franciscus Reisseissen. Strassburg, Schmidt (Bull). 1877, in-8º . . 5 —

Die Beschreibung des bischœflichen Krieges anno 1592. Eine Strassburger Chronik. Strassburg, Treuttel u. Würtz, 1878, in-8º. . 4 —

Les tribulations d'un maître d'école de la Robertsau pendant la Révolution. Strasbourg, Treuttel et Würtz, 1879, in-18 . . . 1 —

Pierre Brully, ministre de l'église française de Strasbourg, 1539-1545. Strasbourg, Treuttel et Würtz, 1879, in-8º 3 50

Strassburg im dreissigjührigen Krieg. Fragment aus der Chronik des Malers J. J. Walther. Strassburg, Treuttel u. Würtz, 1879, in-4º. 2 —

Notes pour servir à l'histoire de l'Église française de Strasbourg (1545—1794). Strasbourg, Treuttel et Würtz, 1880, in-8º. . . 3 —

L'Alsace pendant la Révolution française. I. Correspondance des députés de Strasbourg à l'Assemblée nationale (année 1789). Paris, Fischbacher, 1880, in-8º. . . . . 8 —

Vieux noms et rues nouvelles de Strasbourg. Causeries biographiques. Strasbourg, Treuttel et Würtz, 1883, in-16 . . . . 3 50

La justice criminelle et la police des mœurs au seizième et au dix-septième siècles. Causeries strasbourgeoises. Strasbourg, Treuttel et Würtz, 1885, in-16. . . . . 2 —

David Livingstone, missionnaire, voyageur et philanthrope, 1813-1873. Paris, Fischbacher, 1885, in-8º 1 50

Charles de Butré, un physiocrate tourangeau en Alsace (1724-1805) d'après ses papiers inédits. Paris, Fischbacher, 1887, in-8º. . 5 —

Louis XIV et l'Église protestante de Strasbourg au moment de la révocation de l'Édit de Nantes. Paris, Fischbacher, 1887, in-12. 3 —

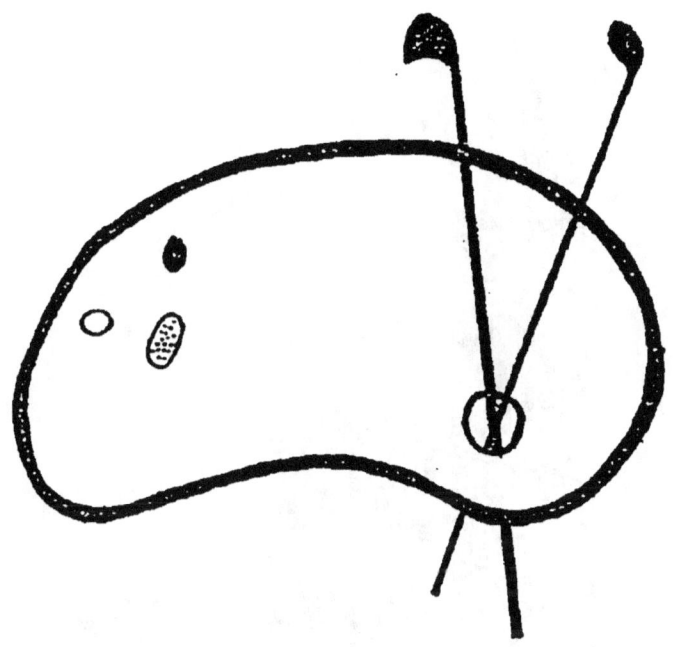

ORIGINAL EN COULEUR
NF Z 43-120-8

LA

Cathédrale de Strasbourg

PENDANT LA RÉVOLUTION

Études sur l'histoire politique et religieuse

de l'Alsace

(1789-1802)

PAR

RODOLPHE REUSS

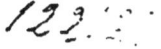

PARIS

LIBRAIRIE FISCHBACHER

SOCIÉTÉ ANONYME

33, RUE DE SEINE, 33

1888

Tous droits réservés.

PRÉFACE.

La plupart de nos lecteurs connaissent, au moins dans ses traits généraux, l'histoire des édifices religieux de Strasbourg pendant la crise révolutionnaire. Changés en magasins de fourrages, en ateliers militaires, voire même en étables, après la suppression du culte, ils furent tous plus ou moins maltraités par l'administration terroriste et ses adhérents, de 1793 à 1794. Ornements extérieurs, vitraux, pierres tombales, inscriptions funéraires, mobilier d'église, furent enlevés ou détruits, là où ne se trouva point quelque citoyen habile et courageux, pour empêcher, du moins partiellement, ces actes de violence et de profanation. La cathédrale devait être tout naturellement exposée, plus que toute autre église, à des attentats de ce genre. Le sort de cet édifice pendant la durée de la Révolution n'est pas inconnu, sans doute, le récit des scènes tour-à-tour émouvantes et tumultueuses, dont il fut alors le théâtre, a été sommairement retracé dans la plupart des descriptions archéologiques consacrées à ce monument de l'art, depuis un demi-siècle et plus. Mais notre cathédrale est si chère à tout enfant de Strasbourg, quelles que soient du reste ses opinions politiques et religieuses, elle tient une si grande place dans ses impressions artistiques et ses souvenirs d'enfance, qu'on ne verra pas sans quelque intérêt, je l'espère, un tableau plus étendu des événements qui se rapportent, de près ou de loin, à son histoire d'alors.

Ce sera retracer d'ailleurs en même temps quelques-unes des pages les plus instructives et les plus curieuses de l'histoire générale de Strasbourg, pendant cette période si troublée de son existence. On connaît la lutte acharnée qui suivit partout la promulgation de la malencontreuse Constitution civile du clergé. En Alsace, comme dans les autres provinces du royaume, l'antagonisme entre les prêtres réfractaires et les prêtres assermentés vint compliquer la situation politique, déjà si tendue, et contribua, plus que tout le reste, à faire dévier la Révolution. Cette lutte, encore aujourd'hui peu connue dans ses détails, se rattache d'une façon trop intime à l'histoire matérielle et morale de la cathédrale, pour que nous puissions nous dispenser de la raconter ici. Elle forme le prologue douloureux du drame terroriste de 1793, et nous arriverons par elle aux saturnales qui suivirent l'écrasement et la disparition, au moins momentanée, des deux partis prétendant également représenter l'Église catholique. Quand une fois le préposé constitutionnel du diocèse du Bas-Rhin eut dû suivre dans la retraite le fastueux prince-évêque mis au ban de la Nation, la cathédrale s'appela bientôt le Temple de la Raison, sans que, pour cela, l'auguste déesse y vint élire domicile. Quelques jours avant la chute de Robespierre, un nouveau baptême en fit le sanctuaire de l'Être Suprême et ce n'est que six ans plus tard, dans la dernière année du XVIIIe siècle, que la basilique du moyen âge redevint une église chrétienne.

Les deux dates de 1789 à 1802 nous fourniront donc les limites extrêmes du cadre de ces nouvelles causeries strasbourgeoises, pour lesquelles j'ose réclamer un peu de la bienveillance que le public a bien voulu montrer à ses devancières. Fidèle au système suivi jusqu'ici, nous nous efforcerons, cette fois encore, de ne pas charger ces pages d'une érudition fatigante, sans nous écarter en rien de la plus scrupuleuse exactitude dans les détails de notre récit. Il sera basé tout entier sur les sources authentiques qui existent en si grand nombre pour l'histoire de cette époque. Nous avons utilisé les procès-verbaux manuscrits des Conseils de la Commune, ceux de la *Société des Amis de la Révolution*, que la Bibliothèque municipale possède en partie, les milliers de brochures et de feuilles volantes,

qui inondèrent notre ville de 1789 à
1795, et parlèrent à notre population,
si paisible en général, le langage de
toutes les passions, au nom de tous les
partis. Nous tenons à signaler en particulier les renseignements puisés dans
les papiers de feu M. Louis Schnéegans, le savant conservateur des archives municipales, mort il y a bientôt trente ans. M. L. Schnéegans avait
voué un vrai culte à notre cathédrale,
et son ambition suprême était de lui
consacrer une œuvre définitive, basée
sur tous les documents originaux encore accessibles et qui nous aurait fait
assister au développement graduel de
cette création magistrale à travers les
âges. Pendant vingt ans il fouilla sans
relâche les dépôts publics et les collections particulières, entassant avec une
activité fiévreuse des matériaux toujours plus nombreux. Puis la mort vint
et l'enleva avant même qu'il eût pu
commencer l'ouvrage qui lui tenait à
cœur. Ses papiers, légués à la Bibliothèque de la Ville par sa veuve, témoignent seuls aujourd'hui de ce long et

fatigant labeur. C'est en les mettant en ordre naguère, en y retrouvant les extraits des pièces officielles de l'époque de la Terreur, que l'idée nous est venue de traiter cette matière tout en élargissant notre cadre, et c'est un devoir pour nous de payer ici notre tribut de reconnaissance à la mémoire du défunt.

Un mot encore, avant de terminer cette courte préface. Nous ne saurions nous flatter de contenter tout le monde, en entrant dans le vif de notre sujet et en traitant avec certains détails des questions aussi délicates que celles que nous rencontrerons sur notre chemin. La Révolution est trop près de nous, ou plutôt, tous, tant que nous sommes, que nous le voulions ou non, nous sommes encore trop plongés dans le grand courant historique, né de 1789, pour que les idées et les impressions si contradictoires d'alors ne soient pas toujours vivantes parmi nous. Toutes les émotions, douces ou violentes, par lesquelles ont passé nos grands-pères, tous les sentiments d'enthousiasme, de haine ou d'effroi qu'ils ont ressentis au spectacle des scènes que nous allons voir ensemble, vibrent encore dans nos âmes, et les malheurs communs eux-mêmes n'ont pu faire disparaître encore chez tous cet antagonisme bientôt séculaire. Je dois donc forcément me résigner à choquer une partie de mes lecteurs, soit en jugeant autrement certains hommes et leurs actions, soit en n'appréciant pas comme eux certains événements historiques. Peut-être même aurai-je le malheur de mécontenter à la fois les partisans de l'ancien régime et ceux des idées nouvelles, les adhérents de l'unité catholique et ceux de la libre pensée, en m'efforçant de rester équitable pour les uns et pour les autres. Je tâcherai du moins de ne froisser, de parti pris, aucune conviction sincère, et de ne jamais oublier qu'il y a sans doute parmi mes lecteurs plus d'un descendant des personnages qui figureront dans mon récit. Mais je revendique en même temps pour moi le droit le plus évident de l'historien, celui de signaler avec franchise les erreurs et les fautes du passé, d'autant que c'est le seul moyen parfois d'en empêcher le retour. On voudra donc bien m'accorder à l'occasion le bénéfice de cette parole bien connue d'un orateur célèbre : „L'histoire doit des égards aux vivants ; elle ne doit aux morts que la vérité !"

NOTES

POUR SERVIR A L'HISTOIRE

DE LA

Cathédrale de Strasbourg

pendant la Révolution.

I.

Au moment où s'ouvrait l'année 1789, la Cathédrale de Strasbourg, autour de laquelle allaient s'engager tant de compétitions, puis des luttes si violentes, semblait devoir jouir en toute tranquillité des hommages que les touristes de l'Europe entière venaient payer à ses splendeurs. Jamais ses visiteurs n'avaient été plus nombreux, ainsi que l'attestent encore tant de noms, obscurs ou connus, gravés avec plus ou moins d'art sur les pierres mêmes du vieil édifice. Il avait été débarrassé depuis peu des misérables échoppes et boutiques, groupées autour de sa base et que nous représentent les gravures du dix-huitième siècle. L'architecte de la Cathédrale, Jean-Georges Gœtz, les avait remplacées par ces arcades néo-gothiques, d'un goût remarquablement pur pour l'époque, qui lui forment encore aujourd'hui comme une ceinture. On l'avait enlaidie, par contre, il faut bien l'avouer, en dressant sur la plateforme cette lourde et massive demeure des gardiens, que cent ans d'existence n'ont pas rendue plus attrayante à nos yeux. Fière de ses richesses artistiques, elle l'était plus encore de ses richesses matérielles et du nombreux et brillant état-major ecclésiastique groupé dans son chœur et tout autour de ses autels.

Dans cette France de l'ancien régime, où foisonnaient les grands noms nobiliaires, il n'y avait point de chapitre qui pût rivaliser, même de loin, avec celui de l'Eglise Cathédrale de Strasbourg. Son chef était à la fois prince de la très sainte Eglise romaine et prince du Saint-Empire romain-germanique. Il avait été grand-aumônier de France, ambassadeur à Vienne, et, malgré les révélations fâcheuses du procès du Collier, le dernier des Rohan qui ait porté la mître strasbourgeoise, continuait à tenir le premier rang dans la province. Autour de lui venaient se ranger vingt-quatre prélats, chanoines capitulaires ou domiciliaires, presque tous princes, soit en France, soit en Allemagne, ou du moins comtes du Saint-Empire. Trois Rohan, quatre Hohenlohe, un Croy, un La Trémoille s'y rencontraient avec deux Truchsess, six Kœnigsegg et quatre princes ou comtes de Salm. Les autres stalles capitulaires étaient vacantes en 1789 et ne devaient plus être occupées.

Au-dessous de ces grands seigneurs, richement dotés et splendidement logés pour la plupart, se trouvaient les vingt prébendiers bénéficiaires du Grand-Chœur, le personnel de la maîtrise, le clergé séculier, attaché à la paroisse de Saint-Laurent et toute une série de fonctionnaires ecclésiastiques accessoires. Privilégiés de l'ordre des choses existant, ils devaient perdre forcément à tout changement politique ou social. Aussi ne pouvaient-ils être qu'hostiles aux idées nouvelles qui allaient enfin bouleverser l'Etat, après avoir, depuis longtemps déjà, travaillé les esprits. Dès l'aurore de la Révolution, c'est à l'ombre de la Cathédrale que viennent se grouper les éléments de résistance et ce que nous appellerions aujourd'hui le parti réactionnaire.

Une ordonnance royale avait convoqué, le 7 février 1789, les différents ordres en Alsace afin de nommer leurs députés respectifs aux Etats-Généraux de Versailles. Le 10 mars suivant, le Magistrat de Strasbourg prenait un arrêté qui fixait la nomination des électeurs primaires de la ville au 18 de ce mois et prescrivait en même temps de donner lecture de ce long document au prône du dimanche, 15 mars, afin que nul des citoyens ou habitants de la cité ne pût en ignorer. C'est donc à cette date du 15 mars 1789 que commence, à vrai dire, l'histoire de la Cathédrale pendant la période révolutionnaire, et que sous ses voûtes retentirent pour la première fois des déclarations d'ordre politique, bien différentes de celles qui venaient les frapper d'ordinaire. Le 18 mars suivant, les vieilles cloches, qui jadis appelaient, au début de chaque année, la bourgeoisie de la petite République au *Schwœrtag* traditionnel, convoquèrent pour la première fois les citoyens au scrutin général de la nation française.

Avant même que les *représentants* de la bourgeoisie de Strasbourg, élus en ce jour, eussent nommé, dans un second scrutin, les deux députés de la ville, à la date du 8 avril, le prince-évêque avait vu sortir, lui aussi, son nom de l'urne électorale. Dans l'assemblée du clergé des districts réunis de Wissembourg et de Haguenau, le cardinal de Rohan avait été choisi comme l'un des députés de cet ordre. Sans doute il ne se souciait point alors de reparaître à la cour, ou plutôt il craignait que Louis XVI ne voulût point reprendre l'ordre d'exil qu'il lui avait intimé quelques années auparavant. Il refusa donc de quitter son fastueux palais de Saverne, et c'est son grand-vicaire, l'abbé d'Eymar, qui fut nommé à sa place et joua plus tard, comme nous le verrons, un rôle assez actif parmi les *droitiers* de la Constituante.

Nous n'avons rien trouvé dans nos sources qui nous permette de rattacher, de près ou de loin, l'histoire spéciale de la Cathédrale à celle des événements qui se déroulèrent d'une façon si vertigineuse, dans les mois qui suivirent, sous les yeux de l'Europe étonnée, soit à Paris, soit à Versailles, et dont le contre-coup se fit rapidement sentir à Strasbourg. L'illumination spontanée d'une partie de la ville, dans la soirée du 18 juillet, quand arriva la nouvelle de la prise de la Bastille, ne s'étendit pas, naturellement, aux édifices publics, et bien qu'elle „dût être générale ès jours suivants", comme le dit Rochambeau dans ses Mémoires, rien ne prouve qu'on ait trouvé le temps de garnir la tour de ses lumignons traditionnels avant le soulèvement de la populace et le sac de l'Hôtel-de-Ville (19-21 juillet 1789), qui portèrent un instant le désordre des esprits à leur comble. L'émeute militaire de la garnison de Strasbourg, qui vint se greffer d'une manière inattendue sur ces premiers troubles, dès le début du mois suivant, la nouvelle des décisions de l'Assemblée Nationale prises dans la nuit fameuse du 4 août, poussèrent, on le sait, l'ancien Magistrat à se démettre de ses fonctions et à remettre le pouvoir aux *représentants* élus de la bourgeoisie. Ceux-ci, désireux de réformes, mais voulant ménager les transitions, formèrent un Magistrat intérimaire, composé de citoyens ayant la confiance générale, et qui devait rester en fonctions jusqu'au règlement définitif de la constitution municipale.

Jusqu'à ce moment la concorde avait été à peu près générale dans les rangs de la population strasbourgeoise. Si la misère trop réelle des classes pauvres, si les excitations de certains agents secrets, encore mal connus aujourd'hui, avaient amené des désordres regrettables, la grande masse de la bourgeoisie urbaine, ralliée autour de ses représentants librement choisis au mois de mars, s'était prononcée, d'une part, pour l'abolition du gouvernement de l'oligarchie patricienne, mais n'entendait pas renoncer non plus à certains de ses privilèges, à une situation particulière au sein de la nation française. Par suite de l'abolition de tous les droits féodaux, cette situation devait forcément se modifier. L'extension de plus en plus grande donnée par la majorité de l'Assemblée Nationale aux décrets du 4 août tendait à priver la ville de Strasbourg de tous les droits et revenus régaliens de son petit territoire et à bouleverser de fond en comble non seulement l'administration de nos finances, mais encore son organisation judiciaire, ecclésiastique et politique tout entière. Il ne pouvait convenir aux chefs nouveaux de la cité, désignés par la confiance publique, de délaisser, sans effort pour le sauver, le dépôt des franchises séculaires héritées de leurs pères. La correspondance du Magistrat avec MM. Schwendt et de Türckheim, nos députés à Versailles, nous montre en effet qu'ils ne faillirent point à cette tâche. Le 1er octobre 1789 ils votèrent même une *Déclaration de la ville de Strasbourg* à la Constituante, qu'on peut regarder comme les dernières paroles de la „ci-devant République souveraine". Le Magistrat y déclarait „renoncer avec empressement à tous ceux de ses droits dont il croit le sacrifice utile à l'Etat", mais faire ses réserves les plus claires et les plus précises au sujet des autres, et il demandait en concluant que la „prospérité d'une des parties du territoire national ne fût pas sacrifiée à l'apparence d'une amélioration et à un système d'uniformité".

Ces doléances, qui donnèrent lieu, selon Schwendt, à „un peu de murmure" quand on les résuma, selon l'usage parlementaire d'alors, devant la Constituante, étaient assurément, à ce moment précis de notre histoire locale, l'expression sincère de l'opinion professée par l'immense majorité des *bourgeois* de la ville. Mais elles ne répondaient nullement, par contre, aux sentiments du grand nombre des *habitants* non admis au droit de bourgeoisie, qui formaient alors une partie notable de la société strasbourgeoise. Cet élément, plus spécialement français de la population, composé de fonctionnaires royaux, d'officiers, de professeurs, d'artistes, de commerçants, n'avait rien à perdre et tout à gagner à la chute définitive de l'ancien régime local. Ce n'était donc pas une réforme, mais une révolution complète qu'il appelait de ses vœux. Comme ce groupe comptait bon nombre d'esprits distingués, des parleurs diserts, des hommes actifs et remuants, comme il répondait d'ailleurs aux tendances du jour, il sut s'emparer peu à peu d'une partie de l'opinion publique, grâce à la presse, grâce à la *Société des Amis de la Révolution*, qu'il fonda d'abord à lui seul. Puis, gagnant des adhérents chaque jour plus nombreux dans les couches populaires de langue allemande, également tenues à l'écart et sans influence, il forma comme une *gauche* militante à côté, puis en face de la masse plus calme de la haute et moyenne bourgeoisie, libérale et conservatrice à la fois.

Presque au même moment s'opérait une scission analogue en sens opposé. Parmi les grands propriétaires terriens, les princes étrangers possessionnés en

Alsace, qui venaient protester l'un après l'autre contre une interprétation trop large des décrets du 4 août, il y avait un groupe tout particulièrement menacé, le clergé, dont les biens avaient en Alsace une étendue si considérable. Pour les seigneurs ecclésiastiques la négation de leurs droits seigneuriaux n'était pas seulement une perte grave, mais la ruine à peu près complète. Quand on regarde sur une carte d'Alsace de ce temps l'étendue des territoires du prince-évêque de Strasbourg et du prince-évêque de Spire, du Grand-Chapitre, des abbayes de Marmoutier et de Neubourg, des chapitres de Murbach et de Neuwiller, sans compter des seigneuries de moindre importance, on comprend l'anxiété profonde qui travaillait le haut clergé de la province. Il était évident, alors déjà, que la Constituante finirait par prendre une décision radicale pour parer à la banqueroute, et que les biens du clergé seraient employés à combler le gouffre béant, sauf à dédommager, le plus modestement possible, les usufruitiers de ces immenses richesses. Cette perspective, si tourmentante pour tout le clergé français, devait particulièrement émouvoir le monde ecclésiastique d'Alsace.

A Strasbourg, où la présence d'une nombreuse population protestante avait tenu de tout temps en éveil le sentiment catholique, où d'incessantes immigrations, habilement favorisées, et des conversions nombreuses avaient réussi à faire prédominer le culte romain, banni jusqu'en 1681, sur l'ancienne bourgeoisie luthérienne, ces sentiments de crainte et de mécontentement, faciles à comprendre, étaient partagés par un grand nombre d'habitants. On n'a qu'à parcourir l'un des petits *Almanachs d'Alsace* d'avant 1789, pour se rendre compte du grand nombre de fonctionnaires judiciaires, financiers et ecclésiastiques, attachés et vivant du clergé, qui se trouvaient alors à Strasbourg. Ils avaient jusqu'ici laissé passer sans se révolter le mouvement politique qui entraînait les esprits; quelques-uns même s'y étaient associés avec un enthousiasme un peu naïf, mais assurément sincère. Mais quand ils virent se dessiner à l'horizon ce qu'ils regardaient comme une spoliation de l'Eglise, l'indifférence des uns, la sympathie des autres s'évanouirent. Des sentiments hostiles commencèrent à se glisser dans les cœurs et à y faire lever les premiers germes d'une dissidence que nous verrons s'affirmer plus tard. Et c'est ainsi que, dès la fin de 1789, nous voyons se dessiner, vaguement encore, mais déjà perceptibles pour l'observateur attentif, trois groupes distincts dans la population de Strasbourg. Jouant pour le moment le rôle le plus en évidence, nous trouvons d'abord le gros de la bourgeoisie protestante et catholique, sincèrement libérale, aux aspirations humanitaires et réformatrices, mais non encore entièrement décidée à s'absorber entièrement, à se perdre joyeusement dans l'unité constitutionnelle de la France de demain. A côté de lui, plus à gauche, le groupe de plus en plus nombreux des Français de l'intérieur, des enthousiastes, des impatients, des politiques ambitieux au flair subtil, attirant à lui les couches populaires, comprimées jusqu'ici par le régime oligarchique, et visant avant tout à ce but désiré. Vers la droite enfin, un troisième groupe, presque exclusivement catholique, se méfiant dès lors de toute proposition novatrice et chez lequel les atteintes portées à la propriété ecclésiastique allumaient déjà bien des colères, que les questions religieuses proprement dites allaient singulièrement aviver l'année suivante.

II.

Il a pu sembler à quelques-uns de nos lecteurs que cet exposé général de la situation des esprits à Strasbourg, nous entraînait bien loin de la Cathédrale et de notre sujet plus restreint. Mais ils comprendront bientôt, j'espère, que cet aperçu, résumé dans les limites du possible, était nécessaire pour les orienter sur ce qui va suivre. Si l'on ne parvenait à se rendre nettement compte des dispositions morales de la population strasbourgeoise, dès le début de la crise, tout le cours subséquent de la Révolution dans nos murs risquerait fort de rester une énigme ou de donner naissance à d'étranges malentendus.

Le prince Louis de Rohan, l'un des plus menacés, il est vrai, puisqu'il avait sept cent mille livres de rente à perdre, fut aussi l'un des premiers à se rendre compte de la gravité du danger. On se rappelle qu'il avait refusé d'abord de siéger à la Constituante. Quand il vit que l'Assemblée Nationale entamait sérieusement la discussion sur les moyens de combler le déficit, il profita de la mort de l'abbé Louis, l'un des députés du clergé alsacien, pour se faire envoyer à sa place à Versailles. Il y parut dans la séance du 12 septembre, s'excusant sur sa mauvaise santé d'avoir tant tardé à paraître à son poste et faisant l'éloge du patriotisme de ses collègues ; il prêta même avec une bonne grâce parfaite le serment civique, exigé des députés. Mais il ne lui servit à rien d'avoir „énoncé son hommage et son respect", comme Schwendt l'écrivait le lendemain au Magistrat de Strasbourg, et ce n'est pas de pareilles démonstrations qui pouvaient détourner la majorité de l'Assemblée du vote final du 2 novembre, qui mettait les biens du clergé à la disposition de la Nation. A partir de ce moment le cardinal se retourne franchement vers la droite et devient bientôt l'un des plus fougueux, comme l'un des plus directement intéressés parmi les protestataires, qui font entendre à Versailles leurs doléances contre cette mesure radicale. Pour un temps les récriminations bruyantes du prince-évêque s'y mêlèrent aux plaintes plus discrètes de la ville de Strasbourg. Car, en novembre encore, nous voyons M. Schwendt, l'un de nos députés, se débattre contre les décisions du Comité féodal de l'Assemblée et tâcher de persuader à ses collègues qu'il fallait laisser au moins certains de leurs droits exceptionnels à ses commettants. Il s'appuyait, nous dit-il, dans cette discussion, bientôt oiseuse, „sur les motifs énoncés également par M. le cardinal de Rohan, fortifiés encore par notre capitulation particulière."

Mais il était trop tard pour qu'on pût s'arrêter à des considérations de ce genre. Surtout après les tristes journées du 5 et 6 octobre, après la translation forcée de la famille royale dans la capitale, où les députés de la nation s'installèrent à sa suite, il n'y avait rien à espérer désormais pour le maintien des droits historiques qui choquaient l'esprit géométrique de la Constituante. On y était résolu à „ne pas se relâcher sur la rigueur des principes", comme l'écrivait M. Schwendt, et son collègue, M. de Türckheim, l'avait si bien compris, qu'il donna sa démission, sous prétexte de maladie, mais en réalité pour ne pas assister, le cœur brisé, à la chute définitive du vieux régime strasbourgeois qui l'avait vu naître et dont il fut l'un des derniers et plus honorables représentants. Il avait raison ;

au point où en était la Révolution française, c'était une illusion de croire que quelques articles du traité de Munster ou de la capitulation de 1681 empêcheraient les conséquences logiques des postulats de la raison pure, auxquels l'Assemblée constituante dut ses plus beaux élans civiques, mais aussi ses fautes politiques les plus déplorables.

Bientôt cependant la différence d'attitude s'accentua; les autorités municipales, contenues, dirigées, calmées par l'habile commissaire du roi, Frédéric de Dietrich, que ses goûts, son ambition légitime, ses talents naturels poussaient du côté des novateurs, se résignèrent peu à peu au cataclysme inévitable. Le clergé, au contraire, auquel manquait une influence modératrice pareille, éleva de plus en plus la voix, ce qui n'était pas le moyen de se faire écouter de bonne grâce. Qu'on lise plutôt ce que disait le Grand-Chapitre de la Cathédrale dans un mémoire, imprimé chez Levrault, avant la translation même de la Constituante à Paris. Après avoir rappelé aux législateurs de Versailles que „le respect des propriétés était une des premières lois que l'auguste assemblée a prononcé", et que „privé de ses dîmes, de ses droits seigneuriaux, le Grand-Chapitre serait anéanti", le document déclarait que cette ruine „se ferait amèrement sentir au grand nombre de familles qui doivent leur existence ou leur bien-être à la magnificence des seigneurs qui le composent." Il ajoutait encore qu'il „serait impossible que le culte divin se fît dorénavant avec la magnificence imposante que les étrangers ont toujours admirée." Si de pareils arguments n'étaient pas de nature à faire grande impression sur les jansénistes et les voltairiens de la majorité de l'Assemblée nationale, elle devait ressentir d'autant plus vivement la menace qui se cachait sous les formes polies du mémoire. „Le Prince-Evêque, y lisait-on, et le Grand-Chapitre de la ville de Strasbourg se sont soumis volontairement au roi; ils l'ont reconnu pour souverain seigneur et protecteur, *à condition que la France les maintiendra dans leurs droits, leurs privilèges, leurs propriétés. Sa Majesté le leur a promis. Les puissances étrangères ont garanti l'inviolabilité de ce pacte...*" Ce n'était qu'une figure de rhétorique sans conséquence, que l'affirmation dans une phrase finale, de la confiance du Grand-Chapitre en la „sagesse et la sainte équité" de l'Assemblée, qu'elle se hâterait de prouver par ses actes „*aux puissances garantes et à la France elle-même*" (1).

Plus tard, alors qu'on eut quelque peu perdu l'espoir d'intimider l'Assemblée Nationale, on essaya de la gagner. Le 30 novembre, un grand nombre de dignitaires du clergé diocésain se réunissaient à Strasbourg pour signer, d'accord avec son chef, une déclaration portant abandon au trésor royal de la moitié des revenus d'une année entière au nom de l'Eglise d'Alsace, à condition que la Constituante confirmerait ses droits et privilèges. Cette démarche, appuyée par des centaines de signatures, eut naturellement aussi peu de succès que la première (2).

On pense bien que des délibérations de ce genre et des documents pareils provoquaient une émotion passablement vive dans la population strasbourgeoise. Si c'était là le langage des pièces officielles, sur quel ton ne devait-on pas parler dans les *poêles* des tribus, dans

---

(1) *Pour le Grand-Chapitre de la Cathédrale de Strasbourg.* Strasb., Levrault, 1789, 4 pages in-4º.

(2) *Réclamations et protestations du Clergé du diocèse de Strasbourg et de celui de toute la Basse-Alsace.* S. l. 1790, in-18.

les cafés et les tavernes? A coup sûr, l'attitude du clergé, comme celle plus calme du Magistrat, y suscitaient des attaques fort vives et des applaudissements non moins énergiques. La liberté de presse, quoique existant de fait, était alors encore une conquête trop récente pour que nous puissions suivre, à ce moment déjà, par les journaux locaux et les feuilles volantes, les fluctuations de l'opinion publique. Ce n'est que quelques mois plus tard que commence la véritable bataille et l'éclosion de ces innombrables pièces de tout genre qui font le bonheur et plus souvent encore le désespoir du collectionneur et de l'historien. Nous pouvons deviner cependant que le clergé strasbourgeois ne négligea rien pour se concilier l'opinion publique. C'est ainsi qu'au moment où s'accentuait le débat sur les biens ecclésiastiques, nous voyons paraître dans les journaux un *Avis aux pères de famille*, émanant de la maîtrise des enfants de chœur de la Cathédrale. Il annonçait l'ouverture prochaine, rue Brûlée, d'une „Académie en faveur des enfants de la ville, où l'on enseignera les langues allemande, française et latine, la géographie, l'histoire, la musique, le dessin et la danse", et où l'on „s'attachera tout particulièrement à la formation du caractère, des mœurs et de la religion des enfants" (1). L'ouverture d'un établissement de ce genre, à cet instant précis, ne devait-elle pas réfuter l'accusation courante que les richesses de la Cathédrale ne concouraient à aucune œuvre méritoire, et bien constater devant tous „le désir de se rendre utile aux citoyens de Strasbourg"?

De pareilles démarches ne pouvaient manquer d'atteindre, au moins partiellement, le but proposé, c'est-à-dire de provoquer un courant sympathique aux intérêts de l'Eglise dans la population de la ville. Ce qui devait également faciliter la tâche des chefs du parti, c'était le mécontentement, fort explicable, de la population catholique, en présence des décrets, annoncés déjà, de l'Assemblée Nationale (et qui devaient en effet intervenir plus tard), qui exceptaient les biens ecclésiastiques protestants d'Alsace de la vente des biens nationaux, comme ayant été sécularisés dès le temps de la Réforme. Aussi, quand on dut procéder, en février 1790, aux pre-

---

(1) *Affiches de Strasbourg*, 5 septembre 1789.

mières élections municipales, d'après les lois édictées par l'Assemblée Nationale, on put constater déjà les fruits de cet antagonisme à la fois politique et religieux. Le parti libéral modéré présentait comme maire au suffrage des électeurs le commissaire du roi, Frédéric de Dietrich, qui, depuis le mois de juillet 1789, se montrait infatigable à maintenir l'ordre public, habile à ménager les transitions nécessaires et se prononçait pour la fusion complète des dissidences locales dans un même sentiment de dévouement à la grande patrie. Cette candidature fut vivement combattue par le parti catholique; l'un de ses chefs, le baron de Schauenbourg, essaya même de faire déclarer Dietrich inéligible, comme n'ayant point résidé assez longtemps à Strasbourg. D'autres membres influents du parti, l'abbé Rumpler, le fantastique auteur de la *Tonnéide* et de l'*Histoire véritable de la mort d'un chanoine qui vit encore;* Ditterich, professeur de droit canon à l'Université catholique; le médecin Lachausse, s'étaient employés, paraît-il, à la même besogne. A la candidature de Dietrich ils opposaient celle de l'ex-ammeister Poirot, très habilement choisie. Il pouvait symboliser en effet l'ancien régime local, encore cher à bien des cœurs, sans cependant appartenir aux familles régnantes proprement dites et sans éveiller par suite les ressentiments populaires. Bon catholique, comme il le prouva bientôt, on savait qu'on pouvait compter sur lui dans les crises futures, qui déjà venaient assombrir l'horizon. Aussi le scrutin du 8 février ne donna-t-il que 3312 suffrages à Dietrich, tandis que 2286 voix se portèrent sur le nom de Poirot. On était loin de l'unanimité des suffrages qui se serait manifestée sans doute, si le vote avait eu lieu six mois auparavant. La liste tout entière des officiers municipaux et des notables, qui, d'après l'organisation nouvelle, constituaient le Conseil général de la commune, était étrangement panachée et, dans son ensemble, donnait entière satisfaction aux *modérés* de toutes les nuances, car elle renfermait l'état-major du futur parti constitutionnel, avec une prédominance assez sensible de l'élément catholique. Pour s'en assurer, on n'a qu'à parcourir la liste des élus, où figuraient, par exemple, à côté de Poirot, François Brunou de Humbourg, syndic du Grand-Chapitre ; François-George Ditterich, professeur de droit canon ; François-

Antoine Kœgelin, curé de Saint-Etienne; Christophe-Louis Daudet, receveur de l'Œuvre Notre-Dame; François-Louis Frischhelt, receveur du Grand-Chapitre; Joseph-Ulrich Zaiguélius, curé de Saint-Pierre-le-Vieux; François-Louis Rumpler, chanoine, sans compter d'autres noms connus encore aujourd'hui, les Zæpffel, les Kentzinger, les Hervé, etc. Sur les cinquante-huit noms de cette liste, trente et un au moins appartiennent à des catholiques; mais cette imposante majorité n'était qu'apparente. Elle allait se diviser, presque au début, en deux fractions de plus en plus hostiles. L'une comprendra des hommes très modérés, pour ne pas dire très tièdes dans leur foi et plus attachés à leurs convictions politiques qu'à leurs obligations religieuses; l'autre les représentants militants de la doctrine ecclésiastique, décidés à lui rester fidèles, même dans son conflit avec le pouvoir civil.

III.

Mais avant d'entrer dans le récit de ces conflits déplorables qui devaient si profondément affecter le sort des édifices religieux catholiques de notre ville et tout particulièrement celui de la Cathédrale, il nous reste encore quelques instants de calme et de paix publique, où nous pourrons rencontrer le vieux sanctuaire du moyen âge sous un autre aspect que celui d'une citadelle prise d'assaut et occupée par une garnison étrangère. La municipalité nouvelle, sortie du scrutin de février, avait décidé de célébrer son entrée en fonctions par des cérémonies civiles et religieuses, et d'appeler sur sa gestion future les bénédictions divines, par la bouche des prédicateurs de tous les cultes. Aussi la voyons-nous, à la date du 18 mars, se rendre en cortège à l'Hôtel-de-Ville, pour y recevoir les pouvoirs des mains du Magistrat intérimaire, resté jusqu'à ce jour en fonctions. De là le cortège officiel se dirige vers la place d'Armes, où l'on avait érigé une immense estrade et que couvrait une foule compacte. C'est devant cette masse d'auditeurs que M. de Dietrich, après avoir prêté le serment civique, ainsi que ses collègues, fit un appel chaleureux à la concorde de tous les bons citoyens. „Sacrifions, leur dit-il, tout esprit de parti; réunissons-nous pour toujours!

Que la France apprenne que les Strasbourgeois ne forment qu'une seule famille de citoyens; embrassons-nous comme des frères. Je vais le premier vous en donner l'exemple. On verra que nous n'avons plus qu'un même cœur, que nous sommes indissolublement liés par les liens sacrés de la liberté et du patriotisme." Et le procès-verbal officiel de la fête continue en ces termes: „Le respectable maire s'est alors livré à la douce effusion de son cœur; à l'instant même, chacun éprouvant le même sentiment, on a vu le spectacle touchant des citoyens de tout âge, de toute qualité, de tout culte, confondus dans les bras les uns des autres, les cœurs aussi vivement affectés. Ce ne fut qu'au milieu des sanglots que les citoyens purent s'écrier: Vive la Nation, Vive le Roi, Vive la Constitution, notre Maire et la Municipalité!"

C'est au milieu de l'enthousiasme trop passager de cette scène fraternelle que le cortège, suivi par des milliers de citoyens, se remit en marche pour se rendre à la Cathédrale, au son de toutes les cloches de la ville, au bruit de l'artillerie de la place, à travers les rangs de la garde nationale qui formait la haie le long des rues et présentait les armes, en battant aux champs. Le suisse et le bedeau de la Cathédrale vinrent recevoir les autorités à la grande porte de la nef et les menèrent aux bancs préparés devant la chaire, où les officiers municipaux et les notables prirent place, tandis que les détachements de la garde nationale se rangeaient sur les bas-côtés et qu'entre eux se groupaient les orphelins, les enfants trouvés, les pensionnaires de la maison des pauvres des différents cultes. „Un peuple immense" remplissait le reste de l'église. M. l'abbé de Kentzinger, prêtre du diocèse de Strasbourg et secrétaire de la légation de France à la cour électorale de Trèves, monte alors en chaire et prononce un discours sur ce verset du cent quarante-troisième psaume : „Bienheureux est le peuple dont Dieu est le Seigneur!" Ce qui caractérise cette homélie à la fois religieuse et politique, ce qui fait que l'on doit s'y arrêter un instant, c'est le souffle patriotique qui l'anime, c'est l'affirmation répétée de la nécessité de l'accord entre la religion et la loi civile, c'est l'assurance donnée au maire que „tous les citoyens de la croyance de l'orateur" sauront reconnaître son zèle, et apprécier ses talents „avec autant d'empressement que si vous étiez né dans notre Eglise". „Il existera parmi nous, j'aime à le croire, un échange mutuel de franchise, de loyauté, de confiance, et quand il s'agira du salut de la patrie, nous penserons tous de même." L'orateur terminait en insistant sur le respect dû à la religion, mère de toutes les vertus. „Nous lui conserverons, s'écriait-il, la majesté et le respect que les peuples les plus éclairés se sont fait une gloire de lui accorder ; en un mot, nous serons chrétiens, frères, amis, Français, nous crierons tous : Vive la Nation, vive la Loi, vive le Roi !" On ne pouvait parler en termes plus convenables et même plus chaleureux, dans une église catholique, en une pareille occurence, et rien ne nous autorise à douter de la sincérité de l'orateur au moment où il faisait entendre ces appels à la concorde et au respect des choses les plus respectables. Nous apprenons cependant, par une note du procès-verbal officiel, qu'à ce moment déjà, des fidèles, „en très petit nombre, à la vérité et d'une conscience plus que timorée" (ce sont les propres expressions de l'abbé de Kentzinger) avaient désapprouvé le cri final du prédicateur, estimant „que la maison du Seigneur devait retentir uniquement de ses louanges". Aussi celui-ci dut-il ajouter une note apologétique au bas de son discours pour expliquer à ces mécontents que „la majesté de notre Seigneur Jésus-Christ ne pouvait être blessée par l'expression des vœux que forme en sa présence, pour la prospérité publique, tout un peuple assemblé. „N'est-ce pas à lui, dit l'orateur, que ces vœux sont adressés? N'est-ce point à lui encore que j'ai demandé ces bénédictions? Oui, ces sentiments étaient dans mon cœur et je croirai toujours rendre un hommage agréable à la divinité quand je publierai hautement et en tous lieux mon amour pour la Nation française, mon obéissance à la Loi, mon profond respect pour le Roi et mon désir ardent de le voir heureux; c'est l'Evangile surtout qui m'a rendu bon citoyen".

Ce cri, dont s'étaient offusqués quelques-uns des auditeurs, mille fois répété par les voix de la foule, „retentit jusqu'aux voûtes de ce superbe édifice, de même que celui de : Vive la Constitution!". Puis le maire et ses nouveaux collaborateurs quittèrent leur banc et montèrent au chœur, où le maître des cérémonies les installa sur des bancs couverts de tapisseries. „M. le maire, dit gravement le procès-verbal, avait le fauteuil et le carreau". Les membres du Grand-Chapitre et du Grand-Chœur avaient pris place dans leurs stalles armoriées ; près d'eux se tenaient les chapitres des collégiales de Saint-Pierre-le-Vieux et de Saint-Pierre-le-Jeune ; plus en arrière le clergé des paroisses et les communautés religieuses. Le commandant de Strasbourg, les officiers de la garnison, les professeurs des deux Universités strasbourgeoises faisaient face au Conseil de la Commune, sur la gauche du chœur. C'est en présence de cette imposante assemblée, où les fidèles se confondaient pour la première fois avec les hérétiques, que le *Te Deum* fut entonné par le prince François de Hohenlohe, chanoine, comte officiant, et chanté à grands chœurs par l'orchestre de la Cathédrale. Combien, parmi tous les assistants de cette cérémonie religieuse, sans précédent dans l'histoire de Strasbourg, se doutaient-ils que ce serait aussi la dernière où se manifesterait de la sorte l'entente cordiale de tous les citoyens? Et cependant quelques mois à peine les séparaient du moment fatal où la discorde allait diviser les esprits et envenimer ces mêmes cœurs qui s'épanchaient à cette heure en de douces espérances, destinées à n'être que des illusions fugitives. Dans l'adresse à l'Assemblée Nationale, proposée par Dietrich à la foule assemblée sur la place d'Armes et votée d'acclamation, il était dit: „Réunis sur cette place où nos pères ne se donnèrent qu'à regret à la France, nous venons de cimenter par nos serments notre union avec elle. Nous avons juré d'obéir avec respect aux lois que vous aurez décrétées et qui auront été sanctionnées ou acceptées par le Roi. Nous avons juré et nous jurons de verser jusqu'à la dernière goutte de notre sang pour maintenir la Constitution. Si la ville de Strasbourg n'a pas eu la gloire de donner, la première, l'exemple aux autres villes du royaume, elle aura du moins celle, d'être, par l'énergie du patriotisme de ses habitants, un des boulevards les plus forts de la liberté française!"

Dans la séance du 30 mars M. Schwendt déposa cette adresse sur le bureau de l'Assemblée Nationale, qui „applaudit à l'expression des sentiments et au patriotisme du maire, officiers municipaux et habitants de la ville de Strasbourg et par mention faite à son procès-verbal, en a témoigné sa satisfaction." Qui donc aurait pu se douter que l'accord entre eux n'était point parfait? Qui donc aurait osé soutenir alors que beaucoup d'entre les citoyens de Strasbourg deviendraient bientôt infidèles à leur serment de respect aux lois décrétées par l'Assemblée Nationale, et que cette dernière aurait sous peu des résolutions bien différentes à prendre au sujet de la „patriotique" cité? Mais la Constituante n'avait point encore rendu le décret malencontreux qui devait ébranler, plus que tout autre, la royauté constitutionnelle et saper par la base la partie politique de son œuvre; et d'ailleurs, nul, parmi les plus sagaces observateurs des événements du jour, ne pouvait se douter alors des conséquences incalculables qu'aurait pour la France et la monarchie la Constitution civile du clergé.

IV.

La sagesse des nations a proclamé depuis des siècles „qu'à chaque jour suffit sa tâche", et ce précepte s'applique aux peuples tout autant qu'aux individus. Malheur aux pouvoirs souverains, qu'ils s'appellent monarques absolus ou Conventions républicaines, s'ils prétendent doubler les étapes et devancer le développement naturel des masses, en les entraînant de force vers un but peut-être désirable, mais qu'ils sont encore seuls à désirer atteindre ! Les intentions les plus pures ne les préserveront ni des désordres ni même de la révolte des foules qu'ils violentent, et dont la résistance provoquera chez eux-mêmes de nouvelles violences. Ce fut là cependant la faute grave que commit l'Assemblée Nationale. Dans sa hâte à proclamer partout des principes abstraits et surtout à les mettre en pratique, elle ne se rendit pas un compte suffisant des dangers qu'elle se créait elle-même, des ferments de discorde qu'elle semait à pleines mains, et qui rendirent impossible en France l'organisation d'un régime plus stable, librement accepté par la majorité des citoyens du pays.

Un mémorable et tout récent exemple aurait dû cependant ouvrir les yeux aux législateurs de la Constituante. L'empereur Joseph II, le plus novateur et le plus humain des princes de son temps, venait de mourir, le cœur brisé, poursuivi jusqu'à son heure dernière par les accusations mensongères et les cris de haine de ses sujets, qu'il avait tâché pourtant de rendre heureux. Et c'étaient les privilégiés de l'Eglise et de la noblesse qui avaient réussi à soulever les masses aveugles contre leur bienfaiteur. La tâche de mettre à exécution les décrets du 4 août et du 2 novembre 1789 était déjà bien délicate, en dehors de toute complication nouvelle. Priver une aristocratie puissante de ses privilèges séculaires, saisir aux mains du clergé de France ces millions de biens-fonds qu'il possédait alors, c'était une de ces entreprises politiques qui absorbent, à elles seules, toute l'énergie et toute l'habileté des premiers hommes d'Etat d'un royaume. Elle était réalisable pourtant, parce que les ordres privilégiés étaient détestés ou craints par la majorité du pays, et parce que tout le monde, au sein de cette majorité, pouvait se rendre compte que c'était la lésion de ses intérêts matériels surtout qui soulevait les clameurs de la minorité dépouillée par la législation nouvelle. Encore aurait-il fallu s'appliquer, pour réussir, à bien expliquer aux masses rurales, restées très accessibles à l'influence du clergé, que la religion n'était pas en jeu dans la mise en circulation des vastes domaines, si longtemps immobilisés par la main-morte. Les paysans l'auraient compris à la longue, et l'immense majorité du clergé lui-même, restée très pauvre, au milieu du luxe de ses chefs, n'avait aucun motif pour protester indéfiniment contre la sécularisation des biens ecclésiastiques.

Mais loin d'agir de la sorte, l'Assemblée Nationale, tout imbue d'idées philosophiques, indifférente aux questions religieuses ou n'en soupçonnant point l'importance, sembla vouloir, comme à plaisir, éveiller les pires soupçons, et légitimer d'avance les accusations les plus violentes. Elle manifesta de bonne heure l'intention de ne pas se borner à la saisie des propriétés ecclésiastiques ou à la réglementation des émoluments du clergé, mais de retoucher l'organisation même de l'Eglise de France. Longtemps avant la date à laquelle parut le décret sur la Constitution civile du clergé, il avait pu servir d'épouvantail aux sacristies, pour agiter les masses et pour leur inspirer des sentiments profondément hostiles aux législateurs et aux lois nouvelles.

Nulle part cette disposition si contradictoire des esprits, chez les législateurs parisiens et chez les populations rurales, ne se montra plus accentuée que dans les contrées catholiques de l'Alsace. Chez nous, le décret du 2 novembre 1789 suffit, à lui seul, à mettre le feu aux poudres. Il y avait à cela plusieurs raisons ; d'abord la richesse exceptionnelle des domaines ecclésiastiques menacés, puis la proximité de la frontière étrangère, assurant l'impunité par la fuite aux meneurs hostiles, la qualité de prince du Saint-Empire que possédait toujours l'évêque de Strasbourg, la présence en Alsace d'autres territoires princiers sur lesquels la souveraineté de l'Assemblée Nationale pouvait sembler ne pas devoir s'étendre. La plus importante pourtant des causes qui amenèrent les mouvements dont nous allons avoir à nous entretenir, ce fut la docilité confiante et naïve des populations rurales catholiques de la Haute- et de la Basse-Alsace, vis-à-vis de leurs conducteurs spirituels, non seulement dans le domaine religieux, mais sur le terrain économique et politique lui-même. Et le jour où les agents officiels ou secrets du cardinal et des princes purent par surcroît lancer dans la foule l'accusation terrible qu'on en voulait à la foi de l'Eglise, le courant contre-révolutionnaire se dessina dans toute la province avec une violence qui permettait de prévoir les plus redoutables conflits.

Dans la séance du 14 avril 1790, l'abbé d'Eymar, grand-vicaire de l'évêché et l'un des députés du clergé de la Basse-Alsace, avait prononcé un long discours, assez habilement tourné d'ailleurs, pour demander à l'Assemblée que les biens ecclésiastiques de la province fussent, provisoirement au moins, distraits de ceux qui devraient être mis en vente au profit de la nation. Il n'avait rien obtenu cependant, si ce n'est un décret qui renvoyait la discussion de sa motion à une date indéterminée et refusait par conséquent de protéger les domaines d'Alsace contre la mesure générale votée par la Constituante.

Cette motion de l'abbé d'Eymar et l'accueil qui lui fut fait à Paris, encouragea néanmoins la Chambre ecclésiastique de l'Evêché de Strasbourg à envoyer à tous les bénéficiaires ou fermiers de biens ecclésiastiques dans notre province, une circulaire imprimée, signée de M. Zæpffel, secrétaire de ladite Chambre, et qui les engageait à s'opposer énergiquement à toute tentative de dresser inventaire, au nom du gouvernement, du mobilier ou des titres des chapitres, corps et communautés ecclésiastiques d'Alsace. Un modèle de protestation formelle contre toute opération de ce genre accompagnait la circulaire du 29 avril, qu'un correspondant strasbourgeois anonyme signalait à l'indignation publique dès le 6 mai et qui figure au *Moniteur universel* du 20 mai suivant. Le maire de Strasbourg, M. de Dietrich, crut également de son devoir de saisir l'Assemblée de ces menées illégales, et dans sa séance du mardi soir, 18 mai, la Constituante se livra sur la situation ecclésiastique et politique de l'Alsace à un débat approfondi, que l'abbé d'Eymar essaya vainement d'esquiver, en affirmant que l'Assemblée était trop peu nombreuse pour discuter efficacement. Reubell, le député de Colmar, appartenant à la gauche avancée d'alors, incrimina tout spécialement son collègue, en signalant la protestation du chapitre de Neuwiller, rédigée par d'Eymar lui-même, dénonça non moins vertement l'un des notables du Conseil général de Strasbourg, le professeur Ditterich, déjà nommé, pour avoir présenté la protestation de l'évêque de Spire contre les mêmes décrets. Il accusait en outre le clergé d'empêcher de toutes ses forces l'organisation des nouvelles municipalités, parce qu'elles seraient plus favorables, vraisemblablement, à la vente des biens ecclésiastiques.

L'Assemblée Nationale, facilement convaincue de la vérité de ces assertions, difficiles d'ailleurs à nier, décrète aussitôt que son président „se retirera auprès du Roi pour le supplier de donner incessamment tous les ordres nécessaires pour maintenir le calme et la tranquillité dans les départements du Haut- et Bas-Rhin". Elle déclare en outre qu'elle „improuve la conduite tenue tant par le sieur Ditterich, notable de la commune de Strasbourg, que par le sieur Bénard, bailli de Bouxwiller", accusé d'avoir organisé des réunions illégales.

Deux jours plus tard, Louis XVI sanctionnait le décret et mandait aux corps administratifs des deux départements de le publier et de s'y conformer en ce qui les concerne; le 30 mai 1790, la proclamation royale était affichée sur les murs de Strasbourg et de la banlieue. Mais si la grande majorité des populations urbaines, de la bourgeoisie protestante et catholique était dévouée aux idées nouvelles, et si par conséquent l'Assemblée Nationale pouvait compter sur elle, il n'en était pas de même chez les populations de la campagne. On en eut la preuve au commencement de juin, alors que les électeurs, appelés à constituer le Conseil général du nouveau département du Bas-Rhin, procédèrent à leurs choix. Il est impossible de ne pas voir l'influence dominante du clergé dans la liste des élus; en fait de noms strasbourgeois, elle ne portait que ceux de personnalités entièrement acquises à sa cause : l'ex-ammeister Poirot, Ditterich, Lacombe, de Schauenbourg, Kentzinger, Zæpffel, Weinborn, etc. Les élections pour le Conseil du district de Strasbourg furent au contraire franchement constitutionnelles, et dès ce moment l'administration départementale fut dirigée dans un esprit nettement opposé à celui du Directoire du district et à la majorité du Conseil général de la Commune de Strasbourg. Aussi n'allons-nous pas tarder de les voir entrer en conflit ; mais, dès ce moment, la violence des polémiques engagées à l'occasion de ces élections diverses, violence attestée par le ton des pamphlets allemands et français échangés à Strasbourg, montrèrent qu'un accord sincère n'était plus guère possible.

L'illusion de la concorde cependant devait durer quelque temps encore, tant elle est naturelle au cœur de l'homme et tant il paraissait pénible aux meilleurs esprits d'alors de ne pas continuer à marcher vers la liberté, la main dans la main de leurs frères. C'est ce qu'on vit bien lors de la grande fête patriotique des gardes nationales d'Alsace, de Lorraine et de Franche-Comté, qui eut lieu chez nous du 12 au 14 juin 1790. Ces journées de la *Confédération de Strasbourg* furent célébrées dans la plaine des Bouchers, au milieu d'un enthousiasme général, débordant et sincère. Peu de fêtes populaires ont été plus belles et plus pures dans la longue série de celles que notre ville a vues pendant des siècles, et si les récits contemporains en paraissent aujourd'hui légèrement emphatiques et déclamatoires, du moins on y sent palpiter l'âme d'une population heureuse de se sentir libre et fière de son bonheur. Cette fois-là, le concours d'une immense population du dehors ne permit pas de célébrer, même les cérémonies ecclésiastiques, dans l'intérieur d'un édifice religieux. La Cathédrale ne joua donc qu'un rôle assez insignifiant dans ces fêtes. Il faut mentionner pourtant que, le 11 juin 1790, la garde nationale „obtint la permission de pavoiser les tourelles et la pointe de la flèche de pavillons aux couleurs de la Nation". M. Frédéric de Dietrich les reçut sur la plate-forme et fit dresser ces premiers drapeaux tricolores, déployés à Strasbourg, aux acclamations générales. „Ce spectacle vu des rives opposées du Rhin, dit le procès-verbal officiel, apprit à l'Allemagne que l'empire de la liberté est fondé en France." Puis le 13 juin, au soir, la municipalité, „pour donner à cette fête tout l'éclat dont elle était digne", fit illuminer à grands frais (l'illumination coûta 1798 livres) la flèche de la Cathédrale. Cette illumination de l'édifice se répéta dans la soirée du lendemain.

Dans la plaine des Bouchers, devant l'autel de la Patrie, tous les gardes civiques avaient solennellement juré d'être fidèles à la nation, d'obéir à la loi, et „de faire exécuter, toutes les fois qu'ils en seraient requis légalement, les décrets de l'Assemblée Nationale, acceptés ou sanctionnés par le Roi, comme étant l'expression de la volonté générale du Peuple français."

L'un des chanoines de Saint-Pierre-le-Vieux, M. de Weitersheim, frère du commandant en chef de la garde nationale de Strasbourg, avait béni les drapeaux de „l'armée citoyenne" à l'autel de la plaine des Bouchers et s'était écrié vers la fin de son discours : „Campés autour de l'arche d'union, comme jadis les Israélites, nous consommerons le pacte solennel avec Dieu, la Nation, la Loi et le Roi... Venez, amis de Dieu, venez, zélés défenseurs de la patrie... vous anéantirez les complots des détracteurs de la Constitution, vous serez les soutiens de l'Etat, les défenseurs de la liberté et la gloire de la Nation. Après avoir combattu avec courage et fermeté les ennemis intérieurs et extérieurs, vous entrerez triomphants au séjour céleste des héros de l'éternité !" (1)

Ces paroles semblaient assurément écarter toute idée de lutte et de conflit sérieux. Mais à ce moment la vente des biens ecclésiastiques n'avait point encore commencé en Alsace ; le décret de l'Assemblée Nationale y restait toujours lettre morte, et c'était pour pro-

---

(1) *Procès-verbal de la Confédération de Strasbourg*, chez Dannbach, 1790, in-8c.

roger peut-être cette trêve dernière avant la lutte, que le haut clergé protestait aussi haut de son attachement à la Constitution de l'Etat. Bientôt un fait nouveau devait se produire. Le cardinal de Rohan donnait sa démission de député à la Constituante et, pour diriger plus à l'aise la résistance du clergé d'Alsace et de ses ouailles, élisait domicile dans son château d'Ettenheim, en terre d'Empire, sur la rive droite du Rhin. C'était le commencement de la contre-révolution.

V.

C'était le 13 juin 1790 que le prince évêque de Strasbourg arrivait à sa résidence d'Ettenheimmünster, accompagné d'une suite de soixante personnes. Il n'y trouva sans doute pas tout le confort auquel il était habitué dans son palais somptueux de Saverne, car, dès les premiers jours de juillet, il s'adressait à la municipalité de Strasbourg pour la prévenir de son intention de passer „quelque temps" à Ettenheim, terre d'Empire, et d'y faire transporter des meubles par eau et par voiture. M. de Dietrich lui fit répondre verbalement qu'il ne connaissait aucune défense s'opposant à la sortie des meubles, autres que l'argenterie, et qu'on lui fournirait un laisser-passer dès que le jour de ces envois serait fixé. Après mûre réflexion cependant, le départ et le déménagement du prélat parurent suspects au maire et, pour mettre sa responsabilité à couvert, il saisit de la question, à la date du 11 juillet, les administrateurs du district, plus spécialement chargés par la loi de la surveillance des biens ecclésiastiques. Les membres du district, réunis quatre jours plus tard, arrêtaient d'écrire à la municipalité „que les meubles qui appartiennent à l'Evêché de Strasbourg, étant dévolus à la Nation, leur transport en terre étrangère ne peut être toléré, mais que la libre disposition de ceux qui appartiennent au cardinal de Rohan ne peut lui être contestée." Le Directoire du district chargeait par conséquent les officiers municipaux de s'opposer provisoirement „à l'extraction et transport de tous les meubles, tant du palais épiscopal que des maisons de plaisance dont jouissaient les évêques de Strasbourg," puis de procéder sans délai „à l'inventaire du mobilier, comme aussi des titres et papiers dépendants de tous les bénéfices, corps, maisons et communautés situés dans l'étendue de la banlieue."

Dès le 17 juillet, le corps municipal mettait à exécution la première partie de ce mandat. Quant aux mesures d'inventaire, le Conseil général de la Commune montra d'abord quelque hésitation. Dans sa séance du 21 juillet, on décida d'interroger tout d'abord les comités de l'Assemblée Nationale, afin de prier cette dernière d'interpréter elle-même ses décrets des 14 et 20 avril dernier, les biens du Grand-Chapitre et ceux de l'Evêché de Strasbourg „ne pouvant être regardés comme purement nationaux, les sujets de l'évêché de l'autre côté du Rhin ayant contribué, ainsi que ceux d'Alsace, à la bâtisse du palais épiscopal et à l'acquisition de ses meubles, et l'Assemblée Nationale elle-même ayant considéré les évêques en Alsace, pour raison de possession, sous la double qualité d'évêques et de princes du Saint-Empire." Evidemment la municipalité de Strasbourg ne tenait pas à prendre l'initiative du séquestre des biens nationaux et préférait agir seulement en vertu d'un ordre supérieur.

Le Directoire du district, auquel revint l'affaire, s'empressa en effet de saisir de la question le Comité ecclésiastique, formulant ainsi sa demande : „Le cardinal de Rohan doit-il être considéré comme bénéficier français, possédant des biens dans l'étranger, ou doit-il l'être comme prince étranger, possédant des biens en France?" La réponse ne pouvait être douteuse, puisqu'il s'agissait d'un membre de la représentation nationale elle-même. L'Assemblée n'était pas d'ailleurs favorablement disposée pour l'évêque émigré. Déjà dans la séance du 27 juillet, au soir, le ministre des affaires étrangères, M. de Montmorin, avait averti les comités que le cardinal, fixé à demeure sur la rive droite du Rhin, se coalisait avec ceux des princes allemands qui refusaient d'accepter de la France une indemnité pécuniaire pour leurs territoires annexés. Aussi dans la séance du 30 juillet, fut-il résolu, à une forte majorité, sur le rapport de M. Chasset, que le relevé des meubles, effets, titres et papiers de l'Evêché et du Grand-Chapitre serait fait incessamment, à la diligence de la municipalité de Strasbourg, et qu'aucun enlèvement de meubles ne serait permis avant la clôture de l'inventaire. Au cours de son discours, le rapporteur avait exprimé tout son étonnement de ce que l'état de santé du cardinal, qui l'empêchait d'assister aux séances de l'Assemblée, lui permettait de siéger à la Diète de Ratisbonne. Aussi le décret de la Constituante portait-il en outre „que M. le cardinal de Rohan viendra, dans le délai de quinzaine, prendre sa place dans l'Assemblée Nationale et y rendre compte de sa conduite, s'il y a lieu" (1).

On a pu voir, par ce qui précède, qu'aucune mesure n'avait encore été prise en juillet 1790, pour mettre à exécution dans notre province le décret du 2 novembre 1789, bien qu'il eût été confirmé depuis par celui du 18 mars 1790. Les administrateurs locaux, choisis par le suffrage des électeurs, même les plus dévoués au nouvel ordre de choses, ne se souciaient pas de brusquer les événements, en présence des dispositions de la majeure partie de la population catholique d'Al-

---

(1) Toutes les pièces officielles de cette correspondance sont reproduites dans la *Strassburger Chronik* de Saltzmann, du 13 août 1790, ou dans le *Nationalblatt* d'Ehrmann, à la même date.

sace. Mille petits incidents, insignifiants en eux-mêmes, permettaient de présager une vive résistance, le jour où la lutte s'engagerait, et se produisaient jusque dans Strasbourg même. C'est ainsi que dans les premiers jours de juillet les élèves du Collège royal (épiscopal) avaient assailli la boutique d'un marchand d'estampes venu de Paris, qui avait garni sa devanture de gravures satiriques contre la noblesse et le clergé, comme il s'en produisait alors en grand nombre. Ils les avaient mis en pièces, la garde nationale avait dû intervenir, et le tribunal de police, désireux de calmer tout le monde, avait condamné les jeunes délinquants à payer le dégât et frappé le marchand d'une amende pour exhibition d'images non autorisées par la police (1).

La bonne harmonie n'était pourtant pas encore troublée partout, et dans maints districts ruraux l'accord entre les protestants et les catholiques était parfait, la question des biens ecclésiastiques n'ayant point encore été posée au fond de nos campagnes. C'est ainsi que lors de la fête de la Fédération,

---

(1) *Politisch-Litterarischer Kurier* du 15 juillet 1790.

célébrée le 14 juillet à Plobsheim, les paysans protestants de la localité avaient invité le curé, qui était en même temps le maire élu du village, à venir assister à leur culte, puis s'étaient joints à leurs concitoyens catholiques pour la célébration de la messe. A la fin de cette double cérémonie, les ecclésiastiques des deux cultes s'étaient fraternellement embrassés au milieu des acclamations joyeuses de leurs ouailles. Le même accord touchant se manifestait encore dans une fête patriotique, célébrée à Barr, le 25 août, et vers la même date les curés de Northeim, Schnersheim, Kuttolsheim s'entendaient avec les pasteurs de Hürtigheim, Ittenheim, Quatzenheim, etc., pour procéder en commun à la bénédiction des drapeaux des villages protestants et catholiques du Kochersberg (1). A Strasbourg aussi, dans la journée du 9 septembre, toutes les autorités constituées, sans distinction de culte, assistaient à la messe funèbre dite à la Cathédrale en mémoire des victimes du massacre de Nancy et en l'honneur du jeune Desilles, tombé ce

---

(1) *Nationalblatt für den Niederrhein*, 30 juillet, 3 septembre 1790.

jour-là, comme héros du devoir, dans les rues ensanglantées de la capitale lorraine.

Mais cet accord ne devait plus subsister longtemps. La presse *patriotique* commençait à se plaindre de l'inexécution de la plupart des décrets de la Constituante relatifs au clergé. La totalité des journaux, allemands pour la plupart, qui paraissaient à Strasbourg, était du côté de la représentation nationale, bien qu'avec des nuances très variées; chose curieuse, ils étaient rédigés à peu près tous par des journalistes protestants. A côté de l'ancienne *Strassburgische privilegirte Zeitung*, antérieure à la Révolution, étaient venus se placer la *Strassburger Chronik* et la *Chronique de Strasbourg*, journal bilingue de Rodolphe Saltzmann, le *Patriotisches Wochenblatt* de Simon, le *Politisch-Litterarischer Kurier*, publié chez Treuttel, le *Nationalblatt für das niederrheinische Departement* de Jean Ehrmann, les *Wœchentliche Nachrichten für die deutschredenden Bewohner Frankreich's*. Un peu plus tard allaient surgir encore la *Geschichte der gegenwärtigen Zeit* de Simon et Meyer, le *Courrier de Strasbourg* de Laveaux, et d'autres feuilles radicales, que nous rencontrerons sur notre chemin. Le parti plus spécialement catholique, qui allait devenir tout à l'heure le parti contre-révolutionnaire, n'avait pas à ce moment d'organe attitré dans nos murs; on s'y abonnait sans doute à l'une ou l'autre des feuilles royalistes de la capitale, mais on s'y servait également — même plus activement peut-être — d'officines secrètes, pour entretenir l'agitation dans les esprits à la ville et à la campagne, pour organiser partout une propagande à outrance, d'autant plus dangereuse qu'elle était clandestine et partant presque insaisissable pour les organes de la loi.

Tous ces journaux étaient à peu près unanimes à défendre la mise en vente des *biens nationaux ;* ils différaient seulement par le plus ou moins de hâte qu'ils mettaient à réclamer l'exécution des lois. Leur influence se faisait naturellement sentir à peu près exclusivement dans les sphères protestantes ; c'est ainsi que nous avons relevé une adresse de communes rurales de la Basse-Alsace, lue à l'Assemblée Nationale dans la séance du 27 juillet, l'assurant de leurs sentiments patriotiques et s'offrant à acheter les biens du clergé situés dans leur banlieue. Tous ces villages, sans exception, Rittershofen, Oberbetschdorf,

Pfulgriesheim, Mundolsheim, Schiltigheim, etc., ont une population protestante. Des tirages à part d'articles de journaux, des brochures spéciales en langue allemande étaient répandus gratuitement dans les campagnes, et la *Société des Amis de la Constitution* de Strasbourg travaillait tout particulièrement à stimuler de la sorte les esprits quelque peu rétifs de la population rurale.

Les partisans du clergé répondaient, soit par des protestations ouvertes, annonçant carrément du haut de la chaire une contre-révolution prochaine, dans les centres propices, comme Obernai ou Türkheim, soit par des brochures imprimées outre-Rhin et virulentes au possible. C'est ainsi qu'un homme, appelé plus tard à jouer un rôle marquant dans l'histoire du clergé catholique d'Alsace, l'abbé Liebermann, écrivait en réponse à une brochure anonyme de Hans Wohlgemeint, qui engageait les paysans d'Alsace à participer à l'achat des biens nationaux, une autre brochure, également anonyme, intitulée *Hans Bessergemeint an das liebe Landvolk* et qui débutait ainsi : „Est-il permis d'acheter des biens ecclésiastiques? — Non. — Pourquoi? — La réponse est inscrite au septième commandement : Tu ne voleras point!"

Naturellement les patriotes s'indignaient de tous ces pamphlets qui niaient si catégoriquement les droits souverains de l'Assemblée Nationale. De temps à autre, ils essayaient de les atteindre par la vindicte publique. C'est ainsi que le 16 septembre, Xavier Levrault, le président de la *Société des Amis de la Constitution*, dénonçait l'une d'elles au procureur-général-syndic du département comme absolument inconstitutionnelle. Le lendemain, M. de Schauenbourg lui faisait parvenir une réponse très courtoise, pour remercier la Société de son zèle pour le bien public, et annonçait que le Directoire du département allait lancer une proclamation „afin de montrer au public combien nous détestons les efforts de ceux qui veulent contrecarrer l'Assemblée Nationale." Mais c'était eau bénite de cour et l'affaire en restait là, les sympathies de l'autorité départementale étant notoirement du côté de l'ancien ordre de choses. Si la situation finit par changer, c'est que le cardinal de Rohan lui-même, las sans doute de temporiser, adressa le 23 août, depuis Ettenheimmünster, une lettre au président de l'Assemblée Nationale, lettre qui fut lue dans la séance du 1er septembre, et dont les formes polies voilaient à peine les intentions ironiques et l'absolue fin de non-recevoir. En voici les principaux passages :

„Monsieur le président,

„Les affaires les plus graves, les intérêts les plus précieux m'ont forcé à me rendre dans mon diocèse. Il s'agissait de calmer des troubles nés dans la partie située de l'autre côté du Rhin. Ma santé affaiblie depuis longtemps m'a forcé d'avertir le clergé de mon diocèse que je ne pourrais plus le représenter... J'ai appris avec douleur que ma conduite a été travestie aux yeux de l'Assemblée Nationale et qu'elle a désiré ma présence pour me justifier. Je voudrais que ma santé me permît de partir sur-le-champ, mais il m'est impossible de supporter la voiture. J'envoie en attendant un précis justificatif... Je n'ai pu me refuser, même pendant mon séjour à Versailles et à Paris, à former les mêmes demandes que la noblesse et le clergé d'Alsace. Ma qualité de prince de l'Empire m'a obligé de joindre mes réclamations à celles des autres princes de l'Allemagne... Il n'y a rien que de légal dans ma conduite." Le cardinal ajoutait qu'un autre motif pour lequel il ne se rendrait point à Paris, c'était la crainte de compromettre sa dignité de député en s'exposant aux plaintes et à la mauvaise humeur de ses nombreux créanciers, n'étant pas en état de les satisfaire depuis la perte des revenus qu'il leur avait abandonnés. Il exprimait, en terminant, l'espoir que l'Assemblée „trouverait dans sa sagesse les moyens d'acquitter des dettes aussi légitimes."

L'effet ne fut pas absolument celui qu'avait espéré peut-être le cardinal en appelant les bénédictions divines sur les travaux de ses collègues. L'Assemblée Nationale refusa en effet la démission qu'offrait Rohan, et renvoya finalement sa lettre au Comité des rapports, „après que différents autres comités, même celui de mendicité, eurent été proposés."

VI.

Pendant que le cardinal de Rohan refusait ainsi de revenir de l'étranger, les membres du Grand-Chœur de la Cathédrale de Strasbourg, enhardis sans doute par la longanimité du gouvernement et de l'administration départementale, poussaient l'audace jusqu'à faire tenir à leurs fermiers une circulaire, datée du 18 septembre, qui portait „que le décret du 2 novembre et tous ceux qui en sont la suite, ne peuvent concerner les biens ecclésiastiques des églises catholiques et luthériennes d'Alsace." Aussi l'on „conseillait sérieusement" aux paysans, non seulement de ne pas acheter des biens appartenant au Grand-Chœur, mais „de continuer à livrer aux vrais propriétaires desdits biens... les canons et redevances ordinaires... Ce ne sera que par ruse et finesse, par force et par violence, y disait-on, que les biens que vous tenez à ferme vous seront ôtés."

Une pièce plus explicite encore, imprimée sans lieu ni date, mais appartenant évidemment à ces mêmes semaines d'automne 1790, était intitulée: „A tous les habitans des Villes, Bourgs et Villages des seigneuries du Prince-Evêque et du Grand - Chapitre de la Cathédrale et principalement aux fermiers des terres de l'Eglise de Strasbourg." Elle était signée du Grand-Ecolâtre de la Cathédrale, prince Joseph de Hohenlohe, évêque de Léros *i. p.*, coadjuteur de l'Evêché et principauté de Breslau. „Elevé en Alsace, disait le rédacteur de ce document curieux, cette province depuis quarante ans est devenue ma patrie. Je l'ai toujours aimée; les Alsaciens sont mes compatriotes. L'avis que j'adresse dans ces circonstances aux habitants des lieux qui appartiennent au Prince-Evêque ou au Grand-Chapitre, peut être utile à tous les Alsaciens. C'est cet espoir qui me détermine à donner à cet avis la plus grande publicité.

„Le moment où vous reconnaîtrez son importance, où vous vous féliciterez d'y avoir déféré, n'est pas éloigné. Ceux que cet avertissement aura garanti du piège, raconteront à leurs enfants quelles séductions, quels mensonges on avait mis en usage pour compromettre leur fortune ; le spectacle de leur bonheur sera le prix des soins que je me serai donné pour les sauver......"

Suit un tableau des plus idylliques, dépeignant le bonheur, vrai ou supposé, des paysans qui, depuis des siècles, ont cultivé les terres de l'Evêché, sans voir augmenter la modique redevance qu'ils payaient à l'Eglise. „Ce qui mettait le comble au bonheur de vos pères, c'était l'assurance que rien ne pourrait l'interrompre. Votre sort semble attaché à celui de la Cathédrale... Les traités solennels qui garantissent les droits, les privilèges du Prince-Evêque et du Grand-Chapitre, ceux du Clergé..., ces traités, mes chers compatriotes, subsistent dans toute leur force ; ils sont la base sur laquelle repose votre bonheur : rien ne peut l'ébranler. L'Empire et son auguste Chef, ainsi que toutes les Couronnes garantes ne le permettront pas. On se garde bien de vous le dire. On ne vous dit pas non plus, qu'en dehors de cette redoutable sauvegarde, les biens de l'Eglise sont inaliénables, que personne au monde n'a le droit de les envahir ou d'en disposer.... De là cet anathème du Concile de Trente prononcé contre tous ceux qui oseraient vendre ou acheter ces biens, ou même seulement prêter leur ministère à ce commerce sacrilège.

„D'après ces vérités, jugez, mes chers compatriotes, ce que vous devez penser des gens qui font tant d'efforts pour vous engager à acquérir des biens ecclésiastiques. J'apprends avec joie que tous les bons laboureurs, écoutant la voix de leur conscience, de l'honneur, de leur véritable intérêt, se sont refusés à ces perfides sollicitations. C'est donc à ceux qui pourraient se laisser tromper que j'adresse cet écrit.

Je les avertis solennellement que ces biens, pour lesquels on excite leur cupidité, ne peuvent être vendus, que l'Assemblée, qui se dit Nationale, n'a pas le droit d'en disposer ; que ceux qui auront l'imprudence d'en acquérir quelques parties, perdront le prix qu'ils en auront donné ; qu'ils le perdront sans ressource, sans recours. La grande publicité de cet avertissement ne leur laissera même pas le faible prétexte de dire : Je l'ignorais. "

Quelle que puisse être l'opinion du lecteur sur le fond même de la question, il avouera qu'il est difficile d'imaginer une attaque plus directe contre une loi votée par la représentation nationale et sanctionnée par le roi. L'immense publicité donnée aux deux pièces que nous venons d'analyser, ne pouvait donc manquer d'exciter une fermentation générale dans les départements du Rhin. M. de Dietrich, dès qu'il eut connaissance de la notification du Grand-Chapitre, colportée à travers la ville par le bedeau de Saint-Pierre-le-Jeune, se hâta de l'expédier à Paris, où l'on en donna lecture dans la séance du 15 octobre suivant. Elle provoqua, comme on le pense bien, un vif mouvement d'indignation dans la majorité, qui la renvoya d'urgence au Comité des biens nationaux. Celui-ci présenta son rapport dans la séance de l'Assemblée Nationale du 17 octobre ; on vota des remercîments à la municipalité de Strasbourg, et le président en fonctions fut chargé de se retirer auprès du roi, pour le prier d'envoyer sur-le-champ les ordres nécessaires en Alsace, afin d'en faire exécuter enfin les décrets du 2 novembre. En vain l'abbé d'Eymar, le défenseur habituel des privilégiés d'Alsace à la Constituante, qui n'avait point assisté à la séance, adressait-il de Strasbourg un mémoire justificatif, fort habilement rédigé, au président de l'Assemblée Nationale. S'il réussissait à se disculper (et ce nous semble avec bonheur) de l'accusation de faux lancée contre lui par quelques-uns des orateurs de la gauche, il devait échouer forcément dans sa tentative de représenter les dispositions de ses collègues du clergé comme éminemment pacifiques et conciliantes. „Je supplie, disait-il, l'Assemblée Nationale d'être en garde contre ceux qui, faisant parade d'un faux zèle, excitent à chaque instant ses inquiétudes, provoquent ses rigueurs contre de prétendus ennemis de

ses décrets et lui peignent les ecclésiastiques de cette province sans cesse occupés à soulever le peuple. Ce qui serait le plus propre à le soulever, monsieur le président, c'est s'il voyait de telles calomnies accueillies, car il sait bien qu'elles sont sans fondement (1)..."
Il fallait une assurance rare pour parler ce langage à la représentation nationale au moment où l'on faisait distribuer dans tous les villages du Haut- et du Bas-Rhin les objurgations politiques et les anathèmes ecclésiastiques que nous avons fait passer tout à l'heure sous les yeux du lecteur. Aussi la lettre de M. d'Eymar ne produisit-elle aucun effet sur ses collègues, et lui-même en infirmait singulièrement la valeur en donnant sa démission de député dès le mois de novembre et en allant rejoindre à l'étranger le prélat émigré, dont il était le vicaire-général.

Cependant les ordres, sollicités par la Constituante, étaient arrivés en Alsace et le 5 novembre, le Directoire du district de Strasbourg, le plus dévoué de tous aux idées nouvelles, répondait

---

(1) *Lettre de M. l'abbé d'Eymar, député du clergé d'Alsace.* (Strasbourg, 31 octobre 1790.) S. lieu ni date. 4 pages in-4°.

indirectement aux manifestes de l'évêque et du Grand-Chapitre en faisant afficher la mise en vente des premiers biens nationaux dans le département du Bas-Rhin. Mais, même dans notre ville, personne n'osa s'exposer aux revendications futures du clergé et pendant plusieurs semaines aucun acquéreur ne se présenta. Cette démarche provoqua seulement des protestations nouvelles de la part de l'évêque de Spire, dont le diocèse s'étendait sur la partie septentionale de notre département, puis de celle du Grand-Chapitre de la Cathédrale, qui déposait ses doléances au pied du trône dans le langage suivant :

„Sire,

„C'est avec la plus profonde douleur que le Grand-Chapitre de la Cathédrale de Strasbourg se voit contraint de porter à Votre Majesté des plaintes de l'oppression inouïe qu'il éprouve. Certes, il est affreux d'ajouter une peine, une inquiétude à toutes celles dont le cœur paternel de Votre Majesté est assiégé. Tant qu'il a été possible d'espérer que l'Assemblée Nationale, mieux informée, aurait égard aux réclamations de l'Eglise de Strasbourg, que le temps et la réflexion l'éclaireraient sur leur justice et leur importance, et sur les conséquences de la violation éclatante de tant de traités, nous avons souffert, avec une résignation digne de notre amour pour Votre Majesté, les procédés les plus révoltants.

„Depuis que nous avons uni nos justes réclamations des droits les plus sacrés à celles que les autres princes et Etats de l'Empire ont portées à la diète de Ratisbonne, on a mis le comble à cette étonnante spoliation. Les effets de la Cathédrale inventoriés, le scellé apposé aux archives, les maisons estimées et mises en vente, ne nous laissent plus de doute sur le projet de notre destruction. La nouvelle organisation du clergé y met le sceau; elle troublera les consciences, elle portera un coup mortel à la religion elle-même dans ces provinces.

„Le devoir le plus saint et le plus impérieux nous oblige donc de protester solennellement au pied du trône contre ces excès et nous force d'invoquer la médiation et la protection de l'Empire et des couronnes garantes des traités qui assurent notre existence.

„Nous admirons, Sire, nous invoquons vos vertus, et la confiance qu'elles nous inspirent nous fait espérer que Votre Majesté daignera prendre sous sa sauvegarde la réserve de tous nos droits."

Le 13 novembre 1790 le même corps ecclésiastique faisait parvenir également au Directoire du département du Bas-Rhin la protestation suivante :

„Lorsqu'au mépris des traités garantis par les premières puissances de l'Europe, sans égard aux réclamations du Grand-Chapitre de la Cathédrale de Strasbourg, il se voit dépouillé de ses possessions, de ses droits, de ses privilèges, et qu'il est au moment de se voir chassé de son église; lorsque l'étrange organisation qu'on prétend donner au clergé de la Basse-Alsace, après l'avoir dépouillé de ses biens, malgré ces mêmes traités, prépare la ruine de la religion dans cette province, l'honneur et les intérêts les plus saints nous commandent de protester à la face de l'Europe contre les décrets spoliateurs et destructeurs de l'Assemblée Nationale.

„Nous venons de porter au pied du trône nos plaintes respectueuses. Nous avons supplié Sa Majesté de prendre sous sa sauvegarde la réserve de nos droits. Nous invoquons la protection de Sa Majesté impériale et royale, celle de tout l'Empire et des hautes puissances garantes. Nous déclarons solennellement par les présentes au Directoire séant à Strasbourg que nous protestons contre tout ce qui s'est fait et tout ce qu'on pourrait encore entreprendre contre le prince-évêque et le Grand-Chapitre de la Cathédrale de Strasbourg, et nous ajoutons à cette déclaration solennelle celle de notre amour, de notre dévouement et de notre profond respect pour la personne sacrée de Sa Majesté.

„Signé de la part et au nom du Grand-Chapitre de la Cathédrale de Strasbourg,

„JOSEPH, prince de Hohenloë-Bartenstein,
« *pro tempore senior*,
coadjuteur de Breslau. »

Ce qui montre bien combien les foules sont crédules, c'est qu'au moment même où des actes aussi explicites faisaient éclater à tous les yeux la disposition véritable du haut clergé de notre province, des bruits circulaient en ville affirmant des vues et des sentiments tout contraires. On prétendait que le cardinal allait revenir à Strasbourg, qu'il y avait même repris domicile, qu'il allait administrer son diocèse en se conformant aux lois nouvelles; on racontait que deux ecclésiastiques marquants, Zaiguélius et Brendel, venaient de prêter le serment civique à l'installation du tribunal de district, etc. Les cœurs flottaient entre la colère et la crainte, entre l'espoir d'une réconciliation au moins passagère et le désir d'en venir une bonne fois aux mains avec l'adversaire intraitable. Cet équilibre instable des esprits dans la population strasbourgeoise, à ce moment précis de notre histoire, se marque d'une façon curieuse dans les élections qui eurent lieu en novembre pour le renouvellement des officiers municipaux et des notables de la commune. Il ne fut possible à aucun parti d'organiser des listes assurées d'un succès immédiat. Les scrutins se prolongèrent pendant plusieurs jours, et deux ou trois noms à peine réussissaient à sortir à la fois, avec une majorité suffisante, de l'urne électorale. Mais en définitive les éléments progressistes triomphèrent, non sans peine, à Strasbourg.

Un épisode singulier s'était produit au cours du scrutin. Dans les douze sections on distribua des placards, allemands et français, adressés *aux citoyens de Strasbourg*, et proposant d'élire comme notable „M. Louis-Regnard-Edmond Rohan (1), évêque de Strasbourg et cardinal". On y lisait aussi que „M. Rohan était prêt à signer la formule du serment civique" (2). C'était une fausse nouvelle, à coup sûr, mais il serait intéressant de savoir si l'on avait à faire dans ce cas aux naïves chimères de quelques conciliateurs à outrance, ou plutôt à quelque mystificateur émérite, qui se gaussait aux dépens de la crédulité de nos bons ancêtres. En présence de l'aigreur croissante qui perçait de toutes parts, c'est sans contredit à cette dernière hypothèse qu'il convient de donner la préférence. Personne ne pouvait plus attendre alors sérieusement un événement pareil ni se bercer d'espérances si trompeuses. Aussi la mauvaise humeur du parti vaincu dans la lutte se manifesta-t-elle d'une façon visible jusque dans la délibération du Conseil général du département, prise sur la réquisition de son procureur-syndic, le lendemain même du scrutin. Alléguant l'audace irréligieuse de cer-

---

(1) Le décret du 19 juin 1790 avait aboli les titres de noblesse.

(2) *Geschichte der gegenwärtigen Zeit* et *Pol. Litt. Kurier* du 19 novembre 1790.

taines polémiques dans la presse, et notamment un article des *Affiches de Strasbourg*, du 19 novembre, „dans lequel le divin Auteur de la religion chrétienne et ses apôtres sont comparés à des sectaires", cette pièce officielle invitait la municipalité de Strasbourg „d'enjoindre aux auteurs des papiers publics d'être plus circonspects à l'avenir, de porter à la religion les respects dont nos législateurs nous ont donné l'exemple, et dont l'amour de l'ordre et de la tranquillité aurait dû leur faire une loi, sous peine d'être poursuivis comme perturbateurs du repos public". Des „perturbateurs" autrement inquiétants que quelques journalistes constitutionnels allaient cependant entrer en scène et faire éclater l'orage qui menaçait depuis de longs mois les masses récalcitrantes et leurs hardis meneurs en Alsace.

VII.

En effet, vers l'automne, la situation s'aggrave et la lutte s'accentue, la question de la Constitution civile du clergé venant se greffer sur la question des biens ecclésiastiques. On sait que les jansénistes de l'Assemblée Nationale, croyant briser ainsi plus facilement l'influence de l'Eglise dans l'Etat, avaient imaginé de refondre l'organisation ecclésiastique de la France tout entière. Ils se flattaient d'éliminer de la sorte les éléments les plus récalcitrants au point de vue politique, sans s'apercevoir qu'ils faisaient surgir une crise infiniment plus grave dans le domaine religieux. Sans s'inquiéter de savoir si leur compétence en droit canon serait admise par l'Eglise, sans rechercher une entente préalable sur la matière avec le Saint-Siège, ils avaient entraîné dans cette voie fatale leurs collègues de la Constituante, aussi bien les voltairiens sceptiques que les déistes, disciples de Rousseau. Le 12 juillet 1790 avait vu s'achever la Constitution civile du clergé, que Louis XVI, malgré ses répugnances intimes, dut sanctionner le 24 août suivant. La lutte autour de l'ordre de choses nouveau avait été des plus vives, et aujourd'hui encore la loi du 12 juillet compte des défenseurs convaincus et des adversaires acharnés.

Nous n'avons point à discuter ici la valeur intrinsèque de la Constitution civile du clergé et à examiner, par exemple, s'il était possible d'établir le gouvernement d'une Eglise infaillible sur des bases démocratiques. Il est positif que certaines de ses prescriptions étaient puériles et même absurdes; il est également certain que d'autres principes, proclamés par elle et combattus à outrance par le clergé, furent admis en fin de compte par lui quand les temps furent changés. L'Eglise, qui refusait tout aux sollicitations peu sincères du faible Louis XVI, céda sur bien des points, dix ans plus tard, à l'énergique pression de Bonaparte.

Mais là n'est pas la question, qui, du moins à notre avis, doit seule préoccuper l'histoire impartiale. La Constitution civile du clergé ne fut pas seulement une usurpation de pouvoir, si l'on se place au point de vue de l'Eglise, ce fut avant tout une faute impardonnable au point de vue politique. L'histoire universelle est là pour nous prouver qu'on n'a jamais renversé d'une façon durable que ce que l'on a su remplacer. Les révolutions religieuses ne sont donc légitimes que lorsqu'elles sortent d'un grand mouvement d'opinion publique, d'un irrésistible élan de la conscience religieuse, comme le christianisme au premier et la Réforme au seizième siècle. Alors ces mouvements sont féconds en conséquences heureuses et leurs adversaires eux-mêmes en profitent à la longue. Mais comment un mouvement pareil aurait-il pu se produire en France, à la fin du dix-huitième siècle, si corrompu dans ses mœurs et si blasé sur toute idée religieuse? Ce qui restait alors de religion dans le pays se concentrait dans des âmes généralement hostiles à tout changement, même extérieur, et l'organisation nouvelle ne comptait parmi ses clients qu'une minorité infime d'esprits vivant d'une véritable vie religieuse.

L'acceptation de la Constitution civile du clergé par l'Assemblée Nationale conduisait donc forcément à l'établissement d'un culte dédaigné, dès l'abord, par l'immense majorité des âmes pieuses, et soutenu, pour des motifs politiques seulement, par une minorité qui n'en usait guère elle-même au fond. La nouvelle Église était condamnée ainsi d'avance à périr, même si elle avait trouvé un plus grand nombre de défenseurs vraiment dignes de défendre une cause religieuse. On pouvait bien réunir autour des urnes un certain nombre d'électeurs pour élire, d'après la nouvelle loi, des curés, voire même des évêques, mais ils se dispensaient ensuite d'assister au prône et, le plus souvent, ne réussissaient pas à y faire aller leurs familles. Tandis que, jusqu'à ce moment, les membres du bas clergé, sortis du peuple, avaient été, du moins en majeure partie, dévoués à la cause populaire, ils se voyaient maintenant placés entre la loi et leur conscience, qui, façonnée par l'éducation de l'Eglise, devait naturellement leur défendre toute désobéissance aux évêques et au Saint-Père sur le terrain religieux. Les défenseurs de la Constitution civile du clergé avaient beau jurer qu'ils ne touchaient en rien aux questions dogmatiques, que la foi de l'Eglise restait entière. A strictement parler, ils disaient vrai; beaucoup de bons catholiques l'admettent aujourd'hui, et des croyants sincères le reconnurent même alors.

Mais il n'en restait pas moins vrai que la loi nouvelle proclamait le schisme, en séparant l'Eglise de France du chef de la chrétienté catholique, en brisant la puissante hiérarchie sur laquelle elle s'appuyait jusque-là. A moins d'être volontairement aveugle, on ne pouvait se dissimuler le formidable conflit qui éclaterait, de Bayonne à Landau, dans chaque paroisse du royaume, du moment qu'on passerait de la théorie pure dans le domaine des faits. C'est cet aveuglement, volontaire ou non, qui constitue l'un des griefs les plus sérieux contre les orateurs et les philosophes de la Constituante. L'ignorance ou la légèreté sont également coupables chez ceux qui décident des destinées d'un grand peuple, et l'on ne peut épargner l'une au moins de ces épithètes aux représentants de la France quand on les voit jeter un pareil ferment de discorde nouvelle dans les masses déjà surexcitées par la crise politique. Ce ne fut pas l'œuvre particulière de l'Assemblée Nationale seulement qui fut détruite dans les convulsions de cette seconde révolution, greffée sur la première, c'est l'ensemble même des idées libérales de 1789 qui faillit y périr tout entier.

Quand le vote décisif eut eu lieu, quand la Constituante eut déclaré démissionnaires tous les évêques et curés qui ne prêteraient pas le nouveau serment imposé par la loi, elle eut elle-même comme une vision fugitive des difficultés du lendemain. Longtemps après avoir reçu la sanction royale, le décret du 12 juillet resta lettre morte. Ceux d'entre les ecclésiastiques qui siégeaient comme députés et refusaient le serment ne songèrent pas à quitter l'Assemblée Nationale, et continuèrent à occuper leurs sièges épiscopaux, leurs cures de ville ou de campagne, exerçant leur ministère au milieu de l'approbation de leurs ouailles. Cette période d'hésitation ne pouvait durer pourtant. Ayant décrété la révolution théorique dans l'Eglise, il était dans la logique des faits que l'Assemblée Nationale décrétât également sa mise en pratique. C'est ce qu'elle fit enfin dans sa séance du 27 novembre, et c'est à ce moment aussi que la question de la Constitution civile du clergé, qui n'avait encore guère préoccupé les esprits dans notre province, devint subitement aiguë pour l'Alsace.

Le cardinal de Rohan, désormais à l'abri de toute atteinte des lois dans la partie transrhénane de son diocèse, fut l'un des premiers parmi les hauts dignitaires de l'Eglise à prendre la parole pour protester contre les mesures de la Constituante, au moment où celle-ci libellait son décret du 27 novembre. Dans les derniers jours du mois, l'imprimeur de l'Evêché, Le Roux, publiait à Strasbourg une *Instruction pastorale* détaillée de Son Altesse éminentissime, Monseigneur le cardinal de Rohan, prince-évêque de Strasbourg, signée à Ettenheimmünster, le 28 novembre 1790.

Le cardinal y fulminait avec vigueur contre „les hommes pleins d'amour-propre, ennemis de la paix, enflés d'orgueil, plus amateurs de la volupté que de Dieu" qui „travaillent de concert pour miner le trône et l'autel." Il se déclarait „prêt non seulement à parler, mais à verser son sang pour la cause de Dieu et de son Eglise", et procédait ensuite à l'énumération de tous les motifs qui devaient empêcher les fidèles d'accepter „l'organisation du clergé par des personnes étrangères au ministère saint." Après avoir rappelé les doctrines constantes de l'Eglise à ce sujet, il affirmait, non sans contredire de la sorte certaines protestations antérieures, qu'il ne se plaignait pas des décrets qui dépouillent le clergé, et qu'il „serait même au comble de ses vœux si ce dépouillement guérissait les plaies de l'Etat." Il concluait en disant que tout chrétien „peut faire serment d'observer les lois, en tant qu'elles ne sont pas contraires aux objets qui concernent essentiellement la religion et l'autorité spirituelle que Dieu a confié à son Eglise." Mais comme les chrétiens „ne peuvent reconnaître pour pasteurs légitimes que ceux que leur donne l'Eglise", il résultait de l'*Instruction pastorale* l'obligation pour tout ecclésiastique de refuser le serment, sous peine d'être considéré comme schismatique et d'encourir les punitions réservées à de pareils coupables.

Le cardinal de Rohan ordonnait en même temps que ce mandement serait lu au prône du dimanche suivant par tous les curés, vicaires et prédicateurs de son diocèse. C'était une déclaration de guerre au pouvoir civil qui allait être promulguée de la sorte dans toutes les paroisses catholiques d'Alsace. Le manifeste épiscopal se terminait bien par des paroles onctueuses sur la douceur de „vivre dans la paix" et par l'invocation du „Dieu d'amour et de paix", mais cette phraséologie de convention ne pouvait faire illusion sur la véritable portée du document. Il faut bien avouer, d'autre part, qu'on se figure difficilement, à cette date, un prince de l'Eglise usant d'un langage différent de celui que nous venons d'entendre. La génération d'alors allait se trouver en présence d'une de ces antinomies, insolubles en théorie, et qui provoquent des conflits grandioses, comme l'histoire en a déjà tant vu entre l'Eglise et l'Etat, conflits de principes également exclusifs et qui se terminent d'ordinaire au moyen de quelque coup de force brutale, sauf à renaître plus tard avec une nouvelle violence. Quand un souffle puissant d'indépendance et de foi libre agite les esprits, c'est l'Eglise qui recule et plie ; quand au contraire ce souffle fait défaut, l'Etat autocratique ou révolutionnaire, les politiques souples et déliés, ou terrifiants, finissent d'ordinaire par avoir le dessous, parce que du côté de l'Eglise on invoque un principe qui, même égaré, même allégué sans raison, reste toujours auguste et sacré, celui de la liberté des consciences.

Il n'en est point d'autre qui permette de juger avec quelque justice les partis ennemis dans une lutte religieuse pareille. C'est à sa lumière que nous tâcherons d'apprécier les événements qui vont se dérouler en Alsace et tout particulièrement à Strasbourg. Nous honorerons la liberté de conscience chez le prêtre réfractaire, qui sacrifie sa position mondaine, et bientôt la sécurité de son existence, aux exigences de sa foi religieuse. Nous la respecterons aussi chez le prêtre assermenté sincère, qui ne croit pas impossible d'unir les vertus ecclésiastiques à la pratique des devoirs du citoyen, et quand nous verrons bientôt les partis se déchirer avec rage et se couvrir d'injures, nous tâcherons de rendre à chacun d'eux la justice qu'ils se refusent l'un l'autre, sans voiler les fautes et les excès que l'histoire est obligée de leur reprocher à tous.

VIII.

La déclaration du cardinal de Rohan fut immédiatement dénoncée à la Société des Amis de la Constitution de notre ville. Dans sa séance du 30 novembre, un membre appela l'attention de ses collègues sur cette „insolente protestation" et demanda qu'on la signalât à l'Assemblée Nationale. La réunion fut unanime à „témoigner son horreur pour un écrit dont chaque phrase est un monument de calomnie et d'hypocrisie intéressée", et adopta la proposition, qui fut également votée, deux jours plus tard, par la municipalité, sur la proposition du procureur-syndic de la commune. Déjà le maire avait fait saisir chez l'imprimeur et chez un relieur les formes et de nombreux exemplaires de l'*Instruction pas-*

torale. Les journaux strasbourgeois applaudissaient à ces actes de rigueur et se plaisaient à faire ressortir la différence marquée entre l'attitude du clergé catholique et celle des ministres du culte protestant. Ils rapportaient tout au long les prières patriotiques prononcées chaque jour au Séminaire protestant pour appeler les bénédictions divines sur les travaux de l'Assemblée Nationale, et signalaient l'entrain avec lequel les jeunes théologiens de l'Internat de Saint-Guillaume se faisaient inscrire sur les listes de la garde nationale. La Société populaire décidait, quelques jours plus tard, qu'elle ne s'en tiendrait pas à cette mesure plus négative, mais qu'elle chargerait des commissaires de faire des extraits des Canons de l'Eglise et de les traduire dans les deux langues, afin de les répandre parmi le peuple, pour lui montrer que les plus anciennes constitutions ecclésiastiques elles-mêmes prescrivaient l'élection des évêques par tout le peuple chrétien (1). Elle espérait les meilleurs résultats de cette campagne théologique.

---

(1) Procès-verbaux manuscrits de la Société des Amis de la Constitution, séance du 3 décembre 1790.

Cependant le clergé n'avait point osé suivre jusqu'au bout, du moins à Strasbourg, les instructions du prince de Rohan et donner lecture de son mandement aux fidèles. Quelque bien disposée que fût la majorité du Directoire du département, elle avait craint pourtant d'exciter le mécontentement public en connivant à pareille transgression de la loi. Saisi d'ailleurs par une dénonciation formelle des administrateurs du district, le président du Directoire, l'ex-ammeister Poirot, avait pris un arrêté défendant toute communication officielle du factum épiscopal. Cette soumission apparente du clergé strasbourgeois fit même naître chez certains observateurs superficiels des espérances tout à fait illusoires quant aux sentiments intimes et à l'attitude future de l'immense majorité des ecclésiastiques d'Alsace. Trop semblable en son optimisme à la majorité de l'Assemblée Nationale, la bourgeoisie libérale de Strasbourg ne se rendait que fort imparfaitement compte de la véritable disposition d'esprit des masses catholiques.

Elle s'exagérait volontiers des faits sans importance majeure, comme la réception, à la Société populaire, d'un recollet défroqué, dont les effusions patriotiques étaient vivement acclamées (1). Elle applaudissait aux attaques virulentes contre la ladrerie de l'évêque fugitif, quand, dans la même séance où le P. David avait pris la parole, un jeune peintre, nommé Guibert, dénonçait Rohan comme refusant d'acquitter une vieille dette de cinq cents livres, et faisait le récit de son pèlerinage à Ettenheim pour obtenir au moins un àcompte, pèlerinage dont il était revenu sans le sol. Ce n'était pas cependant par des épigrammes, par des attaques personnelles de ce genre, quelque justifiées qu'elles pussent être, qu'on pouvait espérer vider la question religieuse. Le cardinal, tout criblé de dettes peu honorables, n'en restait pas moins le chef obéi du parti catholique en Alsace, et ceux qui en doutaient encore allaient être forcés d'en convenir tout à l'heure eux-mêmes.

A la campagne, en effet, les doléances de l'évêque étaient prises fort au sérieux ; le bas clergé répandait à pleines mains les protestations de ses supérieurs ; les colporteurs juifs étaient chargés (chose bizarre !) de la propagande

---

(1) Procès-verbaux de la Société, 14 décembre 1790.

des écrits séditieux et l'indignation contre les persécutions infligées à la religion était générale. C'était un cas bien exceptionnel quand on pouvait annoncer au club strasbourgeois le triomphe des principes constitutionnels, comme son correspondant de Bürckenwald près Wasselonne, qui se vantait d'avoir facilement détruit l'effet du prône chez ses concitoyens par quelques observations calmes et sensées (1). Comment d'ailleurs cela aurait-il été possible autrement chez des populations assez arriérées et naïves pour qu'on pût leur expédier, sous le cachet (naturellement falsifié) de l'Assemblée Nationale, des ballots entiers de pamphlets incendiaires, imprimés dans les officines d'outre-Rhin ! Les maires eux-mêmes, auxquels parvenaient ces envois, les distribuaient avec empressement à leurs administrés comme documents officiels et n'y mettaient peut-être aucune malice (2). On ameutait surtout les paysans contre les acquéreurs de biens ecclésiastiques ; dans certains villages les officiers municipaux annonçaient de confiance que

---

(1) Procès-verbaux du 10 décembre 1790.
(2) *Wöchentliche Nachrichten für die deutschredenden Bewohner Frankreichs*, du 10 décembre 1790.

ces ventes étaient défendues par le gouvernement (1), et cela encore ne paraissait pas extraordinaire à ces pauvres cervelles troublées et mises à l'envers par le prodigieux bouleversement des deux dernières années.

La vente des biens nationaux se poursuivait en effet avec une lenteur désespérante en Alsace. Les journaux du chef-lieu annonçaient, il est vrai, le 22 novembre, la mise en vente de quelques-unes des principales maisons ecclésiastiques de Strasbourg, l'Hôtel de Neuwiller (mise à prix 60,000 livres), l'Hôtel d'Andlau (26,000 livres), celui de Massevaux (32,000 livres), etc. Mais ce ne fut que le 17 décembre que l'administration du district réussit enfin à trouver des acquéreurs pour quelques biens nationaux à la campagne. Ce fut l'ancien *schultheiss* de Kuttolsheim qui, le premier, s'enhardit à payer 4000 livres pour les biens curiaux de son village, et cet acte de „patriotisme" parut tellement extraordinaire que la Société des Amis de la Constitution résolut de le fêter par un grand banquet, dont la description remplit plusieurs colonnes

---

(1) *Gesch. der gegenw. Zeit*, 18 décembre 1790.

des feuilles publiques d'alors. Négociants et soldats, fonctionnaires, ouvriers et paysans y participèrent, et le président du district offrit au dessert un fusil au héros de la fête, pour se défendre contre les agressions des mauvais citoyens, détail significatif et qui montre bien la surexcitation des esprits à ce moment de notre histoire locale (1). Une fois la glace rompue, les acquéreurs se présentèrent en plus grand nombre, surtout à Strasbourg, où, dès le 20 décembre, nous voyons MM. Charpentier et Nagel se rendre acquéreurs des maisons de deux chanoines de Saint-Pierre-le-Jeune, MM. de Régemorte et Jeanjean.

Mais la lutte allait éclater, plus violente encore, sur un terrain moins accessible à des considérations d'ordre maté-

---

(1) Précaution parfaitement justifiée d'ailleurs, il faut l'avouer, par les infâmes excitations que ne cessaient de faire entendre alors certains pamphlétaires, comme par exemple l'auteur de l'écrit *Lieber Herr Mayer und Mitbrüder*, condamné par jugement du tribunal de Strasbourg, du 30 décembre 1790, et qui proposait « d'assommer en masse ceux qui achèteraient pour un florin de biens ecclésiastiques ». On trouvera des extraits de ce factum, sur lequel nous aurons à revenir, dans Heitz, *Contre-Révolution en Alsace*. p. 46 et suiv.

riel et plus favorable par suite à l'attitude intransigeante du clergé ! Nous avons vu que l'Assemblée Nationale avait prescrit, depuis de longs mois, d'inventorier les biens des chapitres et collégiales et de réunir leurs archives à celles des districts. En vertu de cette loi, le transfert des dossiers et parchemins du chapitre de Saint-Pierre-le-Jeune avait été fixé par les autorités compétentes au 3 janvier 1791. A peine cette mesure avait-elle été décidée, qu'on vit se répandre en ville des bruits de nature à exciter les alarmes de la population catholique du quartier. Des fauteurs de troubles y couraient les rues et les maisons, annonçant la suppression du culte, affirmant que les administrateurs du district avaient donné l'ordre d'enlever tous les vases sacrés et de procéder à la fermeture de l'église. De pareilles excitations devaient porter leurs fruits. Une foule de curieux, entremêlés de fanatiques, parmi lesquels les femmes du peuple se distinguaient par leurs intempérances de langage, accoururent vers quatre heures et demie du soir, se ruèrent dans le sanctuaire et quelques forcenés se mirent à sonner le tocsin. L'émoi fut grand par toute la ville; M. de Dietrich réunit à la hâte le corps municipal, fit prendre les armes à la garde nationale et la dirigea, renforcée par plusieurs pelotons de la garnison, vers le lieu du tumulte. Mais la présence des troupes ne fit qu'irriter encore la colère toute gratuite des émeutiers en jupon ; elles se mirent à jeter du gravier et des pierres à la tête des soldats et l'on eut beaucoup de peine à dissiper l'attroupement à la tombée de la nuit et sans effusion de sang. Le transfert des archives ne put être opéré que le jour suivant, et se fit alors sans encombre.

L'opinion publique avait été vivement frappée par cette prise d'armes, par ce „tumulte ourdi par les bonzes, avec le concours de la pire canaille", comme l'écrivait le lendemain l'un des journaux de Strasbourg. La municipalité tâcha de prévenir le retour de pareils excès, en affichant, dès le 4 janvier, une proclamation chaleureuse à tous les habitants de la ville, les suppliant de ne pas prêter la main „à des desseins criminels, des erreurs bien graves ou des impostures bien coupables." Elle s'adressait en particulier aux ecclésiastiques de tous les cultes pour leur demander leur concours :
„Lorsque le peuple se trompe, c'est à

eux à lui montrer les premiers chrétiens, sujets fidèles, n'oser tirer le glaive que pour la patrie, martyrs pour leur Dieu, quand il les appelait à ce sanglant hommage, mais toujours soumis à l'autorité. C'est à eux à sauver à la religion des horreurs qui effrayent et dégradent l'humanité." M. de Dietrich promettait en terminant le plus entier respect pour les intérêts religieux de ses administrés : „Tous les membres (du corps municipal) sacrifieront leur vie avant de laisser outrager la religion ou violer les loix, qu'ils ont juré de respecter, la religion qui est chère à tous les bons citoyens, les loix dont l'observance est nécessaire pour le bonheur de celui-même qui croit qu'elles blessent ses intérêts, car leur mépris serait le commencement de l'anarchie la plus cruelle." Il était malheureusement plus facile de réunir ainsi ces deux principes hostiles dans une même période que de les amener à coexister pacifiquement dans la vie politique; c'est parce qu'elle n'a pas su résoudre le problème posé par ce redoutable dilemme, que la Révolution française, après avoir donné de si magnifiques espérances, a fini par un avortement si tragique.

Le lendemain, 5 janvier, le maire adressait encore une circulaire spéciale à tous les curés et pasteurs de la ville, au sujet de ces troubles regrettables, avec prière d'en donner lecture au prône du dimanche suivant. Mais ce n'étaient pas les circulaires patriotiques de quelques autorités municipales qui pouvaient arrêter l'essor des parties adverses, qui se croyaient dorénavant tout permis. Pendant qu'on enflammait le zèle contre-révolutionnaire des campagnes, dans les villes mêmes les garnisons étaient sollicitées, soit par leurs officiers nobles eux-mêmes, soit par des émissaires clandestins subalternes, à faire cause commune avec les champions du trône et de l'autel. On distribuait à celle de Strasbourg de l'argent, des cocardes blanches, des brochures royalistes, cadeaux qui n'étaient pas toujours bien reçus, puisqu'on nous assure que les grenadiers de l'un des régiments de notre ville, après avoir bu l'argent offert à la santé de la Nation, avaient arboré ladite cocarde.... au fond de leurs hauts-de-chausses (1).

Quant à la population civile, on tâ-

---

(1) *Geschichte der gegenw. Zeit*, du 14 janvier 1791.

chait de la mettre également en émoi par les inventions les plus absurdes ; témoin la pièce intitulée : *Dénonciation; on veut donc encore nous désunir?* qui répondait à ces bruits calomnieux et qui date de ces premiers jours de janvier. „Les bons citoyens de Strasbourg, y était-il dit, catholiques et protestants, viennent d'apprendre qu'on va de maison en maison pour insinuer aux hommes simples et crédules que les protestants sont prêts à s'emparer de la Cathédrale, des deux églises de Saint-Pierre et de celles des Capucins. Ils s'empressent de manifester l'indignation qu'excite dans toute âme honnête ces coupables intrigues et ces menées ténébreuses, que les ennemis de la paix et du bon ordre osent voiler du prétexte de la religion. Les protestants déclarent que jamais ils n'ont pu concevoir un semblable projet, et les catholiques dévoués à la chose publique protestent de leur côté..... qu'ils doivent à la justice de reconnaître que les protestants se sont toujours montrés incapables de pareilles actions, que le soupçon même serait une injure pour ceux-ci, et que ce bruit, que l'on cherche à accréditer, ne peut être que le fruit de l'imposture et de la calomnie."

Si une partie au moins de la population strasbourgeoise se laissait prendre à d'aussi ridicules mensonges, on devine quel accueil faisaient certains groupes, plus particulièrement intéressés, aux mesures nécessitées par la mise en pratique des articles de la Constitution civile du clergé. Le 4 janvier 1791, la Constituante avait enfin exigé de ses propres membres ecclésiastiques le serment prescrit par la loi nouvelle, sous peine d'être déclarés déchus des fonctions qu'ils avaient occupées jusque-là. On dut alors procéder également en province à la réalisation des décrets, toujours différée dans un esprit de modération peut-être excessive, puisqu'on avait laissé le temps à l'opinion contraire de s'aigrir par de longues polémiques et de se fortifier en même temps par le manque, au moins apparent, d'énergie gouvernementale. Mais on s'y prit maladroitement à Strasbourg. Le 14 de ce mois le procureur-général syndic du département, M. de Schauenbourg, adressait à Mgr. Lanz, évêque de Dora i. p. et suffragant du cardinal, ainsi qu'à MM. Donery et de Martigny, prévots des chapitres secondaires, une copie officielle des décrets de l'Assemblée Nationale, afin d'empêcher „que les ci-devant chapitres, ignorant la rigueur des lois, ne s'exposassent à quelques scènes scandaleuses en continuant leurs fonctions." La lettre était quelque peu équivoque ; elle avait l'air de viser toutes les fonctions ecclésiastiques en général, alors qu'elle ne devait que notifier la cessation des cérémonies canoniales, et nullement celle du culte public de ces trois églises. L'était-elle à dessein ? Les chanoines se méprirent-ils, de propos délibéré, sur le sens de l'injonction que leur transmettait l'autorité civile ? Beaucoup le crurent alors (1), et plusieurs, sachant de quelles petites perfidies sont capables les partis en temps de lutte, pencheront sans doute à le croire encore aujourd'hui. Toujours est-il que le résultat de cette démarche, dont la municipalité n'avait reçu aucune notification préalable, faillit être

---

(1) Voy. par exemple le *Pol. Litt. Kurier* du 17 janvier 1791. Dans la *Déclaration du procureur-général syndic du département*, etc. (s. l. ni d.), publiée quelques jours plus tard, M. de Schauenbourg n'explique aucunement son attitude ambiguë, mais nous fournit d'abondants témoignages de son antipathie pour M. de Dietrich. Il va jusqu'à affecter de croire que les pièces officielles, imprimées par ordre du maire, sont supposées !

désastreux; les chanoines des trois chapitres, touchés de la notification, firent cesser brusquement tous les offices, tant à la Cathédrale qu'aux deux églises de Saint-Pierre, sous prétexte de se montrer soumis à la loi, qui pourtant ne visait que les collégiales pour l'heure présente.

Quand le lendemain, les cloches, qui depuis tant d'années appelaient les fidèles au culte, ne se firent point entendre, l'émotion fut grande dans le public, on le croira sans peine. On avait donc eu raison de dire que la loi nouvelle en voulait à la religion même et que l'ère des persécutions allait s'ouvrir ! Le ressentiment du maire et des administrateurs du district est également facile à comprendre. Ils étaient officiellement responsables de la tranquillité publique et se voyaient brusquement à la veille de troubles nouveaux, sans avoir été prevénus des mesures qui vraisemblablement allaient les faire naître.

M. de Dietrich écrivit encore à la hâte, le 15 au soir, aux curés des paroisses de Saint-Laurent, de Saint-Pierre-le-Vieux et de Saint-Louis, pour les inviter à célébrer le service divin, le lendemain, comme à l'ordinaire, et pour les prier de passer le soir même à l'Hôtel-de-Ville, afin de s'entendre avec eux sur la réglementation des offices dans les paroisses catholiques. Il envoyait en même temps à M. Dupont, le remplaçant temporaire d'Ignace Pleyel, comme maître de chapelle de la Cathédrale, l'ordre formel de fonctionner le lendemain à la grand'-messe de la Cathédrale, avec tous ses acolytes, afin de remplacer les chantres du Grand-Chœur. Il fallait en effet montrer aux bonnes âmes, inquiétées par les bruits répandus dans le public, qu'on ne songeait aucunement à supprimer les services des paroisses, en prononçant la suspension des chapitres conformément à la loi.

Mais en même temps que la municipalité essayait de rassurer ainsi les catholiques de la ville, elle voulut marquer aussi son entière obéissance à l'Assemblée Nationale, en faisant afficher, ce même samedi, 15 janvier, un arrêté qui enjoignait aux ecclésiastiques fonctionnaires publics de prêter le serment, selon la formule votée le 26 décembre 1790, dans les lieux indiqués par ladite loi, et ce, dans le délai de huitaine. Deux jours au plus tard avant l'expiration de ce délai, les ecclésiastiques devraient venir déclarer à la Mairie leur intention de prêter le serment, et se concerter avec le maire pour fixer le moment de la prestation solennelle. L'arrêté du 15 janvier n'avait rien à voir, au fond, avec la suppression des chapitres ; mais sa publication n'en fut pas moins malencontreuse, car elle contribua pour sa part à entretenir l'agitation dans les esprits. Depuis si longtemps on parlait du serment obligatoire sans qu'on l'eût réclamé du clergé ; celui-ci s'était habitué à croire qu'on n'oserait plus le lui demander. Cette brusque invitation à se décider dans la huitaine, montrait tout à coup aux plus insouciants combien la crise devenait aiguë et réclamait une décision immédiate de la part de tous ceux qui voulaient continuer à figurer parmi les salariés de l'Etat. Aussi les meneurs du parti, voyant le désarroi général, pensèrent sans doute qu'autant valait entamer de suite le combat que de recommencer à nouveaux frais huit jours plus tard. Ils décidèrent donc de maintenir dès ce jour la grève du clergé séculier, qui pourtant aurait pu fonctionner tranquillement une semaine de plus, avant de se prononcer, au vœu de la municipalité, pour ou contre l'acceptation des lois ecclésiastiques nouvelles.

Le maire avait fait imprimer, dès le soir même du 15 janvier, la lettre adressée par lui aux administrateurs du district, les lettres écrites aux différents curés, la réponse du Directoire du district, toutes les pièces officielles en un mot, qui devaient permettre au public de juger en connaissance de cause le prologue du grand conflit qui allait s'engager à Strasbourg, comme dans la France entière. La bourgeoisie éclairée des deux cultes se prononça, comme on pouvait le prévoir, en grande majorité, d'une manière approbative. Pour elle, les ecclésiastiques étaient avant tout, selon la phrase consacrée d'alors, des „officiers de morale publique", salariés par l'Etat, et comme tels, devant obéissance aux prescriptions légales, plus encore que les simples citoyens.

Mais le petit peuple catholique et les femmes de toutes les classes ne jugeaient pas la question à ce point de vue juridique ou philosophique. Ces groupes nombreux se sentaient lésés dans leurs intérêts religieux, et leurs consciences s'alarmaient à l'idée de perdre bientôt les conducteurs spirituels dont ils avaient suivi jusqu'ici docilement les conseils. Leur mécontentement s'exhalait en plaintes plus ou moins violentes ; on avait beau leur dire que la Constituante ne voulait nullement expulser brutalement les curés et vicaires en fonctions, ni interrompre en aucun lieu l'exercice salarié du culte public. Ceux-là même qui refuseraient le serment seraient admis à continuer leurs fonctions jusqu'après l'élection de leurs successeurs (1). Les masses n'entrent jamais dans l'examen des nuances, qu'il s'agisse de questions politiques ou religieuses. Il leur faut des drapeaux aux couleurs bien voyantes, même un peu criardes, des professions de foi bien explicites et bien ronflantes, et le clergé disposait pour la bataille d'un signe de ralliement et d'un mot d'ordre, à nuls autres pareils, le maintien de l'unité de l'Eglise et de la liberté des consciences.

Aussi le dimanche, 16 janvier, vit-il les différentes églises catholiques de Strasbourg remplies d'une foule compacte de fidèles des deux sexes, venus

---

(1) Copie d'une lettre du Comité ecclésiastique à MM. les officiers municipaux de Strasbourg, du 16 janvier 1791. Strasb., Dannbach, 1791, 4 pages in-4°.

les uns pour voir s'il se passerait quelque chose, ou ce qui allait se passer, les autres pour supplier le Ciel d'intervenir en faveur de la bonne cause. Tout ce monde était ému, plus bruyant que recueilli, et des voix s'élevaient parfois pour accuser la tyrannie du gouvernement et la municipalité. Cela se faisait avec d'autant moins de gêne que les prêtres ne se montraient nulle part, ce jour là, soit pour éviter, comme ils le dirent plus tard, les insultes de quelques exaltés, soit encore pour réveiller dans les âmes dévotes le sentiment attristant de leur futur abandon spirituel. Des groupes de soldats et de gardes nationaux stationnaient dans l'enceinte sacrée, suivant de l'œil les manifestants les plus exaltés et procédant, le cas échéant, à leur arrestation provisoire.

Nous avons conservé un tableau assez fidèle de la disposition des esprits dans le parti catholique à Strasbourg en cette journée, dans une lettre écrite sur les lieux, le lendemain même, par un membre du Conseil général du Haut-Rhin, bon catholique, qui séjournait pour affaires dans notre ville. Voici quelques passages de cette lettre de M. Mueg :

7

„.... Il y a beaucoup de fermentation à Strasbourg par rapport aux lois de la Constitution civile du Clergé et le serment qu'on exige des prêtres; les Collégiales et le Grand-Chœur ont cessé samedi dernier leurs heures canoniales; mais ils ont déposé au Directoire du département des protestations très énergiques contenant le motif de leur obéissance, qui est de prévenir les troubles. En effet, le peuple catholique a vu cette diminution trop sensible de l'éclat du service divin avec le plus grand chagrin. On se porte avec empressement dans les églises pour y faire des prières publiques, auxquelles les prêtres n'assistent point, parce qu'ils n'oseraient le faire sans s'exposer à être poursuivis comme perturbateurs du repos public... Hier, dimanche, dans l'après-dîner, un insolent qui s'est trouvé à ces prières publiques, à la Cathédrale, s'est permis de dire tout haut qu'il n'y aura point de repos jusqu'à ce qu'on ait massacré ces gueux de prêtres. Cela a excité une rumeur. Des soldats d'artillerie présents lui ont mis la main sur le corps. La sœur de ce particulier, qui se trouvait aussi à l'église, voyant son frère aux prises, s'est jeté entre lui et les soldats, et je crois qu'il leur est échappé (1). Cela a fait tant de train que le maire en a été averti... On a envoyé un ou plusieurs détachements aux portes de la Cathédrale, et pendant le reste de la soirée et toute la nuit, la ville a été croisée par nombre de patrouilles. On craint le moment de la prestation du serment des prêtres, fixé à dimanche prochain, et plus encore le jour de l'élection des nouveaux fonctionnaires, à laquelle il faudra en venir, si l'Assemblée Nationale persiste dans la rigueur de ses décrets.... Le Directoire du département est dans le plus grand embarras; il en a écrit à l'Assemblée Nationale (2)...."

IX.

Mais ce n'étaient pas ces agitations, purement extérieures, qui préoccu-

---

(1) Nous devons faire remarquer qu'il y a une version infiniment plus vraisemblable de cet épisode de la Cathédrale dans la *Geschichte der gegenwärtigen Zeit* (17 janvier 1791). D'après ce journal, cet interrupteur aurait demandé, sur un ton séditieux et usant de paroles inconvenantes, la réouverture du chœur et aurait été empoigné là-dessus par quelques artilleurs *patriotes* et conduit à la Mairie.

(2) *Nouvelle Revue catholique d'Alsace*. Rixheim 1886, p. 118.

paient le plus les dépositaires de l'autorité publique. La population strasbourgeoise n'a jamais montré beaucoup de goût pour les brutalités révolutionnaires, et même aux heures les plus troubles de notre histoire moderne, la guerre des rues n'y a point traduit en pratique, comme autre part, l'anarchie des esprits. Le danger de la situation semblait ailleurs ; les chefs du parti constitutionnel le voyaient dans la tentative d'une organisation plus complète du parti catholique et contre-révolutionnaire, opposant club à club, tribune à tribune, et déchaînant sur Strasbourg et sur l'Alsace, si agités déjà, toutes les horreurs de la guerre civile, au moment précis où l'attitude des puissances étrangères commençait à inspirer des craintes sérieuses aux patriotes.

Pour nous, qui étudions aujourd'hui les choses à distance, ces craintes peuvent paraître exagérées, quand nous considérons quels faits leur donnèrent naissance ; mais il ne faut point oublier dans quel état d'excitation continuelle se trouvait alors l'esprit public. Voici donc ce qui avait motivé les inquiétudes et les soupçons du parti constitutionnel : Dans la journée du samedi, 15 janvier, quinze citoyens catholiques avaient fait au Bureau municipal la notification, exigée par le décret du 14 décembre 1789, sur les réunions publiques, de leur intention de s'assembler paisiblement et sans armes, le lendemain, dimanche, à deux heures de relevée, dans la chapelle du Séminaire. Ils avaient déclaré verbalement qu'on discuterait dans cette réunion la circonscription des paroisses, et qu'on rédigerait une adresse, soit au Roi, soit au Corps législatif, à ce sujet.

Le lundi matin, le maire, qui n'avait encore reçu que des renseignements assez vagues sur la réunion de la veille, recevait une seconde notification de la part des mêmes citoyens, portant que ladite assemblée serait continuée le jour même, à une heure, au Séminaire, la pétition n'ayant pu être achevée. Le Bureau municipal enregistra cette déclaration, conformément à la loi, mais le maire fit observer en son nom aux commissaires de la réunion qu'ils étaient responsables des décisions qui seraient prises ; qu'on avait le droit de réclamer communication de leurs procès-verbaux, et qu'on espérait d'ailleurs de leur attachement à leur devoir qu'ils ne délibéreraient pas sur des objets proscrits par la loi.

Peu après le départ de ces délégués, deux dépositions furent faites, l'une au procureur de la commune, l'autre au secrétariat de la Mairie, constatant qu'une grande fermentation régnait dans la réunion du Séminaire et que les délibérations y avaient porté sur des matières directement contraires aux décrets de l'Assemblée Nationale. Sur le vu de ces pièces, M. de Dietrich fit convoquer immédiatement le Conseil général de la commune, pour lui faire part de ses appréhensions. On décida de mander immédiatement à la barre le président, Jean-François Mainoni, marchand-épicier dans la Grand'Rue, à l'enseigne de l'*Aigle Noir*, et le premier secrétaire, Jean-Nicolas Wilhelm, homme de loi, afin de les interroger à ce sujet. Au moment où ils arrivaient à l'Hôtel-de-Ville, le secrétaire du conseil donnait lecture d'une troisième notification, émanant de l'assemblée du Séminaire. Se disant „composée de la presque totalité des citoyens catholiques" de Strasbourg, elle avait arrêté „qu'elle aurait dorénavant des séances régulières, tous les dimanches et jeudis, à une heure", assurant d'ailleurs qu'elle „s'occupait surtout à maintenir la paix, l'union et le bon ordre." En d'autres termes, l'assemblée des catholiques du Séminaire, toute fortuite d'abord, entendait se transformer en club politique, comme il en existait alors des milliers dans le royaume.

Le maire, ayant courtoisement fait prendre place au bureau aux personnages cités devant le conseil, demanda tout d'abord communication des procès-verbaux de la réunion, afin qu'on pût se rendre compte de l'esprit qui y avait régné. Mainoni répondit, non sans embarras, que celui de la première séance avait seul été rédigé, que celui de la seconde n'était pas encore mis au net. Le secrétaire Wilhelm dut partir alors pour produire au moins la pièce existante, mais il resta si longtemps absent qu'on envoya l'un des sergents de la municipalité à sa recherche pour le ramener avec son procès-verbal. Quand ce dernier fut lu, on constata qu'il ne mentionnait absolument que la nomination d'un président et de ses assesseurs. De l'objet des débats, pas un mot. Il était évident qu'on cachait quelque chose ; il y avait donc quelque chose à cacher. Vivement interpellé, le président Mainoni dut avouer „qu'il y avait été question ensuite de laisser tout ce qui concerne la religion, notamment les paroisses et le culte, sur l'ancien pied", et qu'à la séance de ce jour on avait arrêté de présenter à ces fins une adresse au Roi Très-Chrétien, un mémoire au Département, et une lettre au Pape, pour le prier de faire part aux catholiques de Strasbourg de sa manière de voir sur le serment imposé aux ecclésiastiques (1). Il dit encore qu'on avait décidé de continuer les séances „pour délibérer sur des objets relatifs à la conservation de la religion." Le secrétaire Wilhelm ajoutait, pour pacifier les esprits, que les séances seraient publiques et que les citoyens de tous les cultes pourraient y venir.

Après cet exposé des faits, qui ne s'était produit qu'avec quelque répugnance, le procureur de la Commune prit la parole. La loi du 26 décembre 1780 porte, dit-il en substance, que toutes les personnes ecclésiastiques ou

---

(1) La *Lettre des citoyens catholiques de Strasbourg à N. S. Père le pape Pie VI* (s. lieu ni date, 4 p. in-4º), signée Wilhelm, et datée du 19 janvier, fut imprimée à part et répandue dans les deux langues en nombreux exemplaires. Elle est d'ailleurs rédigée en termes nullement hostiles dans la forme au gouvernement. Mais c'était le fait même de la correspondance avec un souverain étranger que frappait la loi.

laïques qui se coaliseront pour combiner un refus d'obéir aux décrets seront poursuivies comme perturbateurs du repos public. Il priait en conséquence le Conseil général de retirer aux membres de l'association du Séminaire le droit de s'assembler désormais, „sauf aux dits membres à se réunir pour délibérer sur tout autre objet non contraire à la loi." Il proposait en outre d'envoyer un courrier à l'Assemblée Nationale pour lui faire part des faits qui venaient de se passer à Strasbourg. Après une courte discussion, le Conseil général de la Commune décidait en effet d'envoyer un exprès à Paris pour solliciter l'envoi de commissaires dans le Bas-Rhin, afin d'y faire mettre à exécution les décrets de l'Assemblée sur la Constitution civile du clergé ; en attendant les instructions demandées à Paris, l'assemblée du Séminaire était autorisée provisoirement à continuer ses séances, à charge des particuliers qui la composent „d'être responsables des événements qui pourront résulter de leurs délibérations." En même temps on décidait de demander à la Constituante que le nombre des paroisses de la ville et de la citadelle resterait le même ; c'était montrer aux catholiques qu'on entendait protéger leurs droits dans la mesure du possible.

Au moment où le Conseil général prenait ces décisions, que l'on ne saurait qualifier d'illibérales, un nouvel incident se produisit, qui devait singulièrement envenimer les choses. Un membre de la Société populaire, le négociant Michel Rivage, qui assistait à la séance, se présenta tout à coup à la barre, demandant à faire une communication d'importance, intéressant l'ordre et la tranquillité publique. „Vu les circonstances", le maire lui donna la parole. Il raconta alors, pour employer ses propres expressions, „la démarche indécente que quelques habitantes de cette ville se sont permises ce matin, en allant porter un écrit de caserne en caserne", et pria le Conseil général de mander par devers lui ces dames pour les interroger et connaître les instigateurs de cette étrange et coupable démarche. En même temps qu'il mettait sa dénonciation par écrit, on apportait en séance un exemplaire de la pièce dénoncée, expédiée par M. de Klinglin, commandant des troupes de ligne, à M. de Dietrich.

Voici en effet ce qui s'était passé : Trois voitures chargées de dames appartenant à la bonne société catholique, et députées, disait la rumeur publique, par six cents autres, réunies à cet effet, étaient parties de l'hôtel du département; à la tête de ces dames se trouvaient Mme Poirot en personne et Mme Mainoni, la femme du président de l'assemblée du Séminaire. Elles s'étaient fait conduire au quartier de Royal-Infanterie, y avaient demandé l'adjudant Migniot, et quand il s'était présenté à la portière du carrosse, les occupantes, fort excitées, lui avaient demandé protection pour la religion catholique et remis des paquets d'imprimés à distribuer parmi ses camarades. L'adjudant s'était empressé de les porter à ses supérieurs, et ces dames n'avaient pas été plus heureuses dans les autres casernes. Elles coururent même grand risque d'être maltraitées par les soldats, gagnés à la cause populaire, et l'on nous raconte — espérons que le bruit était faux — qu'au poste de la place d'Armes on avait déjà préparé des verges pour les fouetter, si elles avaient passé par là (1).

C'était donc, en somme, une équi-

---

(1) *Geschichte der gegenw. Zeit*, 19 janvier 1791.

pée ridicule et manquée, mais qui n'en contribua pas moins à échauffer les esprits.

Le Conseil général se sépara, le 17 au soir, après avoir approuvé une „proclamation à tous les citoyens amis de la religion, de la loi et de l'ordre", qui recommandait le calme et la concorde. Les catholiques s'étant plaint de ce que les protestants s'exprimaient d'une façon blessante sur leur compte, le maire pria les pasteurs de travailler tout spécialement à l'apaisement des esprits, et pour répondre à ce vœu, Blessig, le plus éloquent et le plus populaire d'entre eux, rédigea le lendemain une brochure allemande „Les protestants de Strasbourg à leurs frères catholiques", pour témoigner du bon vouloir de ses coreligionnaires. Mais ce même jour aussi, la Société des amis de la Constitution, réunie sous la présidence de Le Barbier de Tinan, votait l'envoi d'une adresse au Conseil général, pour réclamer la révocation de la permission provisoirement accordée à la Société des catholiques romains — c'est ainsi qu'elle s'appelait maintenant elle-même — de continuer ses séances. Elle décidait en outre de dénoncer à l'Assemblée Nationale les femmes sorties du département pour répandre parmi les troupes des écrits insidieux et contraires aux lois. Enfin des délégués spéciaux devraient déclarer aux divers corps de la garnison „que la façon dont ils ont reçu ces dames fait autant honneur à leurs mœurs qu'à leur patriotisme".

D'autres esprits, moins enflammés, se contentèrent de décocher des épigrammes plus ou moins spirituelles contre l'immixtion du beau sexe dans les luttes politiques. Il circula en ville une „Chanson sur les extravagances catholiques du beau sexe de Strasbourg", à chanter sur l'air de *Calpidgi*, qui commençait ainsi :

>Quelle est donc cette bande joyeuse ?
>Ce sont des dames scrupuleuses,
>Qui s'en vont en procession
>Epauler la religion (*bis*),
>Et dans ce pieux exercice
>Les vieilles, jeunes et novices
>Vont demander soulagement
>A messieurs du département.

Bien que la pièce soit rare, il nous serait impossible d'en citer la plupart des couplets, un peu trop lestement troussés à la hussarde, pour prendre place autre part que dans un *Recueil de chansons historiques strasbourgeoises* qui se fera peut-être quelque jour. On ne se borna point à des chansons. Les soldats, encouragés par les allocutions des patriotes irrités et par la licence générale qu'on ne réprimait guère dans les rangs de l'armée, allèrent, dans la nuit du 19 au 20 janvier, donner une sérénade aux principales d'entre les ambassadrices cléricales, accompagnés de la musique du corps d'artillerie, et chantèrent sous leurs fenêtres le *Ça ira* et une autre chanson, sans doute populaire à ce moment: *Où allez-vous, Monsieur l'abbé?* Le lendemain encore, mis sans doute en verve par ce premier exploit, des députations des régiments circulaient en ville, distribuant chez ces dames des cartes de visite, avec enjolivement d'épigrammes. Elles „sentaient le corps de garde" (1), de l'aveu d'un des journalistes les plus zélés à suivre la campagne contre cette manifestation féminine, et qui eut à en souffrir personnellement de son activité patriotique un peu trop intempérante, Mme Mainoni lui ayant intenté un procès en diffamation, dont nous ignorons d'ailleurs l'issue (2).

---

(1) « *Im Grenadierton geschrieben.* » *Gesch. der gegenw. Zeit*, 21 janvier 1791.

(2) Simon, le rédacteur en chef de la *Geschichte der gegenwärtigen Zeit*. Nous devons

Dans la séance du Conseil général de la Commune, tenue deux jours plus tard, le 20 janvier, à 9 heures, M. de Dietrich commença par annoncer que la municipalité avait dénoncé les séditieuses à l'accusateur public; puis il donna lecture de plusieurs dépositions et témoignages, recueillis dans l'intervalle, et qui donnaient aux assemblées du Séminaire un tout autre cachet que celui d'une inoffensive réunion occupée à débattre „la circonscription des paroisses". Il y était dit que le sieur Wilhelm, secrétaire de la Société, avait déclaré à la tribune que la religion était en danger, et qu'il fallait envoyer un pressant appel aux curés des villages

---

dire d'ailleurs, pour avoir parcouru, la plume à la main, tous ces journaux de Strasbourg, que leur ton, sans être toujours poli (il est parfois brutal), n'offre rien de semblable aux attaques vraiment ignobles que nous aurons à signaler tantôt contre la vie privée des adversaires, dans les pamphlets contre-révolutionnaires, rien de cet art savamment perfide de déshonorer sans scrupule un adversaire politique ou religieux, que nous constatons dans la presse bien pensante ou révolutionnaire de nos jours. C'était alors l'enfance de l'art, et d'ailleurs l'exiguité seule de leur format (4 pages petit in-4º) aurait obligé nos feuilles locales à n'être au fond que des recueils de faits divers.

catholiques voisins. Puis l'ancien notable Ditterich, professeur à l'Université épiscopale, s'était, à son tour, dans un discours pathétique, lamenté sur les persécutions qui menaçaient la foi, et avait déclaré parjures et dignes du mépris de leurs ouailles tous les prêtres qui prêteraient le serment. Nous savons même que plusieurs des plus exaltés proposèrent de réclamer (auprès des puissances garantes?) l'exécution stricte des traités de Westphalie et de faire ainsi appel à l'étranger. Ce détail, qui, mieux que tout le reste, marque la surexcitation des esprits dans cette réunion du Séminaire, fut, il est vrai, soigneusement dissimulé dans les dépositions des citoyens appelés à la barre, mais il est avoué par un des pamphlets contre-révolutionnaires les plus haineux, écrits à ce moment, le *Junius Alsata* (1).

Des faits plus graves encore furent allégués. Un nommé Kætzel, de Gambsheim, vint attester qu'un émissaire de la réunion catholique était venu, le mardi, 18, à 5 heures du matin, dans son village, situé à quelques lieues de

---

(1) Junius Alsata aux membres des départements, districts et municipalités du Haut- et Bas-Rhin. S. l. 1791, p. 13.

Strasbourg, pour appeler les habitants au secours de leur religion, menacée à Strasbourg. On affirmait que quatre-vingt-trois villages de l'évêché s'étaient clandestinement coalisés pour prendre les armes au premier signal, et toute part faite à l'exagération naturelle de ces temps troublés, ce que nous verrons plus tard, rend très probable l'existence de conciliabules destinés, dès ce moment, à s'opposer à l'exécution des lois sur le clergé.

Une discussion des plus vives s'engage alors au sein de la représentation municipale. Les uns plaident la théorie répressive, les autres parlent en faveur de la liberté, même pour ceux qui en abusent; on se croirait transporté dans une des enceintes législatives où se discutent encore aujourd'hui ces graves problèmes. La discussion durait encore, quand on apporta dans la salle un factum imprimé, *Avis au public*, que l'assemblée du Séminaire venait de mettre au jour. Cet *Avis* contient en appendice deux pièces, une *Adresse au Roi*, qui lui demande de suspendre la Constitution civile du clergé, une *Lettre à N. S. P. le pape Pie VI*, qui l'interroge sur la valeur du serment imposé aux ecclésiastiques fonctionnaires publics et promet d'obéir à sa décision souveraine.

La production de cette pièce fit pencher la balance du côté de la rigueur. La majorité du Conseil trouva séditieuse une adresse qui s'opposait à la mise en vigueur des lois du royaume, sanctionnées par le roi, et plus encore l'invitation adressée à un prince étranger à s'immiscer dans les affaires de la nation. Elle déclare par suite absolument défendues les réunions du Séminaire; elle intime au président et à ses assesseurs l'ordre de ne plus se réunir pour délibérer, même entre eux seuls, et les prévient que la force publique sera mise en mouvement pour empêcher toute tentative semblable. Le Directoire du département et celui du district seront avertis de ce qui s'est passé et priés d'employer toute leur influence pour calmer l'agitation suscitée dans les campagnes. Une députation, composée de six membres, dont un seul protestant, leur est envoyée à cet effet.

On peut se figurer quelle dut être, de part et d'autre, la surexcitation de nos bourgeois, réactionnaires ou constitutionnels, quand ils entendirent battre la générale, quand ils virent amener des canons sur les principales places publiques, accourir les députations des gardes nationales de Schiltigheim, Westhoffen, Wasselonne, et autres communes patriotiques, mettant leurs bayonnettes à la disposition des autorités municipales.

Les adversaires de la Constitution civile du clergé ne se tinrent pas néanmoins pour battus. Le soir même du 20 janvier, une députation de la „Société romaine-catholique-apostolique" présentait au bureau municipal une pétition nouvelle pour obtenir le droit le se réunir, offrant de réviser les adresses incriminées et d'en effacer tout ce qui pouvait leur donner une apparence de révolte. Ce motif, allégué fort habilement, ne put convaincre la municipalité. Elle répondit que la loi ne connaissait pas de *Société romaine-catholique-apostolique*, mais seulement des *citoyens*, sans distinction de culte, et qu'elle ne pourrait répondre qu'à une association qui n'afficherait pas ainsi ses tendances confessionnelles. „Qu'à cela ne tienne, répondirent les catholiques; nous changerons de nom." Et dès le 22 janvier, douze citoyens déposaient à la mairie une notification, portant qu'ils „sont „dans l'intention de former une société „paisible et tranquille, que la loi auto-

„rise, qu'ils verront avec plaisir MM. les „officiers municipaux honorer les séan„ces de leur surveillance, et qu'ils ont „fait choix du Poêle des Charpentiers „pour y tenir leurs assemblées sous le „nom d'*Amis de l'Union,* le mardi et le „samedi de chaque semaine."

Le même jour encore, le Conseil général leur donnait acte de leur déclaration; il ne leur refusait pas la permission d'user d'une liberté constitutionnelle, „mais, attendu le dommage dont a menacé récemment la chose publique une société, qui, après avoir invoqué la loi pour se former, s'est bientôt permis d'attaquer la loi-même", il rendait personnellement responsables les signataires de tous les événements qui pourraient arriver de leur réunion, et enjoignait au corps municipal de faire surveiller la nouvelle société de très près.

Le tribunal du district, saisi par réquisitoire de M. François-Joseph Krauss, accusateur public, ne se montra pas fort sévère non plus contre MM. Mainoni et Wilhelm, accusés „d'un mépris trop marqué pour la loi." Sur le rapport du juge, M. Louis Spielmann, le tribunal, considérant l'imprimé *Avis au public* „comme une démarche illégale, d'autant plus répréhensible qu'elle peut compromettre la tranquillité publique", déclarait que cet écrit serait et demeurerait supprimé comme dangereux, et que tous les citoyens seraient tenus de rapporter au greffe les exemplaires déjà distribués. Défense était faite d'en colporter ou vendre aucun exemplaire. Pour le surplus, M. Louis Zæpffel, juge, est chargé d'en informer et de faire plus tard le rapport qu'il appartiendra.

Mais la Société des Amis de l'Union n'était pas destinée à vivre plus longtemps que son aînée. Le 24 janvier, au moment où le Conseil général de la commune allait lever la séance, on introduisit dans son sein le procureur-syndic du district qui venait l'alarmer par la perspective de dangers nouveaux. Il avait reçu la visite des sieurs Belling et Widenlœcher, maire et procureur de la commune de Molsheim, arrivés en toute hâte pour lui faire part de l'état d'esprit de leurs administrés. Des instigateurs, envoyés „par les gens du Séminaire, renaissant de leurs cendres sous le nom captieux de Société de l'Union", avaient provoqué à Molsheim une véritable levée de boucliers contre les décrets de l'Assemblée Nationale. Les ultras de la vieille ville épiscopale avaient forcé par leurs menaces les officiers municipaux eux-mêmes à signer les protestations envoyées de Strasbourg, etc. (1).

A l'audition de ce rapport, le Conseil général décida, séance tenante, que le Poêle des Charpentiers serait fermé, et la Société suspendue jusqu'à l'arrivée des commissaires de l'Assemblée Nationale, dont la municipalité avait instamment demandé la venue.

On peut juger de l'irritation des chefs du parti catholique de Strasbourg par un curieux pamphlet, imprimé, comme toutes ces pièces, sans indication de lieu, ni nom d'imprimeur, et contenant une soi-disante *Lettre écrite de Pont à-Mousson*, dont l'auteur demande à son correspondant ce qui se passe dans notre cité. L'ami répond de Strasbourg, à la date du 25 janvier: „Si vous arriviez en ce moment, ne rencontrant que des patrouilles, voyant toutes les avenues hérissées de bayonnettes, le canon braqué sur la place d'Armes, des postes d'observation sur la plate-forme de la Cathédrale, vous diriez que vos conci-

---

(1) Nous devons faire observer que ce maire, Belling, loin d'être un *patriote* fougueux, fut plus tard accusé de connivence avec les non-jureurs.

toyens ont réellement échappé aux horreurs d'une guerre civile…" Et cependant quelle a été la cause innocente de tout ce tumulte? „Nos concitoyens catholiques se sont réunis pour rédiger des adresses à l'Assemblée Nationale et au roi, aux fins de conserver leurs paroisses et tous les ornements nécessaires à la majesté de leur culte."

On a vu par ce qui précède qu'on s'était occupé de bien autre chose encore au Séminaire. C'est ce qu'avoue d'ailleurs le pamphlétaire anonyme en ajoutant: „Dans le premier mouvement de leur zèle irréfléchi, ces citoyens se sont permis dans leurs délibérations, qui ont été imprimées, des réflexions très hasardées sur les décrets… A l'instant M. le maire a crié à la coalition… On a imaginé de faire courir le bruit que passé 80 communautés se disposaient à entrer en ville pour massacrer les luthériens. Le maire a fait le même roman à l'Assemblée Nationale… Chacun se regarde et se demande ce que cela signifie; on se demande si le crédit dont M. le maire jouit, peut lui permettre de pareilles farces… Le fait est encore que si l'on avait quelque trouble à essuyer, on ne pourrait que l'attribuer à l'indignation qu'excitent depuis longtemps parmi les catholiques, les réflexions indécentes, les calomnies atroces, l'insolence peu commune des trois gazetiers luthériens, les sieurs Salz(mann), Mey(er) et Sim(on), véritables brigands, que depuis six mois les luthériens sages auraient dû faire périr eux-mêmes sous le bâton."

Disons encore, pour n'avoir plus à revenir sur ce sujet, que la *Société des Amis de l'Union* fit une dernière tentative pour sauver son existence, quand les commissaires royaux furent effectivement arrivés en Alsace. Quelques notables se firent recommander à eux par leurs amis du Directoire du département, et leur présentèrent une requête tendant à lever la suspension provisoire de leurs séances. Mais les représentants du roi ne firent pas bon accueil à cette demande. „Reconnaissant, d'après les propres termes de la pétition, que la Société qui demande à se former est la même qui est provisoirement interdite par la commune et le district" et „considérant que cette reproduction d'un délit, qui a été déjà poursuivi, est un outrage direct à la loi", ils refusèrent non seulement d'accorder l'autorisation demandée, mais saisirent encore de „l'exposé inconstitutionnel de ces citoyens" l'accusateur public du tribunal du district, afin qu'il le joignît au dossier de sa plainte „contre les ci-devant membres de la Société des catholiques-romains."

Ainsi se termina ce curieux épisode des luttes politico-religieuses de notre cité, que nous avons raconté avec quelque détail, parce qu'il est mal et peu connu, et qu'il permet de saisir sur le vif l'attitude et les dispositions des deux partis, qui vont s'entre-déchirer en Alsace. Les catholiques y ont le beau rôle ; ils invoquaient les libertés constitutionnelles, solennellement garanties à tous. Ils voulaient s'en servir — cela est incontestable pour tout esprit impartial — pour attaquer les lois et pour battre en brêche les pouvoirs constitués. Mais cela était à prévoir dès l'abord, et leur attitude hostile n'aurait pas dû effaroucher à ce point les partisans de l'Assemblée Nationale, qu'ils succombassent à la tentation de supprimer la liberté des uns pour garantir le respect de l'autre. Ils auraient pu se souvenir du mot de l'historien romain qu'il faut toujours préférer une liberté, même périlleuse, à la tutelle du pouvoir, imposée dans les intentions les plus pures. Que gagnait-on d'ailleurs à la suppression des associations catholiques? La municipalité aurait plus facilement surveillé des menées ouvertes ; elle n'empêchait pas, à coup sûr, les menées souterraines qui reprirent de plus belle. Par sa manière d'agir, elle donnait au contraire aux catholiques le droit de se proclamer victimes de l'arbitraire, de se dire plus maltraités que tous les radicaux et jacobins du royaume. Sans doute, il est toujours difficile, et surtout en temps de révolution, de maintenir les esprits récalcitrants, sans paraître sortir soi-même de la légalité. Mais tout était préférable à la violation, au moins apparente, d'un droit reconnu par l'Etat, puisque elle permettait aux pires ennemis de toute liberté véritable, à ceux qui ne l'ont jamais voulue sincèrement que pour eux seuls, de se poser en martyrs de la liberté pour tous.

X.

Pendant les quelques jours qui séparèrent les débats orageux, relatés tout à l'heure, de la dissolution définitive de l'Association catholique, les autorités du département, du district et de la cité avaient également pris en main la question du serment civique. Elle était de la dernière urgence, car l'Assemblée Nationale, obtempérant au vœu du Conseil général de la commune, avait demandé au roi, dans sa séance du 20 janvier, l'envoi immédiat de trois commissaires spéciaux en Alsace, afin d'y calmer l'effervescence des esprits et d'y faire observer les lois.

Il importait que les représentants de l'autorité suprême pussent, dès leur arrivée, constater que tout au moins les autorités municipales n'étaient point récalcitrantes. Aussi le maire adressa-t-il à chacun des ecclésiastiques, fonctionnaires publics à Strasbourg, un exemplaire de l'arrêté du 15 janvier, avec une lettre circulaire, réclamant une réponse immédiate. Mais dans la séance du Conseil, tenue le 22 janvier suivant, M. de Dietrich était obligé d'avouer que les réponses reçues étaient fort peu satisfaisantes. Un très petit nombre d'ecclésiastiques avait consenti à prêter le serment, et encore en l'entourant de réserves et de restrictions que la loi défendait d'accepter. Plusieurs avaient cru devoir immédiatement publier leur réponse. Le plus remarquable peut-être de ces écrits, tant par l'habile modération dans la forme que par son ton digne et résigné, était la *Réponse de Joseph-Charles-Antoine Jæglé, curé de Saint-Laurent de la Cathédrale, à la lettre de M. le maire*, etc. (1). Il y déclarait ne pas pouvoir, en conscience, adhérer aux décrets, sans déplaire à son Dieu, ne reconnaître que le cardinal de Rohan pour son évêque, et proclamait d'avance la nullité radicale de tous les actes ecclésiastiques de son successeur éventuel.

Une adhésion se produisit cependant à la séance du 22 janvier. On y donna lecture d'une lettre de l'abbé Brendel, professeur de droit canon à l'Université catholique et membre du Conseil général de la commune, qui annonçait être prêt à obéir à la loi, et faisait remarquer seulement qu'il avait déjà prêté le serment constitutionnel en substance, lors de son installation comme notable, en novembre dernier. Ce n'est pas sans une certaine hésitation que Brendel avait pris son parti, car on affirme (sans que nous ayions pu vérifier le fait) qu'il s'était joint d'abord à ses collègues universitaires pour repousser la Constitution civile du clergé.

---

(1) S. l. ni nom d'impr., 4 p. 4º.

Le conseil de la Commune fut si satisfait de cette adhésion presque inespérée qu'il décida sur-le-champ de faire exprimer à Brendel, par une députation de quatre membres, toutes ses félicitations sur ce „qu'il avait donné l'exemple honorable et glorieux de la soumission à la loi." Il fixa en même temps la prestation du serment au lendemain même, dimanche, 23 janvier, afin qu'on pût connaître enfin, d'une façon nette et précise, les amis et les ennemis de la Constitution nouvelle.

Ce jour même, un personnage que nous avons déjà nommé, que nous nommerons souvent encore, l'un des types les plus originaux de ce temps, fantasque, excentrique, craint de ses amis plus encore que de ses adversaires, mais au demeurant assez sympathique à cause de son courage et de sa franchise, le chanoine Rumpler, en un mot, avait essayé de concilier les éléments inconciliables en dressant une formule de serment que la municipalité consentait à recevoir comme annexe au procès-verbal officiel (1),

---

(1) Formule d'une déclaration dont le projet a été conçu par un prêtre vertueux, fonctionnaire de la Commune, etc. S. l. ni nom d'imprim., 3 p. 8º.

mais qui ne put être employée, puisque les ecclésiastiques récalcitrants en exigeaient l'insertion dans le procès-verbal lui-même.

En publiant quelques jours plus tard cette pièce désormais inutile, pour constater ses tentatives civiques, l'abbé Rumpler ajoutait : „Il est à présumer d'après cela que l'éloignement de ces messieurs pour tous les moyens propres à maintenir l'ordre et la paix, sans compromettre la religion, ne part nullement du fond de leur cœur, et que c'est plutôt l'effet de quelque impulsion *étrangère*." Il voulait désigner par là les efforts de plus en plus fructueux du cardinal de Rohan pour hâter la crise religieuse et politique en Alsace, et bientôt il put constater lui-même avec quelle docilité l'on obéissait dans les cercles bien pensants à cette influence étrangère. Pour avoir voulu jouer le rôle malencontreux de conciliateur, il fut mis à l'index dans les sociétés qu'il fréquentait de préférence. Il nous a donné, dans une nouvelle brochure, une description bien amusante de ses mésaventures chez M. de Martigny, ci-devant doyen de Saint-Pierre-le-Vieux, chez Mme de Loyauté, Mme de Pithienville, femme du major de la place, et autres dévotes aristocratiques de Strasbourg (1).

Pendant la nuit du samedi au dimanche, les postes de la garnison et de la garde nationale furent partout sous les armes, et les libations des défenseurs de l'ordre et de la loi durent être nombreuses, car ils affirmèrent le lendemain avoir vu apparaître les trois couleurs nationales sur la face de la lune. Ce ne furent pas, dit naïvement un journal, quelques sentinelles isolées, mais des chambrées entières qui constatèrent ce miracle constitutionnel : un cercle d'un rouge intense, puis un autre d'un bleu sombre autour du noyau, d'une blancheur argentée, de l'astre nocturne (2). Et l'estimable gazetier d'ajouter que „troupes de ligne et gardes nationaux avaient été touchés jusqu'aux larmes à l'aspect de cette lune patriotique, transformée en une gigantesque cocarde nationale."

Après tout ce que nous venons de dire sur la situation des esprits à Strasbourg, on ne s'étonnera guère en voyant

---

(1) Lettre au rédacteur de la *Chronique de Strasbourg*. S. l. ni nom d'impr., 7 p. 8".

(2) C'était, on le sait, la disposition primitive de la cocarde tricolore.

le rôle prépondérant joué par la force militaire dans la cérémonie plus ou moins religieuse du lendemain. Quelle différence entre cette prestation de serment à la Constitution civile du clergé et l'enthousiasme qui avait enflammé les cœurs lorsqu'on avait prêté, le 14 juillet, d'une bouche unanime, le serment patriotique dans la plaine des Bouchers! Aujourd'hui l'aspect des rues était morne; sur les principales places de la ville on avait amené des canons, on les avait chargés à mitraille devant les curieux; évidemment la municipalité craignait des mouvements populaires, soit de la part des habitants même de la ville, soit de celle des paysans catholiques du dehors.

Ce fut entouré de bayonnettes que le corps municipal se rendit à l'église Saint-Louis, dont le curé Valentin avait, seul de tous les titulaires de Strasboug, fait connaître son intention de prêter le serment. Après l'avoir reçu, le cortège se rendit à la citadelle, dont le curé, le Père capucin Ambroise Hummel, avait, il est vrai, fourni une réponse semblable, mais qui s'en repentit au dernier moment. Car il ajouta, paraît-il, quelques restrictions à mi-voix, lorsqu'il prononça la formule du serment à l'autel, et le greffier n'ayant pas voulu les insérer au procès-verbal officiel, dressé dans la sacristie, il écrivit le lendemain une lettre au maire, qui fut répandue à profusion dans la ville et les campagnes, et dans laquelle il rétractait solennellement son serment, „le cœur navré de douleur", et le déclarait nul et non avenu. On peut suivre chez cet humble capucin tout le développement, pour ainsi dire, du drame psychologique qui a dû se passer alors dans l'âme de milliers de prêtres. Ils sont tiraillés en sens contraire par leurs devoirs ecclésiastiques et le désir de conserver leur place au milieu de leurs ouailles, par l'obéissance à leurs supérieurs hiérarchiques et la peur du châtiment céleste d'une part, par leurs sentiments de citoyen d'autre part et la crainte des punitions légales, de l'exil et de la misère. Comme aux plus sombres jours du moyen âge, où s'était déroulée la grande lutte entre l'Empire et la Papauté, nous voyons reprendre le duel gigantesque entre le pouvoir civil et le pouvoir religieux et les peuples, comme les individus, en devenir les victimes.

Quelques bons plaisants pouvaient bien imaginer une transaction bouffonne entre l'Ancienne et la Nouvelle Loi, témoin le feuille volante, rarissime, imprimée alors à Strasbourg, qui présente un sens bien différent selon qu'on en lit le contenu en une colonne, de gauche à droite, ou bien en deux colonnes, de haut en bas, et qui paraîtra peut-être curieuse à nos lecteurs ; la voici :

Serment civique
à deux faces
trouvé chés un frippier, dans la poche d'un habit, acheté à l'encan d'un impartial.

A la nouvelle Loi	je veux être fidèle,
Je renonce dans l'âme	au régime ancien,
Comme article de foi	je crois la Loi nouvelle,
Je crois celle qu'on blâme	opposé à tout bien.
Dieu vous donne la paix,	Messieurs les démocrates,
Noblesse désolée,	au diable allez-vous en ;
Qu'il confonde à jamais	tous les aristocrates,
Messieurs de l'Assemblée	ont seuls tout le bon sens.

En réalité aucune transaction n'était plus possible, puisqu'il fallait prendre immédiatement et définitivement parti pour l'Assemblée Nationale ou le pape.

On a vu dans quel sens l'immense majorité du clergé catholique de Strasbourg s'était prononcée. Le parti contre-révolutionnaire aurait dû être ravi des résultats obtenus, puisqu'un si faible contingents „d'apostats" avait seul osé rester fidèle aux lois de la patrie. Mais ce serait mal connaître les partis extrêmes que d'attendre jamais d'eux qu'ils apportent quelque bon sens, même en leurs triomphes. Ce qu'on entendit chez lui furent bien moins des cris de joie que des imprécations contre les quelques prêtres qui se détachaient de la masse compacte du clergé refusant le serment. C'est qu'on avait compté d'abord sur une abstention complète, sur une grève totale, amenée par l'unanime coalition de tous les laïques et les ecclésiastiques fidèles. Et maintenant l'on voyait que non seulement de nombreux laïques désertaient la bonne cause, mais que des théologiens même comme Brendel, un homme qui pourtant, depuis vingt ans, enseignait le droit canon à tous les prêtres du diocèse, déclaraient ne rien voir de contraire à la foi religieuse dans la Constitution civile du clergé. Une pareille attitude, le langage d'un Rumpler, la conduite d'un Gobel, évêque *in partibus* de Lydda, et député de l'Alsace, faisaient craindre des défections nouvelles, et avivaient les haines religieuses dont nous allons voir éclater tout à l'heure les explosions violentes.

Le 27 janvier 1791, les trois commissaires du Roi, délégués dans les départements du Rhin, arrivaient à Strasbourg, vers quatre heures du soir. C'étaient MM. J. J. Foissey, premier juge au tribunal de Nancy, plus tard membre obscur de l'Assemblée législative ; Mathieu Dumas, ancien adjudant de La Fayette, directeur du Dépôt de la guerre, et plus tard comte de l'Empire ; Jean-Marie Hérault-de-Séchelles, commissaire du Roi près le tribunal de cassation, le futur conventionnel, ami de Danton, avec lequel il périt sur l'échafaud. Toutes les cloches étaient en branle et les drapeaux tricolores flottaient sur les tourelles de la Cathédrale quand la voiture des représentants, escortée par la garde nationale de Wasselonne, d'Ittenheim et de Schiltigheim, fit son entrée en ville et s'arrêta à l'ex-Hôtel du Gouvernement de la province. Les députations de la Municipalité, du District, de la Société populaire les y attendaient, mais MM. du Département s'étaient tous fait excuser pour cause de maladie. „Oui, c'est vrai, disait une feuille locale ; ils sont tous malades ; espérons que l'énergie de MM. les commissaires saura les guérir !"

L'arrivée des représentants de l'autorité monarchique constitutionnelle irrita les représentants de l'ancien régime jusqu'à la folie. Ce mot n'est pas trop fort quand on parcourt certains pamphlets anonymes, publiés alors soit en français, soit en allemand, et qui prêchent non seulement la désobéissance et la révolte, mais l'assassinat. Dès leur arrivée, les commissaires avaient fait afficher une proclamation, datée du 30 janvier 1791, et qui faisait appel à l'obéissance de tous les citoyens à la loi, promettant d'ailleurs „le plus profond respect pour la religion et ses dogmes" et s'engageant à „remplir avec ardeur le ministère de paix et de surveillance dont un citoyen couronné a daigné revêtir des citoyens pleins de zèle." Voici comment on répondait dans le parti des ultras à ces paroles conciliantes. Prenons d'abord une brochure intitulée *Coup d'œil alsatien sur la lettre des Commissaires*, etc. (1). Les commissaires du Roi y sont qualifiés de „jacobins auxquels il ne manque que la considération publique, que les qua-

---

(1) S. l. ni nom d'impr., 18 p. 8°. Pour cette pièce, comme pour beaucoup d'autres, le nombre de fautes d'impression dont elles fourmillent doit faire admettre une impression à l'étranger, soit à Kehl, soit à Offembourg, Ettenheim, etc.

lités qui obtiennent la considération" et „leur proclamation offre tout ce que le charlatanisme a d'impudence." On y parle de M. de Dietrich, en des termes également choisis ; c'est „le digne chef de ces barbares, l'âme de ces assemblées, le détestable agent des Jacobins, de ces monstres qui déchirent la France et qui la dévorent, un homme noté, taré, dénoncé à toute l'Europe, ce maire dont le nom sera désormais la seule injure, dont rougiront les plus grands scélérats "

Plus brutal encore est le ton d'une pièce analogue, *A MM. les trois dogues, attaqués d'une rage lente et arrivés en Alsace pour s'y faire guérir*, etc. (1). „Nos sollicitudes, y est-il dit aux trois dogues (les commissaires du Roi!), pour la guérison de vos chères santés sont sans bornes. Nous désirons ardemment qu'elles soient *exhaussées;* nous n'en désespérons pas. Jusqu'ici notre prudence nous a préservé du venin qui circule dans les veines de notre maire nommé Le Bœuf (2) à plus d'un titre."

---

(1) Imprimé dans la cave du maire de Strasbourg, février 1791, seconde année du règne de la rage, 2 p. 4º.

(2) Mme de Dietrich était une demoiselle Ochs, de Bâle.

Pour guérir les commissaires, il faut les faire fouetter d'abord par un vigoureux suisse, puis leur appliquer sur l'épaule un fer rouge marqué d'un V majuscule, premier voyelle d'un saint qui préside à la guérison de la maladie, etc., etc. Nous répugnons à transcrire la suite de cette rhapsodie, qui semble avoir servi de modèle à certaines polémiques contemporaines nées dans les mêmes milieux.

Un pamphlet allemand, *Bericht an alle Strassburger... welche in dieser Stadt das Jagdrecht haben* (1), n'y va pas par d'aussi longs détours. „Trois bêtes fauves, un lion, un tigre, un léopard, sont arrivées ici ; elles sont avides de carnage et de sang humain. Partout où elles ont passé, elles ont laissé des traces de leur cruauté naturelle... La rage éclate en eux, leurs yeux étincellent. leur bouche écume, leur langue distille le poison... Tous les bons chasseurs sont invités à se mettre en chasse... leur parcours journalier est déjà connu ; presque chaque soir ils se glissent de

---

(1) Une page 4°. En tête, comme dans les publications officielles, *Gesetz*, puis un prétendu article de loi : « Chaque propriétaire est autorisé à abattre ou faire abattre sur ses terres toute espèce de gibier quelconque. »

leur repaire dans le trou pestilentiel des Constitutionnels. On promet de la part du Comité de police un notable pourboire à qui délivrera la ville de ces trois bêtes immondes."

Nous préférons encore la prose de Junius Alsata (1), qui, toute perfide qu'elle est, témoigne du moins d'une certaine culture d'esprit, bien qu'elle soit inspirée par des passions également intransigentes. Ecoutez sur quel ton il s'adresse aux administrateurs de la cité : „Vous aussi vous ne craignez pas d'exiger de vos pasteurs un exécrable serment, vous aussi vous torturez leurs consciences. Tantôt vous ne rougissez pas de les entourer de séductions pour les faire succomber, tantôt vous leur permettez les restrictions que leur prescrit le devoir, mais votre déloyauté omet ces restrictions dans un (procès-) verbal infidèle et travestit des officiers publics en insignes faussaires, tantôt les menaces triomphant de la pusillanimité, et les bayonnettes extorquent ce serment. Partout vous tenez vos malheureux pasteurs en suspens entre l'apostasie et la faim, entre l'infamie et

---

(1) Junius Alsata aux membres des départements, districts, etc., 8º.

la mort... Il en est parmi vous qui ont bu jusqu'à la lie dans la coupe de la démagogie et se sont enivrés de toutes ses fureurs. Implacables destructeurs, tigres altérés de sang, sont-ils en état d'écouter la voix de l'honneur?... Mais il en est plusieurs dont j'entends vanter la prudence et les bonnes intentions. C'est-à-dire qu'on doit vous savoir gré de n'être pas des cannibales; mais n'est-ce pas un moyen perfide d'exécuter plus sûrement les lois de nos tyrans? Je vois ici, comme dans le reste de la France, les propriétés envahies, les fortunes renversées, la religion en pleurs, ses ministres persécutés et avilis... Quels plus grands maux pourriez vous faire si vous étiez imprégné de tout le venin des enragés?"

Le nouveau Junius fait appel, lui aussi, comme d'autres auparavant, à l'intervention étrangère. „Il est donc abrogé, ce traité, par la toute-puissante autorité de la toute-puissante Assemblée?... Soyez tranquilles, citoyens; il sera observé, ce traité, sinon de gré, du moins de force. L'Europe saura venger des traités solennels de l'injure qui leur est faite par d'impuissants décrets forgés dans l'ivresse et le délire."

Nous parlions tout à l'heure de la

retenue au moins relative de ce dernier pamphlet; cependant là, comme dans les autres, l'invective et la calomnie personnelle atteignent les dernières limites. Que dire, par exemple, de cet ignoble portrait de M. de Dietrich, la bête noire des fanatiques religieux et des réactionnaires d'alors, avant qu'il ne montât lui-même comme contre-révolutionnaire sur l'échafaud? Assurément on peut juger son rôle et son caractère de façons fort diverses; mais à quel degré le fanatisme politique et religieux devait-il posséder un homme pour qu'il pût tracer un pareil croquis du maire de Strasbourg :

„Un infâme surtout est ce vil insecte, qui doit la vie au souffle impur de Mirabeau. Séditieux comme lui, lâche et perfide comme lui, comme lui ingrat et parjure, comme lui livré par goût à une basse crapule, à un libertinage honteux, étranger à tout principe de morale, à tout sentiment religieux comme lui. S'il lui cède en talents, il l'égale en perversité.... Le pillage de l'Hôtel-de-Ville, la destitution d'honnêtes et vertueux magistrats, l'intrusion de sujets aussi méprisables que lui dans l'administration, la dilapidation des fonds publics, la ruine du commerce, la fuite de la noblesse, l'anéantissement de la religion, tels sont ses hauts faits. Ses moyens sont la corruption, l'intrigue, l'affectation d'une indécente popularité, l'espionnage et la délation. Hardi jusqu'à l'impudence, il accuse, il accuse encore ; sommé de fournir ses preuves, il recule en lâche et désavoue sans pudeur. Il serait trop redoutable sans la peur, qui monte en croupe et galope avec lui. C'est elle qui le rend bas et rampant ; c'est elle qui a dicté ses lettres infâmes... La peur n'est-elle pas toujours la compagne du crime ?"

Nous arrêterons ici ces extraits. Quelques-uns de nos lecteurs penseront même peut-être que nous nous y sommes attardé trop longtemps. On nous permettra de n'être pas de cet avis. Il faut être juste pour tout le monde ; il faut l'être surtout pour ceux qu'on sera forcément amené à condamner plus tard. Or, si l'on veut comprendre les pires excès de l'époque révolutionnaire, si l'on veut apprécier avec équité la conduite de ceux qui figurèrent dans ces scènes néfastes de notre histoire, il n'est pas permis de faire abstraction de ces provocations continuelles, de ces excitations à la guerre civile, et jusqu'à l'assassinat des autorités légales, qui devaient exaspérer le parti adverse et dont le résultat inévitable et fatal devait être la Terreur. Après avoir harcelé de toutes manières le taureau populaire, de quel droit vous plaignez-vous si la bête affolée vous renverse et vous écrase? Nous avons promis de parler avec respect et sympathie de ces prêtres qui, fidèles à leur foi, refusèrent le serment et souffrirent pour elle. Mais ce n'est pas aux tristes pamphlétaires anonymes, prêtres ou laïques, qui viennent de passer sous nos yeux, que nous rendrons jamais un pareil hommage ; instruments de haine religieuse et de discorde civile, ils ont été tout à la fois mauvais citoyens et mauvais chrétiens.

XI.

Dès le 28 janvier, M. de Dietrich, agissant sans doute par l'ordre des commissaires royaux, s'était adressé au cardinal de Rohan, en personne, pour le sommer de se déclarer d'une façon catégorique relativement à ses intentions futures, et pour l'avertir que l'on procéderait à l'élection d'un nouvel évêque s'il ne donnait sa réponse avant l'expiration des délais fixés par la loi. Le cardinal la tenait prête depuis longtemps, car, dès le 29, il envoyait d'Ettenheim une déclaration hautaine. Il s'étonnait qu'après sa lettre pastorale, suffisamment claire pourtant, on lui demandât des explications nouvelles, affirmait que ses décisions étaient immuables comme les principes de la Sainte-Eglise-catholique-romaine, et se félicitait de ce que ses subordonnés restassent, fermes comme lui, dans leur devoir et leur foi.

Il fallait donc procéder à la nomination d'un autre évêque pour le département du Bas-Rhin, appelé dorénavant à former à lui seul un diocèse. A vrai dire, c'est pour cette grave affaire surtout que l'Assemblée Nationale avait envoyé ses délégués à Strasbourg. Des curés, on allait en trouver un certain nombre, plus ou moins recommandables assurément, mais qui n'étaient pas, en somme, inférieurs de beaucoup au bas-clergé dépossédé par la loi nouvelle. Mais découvrir en Alsace un évêque acceptable et surtout accepté des fidèles, était chose autrement difficile. La situation se compliquait d'ailleurs visiblement dans les campagnes et les petites villes rurales, à mesure qu'on y faisait mine d'exécuter enfin les décrets de la Constituante. Dès le 1ᵉʳ février les journaux annonçaient l'envoi de troupes de ligne à Molsheim, Obernai, Rosheim, pour „réprimer le fanatisme surexcité par des prêtres indignes" et le „paysan bon catholique", dont on allait citant le mot : „Nous pouvons très bien nous passer de M. le cardinal, peut-il aussi bien se passer de nous ?" ne semble pas avoir compté beaucoup de confrères, s'il a jamais existé (1).

Les commissaires du Roi eux-mêmes ne savaient à quoi se résoudre en présence de cette effervescence religieuse, à laquelle on ne croyait guère à Paris. Dans une lettre adressée aux officiers municipaux de Strasbourg, ils adoptaient l'échappatoire puéril de parler d'une lettre *supposée* du pape, et d'un avis *supposé* du ci-devant-évêque, alors que personne autour d'eux n'avait de doutes au sujet de l'authenticité des déclarations citées plus haut, et répandues dans les villes et les campagnes (2). Bientôt les menaces ne suffirent plus pour maintenir dans l'obéis-

---

(1) *Gesch. der gegenw. Zeit*, 2 février 1791.
(2) *Affiches de Strasbourg*, 3 février 1791.

sance les esprits échauffés de part et d'autre. Dès le 8 février, on amenait de Molsheim deux prêtres, Hirn et Cyriaque Sick, pour les incarcérer dans les prisons du chef-lieu comme perturbateurs du repos public. Les journaux libéraux de Strasbourg racontaient même avec indignation que „quelques misérables canailles" avaient crié : Vive l'empereur Léopold ! à Colmar (1).

Sur le rapport de ses envoyés, l'Assemblée Nationale prit, dans sa séance du 11 février, de nouvelles mesures de rigueur contre les récalcitrants. Elle suspendit le Directoire du département tout entier (2), prescrivant que la conduite du procureur-général-syndic, M. de Schauenbourg, serait particulièrement examinée ; elle ordonna qu'on procédât sans désemparer à l'élection d'un nouvel évêque. La conduite de la municipalité et du district recevait de vifs éloges. Le professeur Ditterich et

---

(1) *Gesch. der gegenw. Zeit*, 14 février 1791.
(2) La suspension de ce corps fut chansonnée par un *patriote* inconnu, d'une verve poétique d'ailleurs douteuse, dans la *Complainte sur la mort tragique du Très-Haut, Très-Puissant, Très-Bigot et Très Aristocratique Seigneur Département du Bas-Rhin.* S. l., 2 p. 8°.

l'homme de loi Wilhelm, les plus compromis dans les débats inconstitutionnels au Séminaire, étaient sous le coup d'un mandat de comparution depuis quelques jours déjà. Il fut changé en un mandat d'arrêt le 28 février suivant; mais quand les agents de la justice se présentèrent au domicile des inculpés, ils durent se borner à constater leur absence. Tous deux s'étaient enfuis de l'autre côté du Rhin et nous retrouverons la signature de Wilhelm sous plus d'un manifeste contre-révolutionnaire de l'entourage de Rohan.

Quant à Ditterich, disons seulement qu'il alla s'établir en Bavière, où il obtint de l'Electeur le titre de *Wirklicher Regierungsrath*, et fut décoré de l'ordre du Christ, par le Saint-Père, pour services rendus à la cause catholique (1).

Le nouveau Directoire provisoire du département était composé d'hommes dévoués au parti constitutionnel, quoique très modérés encore, comme Jacques Brunck, Jacques Mathieu, etc. Seul Rühl y représentait les partisans futurs de la République à venir, mais lui-même, à cette date, ne se disait pas

---

(1) *Strassburgische Zeitung*, 27 janvier 1792.

encore républicain. Quand cette mesure préliminaire eut été prise, on convoqua les électeurs du Bas-Rhin, chargés par la Constitution du soin de choisir l'évêque. Le nouveau procureur-général-syndic, M. Mathieu, les invita par une lettre circulaire, datée du 21 février, à venir accomplir le grand acte civique et religieux, devenu si étranger aux mœurs chrétiennes depuis les temps de la primitive Eglise. Il y incriminait „la résistance opiniâtre de M. le cardinal de Rohan, ci-devant évêque de Strasbourg, à l'exécution des décrets de l'Assemblée Nationale, son absence inexcusable qui laisse son Eglise cathédrale privée de son premier pasteur, son refus réitéré et constant de prêter le serment prescrit par la loi à tous les ecclésiastiques fonctionnaires publics, l'audace et la perfidie de ses prétendues instructions pastorales, qu'il a fait répandre dans son diocèse et qui y ont porté des terreurs, vaines, à la vérité, mais des troubles trop réels."

La circulaire se terminait par ces mots: „L'élection aura lieu le dimanche, 6 du mois prochain, en l'Eglise cathédrale de cette ville, à l'issue de la messe paroissiale. Vous voudrez bien vous trouver à Strasbourg, le samedi,

5, à dix heures du matin, pour constituer l'assemblée électorale, en choisir le président, le secrétaire et les scrutateurs (1)."

Le candidat du parti constitutionnel était désigné depuis longtemps par cette fraction de l'opinion catholique, qui consentait à reconnaître la validité des décrets de l'Assemblée Nationale : c'était l'abbé Brendel, professeur de droit canon à l'Université catholique et membre du Conseil général de la Commune. Bien connu à Strasbourg, il s'agissait de le recommander aux électeurs patriotes du dehors. Le dimanche, 20 février, il vint donc à la Cathédrale, à dix heures du matin, pour y prêter solennellement le serment civique devant les commissaires du Roi et le Conseil de la Commune. Le procès-

---

(1) Cette pièce, légèrement ampoulée, selon le goût de l'époque, qui s'imposait dans les camps les plus opposés, provoqua de la part du parti clérical un pamphlet d'une violence extrême, la « Lettre familière de Mathieu l'aîné à Jacques Mathieu. S. l. ni nom d'imprim., 8 p. 4°, » dans laquelle on faisait dire, entre autres, au procureur par son frère, qu'il était « un petit fripon, qui ne croit ni à Dieu ni au diable, qui n'a pas plus de religion qu'un chien, et qui est persuadé que la nature lui a refusé une âme »

verbal officiel de la cérémonie nous
montre qu'un grand nombre des catholiques, bons patriotes d'ailleurs, qui siégeaient dans cette assemblée, s'abstin-
rent en cette occasion de figurer parmi
leurs collègues; les noms des Hervé,
Levrault, Arbogast et Lachausse s'y
trouvent seuls parmi les noms des notables protestants.

Avant de prêter le serment, Brendel
monta en chaire et prononça un discours dans les deux langues, pour expliquer sa conduite aux fidèles. Il y
déclarait „qu'il aimait sa religion au-
dessus de tout, qu'il était aussi invaria-
blement et inviolablement attaché à ses
saintes lois qu'à celles de la patrie, et
que rien ne pourrait jamais le séparer
de son divin Sauveur." Mais il ajoutait
ensuite: „Soutenir que le dogme court
le moindre risque, que la religion va
périr par la Constitution civile du
clergé, est un blasphème. C'est injurier,
c'est calomnier le Roi qui a sanctionné
ces décrets; c'est injurier, c'est calomnier nos augustes représentants qui
les ont portés; c'est enfin un crime de
lèse-nation."... Le pape, „notre Saint-
Père", n'en reste pas moins „la pierre
fondamentale de l'édifice mystique de
la religion de Jésus-Christ; il reste le

point de ralliement de tous les fidèles, le centre de l'humanité (1)."

Il est plus que douteux qu'il ait réussi à convaincre un seul parmi ses auditeurs, j'entends de ceux qui n'étaient pas convaincus d'avance. Sans doute un poète inconnu lui adressait une ode chaleureuse, et plus longue encore, imprimée aux frais des contribuables, et dans laquelle Brendel était l'objet des plus pompeux éloges :

« O d'un Dieu bienfaisant le ministre et l'image,
« Toi qui sers à la fois et pares les autels,
« De tous les vrais Français reçois le juste hommage,
« La vertu sur leurs cœurs a des droits immortels..... »

Mais l'inquiétude perçait même là, parmi les fleurs de rhétorique prodiguées à foison :

« Que lui répondrez-vous, trop coupables pasteurs,
« Aveugles ou méchants, égarés ou perfides,
« D'une idole brisée adorateurs stupides
« Et d'un rang qui n'est plus, lâches adulateurs ?
« Laissez-là vos vains syllogismes
« Et vos criminelles noirceurs ;
« Ses vertus condamnent vos mœurs
« Et ses lumières vos sophismes.... »

---

(1) Discours prononcé par M. Brendel avant de prêter son serment dans l'Eglise cathédrale, etc. Strasb., s. nom d'impr., 1791 12 p. 8°.

Elle est plus visible encore, cette inquiétude, dans le procès-verbal officiel, dressé à la Mairie, quand le cortège eut quitté la Cathédrale. Nous y voyons les commissaires du Roi inviter Brendel à venir prendre son logement en leur hôtel, et à quitter le Séminaire, où l'on craignait pour lui les attentats ou du moins les insultes de quelques fanatiques.

Le maire, à son tour, insiste sur ce déplacement, „non qu'on croie qu'il y ait pour lui le moindre danger à rester dans son ancienne demeure, mais pour prévenir toute altération d'accord que la diversité d'opinions pourrait, dans ces premiers instants, faire naître entre ses confrères et lui" (1).

On sentait donc bien que le schisme se consommait par la prestation même du serment civique et que les „schismatiques" officiels étaient aux yeux de l'Eglise et des masses les croyants véritables. Les réponses nombreuses des non-jureurs et leurs réfutations du discours de Brendel allaient d'ailleurs en fournir une preuve nouvelle et

---

(1) Procès-verbaux des délibérations du Conseil, etc., 1791, p. 116.

convaincante (1). Le clergé d'Alsace, considéré dans son ensemble, refuserait de lui obéir, et la population catholique avait manifesté presque partout, à ce moment même, son antipathie pour les principes des constitutionnels.

Le même dimanche où Brendel avait pris la parole à la Cathédrale, on avait dû lire dans toutes les églises du département l'instruction de l'Assemblée Nationale sur la Constitution civile du clergé. La presque totalité des prêtres en exercice s'étant refusé à le faire, des officiers municipaux, ceints de leur écharpe, avaient donné lecture de ce document du haut de la chaire ! Dans la Cathédrale on avait massé des troupes sous les armes, et non sans raisons, paraît-il.

„Un tas de femmelettes et de bonshommes, dit un journal de la localité, ont essayé de s'y conduire d'une manière inconvenante et ont été conduits au poste de la Mairie. Cela a quelque peu calmé le reste et l'on a

---

(1) L'une des meilleures parmi ces réponses, rédigée par un polémiste habile auquel l'arme de l'ironie était familière, est intitulée : *Remarques sur le discours prononcé par M. l'abbé Brendel.... par un de ses confrères.* S. l., 16 p. 8º.

chanté gaîment dans les rues et les casernes le : Ça ira !"

Malgré cette expérience décourageante, le Directoire du département décidait le 22 février qu'on enverrait à chaque municipalité du Bas-Rhin deux exemplaires du discours de Brendel, et que l'un d'eux serait lu au prône par le curé. S'il s'y refuse, les officiers municipaux donneront publiquement lecture de l'autre à tous les citoyens réunis à la maison commune.

Les commissaires du Roi avaient tout particulièrement enjoint qu'on surveillât cette distribution dans les campagnes avec le plus grand soin et qu'on y employât, s'il le fallait, des moyens extraordinaires, afin que „le bienfait de la vérité ne soit pas détourné par des mains ennemies et corruptrices."

Le premier à ouvrir le feu contre „l'usurpation" menaçante du gouvernement, fut le cardinal de Rohan en personne. Il lançait, sous la date du 21 février, de sa résidence d'Ettenheim, un *Mandement pour le carême de 1791*, par lequel il donnait ses ordres et prescriptions ecclésiastiques, comme seul vrai chef des fidèles d'Alsace, sans se préoccuper si ses droits y étaient encore reconnus (1). Il sait qu'il peut compter — on le voit suffisamment à son langage — sur sa milice sacrée. La plus grande partie de ce document est remplie par un tableau de la désolation qui règne dans l'Eglise de France et surtout dans celle de notre province. Ce tableau ne manque pas d'une certaine grandeur, bien qu'il soit fortement entaché de rhétorique. Nous en citerons seulement le passage relatif à la Cathédrale, „qu'une antiquité respectable destina à être la mère-église de ce vaste diocèse, où trois fois au moins par jour, on entendait retentir, depuis dix à douze siècles, l'harmonie édifiante des chants et des cantiques divins, où des ministres de différents grades étaient voués successivement à continuer, selon l'esprit des canons, le service majestueux du culte et ses cérémonies augustes.... aujourd'hui dépouillée de ses ornements précieux, nue

---

(1) On le reconnaissait si bien encore comme évêque de Strasbourg que les éditeurs d'almanachs eux-mêmes, à Strasbourg, dont plusieurs étaient pourtant *patriotes*, n'osaient le rayer de leur calendrier, ni comme évêque ni comme prince souverain. On s'en plaignait amèrement dans certaines sphères. (*Gesch. der gegenw. Zeit*, 2 mars 1791.)

et muette, pour ainsi dire, et ne recueillant plus sous ses voûtes interdites que les pleurs et les gémissements des fidèles, à la place de cette psalmodie perpétuelle que nos pères n'ont cessé d'envisager comme un commerce incessant entre le ciel et la terre, comme une source abondante de grâces et de bénédictions" (1).

Mais Rohan crut devoir prendre une seconde fois la parole quand il vit qu'on passait outre à ses protestations et que l'élection d'un nouvel évêque devait avoir lieu, malgré ses anathèmes. Il fit donc paraître une déclaration nouvelle, adressée à tous les ecclésiastiques du diocèse, et datée du 2 mars (2). Il y protestait derechef contre l'introduction du schisme en Alsace, contre ceux qui veulent „déchirer la robe de Jésus-Christ" et lancent des lettres de convocation, absolument illégales, puisque „le peuple n'est compétent, ni dans le droit ni dans le fait, à nous élire un successeur, en supposant même que notre siège fût vacant.... Il est impos-

---

(1) Mandement pour le carême de 1791. S. loc., 10 p. in-fol.

(2) Déclaration de S. A. E. Mgr le cardinal de Rohan, prince-évêque de Strasbourg, à tous les curés, vicaires, etc. S. loc., 8 p. 4°.

sible de déposer arbitrairement *ceux que le Saint-Esprit a établis*...... (1). Toute personne qui aurait la témérité de prétendre à notre siège, n'est pas un véritable pasteur; il n'est qu'un intrus, et, selon l'expression de l'Ecriture, un larron et un voleur... Nous déclarons intrus et schismatiques tous les prêtres qui voudraient exercer la juridiction spirituelle autrement que par les pouvoirs reçus de nous." Mais c'étaient aux fidèles laïques surtout que s'adressaient les sombres perspectives d'avenir déroulées à la fin de cette pièce. „Ha, mes frères, nous vous le disons dans l'amertume de notre âme, vous n'auriez plus de véritables pasteurs, vous n'auriez plus les sacrements de l'Eglise, vous seriez privés enfin de tous les moyens de salut et de consolation.... Celui d'entre vous qui concourrait par son suffrage à l'élection d'un faux évêque, ou qui communiquerait avec cet évêque des schismatiques, élèverait un mur de séparation entre l'Eglise et lui" (2). On espérait

---

(1) C'est Rohan lui même, le héros du procès du Collier et de tant d'aventures scandaleuses, qui souligne sa vocation par le Saint-Esprit.
(2) En France il ne manque jamais d'esprits prêts à rire de tout. Aussi ne faut-il point

évidemment terrifier ainsi tous les électeurs catholiques et les éloigner du scrutin qui devait s'ouvrir dans la huitaine. Jusqu'à quel point ces espérances allaient-elles se réaliser? C'est ce qu'amis et adversaires des lois nouvelles auraient été bien empêchés de préciser d'une façon tant soit peu vraisemblable, tant les opinions divergèrent là-dessus jusqu'au moment décisif.

Un point des instructions dressées par l'Assemblée Nationale au sujet de l'élection des curés et des évêques préoccupait surtout l'opinion publique à Strasbourg. Par une inattention singulière, à moins qu'elle ne fût voulue, tous les citoyens actifs pour les premiers, tous les *électeurs* du département (1) pour les seconds, étaient appelés au scrutin,

---

s'étonner si les protestations solennelles de Rohan provoquèrent des réponses plus frivoles que ne le comportait la situation. Nous mentionnerons, entre autres, un *Cantique spirituel sur le mandement très peu spirituel du ci-devant évêque de Strasbourg* (S. l., 2 p. 8°), qui commence ainsi : « A ses curés ignorants, Rohan encore s'adresse », mais dont les couplets sont trop grivois pour être cités ici.

(1) C'est-à-dire les électeurs du *second degré*, élus dans les assemblées primaires par tous les citoyens *actifs*, pour choisir à leur tour les députés.

sans distinction de culte. En Alsace, où le nombre des protestants était considérable, la question présentait une gravité exceptionnelle et deux courants d'opinion très contradictoires s'y pouvaient observer depuis des semaines et des mois, sur la matière. L'un, que nous appellerons plus particulièrement ecclésiastique, protestait contre l'immixtion d'éléments étrangers dans une lutte purement confessionnelle. Dès novembre 1790, un des journaux de Strasbourg avait publié un dialogue très sensé pour engager les protestants à ne pas intervenir dans les affaires intérieures de l'Eglise catholique, puisqu'ils n'entendaient pas sans doute permettre à leurs concitoyens romains de leur octroyer un jour des ministres luthériens de leur choix (1). Nous ajouterons que le corps pastoral de Strasbourg partageait tout entier cette manière de voir, la seule équitable et rationnelle en définitive.

Mais il y avait aussi bon nombre de citoyens qui, se plaçant à un point de vue spécialement politique, arrivaient à des conclusions fort différentes ; on les aurait appelés sans doute des oppor-

---

(1) *Pol. Litt. Kurier*, 16 novembre 1790.

tunistes, dans le langage semi-barbare inventé par la presse contemporaine. Les protestants, disaient-ils, sont presque tous de sincères constitutionnels; s'ils abandonnent les catholiques à eux-mêmes, peut-être bien que l'élection ne pourra point se faire, une partie au moins des électeurs catholiques refusant de participer au vote. Il faut donc prendre part au scrutin, par patriotisme et pour faire triompher la loi, dont la lettre (et peut-être l'esprit) sont en notre faveur (1). Pour être exact, il nous faut ajouter que certains catholiques eux-mêmes parlaient, et très énergiquement, dans ce sens. L'auteur ecclésiastique d'une brochure allemande anonyme s'écrie en s'adressant aux électeurs protestants : „Est-ce que le fardeau du mécontentement de tous les récalcitrants doit donc peser uniquement sur les épaules de vos concitoyens catholiques, fidèles à la loi? Sans vous, il n'y aura pas de majorité suffisante pour en imposer à nos adversaires" (2).

---

(1) *Pol. Lit. Kurier*, 5 mars 1791.
(2) *Schreiben eines katholischen Geistlichen an die protestantischen Wahlmänner des Nieder-Rheinischen Departements.* S. loc. 20 p. 8°.

A la séance de la Société des Amis de la Constitution, tenue le 2 mars, un membre avait également donné lecture d'une adresse aux électeurs protestants, les invitant à participer à l'élection, et „leur faisant envisager toute indifférence de leur part dans cette importante opération comme un crime envers leurs commettants." La Société avait approuvé le document et en avait voté l'impression dans les deux langues. Mais ces arguments eux-mêmes, quelque facile qu'il soit d'en saisir la valeur au point de vue politique, ne font que mieux ressortir tout ce que la situation avait d'anormal et de faux, et l'on ne peut que regretter, au point de vue des principes, le concours d'un certain nombre d'électeurs protestants dans un vote de ce genre. Il faut que le parti des assermentés se soit senti bien faible pour tenir à ce concours, qui devait fournir pourtant aux adversaires un argument si victorieux dans la campagne dirigée contre „l'évêque luthérien" futur.

C'est le 6 mars, on se le rappelle, que les électeurs du Bas-Rhin devaient se réunir à la cathédrale pour procéder au choix d'un nouvel évêque. Afin de les amener au chef-lieu en nombre plus considérable — du moins il est permis de supposer une arrière-pensée à cet arrangement — on avait fixé au même jour l'élection par ces mêmes électeurs d'un juge au tribunal de cassation du royaume. Dès le 5, la plupart étaient arrivés à Strasbourg, et dans l'après-midi la Société des Amis de la Constitution avait tenu à leur intention une de ses séances allemandes, afin de leur mieux inculquer sans doute leurs devoirs patriotiques. On les avait harangués jusqu'au moment où la cloche de la cathédrale vint les appeler à l'opération préliminaire de la constitution du bureau, afin d'empêcher que des influences contraires ne les détournassent de voter le lendemain. Mais il ne faudrait pas supposer que les électeurs bons catholiques se fussent rendus au „repaire" en question, ni fussent demeurés accessibles aux théories constitutionnelles. Le clergé non assermenté travaillait trop énergiquement pour que pareille défection fût possible, et sans doute il y eut ce soir-là d'autres conciliabules, dont les journaux ne parlèrent point et dont on ne publiera jamais les procès-verbaux.

Le matin du 6 mars, vers dix heures, le bureau nommé la veille ouvrit la séance. Ni la municipalité strasbourgeoise ni les commissaires du Roi n'avaient voulu y être représentés, pour n'avoir pas l'air de peser sur la décision des électeurs. Par contre, quelques ecclésiastiques (auxquels un caprice bizarre de la loi ne permettait d'intervenir à aucun degré dans les opérations du scrutin) avaient réussi à s'introduire dans la nef de la cathédrale, pour distribuer aux citoyens réunis la déclaration du cardinal de Rohan. Elle avait été lue, le matin même, au prône de toutes les églises, sauf à celle de Saint-Louis, où le curé Valentin avait su déjouer cette lecture manifestement illégale (1). Cinq cent vingt électeurs à peu près étaient présents, autant qu'on peut en juger par l'étude contradictoire des témoignages contemporains. En effet, les procès-verbaux officiels ne nous donnent pas, je le crains, une image absolument exacte de ce qui se passa ce jour-là sous les voûtes de notre vieille cathédrale. A les lire, on dirait une cérémonie des plus calmes, des plus sereines, entremêlée seulement d'émotions généreuses et se terminant par les embrassades obliga-

---

(1) Délibérations de 1791, II, p. 142.

toires de ce temps. Si nous consultons au contraire certaines correspondances de journaux étrangers, la discusion aurait été vive, les débats fort orageux, la rupture entre les différentes tendances politiques plus que bruyante et „les plus grandes indécences se seraient commises dans le temple du Seigneur." Le *Ristretto* de Francfort-sur-le-Mein, par exemple, racontait que certains électeurs avaient réclamé tout d'abord la réintégration du Directoire suspendu ; que d'autres avaient sommé le président de l'assemblée de leur exhiber un certificat de décès du cardinal de Rohan, puisqu'on voulait leur faire nommer un nouvel évêque. Le maire Dietrich et les commissaires n'auraient réussi à arracher un vote à la majorité qu'en les tenant pour ainsi dire, en chartre privée, comme un jury d'Angleterre, etc. Pour exagérés que soient des récits de ce genre, ils doivent contenir une part de vérité, sauf le dernier point cependant qu'on peut hardiment qualifier d'absurde, puisque les témoignages catholiques eux-mêmes constatent que quatre-vingt-dix électeurs, d'après les uns, plus de cent, d'après les autres, sortirent avant le vote et sans être aucunement molestés. Il appert aussi d'une discusion postérieure engagée à la Société constitutionnelle qu'un des électeurs fit, à l'église même, „un discours insinuant", mais qui manqua son effet, pour déterminer les protestants à ne pas prendre part au vote (1). Quatre cent dix-neuf électeurs restèrent en séance, après le départ des opposants, et déposèrent leurs bulletins dans l'urne. Sur ce nombre, 317 voix se portèrent sur l'abbé Brendel. Les autres se dispersèrent sur d'autres candidats; quelques-unes échurent au chanoine Rumpler, qui, d'avance, avait protesté contre toute candidature, assurant „qu'il avait déjà bien assez de peine à sauver sa pauvre âme et qu'il croirait celles de ses concitoyens en fort mauvaises mains, s'il devait être leur pasteur (2)". Il avait même poussé la précaution jusqu'à faire distribuer la veille aux visiteurs du club une feuille volante par laquelle il promettait de payer comptant mille louis aux pauvres, si un seul citoyen venait affirmer qu'il avait sollicité ses suffrages.

---

(1) Procès-verbaux manuscr., 6 mars 1791.
(2) Lettre au Chroniqueur de Strasbourg, p. 6-7.

Il nous manque malheureusement un chiffre important pour apprécier avec exactitude la signification de ce vote, au point de vue de la disposition générale des esprits : celui du nombre légal des électeurs du second degré dans le Bas-Rhin. Cependant les pamphlets contre-révolutionnaires ne soulèvent jamais la question d'illégalité au point de vue du nombre absolu. L'anonyme qui nous a décrit cette élection avec l'animosité la plus marquée, dans sa *Manière nouvelle d'élire les évêques en France*, est le seul à prétendre qu'il n'y a pas eu plus de *cinquante* électeurs catholiques au scrutin de la cathédrale. Il prétend aussi qu'on a trouvé dans l'urne „au moins cent suffrages de plus qu'il n'y avait d'électeurs". Mais si l'on ajoute à ces „quelques mauvais catholiques, âmes vénales", la „poignée de luthériens" et les „quelques calvinistes" qui ont jeté „dans l'urne fatale leurs billets souillés du nom de Brendel (1)", on sera loin du compte fourni par le procès-verbal officiel, qui ne pouvait essayer

---

(1) De la manière nouvelle d'élire les évêques en France. S. l. 23 p. 4°. La même brochure a aussi paru en allemand *Von der neumodischen Art*, etc.

de cacher le nombre des votants véritable.

On voit combien la passion entraînait, loin de la vérité, ceux-mêmes qui prétendaient la défendre et à quoi se réduit, même dans leurs déclamations les plus violentes, l'influence des électeurs hérétiques. Ils furent au plus une centaine de votants (1), et si leur participation fut regrettable (mais non illégale), elle ne put en aucun cas décider du résultat du vote, puisque Brendel était le seul candidat sérieux, et qu'il eût obtenu, même sans une seule voix protestante, la grande majorité des suffrages. Nous avons retrouvé une autre preuve péremptoire de la fausseté des allégations du pamphlétaire anonyme, cité à l'heure, dans les procès-verbaux manuscrits de la Société des *Amis de la Constitution*. Dans ses séances des 5, 6 et 7 mars on peut relever sur les registres *cent quatre-vingt-cinq* demandes d'électeurs, sollicitant leur affiliation comme correspondants de la Société.

A en juger par leurs noms et celui du lieu de leur résidence, l'immense majorité de ces visiteurs est catho-

---

(1) *Strassb. Zeitung*, 19 mars 1791.

lique. On y rencontre les noms des Gerber, des Humbourg et des Freppel, et s'ils se sont fait volontairement inscrire au foyer même de la révolution locale, ils ont rempli, à coup sûr, leurs obligations civiques au scrutin de la Cathédrale.

Il n'était pas encore midi que déjà le président de l'assemblée électorale rendait visite au maire à l'Hôtel-de-Ville, pour lui communiquer le résultat du vote et lui annoncer que ses collègues et lui désiraient qu'il fût chanté, le jour même, après vêpres, un *Te Deum* solennel en action de grâces pour célébrer cette heureuse élection, „qui contribuera à calmer les esprits agités et à rétablir la tranquillité dans le département." M. de Dietrich requit sur-le-champ M. Jæglé, non encore remplacé dans ses fonctions de curé de Saint-Laurent, de faire les préparatifs nécessaires à cet objet; mais, comme il fallait bien le prévoir après la lettre de cet ecclésiastique, citée dans un chapitre précédent, cette demande se heurta au refus de concours le plus absolu. Il aurait donc été beaucoup plus simple et plus logique à la fois de ne pas réclamer les services d'un réfractaire avéré, mais de le considérer, dès ce jour, comme démissionnaire. Le maire s'adressa alors à M. Valentin, curé de Saint-Louis, et celui-ci promit de venir officier au *Te Deum*, assisté de ses vicaires.

M. de Dietrich invitait en même temps le Conseil général de la Commune à se rendre en corps à la Cathédrale „pour y féliciter M. l'évêque, un de ses collègues, aussi respectable par son civisme que par ses principes de religion." Mais d'abord, réuni à la hâte dans la salle de ses séances, il prenait connaissance de la lettre de Jæglé „se refusant à tout ce qui pourrait faire soupçonner sa soumission à l'évêque que l'Assemblée Nationale venait de créer", et décidait que le curé de Saint-Laurent serait dénoncé à l'accusateur public comme réfractaire à la loi.

Sur ces entrefaites, l'abbé Brendel arrivait lui-même à la séance et se voyait salué par des „applaudissements universels". Il prenait place à la droite du maire, tandis que les commissaires du Roi siégeaient à sa gauche; puis le procureur de la Commune demandait la parole pour requérir l'enlèvement des armoiries des Rohan ainsi que de celles des différents chanoines du cidevant Grand-Chapitre, sculptées sur le trône épiscopal et sur les stalles du chœur. Le Conseil décida que tous ces restes de la féodalité, contraires au décret du 23 juin, seraient enlevés avant la célébration de la messe d'intronisation du nouvel évêque. Début bien timide encore, mais effectif pourtant, de cette triste campagne contre les souvenirs du passé, qui allait se poursuivre avec une véhémence croissante jusqu'au triomphe des iconoclastes stupides de 1793 et 1794 ! Sans doute nul ne songeait encore, parmi les bourgeois modérés du Conseil général de 1791, aux saturnales qui devaient déshonorer notre ville quelques années plus tard. Mais ils ont frayé la voie, établi le principe, et c'est aux principes faux qu'il faut s'opposer le plus énergiquement, en politique comme ailleurs, si l'on ne veut pas en subir plus tard, à son corps défendant, les pires conséquences.

Certes nul d'entre les mandataires de la cité ne songeait à de pareilles scènes de tristesse et d'horreur en se dirigeant en cortège vers la Cathédrale, suivis des officiers de la garde nationale, et voyant, au dire des journaux, les patriotes accourir de toutes parts, en faisant retentir les airs de leurs cris de joie (1). Il était touchant de voir, selon le *Courrier politique et littéraire,* tous ces électeurs, sans différence de religion, se pressant au culte de la Cathédrale et suppliant le Très-Haut de bénir leurs efforts. „L'aristocratisme, dit un autre, a reçu aujourd'hui le coup de grâce; nos électeurs ont remporté une victoire qui fonde la paix intérieure d'une façon inébranlable." Illusions singulières et bien peu flatteuses pour l'intelligence politique de l'écrivain, si réellement elles étaient sincères! Les corps de musique militaire qui faisaient retentir la nef du bruit sonore de leurs instruments pendant qu'on présentait au peuple le nouvel évêque, pouvaient bien étouffer un instant les réflexions fâcheuses, mais le soir, à la Société constitutionnelle, les discours prononcés prouvaient bien que le sentiment de sécurité n'était pas si général, la certitude de la victoire pas si grande qu'on avait bien voulu l'afficher. On y dressait la liste des électeurs qui avaient quitté l'assemblée; on proposait de l'envoyer aux communes du département pour que chaque citoyen sût lesquels

---

(1) *Strassb. Zeitung,* 8 mars 1791. — *Pol. Litt. Kurier,* 7 mars 1791.

d'entre eux avaient trahi la confiance des patriotes. Une grande députation de vingt-quatre membres était envoyée cependant à Brendel pour féliciter „l'évêque-apôtre" de son éclatant succès (1).

XII.

Le lendemain, 7 mars, une nouvelle cérémonie religieuse ramenait la foule à la Cathédrale. Après avoir dit une messe solennelle, Brendel, se conformant aux prescriptions de la loi, prêtait le serment épiscopal prescrit par la Constituante, devant les commissaires du Roi, les autorités constituées et le peuple. Les électeurs, encore présents à Strasbourg, occupaient des sièges réservés dans le chœur, et les bons bourgeois, attirés en foule par un spectacle nouveau, contemplaient avec curiosité les paysans endimanchés qui se prélassaient dans les hautes stalles, sculptées avec art, où siégeaient naguère encore les princes et les comtes du Saint-Empire. Comme on n'avait pu enlever leurs armoiries à si brève échéance,

---

(1) Procès-verbaux manuscr., 6 mars 1791.

elles avaient été cachées sous les amples draperies du chœur.

L'homme qui ouvrait, ce jour là, la série des évêques constitutionnels du Bas-Rhin, qu'il devait clôre aussi plus tard, François Antoine Brendel (1), habitait notre ville depuis un quart de siècle déjà. Fils d'un marchand de bois du Spessart, il était né à Lohr, en Franconie, en 1735, et avait été élevé pour la prêtrise à Haguenau et Pont-à-Mousson, puis au Séminaire de Strasbourg. En 1765 il avait débuté comme prédicateur à la Cathédrale, et quatre ans plus tard ses supérieurs l'appelaient à la chaire de droit canon de l'Université épiscopale. Quoiqu'il eût été accusé déjà de velléités schismatiques, lors des querelles qui agitèrent le catholicisme allemand, vingt ans auparavant, à propos de la publication du livre de Fébronius contre l'autocratie pontificale, Brendel n'avait absolument rien d'un novateur ni d'un chef de parti religieux. On affirme qu'il avait associé d'abord ses protestations contre la loi nouvelle à celles de ses collègues du

---

(1) M. l'abbé Glœckler a démontré que son nom de famille était proprement Brændtler. (*Gesch. des Bisth. Strassburg*, II, p. 60.)

Séminaire. Cédait-il maintenant aux sollicitations de Dietrich et de ses amis, aux conseils d'une ambition, après tout, permise, ou bien ses convictions religieuses intimes furent-elles la cause finale et déterminante qui le rallièrent au schisme ? Nul ne pourrait se flatter de répondre à ce sujet d'une façon impartiale et complétement satisfaisante.

Brendel nous apparaît dès lors, et nous apparaîtra de plus en plus, dans la suite de ce récit, comme un homme correct, instruit, ne méritant aucunement les calomnies lancées par les nonjureurs contre sa vie publique et privée, mais aussi comme une nature inquiète, sans élan, sans enthousiasme sincère pour les principes qu'il est chargé de défendre. Quelle différence entre lui et l'abbé Grégoire, ce curé de la Constituante, devenu, lui aussi, évêque dans la nouvelle Eglise, mais qui se refuse, en pleine Convention nationale, à déposer sa soutane et à renier sa foi, tandis que Brendel, aux débuts de la Terreur, se hâte d'envoyer sa démission de conducteur suprême de son diocèse, au moment précis où il y aurait eu quelque grandeur à la refuser aux puissants du jour !

Ce n'était pas avec un chef d'un caractère aussi mal trempé et d'une constitution physique aussi maladive, que les constitutionnels pouvaient espérer gagner une partie, presque perdue d'avance, par la force même des choses, mais qu'on pouvait du moins contester avec honneur. Dans les crises religieuses surtout, il faut aux groupes rebelles à l'autorité de la tradition, des génies puissants ou des dévouements à toute épreuve. Assurément Brendel était meilleur prêtre et même plus intelligent que le cardinal de Rohan, mais il n'avait pas derrière lui, comme son rival, l'Eglise universelle tout entière et ne songea pas un seul instant à se produire comme apôtre ou martyr.

Il lui aurait fallu pourtant un courage à toute épreuve, rien que pour affronter le flot d'invectives et de calomnies qui se déversa sur lui dès que son élection fut connue. Dans un écrit dirigé contre Brendel et qu'on trouva spirituel d'endosser au grand fournisseur israélite, Cerf-Beer, on peut lire des phrases comme la suivante: „La couleur de ses cheveux, la coupe de son visage, sa saleté et ses goûts le font paraître juif. Il a deux côtes enfoncées, une hernie, beaucoup de service (*sic*) et les infirmités qui en sont la suite" (1). A ces prétendues révélations intimes, les constitutionnels essayaient de riposter en répandant une gravure satirique, intitulée la *Contre-Révolution*, et sur laquelle „Rohan-Collier" figure comme tambour-major ; Mme de La Motte, son „aide-de-lit-de-camp", galoppe sur un âne aux côtés de Son Eminence, dont les oreilles sont dissimulées par celles de maître Aliboron ; suivent d'autres personnages, et l'abbé d'Eymar ferme comme porte-bannière cette édifiante procession (2).

Au début de ces virulentes polémiques, le nouveau dignitaire de l'Eglise n'était pas à Strasbourg. Dès le 8 mars il était parti pour Paris, afin de recevoir la consécration canonique des mains des trois évêques que la Constituante avait réussi à grand peine à trouver pour cette cérémonie jugée, même par elle, indispensable. Il s'y montrait le 14 mars aux Jacobins, ac-

---

(1) Cerf-Behr aux Trois-Rois (les trois commissaires du Roi). S. l. 10 p. 8º. M. le chanoine Guerber, dans son panégyrique de l'abbé Liebermann, n'a pas trouvé ce texte suffisamment significatif ; il l'a aggravé en imprimant, p. 95 : « la saleté de ses goûts. » On appréciera le raffinement du pieux hagiographe.

(2) *Geschichte der geg. Zeit*, 5 avril 1791.

compagné de son collègue Gobel, député du Haut-Rhin, évêque de Lydda, puis archevêque de Paris, et de Victor de Broglie, et prononçait dans cette enceinte, depuis si fameuse, une harangue patriotique, vivement applaudie par les assistants (1).

Ce même jour on signalait dans notre ville une tentative nouvelle de l'ancien évêque pour agiter les esprits. Six gardes nationaux amenaient à la Mairie, au milieu des quolibets populaires, une demoiselle arrêtée au pont de Kehl et sous les jupes de laquelle on avait découvert un paquet d'écrits incendiaires, adressés à un citoyen strasbourgeois. Un comte inconnu, déclarait-elle au commissaire, l'avait prié de remettre ce paquet au destinataire; mais ne sachant pas l'allemand, elle n'avait pu deviner si la transmission de la missive présentait quelque danger. Au moment où elle protestait ainsi de son ignorance de la langue allemande, un quidam, assistant à l'interrogatoire, s'écrie en allemand : „Je la connais bien, celle-là; elle a maugréé devant moi contre l'Assemblée Nationale!" — „*Eyewohl, ich bin die nit!*" réplique, dans un moment d'oubli, la

---

(1) *Pol. Litt. Kurier*, 23 mars 1791.

donzelle, dont la voix est étouffée par les éclats de rire (1). Mais à quoi servaient au fond toutes les mesures de rigueur et comment même les employer avec suite, puisqu'on n'avait personne pour remplacer ceux qui refusaient toute obéissance ! On imprimait généreusement aux frais de la commune les discours d'adhésion des rares ecclésiastiques qui daignaient se rallier (2), afin que leur exemple donnât du courage aux autres, et cependant la première liste des prêtres assermentés, mise au jour par les autorités départementales, ne comptait pas plus de *quarante-huit* noms, en y consignant tous les ex-religieux des couvents supprimés en Alsace, et qui sollicitaient une cure (3). Pourtant le nouveau Directoire avait itérativement fixé la date du 20 mars comme terme de rigueur pour la prestation du serment. Passé ce délai, tous les non-jureurs devaient être expulsés de leur presbytère, comme ayant cessé d'être fonctionnaires publics.

---

(1) *Geschichte der geg. Zeit*, 15 mars 1791.

(2) Discours prononcé par M. l'abbé Petit dans la cathédrale de Strasbourg. Str.. Dannbach, 15 p. 8°.

(3) *Namen der Römisch-Apostolisch-Katholischen Priester, welche den Eyd, u. s. w.* S. l. ni date, 1 p. fol.

Afin de déterminer sans doute un courant de civisme parmi les populations rurales récalcitrantes, les commissaires du Roi adressèrent, à la date du 18 mars, une *Proclamation aux Français habitant le département du Bas-Rhin*, relative à la *Déclaration* de Rohan. „C'est le cri expirant du fanatisme", disaient-ils de ce document. „Dans le délire le plus grossier, un évêque appelle traître, voleur, assassin, apostat, le pasteur qui lui succède. Pontife déserteur, il voudrait remonter par des anathèmes sur un siège qui n'est plus donné qu'aux vertus." Puis ils faisaient un pompeux éloge de Brendel, „ce pasteur digne des premiers siècles et des plus beaux jours de l'Eglise par ses vertus, nouvel Ambroise, qui, demandé à la fois par deux religions, a paru confondre un instant tous les cultes dans des acclamations universelles." La pièce se terminait par cet élan lyrique d'une emphase ridicule en tout temps, mais tout particulièrement absurde à l'heure présente : „L'Eglise de Strasbourg, cette vénérable mère des églises du département, cet antique édifice, qui annonce de si loin la majesté du Dieu qu'on y révère, ce temple national, va briller d'un nouvel éclat. La religion, la loi, la paix garantissent votre félicité sous leur triple tutelle. Nos cœurs se plaisent à s'arrêter à cette douce idée. O jours de prospérité prochaine! O sort meilleur des hommes vertueux! Confusion des pervers! Rétablissement, stabilité de la concorde! Triomphe de la justice!"

De pareilles effusions prêtaient trop à la satire et à l'attaque pour qu'elle ne se produisît pas de toutes parts, tantôt habile et chaleureuse, éloquente parfois, tantôt aussi complètement brutale et calomnieuse. Il serait oiseux d'entrer dans de longues citations à ce sujet, mais nous choisirons un seul passage dans l'un des meilleurs d'entre ces pamphlets, pour montrer l'animosité croissante qui travaillait les esprits. C'est la *Lettre des soi-disant frères et concitoyens des prétendus commissaires du Roi*, qui porte comme devise significative : „Notre Religion et nos Traités de paix, nos Privilèges et le Roi", et qui est ouvertement dirigée contre „l'infâme libellé" des trois envoyés de la Constituante. Voici sur quel ton l'on s'adressait à la représentation nationale : „Le bref du Pape est arrivé ; la foudre va éclater. Commissaires scandaleux et profanes, infâmes agents de l'impiété, du schisme et de l'imposture, vous voudriez, en renversant nos tabernacles, y poser vos idôles.... Notre Evêque n'est pas déserteur comme vous osez l'avancer insolemment, il peut lancer l'anathème ; qu'il fulmine et que ce coup de foudre vous anéantisse !... Bientôt notre évêque légitime nous sera rendu. Celui que vous avez fait élire par un groupe de protestants forcenés sera jeté dans les fers, indigne usurpateur qui aura encore été puiser quelques nouveaux vices dans une capitale corrompue."

On avouera que, venant de la part des défenseurs de l'ex-ambassadeur à Vienne et de l'ancien grand-aumônier de la Cour de France, cette accusation dénote une audace superbe. Mais le trait final est plus significatif encore. „Doubles caméléons, imposteurs atroces, ne croyez plus nous voir obéir. Votre règne est passé... Servez-vous, si vous l'osez, de la prétendue autorité dont l'Assemblée Nationale et le Roi vous ont investis, mais tremblez, oui, tremblez ! Nous appellerons à notre secours toutes les puissances garantes de nos traités de paix et de nos privilèges. Nous les seconderons, nous ouvrirons nos portes à nos libérateurs, et nous livrerons les auteurs infâmes de nos maux aux supplices qu'ils méritent, s'il en est toutefois qui puissent égaler leurs forfaits !"

Donc encore et toujours, comme argument décisif et menace dernière, l'appel à l'étranger, la trahison de la patrie, qui n'existe plus pour ces âmes enfiellées. En faut-il davantage pour expliquer toutes les haines qui se manifesteront plus tard ? Un pareil aveuglement devait amonceler contre ceux qui proféraient de semblables paroles des ressentiments irrépressibles, dont la poussée formidable allait bientôt écraser l'Eglise, entraînant, hélas, des milliers d'innocents avec des milliers de coupables.

XIII.

La puissance de l'Eglise catholique, comme celle de toute Eglise, réside, en dernière analyse, dans sa force d'action sur l'opinion publique. C'est une cause de grandeur, mais c'est aussi, par moments, une cause de faiblesse. Aux heures de foi complète, absolue, elle a pu renverser d'une parole les empereurs et les rois, tant les peuples, courbés sous sa main, croyaient non seulement leurs destinées terrestres, mais leur félicité éternelle attachées à la plus humble obéissance vis-à-vis du Vicaire du Christ. Mais quand vinrent les révoltes heureuses du XVe siècle, quand, au siècle suivant, le grand mouvement religieux de la Réforme eut conquis la moitié de l'Europe, cette puissance formidable, ébranlée par tant d'assauts, diminua là-même où elle ne disparut pas complètement. La lutte acharnée des confessions hostiles au XVIIe siècle ne se termina point par son triomphe, et la période suivante sembla même devoir marquer sa ruine définitive. L'esprit nouveau qui envahit alors les couches supérieures de la société sapait par la base les enseignements et l'autorité de l'Eglise, et pour beaucoup d'observateurs superficiels le fameux: „Ecrasez l'infâme!" a dû retentir comme un hallali suprême. Les papes eux-mêmes avaient travaillé dans ce sens, en détruisant de leur main leur plus puissant appui, la Compagnie de Jésus. Un clergé de campagne, ignorant et misérable, des abbés spirituels et libertins à la ville, des prélats grands seigneurs qui ne rougissaient pas de mendier les faveurs de la Du Barry dans les boudoirs de Versailles, ne semblaient pas des champions capables de relever jamais le prestige si profondément déchu de l'Eglise universelle. Pourrait-elle résister longtemps encore à l'attaque combinée des gouvernants schismatiques, des philosophes et bientôt aussi des despotes athées ?

Parmi ses défenseurs officiels eux-mêmes, beaucoup ne l'espéraient guère malgré leurs fières paroles, et parmi ses adversaires, la plupart étaient convaincus que „le règne de la superstition" allait enfin finir. Et c'est cependant cette grande, cette effroyable crise des dernières années du siècle, qui sauva pour longtemps l'Eglise catholique. C'est de cette époque de souffrances que date le renouveau de sa vigueur, c'est la proscription qui a fait remonter dans ce tronc antique la sève longtemps engourdie. Elle réveille les dévouements, surexcite les courages. anoblit pour un moment jusqu'à ces figures convulsées par la haine et ces bouches vomissant l'injure que nous venons de voir et d'entendre. Aussi l'Eglise sort-elle de cette crise, réputée mortelle, matériellement amoindrie, mais infiniment supérieure, au point de vue moral, à ce qu'elle était naguère, et bientôt même infiniment plus puissante. Malheureusement elle en sort aussi, remplie d'une haine profonde pour toutes les idées libérales, pour les aspirations les plus généreuses de la nature humaine. Les premiers germes du Syllabus ont surgi dans ces âmes de prêtres, traqués partout au nom des principes de la Constitution civile du clergé, et qui ne pouvaient pas ne pas maudire des doctrines qui les jetaient dans l'exil et les prisons, et jusque sur l'échafaud.

Grâce à la différence des langues, grâce à la tenue relativement correcte d'un clergé vivant entouré d'hérétiques, grâce à la simplicité d'esprit de nos populations, effrayées de toute nouveauté, l'Alsace avait peu souffert, dans son ensemble, du contact avec les démolisseurs du XVIII⁰ siècle. Aussi n'y eut-il point de province du royaume, sans en excepter les contrées de l'ouest, où la lutte religieuse fut plus âpre que chez nous. Ceux qui croyaient le catholicisme mort ou mourant, durent en faire bientôt la rude expérience, et constater, une fois de plus, qu'on n'abat pas les convictions religieuses à coups d'arrêtés ou de décrets.

Nous venons de voir les colères suscitées parmi les catholiques par l'élection de Brendel qu'ils avaient crue impossible. A côté de ces attaques anonymes, il faut placer les protestations officielles, plus dignes assurément dans la forme, mais non moins véhémentes pour le fond. Dès le 12 mars, le Grand-Chapitre de la Cathédrale avait déclaré nulle et non avenue la nomination de Brendel, par l'organe de son doyen, le prince Joseph de Hohenlohe, réfugié à Lichtenau dans le pays de Bade. Le 21 mars suivant Rohan signait à son tour une *Monition canonique*, adressée à „F. A. Brendel, prêtre naturalisé du diocèse de Strasbourg, se portant pour évêque dudit diocèse", ainsi qu'au clergé régulier et séculier et à tous les fidèles.

Cette immense pancarte, surmontée des armes épiscopales, était destinée à être affichée dans chaque commune d'Alsace, et le style en était calculé pour jeter la terreur et la colère dans l'âme des naïves populations rurales de notre province. Le cardinal y racontait d'abord, à sa manière, la nomination de Brendel; puis il déclarait que, voulant montrer „sa tendresse paternelle" au coupable, il ne lui lançait pas immédiatement l'anathème, mais lui accordait un délai de huit jours pour „confesser ses torts et réparer le scandale public de son intrusion". S'il ne le fait pas, il sera sous le coup de l'excommunication majeure ; la célébration des saints mystères lui est interdite ; tous les sacrements qu'il administrera seront des profanations et des sacrilèges ; tous les curés et les vicaires qui lui obéiront seront des schismatiques et leur absolution nulle et sans aucune valeur. Tout curé déposé par lui, reste seul légitime pasteur de sa paroisse. Rohan frappe ensuite d'interdiction la Cathédrale et notamment le chœur, en n'exceptant que la chapelle Saint-Laurent, aussi longtemps qu'elle sera desservie par le curé actuel. Enfin „comme les temps deviennent, hélas, de plus en plus mauvais, et que nous touchons peut-être au moment où les prêtres fidèles à la conscience seront obligés de se cacher dans les antres et forêts, et ne pourront administrer les sacrements de l'Eglise qu'au péril de leur vie, nous déclarons le temps pascal ouvert dès à présent pour tous les fidèles du diocèse et leur permettons de recevoir la communion pascale de la main de tout prêtre qui ne sera pas souillé par la prestation du serment abominable exigé des ecclésiastiques fonctionnaires publics."

Ce monitoire devait être non seulement affiché aux portes de chaque église, mais publié au prône et porté de la sorte à la connaissance de tous les fidèles. Ce fut comme un étrange souhait de bienvenue de l'Alsace catholique à Brendel, quand il revint, le 21 mars, à Strasbourg. Dans les villages du Kochersberg qu'il traversa, les femmes entourèrent, en pleurant et en criant, sa voiture, lui demandant pour quels motifs il voulait abolir les processions, la confession, etc. Voilà ce que les non-jureurs avaient réussi à faire croire à ces pauvres dévotes, mais la situation ne laissait pas d'être singulière pour un évêque ; aussi se hâta-t-il de les rassurer en promettant de rendre au culte toute son ancienne splendeur (1).

Brendel avait charmé les loisirs de son voyage de Paris à Strasbourg en composant sa première lettre pastorale, qui fut immédiatement mise sous presse et livrée à la publicité, le 23 mars. Le ton en est autrement modeste que celui du manifeste de Rohan. Il y

---

(1) *Geschichte der geg. Zeit*, 23 mars 1791.

parle de la puissance divine qui se manifeste à certaines époques, et qui le soutiendra maintenant qu'il vient d'accepter un si redoutable fardeau. Il raconte à ses ouailles qu'il „a reçu l'huile sainte de la consécration dans la capitale de l'Empire français, de la main des pontifes, successeurs des apôtres..., qui pouvaient seuls nous revêtir de l'institution canonique et du caractère sacré de l'épiscopat."

Il terminait en annonçant à ses ouailles la maladie et le rétablissement du roi, et ordonnait qu'on chantât un *Te Deum* en action de grâces pour célébrer cette convalescence, le vendredi prochain, 25 du mois, à trois heures de l'après-midi, dans la Cathédrale, en présence de tout le clergé de Strasbourg et des citoyens conviés à cette fête. On devait en agir de même, le dimanche suivant, dans toutes les paroisses du diocèse (1).

La rédaction de cette première communication directe adressée aux fidèles pouvait sembler habile, en ce sens qu'elle impliquait de la part des non-jureurs désobéissants, non seulement

---

(1) Mandement. François-Antoine Brendel, par la miséricorde divine, etc. S. l. 3 p. fol.

un affront au nouvel évêque. mais à la majesté royale, et qu'elle les mettait par suite dans une situation fausse, qu'ils fonctionnassent ou non dans leurs paroisses.

Mais d'autre part, les intentions de l'auteur étaient si évidentes, que sa lettre, fort applaudie à la Société constitutionnelle, ne trouva que peu d'écho dans les campagnes et fut même ignorée de la majorité des communautés rurales. Aussi bien, cette pièce manquait absolument de nerf Son rédacteur ne pouvait espérer convaincre les autres, puisqu'il n'avait pas, trop visiblement, foi en lui-même. On ne peut donc s'empêcher de trouver passablement ridicule l'ode pindarique que lui remettait le lendemain l'un des membres de la Société des Amis de la Constitution, M. Claude Champy, pour le féliciter de son éloquence et pour célébrer d'avance son intronisation solennelle. Le poète s'écriait dans un transport de lyrisme exubérant :

« Où suis-je et quel jour magnifique
Luit sur cette heureuse cité ?
Quelle est cette fête civique
Et cette auguste solennité ?
Dans nos temples sacrés quelle foule se presse.
Dans les airs ébranlés l'airain tonne sans cesse :

Tout d'un jour de triomphe étale la splendeur.
Peuple, j'éprouve aussi le transport qui t'inspire.
 Et je vais sur ma lyre
Célébrer avec toi notre commun bonheur. »

Après ce pompeux exorde, M. Champy s'adressait au cardinal de Rohan :

« Esclave décoré d'une pourpre vénale,
De ce peuple indigné la fable et le scandale.
Tes impudiques mains profanaient l'encensoir.
Vois tomber aujourd'hui tes grandeurs usur-
        pées,
 Vois tes fureurs tombées
Et de les assouvir perds le coupable espoir ! »

La pièce, fort étendue, et que nous n'infligerons pas plus longuement au lecteur, se termine naturellement par la glorification du successeur de Rohan :

« De ses prédécesseurs effaçant les injures
Au Dieu qu'ils outrageaient, ses mains simples
        et pures
Offriront un encens digne de sa grandeur.
Sa voix désarmera la céleste colère ;
 Du ciel et de la terre
Un vertueux pontife est le médiateur » (1).

Mais ces hommages, assurément sincères, n'apportaient au nouvel évêque que l'adhésion politique d'un nombre restreint de citoyens fort peu religieux de tempérament, et ne pouvaient même

---

(1) Ode sur l'installation de l'évêque de Strasbourg. S. l. 4 p. 4º.

lui garantir la sécurité complète et le respect de sa personne au sein de la ville la moins fanatisée de son diocèse. En effet, les journaux de Strasbourg avaient beau s'écrier que la journée du 25 serait „un jour inoubliable dans les annales de la cité" (1). L'intronisation de Brendel, malgré la pompe officielle dont elle avait été entourée, donna lieu pourtant à des manifestations significatives que ne pouvaient affecter d'ignorer les dépositaires de l'autorité publique. La municipalité avait résolu de célébrer dignement l'avènement d'un ancien collègue. Aussi la Cathédrale était-elle pavoisée, les cloches sonnaient à toute volée, quand le Conseil général se présenta en corps au Séminaire pour escorter l'évêque à son église paroissiale. Les commissaires du roi, les administrateurs du département et du district s'étaient joints au cortège, en tête duquel marchait Brendel en rochet et camail.

Arrivé dans le chœur, l'évêque se rendit devant le maître-autel, après avoir revêtu les habits pontificaux, précédé de l'abbé Neuville, qui lui portait la mître. Là il prêta le serment prescrit

---

(1) *Strassb. Zeitung*, 26 mars 1791.

aux évêques par la loi nouvelle, puis il célébra la grand'messe. Les curieux ne manquaient pas, assurément, au service, mais le procès-verbal dressé à l'Hôtel-de-Ville, à l'issue de la cérémonie, ne portait que treize signatures d'ecclésiastiques. C'est tout ce qu'on avait pu réunir en cette occasion pourtant solennelle (1). Aucun de ses propres élèves du Séminaire n'avait consenti à reconnaître l'autorité du nouvel évêque; tous avaient préféré quitter l'école plutôt que d'adhérer au schisme. Partout l'on constatait cette même résistance dans les rangs du clergé, dirigée par d'habiles organisateurs et qui répondait si bien au génie souple et tenace de l'Eglise catholique. Les femmes elles-mêmes s'affichaient dans l'entrain de la lutte. Malgré l'ordre formel du maire, les sœurs grises refusaient d'accompagner les Enfants trouvés, dont elles dirigeaient l'éducation, à la messe pontificale de Brendel. Bien plus, quand le receveur de l'hospice les eut ramenés à leur domicile, elles s'emparèrent des enfants pour les conduire à la messe de l'Eglise des Récol-

---

(1) Procès-verbal dressé sur la prestation du serment, etc. Strasb., Dannbach, 1791, 13 p. 8º.

lets, parce qu'elles ne jugeaient pas la première valable. Le Conseil général punit leur désobéissance en les renvoyant sur-le-champ de la maison des Enfants trouvés (1).

L'après-midi du même jour devait être célébré le *Te Deum* pour la convalescence du roi. Toute la garnison était sous les armes et formait la haie, depuis la Mairie jusqu'à l'entrée de la Cathédrale, sur le parcours des corps constitués, qui faisaient pour la seconde fois en douze heures ce pieux pèlerinage. Les Amis de la Constitution remplaçaient dans le cortège les ecclésiastiques non assermentés, qui brillaient par leur absence. Le *Te Deum* fut chanté avec accompagnement de toutes les musiques militaires, au milieu d'un concours prodigieux de populaire; puis les autorités continuèrent leur marche processionnelle vers le Temple-Neuf, et de là vers l'Eglise réformée pour y assister à des services d'actions de grâces analogues. Le soir, les édifices publics et la Cathédrale furent illuminés. Mais dès le lendemain on avait à signaler de divers côtés des agissements contre-ré-

---

(1) Délibérations du Conseil général, 1791. p. 159-160.

volutionnaires nouveaux. Une femme, nommée Barbe Zimber, épouse d'un chantre de la Cathédrale, était arrêtée dans le courant de la journée au pont de Kehl, essayant d'introduire en fraude, sous ses larges jupes, un ballot d'exemplaires du *Monitoire* de Rohan (1). Puis, vers le soir, un fait infiniment plus grave se produisait dans l'enceinte sacrée elle-même.

Encouragé sans doute par l'accueil de la veille, Brendel avait voulu entonner lui-même le *Salve Regina* à l'autel. Tout à coup le curé Jæglé surgit à ses côtés et déclare que c'est à lui seul que revient le droit d'officier à Saint-Laurent. L'évêque refuse d'abord de céder la place au prêtre non assermenté, qu'entoure une foule de femmes surexcitées ; puis, pour éviter un scandale public, il invite Jæglé à le suivre à la sacristie. Quand ils furent en face l'un de l'autre, le dialogue devint plus que vif entre eux, et Jæglé ne craignit pas d'accabler Brendel de reproches et le somma même de se démettre. Désespérant de convaincre un interlocuteur

---

(1) On en fit une chanson grivoise : Excommunication trouvée sous les jupes d'une femme. Anecdote strasbourgeoise. S. l., 2 p. 8º.

aussi peu maître de lui-même, Brendel ressort de la sacristie, se dirige vers l'autel et s'y met en prière. Mais les mégères qui l'entourent s'exaltent de plus en plus : „Oh, le vilain roux! oh. le Judas!" crient-elles, et finalement elles le bousculent et frappent de plusieurs coups sa jambe gauche, pendant qu'il leur tourne le dos, agenouillé devant l'autel. Sans l'intervention fort opportune de quelques gardes nationaux accourus en entendant ce vacarme, l'évêque aurait été roué de coups dans sa propre Cathédrale (1).

On le reconduisit à son domicile, au milieu des clameurs de la foule ameutée, et non sans qu'il subît en chemin de nouvelles insultes. La Société constitutionnelle était en séance au moment où l'on vint y raconter ces événements si regrettables. Elle jura solennellement

---

(1) C'est là sans doute ce qu'un écrivain récent appelle, la larme à l'œil, « *die Rohheiten Brendel's gegen den würdigen Pfarrer Jœglé*» : exemple topique de la façon dont on écrit l'histoire dans un certain parti. — Voy. sur ces scènes les Délibérations du Conseil général. p. 166-172, *Strassb. Zeitung*, 29 mars 1791, et *Lettre à L. Ed. de Rohan soi-disant landgrave d'Alsace. qui a été évêque de Strasbourg et qui enrage de ne l'être plus*, etc. Strasb., 1er avril, 8 p. 4°.

de défendre l'évêque, lui envoya sur-le-champ des députés pour lui témoigner ses regrets et dénonça Jæglé à la municipalité comme principal auteur de ces troubles. Le lendemain le Conseil général se réunissait en séance extraordinaire, et le maire lui rendait compte des scènes survenues à la Cathédrale. Les représentants de la cité, considérant que „l'impunité plus longtemps prolongée ne fait qu'enhardir les infractions à la loi, et que c'est à une trop longue indulgence que l'on doit attribuer les écrits scandaleux qui tendent à soulever le peuple contre l'autorité légitime", arrêtaient qu'on „inviterait le corps municipal à faire mettre le sieur Jæglé en état d'arrestation, qu'il serait dénoncé à l'accusateur public comme réfractaire à la loi et perturbateur de la tranquillité publique, pour lui être son procès fait et parfait". Ils déclaraient en outre „scandaleux, séditieux, attentatoire à l'autorité souveraine de la nation et à celle du roi" l'écrit imprimé du ci-devant évêque de Strasbourg et demandaient qu'on le mît sous les yeux de l'Assemblée Nationale, avec les autres pièces „qui ont décelé la perfide coalition dont M. le cardinal de Rohan s'est déclaré le chef. L'Assemblée Nationale sera priée de le déclarer déchu de l'inviolabilité que la loi assure aux représentants de la nation, pour lui être son procès fait par la Haute-Cour nationale comme criminel de lèse-nation."

Le Conseil général avait de bonnes raisons pour rendre l'accusateur public „personnellement responsable" de tous les délais de la procédure et pour „inviter le tribunal à s'occuper promptement, par tous les moyens que les lois ont mis à sa disposition", de l'affaire Jæglé, car ces honorables magistrats ne firent aucune diligence pour instruire sur des faits de notoriété publique, même après des injonctions aussi formelles. Quand enfin le tribunal rendit son arrêt, le 7 avril, il déclara Jæglé „insuffisamment convaincu d'avoir été le fauteur des troubles" et prononça son acquittement, à la grande indignation des journaux patriotes (1). Le curé de Saint-Laurent n'osa pas cependant affronter plus longtemps l'orage, et quitta la ville pour se réfugier de l'autre côté du Rhin. Il fit bien, car le lendemain de sa fuite clandestine arrivait à Strasbourg le décret de l'Assemblée

---

(1) *Gesch. der geg. Zeit*, 13 avril 1791.

Nationale qui le renvoyait devant la Haute-Cour d'Orléans.

La procédure suivie contre Barbe Zimber, la femme de Blaise Bürkner, chantre de la Cathédrale, sur laquelle on avait saisi dix-sept exemplaires du *Monitoire* de Rohan, amena des résultats plus pratiques. Comme la prisonnière avouait avoir reçu ces papiers de Jean-Nicolas Wilhelm, l'homme de loi contumace, déjà souvent nommé, le tribunal décida que les papiers du fugitif seraient mis sous scellés, lui-même appréhendé au corps et le procès continué à la fois contre lui et sa complice.

Mais toutes ces mesures ne suffisaient plus pour enrayer le fanatisme religieux déchaîné. Dès le 30 mars un nouveau scandale se produisait à la Cathédrale. Un instituteur, nommé Gabriel Gravier, y était mis en arrestation pour avoir tenu une conduite indécente et troublé l'ordre public au moment où l'un des prêtres assermentés donnait la bénédiction aux fidèles. Le corps municipal, „considérant que ce citoyen était parfaitement libre de ne pas assister à la célébration du culte, s'il choquait ses convictions religieuses, et que sa conduite malhonnête était d'autant plus répréhensible qu'il était un éducateur de la jeunesse". le condamna à huit jours de prison, à l'affichage du jugement à cent exemplaires, dans les deux langues, et le menaça d'interdiction, s'il se laissait aller jamais à la récidive (1).

Le 31 mars, le Directoire du département entrait à son tour dans la lice en décidant que, dans la quinzaine, tous les religieux du Bas-Rhin quitteraient l'habit monastique pour ne plus se distinguer des autres citoyens. Le décret de l'Assemblée Nationale, qui prescrivait cette mesure, datait du 14 octobre 1790 ! Pour éviter une répétition du scandale Jæglé dans les églises de la ville, on faisait procéder ensuite au scrutin pour la nomination des six nouveaux curés de Strasbourg. Elus le 3 avril, ils étaient solennellement préconisés le lendemain par Brendel à la Cathédrale (2), et leur activité, pour restreinte qu'elle fût, ne laissait pas d'irriter au plus haut point les réfractaires. Les violences sont désormais à l'ordre du jour; dans les rues même de notre ville on voit un ecclésiastique non-jureur frapper l'abbé

---

(1) Extrait des registres de police. Strasb.. Dannbach, placard in-fol.

(2) On en trouvera la liste dans la *Gesch. der geg. Zeit*, 5 avril 1791.

Ledé, pour avoir prêté le serment et être dénoncé pour ce fait à l'accusateur public (1). Dans les campagnes, les électeurs *patriotes* sont persécutés par le clergé et ses adhérents. C'est ainsi qu'à Wœrth le curé et son vicaire excommunient le représentant de la commune qui avait voté pour Brendel (2), et les journaux du temps sont remplis de détails analogues (3).

Les professeurs du Collège royal, suivant l'exemple de ceux du Séminaire, avaient également refusé tous le serment. On décida que le mathématicien Arbogast, professeur à l'Ecole militaire, en prendrait la direction provisoire, et que l'un des rares jureurs, l'abbé Petit, y serait placé comme vice directeur. Il fallait pourtant encore trouver des maîtres, et pour avoir le loisir d'en découvrir, on licencia pendant quelques semaines les élèves. A l'opposé des grands séminaristes, qui suivirent dans

---

(1) Procès-verbaux de la Société des Amis de la Constitution, 27 février 1791.

(2) *Strassb. Zeitung*, 5 avril 1791.

(3) Ces excommunications répétées montrent bien combien peu les protestants seuls avaient nommé Brendel. On ne se serait pas donné le ridicule gratuit d'excommunier des hérétiques qui ne s'en portaient pas plus mal.

l'exil leurs professeurs, les petits collégiens, moins solidement inféodés à l'autel, ne purent résister à l'annonce de trois semaines de vacances extraordinaires. „Eux, naguère encore aristocrates décidés, se mirent à crier : Vive la Nation! et à chanter *Ça ira!*" (1).

Pendant ce temps, le récit des troubles religieux, toujours croissants, qui désolaient l'Alsace, avait enfin produit quelque impression sur les esprits de la capitale. L'Assemblée Nationale avait chargé Victor de Broglie de lui présenter un rapport à ce sujet. Sur l'audition de ce rapport, et après avoir pris l'avis des cinq comités réunis, elle avait décrété, le 4 avril, „qu'il y avait lieu à accusation, tant contre le cardinal de Rohan, ci-devant évêque de Strasbourg, comme prévenu principalement d'avoir tenté, par diverses menées et pratiques, de soulever les peuples dans les départements du Haut- et Bas-Rhin et d'y exciter des révoltes contre les lois constitutionnelles, que contre les sieurs Jæglé, ci-devant curé de Saint-Laurent de Strasbourg; Zipp, curé de Schierrheit; Ignace Zipp, son neveu, vicaire audit lieu; Jean-Nicolas

---

(1) *Strassb. Zeitung*, 5 avril 1791.

Wilhelm, homme de loi; Etienne Durival, se disant ingénieur, et la nommée Barbe Zimber, femme du sieur Blaise Bürkner, chantre à la Cathédrale de Strasbourg, tous prévenus d'être les agents, complices, fauteurs et adhérents du sieur Louis-René-Edouard de Rohan."

L'Assemblée demandait en conséquence au roi de donner ses ordres pour faire arrêter les personnes susnommées et les faire transférer sous bonne garde dans les prisons d'Orléans, où l'officier chargé des fonctions d'accusateur public près la Haute-Cour nationale provisoire devrait instruire leur procès. Louis XVI ne se fit pas prier pour donner la sanction constitutionnelle à cette mesure, dirigée contre un homme qu'il détestait, et pour cause. Il promulgua la loi dès le 6 avril (1), et l'on ne risque rien à supposer qu'il aurait appris sans chagrin que „l'officier de la gendarmerie nationale", auquel était confié le soin d'exécuter ces arrestations, avait réussi dans sa mission. Pour le moment, cela va sans dire, la loi restait à l'état de lettre

---

(1) Loi qui ordonne l'arrestation du sieur L. R. Ed. de Rohan, etc. S. l. 3 p. 4º.

morte, puisque tous les coupables principaux se trouvaient en dehors du territoire français et sous la protection des baïonnettes de la légion de Mirabeau. On ne pouvait guère mettre la Haute-Cour en mouvement pour juger la bonne femme d'un chantre de la Cathédrale !

M. de Dietrich et ses amis politiques avaient réclamé d'autres mesures encore de la Constituante. Déçus dans leur espoir de rallier une fraction notable du clergé aux lois nouvelles, et comprenant qu'il fallait essayer du moins de créer un clergé assermenté, si l'on ne voulait renoncer dès le début à gagner du terrain dans les campagnes, ils avaient sollicité quelques modifications aux articles de la loi qui réglait les conditions exigées des candidats à des fonctions publiques ecclésiastiques. Pour répondre à leurs vœux, qu'elle reconnut légitimes, l'Assemblée Nationale rendit un décret qui accordait des dispenses d'âge et de stage préalable pour la consécration sacerdotale, mais qui devait surtout alléger la tâche des autorités constitutionnelles dans les départements bilingues et frontières, en leur permettant d'appeler chez eux des ecclésiastiques étrangers. Pendant un an, provisoirement, tout prêtre pouvait être admis à fonctionner dans les paroisses abandonnées, soit comme curé, soit comme vicaire, sans avoir à justifier de la qualité de Français. Allemands, Suisses et Luxembourgeois viendraient-ils remplacer les ecclésiastiques nationaux, qui restaient introuvables? Viendraient-ils surtout en assez grand nombre, en qualité suffisamment respectable aussi, pour qu'on pût organiser une Eglise sérieuse? C'était là le nœud de la question vitale qui préoccupait si fort, et non sans raison, les chefs du parti constitutionnel en Alsace.

Il n'y avait plus à s'y tromper, en effet. Le 20 mars avait passé, comme toutes les dates fixées antérieurement par le gouvernement, sans lui amener autre chose que de bien rares transfuges. La perspective de vivre au milieu de populations hostiles, excitées sous main, n'était guère attrayante, et ceux-là même qui prêtaient le serment pour trouver de quoi vivre, ne se souciaient pas d'aller prêcher au fond des campagnes. Dans les villes, grâce aux sociétés populaires, qui alors soutenaient encore les représentants du culte, les curés constitutionnels avaient, sinon de nombreux auditoires, du moins une sécurité matérielle à peu près complète. L'incartade des satellites de Jæglé ne se renouvela plus à Strasbourg, puisque les patriotes veillaient désormais sur leurs prêtres et promettaient d'user de moyens violents pour réprimer à l'avenir des scènes pareilles. Lors de l'installation des nouveaux curés de la ville, le journal de Simon et Meyer disait d'avance : „Tous les nerfs de bœuf de Strasbourg sont achetés, et une bonne portion de verges est toute prête, ainsi que les pompes à feu, pour calmer nos femmelettes exaltées (1)." Et le parti clérical répondait sur le même ton dans le pamphlet le *Diner patriotique*, en faisant dire à Brendel : „Sans la garde nationale protestante et les troupes de ligne, vous auriez vu comme ces nouveaux curés eussent été reçus, puisque moi-même j'ai manqué d'être crossé, mais crossé à coups de pied (2)."

---

(1) *Gesch. der geg. Zeit*, 10 avril 1791.
(2) Le *Diner patriotique* (S. l., 24 p. 8°) est une satire, ignoble à bien des égards, mais composée par un esprit mordant et sagace qui a bien vu le faible d'adversaires détestés. On nous y montre Dietrich, Levrault, Brendel et Mathieu s'entretenant à cœur ouvert, après boire, sur la situation du pays et de leur parti et s'y disant de dures vérités. Brendel surtout y est outrageusement traîné dans la boue.

C'est toujours, on le voit, le même esprit brutal qui régente les masses, sans acception de parti, que ce soit le fanatisme religieux ou antireligieux qui les enflamme, qu'ils s'appellent jacobins ou cléricaux, royalistes ou républicains de toute nuance. L'aveuglement volontaire des partis est tel qu'aujourd'hui même vous rencontrerez des hommes „honnêtes" se lamentant sur les traitements révolutionnaires subis par quelques dévotes exaltées, tandis qu'ils trouveront naturelles les cruautés exercées sur les huguenots du seizième siècle, ou riront même des femmes des jacobins publiquement fouettées par la jeunesse dorée après thermidor. Il serait si simple pourtant, alors qu'on ne peut empêcher toujours de pareilles violences, de s'entendre au moins pour les flétrir avec un égal mépris, d'où qu'elles viennent et sous quelque drapeau qu'elles se produisent!

Le 16 avril un nouveau renfort arrive aux récalcitrants : *Roma locuta est*, Rome a parlé. On se rappelle que l'assemblée des catholiques réunis au Séminaire avait demandé au Saint-Père ce qu'il fallait penser des nouvelles lois ecclésiastiques. Pie VI répondit enfin à „ses chers fils, les habitants catholiques de Strasbourg". Il leur témoignait toute son estime pour le courage héroïque, la sagesse et la constance de Rohan, seul pasteur légitime de ce troupeau, l'autre n'étant qu'un odieux intrus. Le cardinal s'empressa de porter ce bref à la connaissance de *son* clergé, par mandement du 2 mai, l'on pense avec quelle satisfaction profonde. Désormais Brendel a beau se dire „en communion avec le Saint-Siège apostolique", il n'est plus aux yeux de la foule qu'un apostat et un mécréant. Tous les catholiques un peu fervents, qui avaient hésité encore entre leur foi religieuse et leurs devoirs civiques, se retirent d'un mouvement où leur situation devient dorénavant impossible. C'est ainsi que M. de Humbourg, l'ancien syndic du chapitre de la Cathédrale, était resté jusqu'à ce jour officier municipal; dès qu'il apprend que la sentence papale va être rendue, il donne sa démission d'élu de la cité, pour aller rejoindre les membres du chapitre à Offenbourg (1). Rohan lui-même prenait une attitude plus aggressive, si possible. On racontait qu'il allait fonder à Oberkirch un journal allemand à l'usage des campa-

---

(1) *Strassb. Zeitung*, 16 avril 1791.

pagnes, intitulé *Der Wahrheitsfreund*, et dirigé par Nicolas Wilhelm (1). Des lettres anonymes arrivaient de tous les côtés au nouvel évêque, le menaçant des vengeances célestes, lui fixant comme dernier terme pour venir à résipiscence le jeudi-saint, et éveillant tout autour de lui l'appréhension de scènes de désordre nouvelles, jusque dans l'enceinte de la Cathédrale (2). C'est que les espépérances des contre-révolutionnaires s'exaltaient, à ce moment déjà, dans la contemplation des chances d'une lutte intérieure, appuyée sur le dehors, et que le spectre de la guerre étrangère et civile montait, menaçant, à l'horizon.

XIV.

Escomptant les dispositions bien connues de quelques-uns des principaux souverains de l'Europe qu'effrayait la rapide propagation des idées révolutionnaires, l'émigration commençait dès lors à rêver la revanche par les armes et à travailler les cours étrangères pour y trouver un appui. Parmi tous ceux que nous voyons s'agiter alors pour or-

---

(1) *Pol. Litt. Kurier*, 19 avril 1791.
(2) *Strassb. Zeitung*, 21 avril 1791.

ganiser à bref délai l'action contre-révolutionnaire, le cardinal de Rohan fut un des plus fougueux. Il est vrai qu'il était aussi de ceux qui avaient le plus perdu et qui supportaient le plus impatiemment cette perte. Prince souverain de l'Empire, il était également plus libre de ses mouvements que les émigrés vivant sur territoire d'autrui. Sans doute il n'était plus le bénéficier richissime que nous avons connu au début de la Révolution ; ses quelques bailliages d'outre-Rhin n'étaient pas de taille à lui fournir des revenus très considérables. Par arrêt du 18 février 1791, la cour suprême de Wetzlar l'avait bien autorisé à contracter un emprunt forcé de 45,000 florins, avec les cinq villages du bailliage d'Oberkirch, mais un arrêt supplémentaire du 30 mars l'obligeait à donner d'abord aux communes elles-mêmes les garanties de remboursement nécessaires (1). D'ailleurs ce n'est pas avec des sommes pareilles qu'on pouvait soutenir une guerre. Il commença cependant à réunir des recrues, aidé par le frère émigré de Mirabeau, le fameux vicomte, qu'à cause de l'ampleur de ses formes, ses anciens collègues de la

---

(1) *Strassb. Zeitung*, 19 avril 1791.

Constituante avaient appelé Mirabeau-Tonneau.

Mais les négociants badois ne se soucièrent pas d'abord de fournir les uniformes nécessaires, parce que Rohan prétendait ne payer qu'un quart des dépenses au comptant et prendre le reste à crédit (1). Cette gêne ne dura pas, il est vrai, et, de quelque côté qu'il l'ait reçu, l'argent finit par arriver. Dès le 26 avril on écrivait d'Ettenheim à la *Gazette de Strasbourg* que l'ex-évêque avait maintenant une garde bien organisée de trois cents hommes, bien uniformés, portant l'habit noir à revers jaunes, au brassard brodé d'une tête de mort avec cette devise : La victoire ou la mort (2) !

Les troupes réunies depuis longtemps déjà par le prince de Condé, et principalement formées par les déserteurs qui passaient en masse la frontière (3), se rapprochaient à ce moment de Strasbourg et les bruits les plus alarmants

---

(1) *Pol. Litt. Kurier*, 18 avril 1791.
(2) *Strassb. Zeitung*, 27 avril 1791.
(3) Pour ne citer qu'un exemple, tous les officiers du régiment de Beauvaisis, en garnison à Wissembourg, désertèrent le 17 avril. Quinze cents hommes de troupe ne conservèrent qu'un capitaine et quatre lieutenants, officiers de fortune. *Strassb. Zeitung*, 20 avril 1791.

circulaient dans notre ville. On y affirmait que les forces de l'émigration allaient franchir le fleuve près de Rhinau, marcher directement sur Obernai, Rosheim, Molsheim et Mutzig, centres du „fanatisme", pour pénétrer par la vallée de la Bruche en Lorraine et susciter partout la contre-révolution. On racontait que les ecclésiastiques renvoyés de leurs cures n'avaient donné qu'un congé de quelques jours à leurs domestiques, que des notabilités bien connues (on désignait notamment Poirot et Zæpffel) circulaient dans les campagnes pour exciter les esprits, etc. Sans doute les rédacteurs des journaux patriotes essayaient d'enflammer le courage de leurs lecteurs en leur montrant les feux s'allumant partout sur la crête des Vosges, et „l'armée noire et jaune" écrasée dans les gorges de nos montagnes (1). Mais les riverains du territoire allemand n'en étaient pas plus rassurés pour cela. Heureusement que, pour le moment, tout n'était qu'un faux bruit. Il importait de le mentionner cependant, puisque l'agitation profonde qu'il excita chez les amis comme chez les ennemis du nouveau régime en Alsace, amena

---

(1) *Strassb. Zeitung*, 25 avril 1791.

de part et d'autre une recrudescence d'inimitiés sur le terrain religieux.

Les commissaires du Roi avaient quitté Strasbourg dans les derniers jours d'avril, espérant bien à tort que leur présence ne serait plus nécessaire pour contenir les récalcitrants, ou desespérant peut-être aussi de les ramener à l'obéissance (1). Après leur départ les autorités du département et du district continuèrent à procéder à l'épuration des non-jureurs. Pour montrer que leur justice était égale pour tous, elles avaient également réclamé le serment civique de tous les pasteurs, professeurs et ministres luthériens et réformés, et le 1er mai, les membres du Convent ecclésiastique, les professeurs de l'Université protestante, ceux du Gymnase et les maîtres d'écoles avaient prêté le serment requis devant le corps municipal (2), puis le dimanche, 7 mai suivant, ç'avait été le tour des „ministres de la Confession helvétique." Le chanoine Rumpler avait protesté, non sans malice, ni sans raison, contre cette idée bizarre, d'assermenter des hérétiques à

---

(1) Foissey quitta Strasbourg le 25 avril, ses collègues le 27. *Pol. Lit. Kurier*, 25 avril 1791.

(2) *Gesch. der gegenw. Zeit.* 2 mai 1791.

la Constitution civile du clergé, et il avait demandé qu'on insérât ses protestations au procès-verbal. Mais Richard Brunck, le fameux helléniste, lui répondit brusquement qu'en ce cas on y insérerait des sottises (1). Et cependant l'ancien commissaire des guerres était un modèle d'urbanité. C'est à ce diapason que se maintenait désormais la discussion entre adversaires politiques, quand on consentait encore à discuter, s'entend.

Si les protestants n'éprouvaient aucune répugnance à se rallier ainsi au nouvel ordre des choses, les ecclésiastique non assermentés, les membres des ordres religieux dissous, faisaient partout leurs préparatifs de départ. Le 2 mai, les Capucins du grand cloître de Strasbourg passaient le Rhin avec une longue série de fourgons bien remplis (2); deux jours plus tard, leurs confrères du couvent des Petits-Capucins suivaient leur exemple. L'émigration faisait ainsi d'incessants progrès parmi la population *cléricale* de la ville et des

---

(1) *Gesch. der gegenw. Zeit*, 4 mai 1791.

(2) Ils emportaient, disait-on, mille muids de vin, 125 quartauds de blé, 7 quintaux de lard, 5 quintaux de beurre fondu et 150,000 livres en numéraire. *Strassb. Zeitung*, 4 mai 1791.

campagnes, et il devenait urgent de trouver les ecclésiastiques patriotes nécessaires pour le service des paroisses rurales, si le culte officiel ne devait être partout interrompu. C'est pourquoi le Directoire du district convoqua les électeurs pour le 8 mai, à huit heures du matin, dans l'ancien palais épiscopal des Rohan, afin de continuer les élections relatives à la nomination des curés constitutionnels. Le district de Strasbourg avait compté jusque-là, sur une population catholique de 71,240 âmes, 109 prêtres séculiers en fonctions (1). Il n'aurait pu être question de conserver un pareil chiffre de fonctionnaires, qu'on n'avait aucun espoir d'atteindre jamais, même si la Constitution nouvelle n'avait pas expressément diminué le nombre des curés et des desservants. A l'heure indiquée, l'assemblée électorale se réunit sous la présidence de M. Thomassin; elle comptait un peu plus de cent membres. Plusieurs électeurs avaient écrit pour excuser leur absence, en l'expli-

---

(1) On comptait alors dans la ville même 35,000 catholiques contre 20,000 protestants, dans les villages du district, 36,240 catholiques contre 18,520 protestants. Il y avait de plus 2830 israélites. *Affiches de Strasbourg*, 9 avril 1791.

quant par les menaces dont ils avaient été l'objet de la part de leurs coreligionnaires fanatisés par les prêtres réfractaires. Aussi la réunion décida-t-elle, avant d'aborder son ordre du jour, de formuler une véhémente protestation contre les agissements du clergé non assermenté; elle est trop longue pour que nous la rapportions ici, mais nous en citerons la conclusion pratique. On y demandait à l'Assemblée Nationale l'éloignement de leur domicile de tous les prêtres qui se seraient refusés à prêter le serment, „afin de soustraire leurs anciennes ouailles à leurs excitations incendiaires et de les empêcher eux-mêmes de maltraiter leurs successeurs." Puis les scrutins pour une vingtaine de cures se succédèrent sans incident notable pendant toute la journée, et se terminèrent le lendemain, 9 mai, par la proclamation solennelle du nom des nouveaux élus, qui se fit à la Cathédrale, avant la célébration de la messe (1). Un tiers d'entre eux étaient d'anciens capucins; aucune des cures n'avait été disputée par deux concurrents, tant la pénurie de candidats était

---

(1) *Verbal-Prozess der Wahlversammlung der Wahlmänner u. s. w. vom 8. Mai 1791.* S. l. 14 p. 8º.

grande. Ce n'est pas du Bas-Rhin que venaient les rares déclarations d'adhésion d'ecclésiastiques demandant „à être mis dans la prochaine gazette" comme ayant prêté le serment, „*antern zu einem exembel des gehorsams* (1)." Quand, par hasard, il surgissait quelque recrue inattendue, on s'empressait d'annoncer le fait dans tous les journaux, et de féliciter les nouveaux arrivants comme des héros patriotes. Ce fut le cas, par exemple, pour les trois séminaristes alsaciens, Joseph Parlement et les deux frères Roch, qui s'échappèrent du séminaire du prince-évêque de Spire à Bruchsal et traversèrent le Rhin dans une barque de pêcheur pour revenir à Strasbourg et se mettre aux ordres de Brendel (2).

On comprend d'ailleurs que l'enthousiasme fût médiocre et le désir d'exercer l'apostolat de „la religion nouvelle" au sein de nos populations rurales peu répandu. On avait fait circuler sur le

---

(1) Voy. le numéro du *Pol. Lit. Kurier*, 14 avril 1791. Cette pièce émanant de quelques curés, vicaires et religieux de Dannemarie, Altkirch, Hagenbach, etc., écrite dans un allemand inouï, était adressée : « *An Herren Zeitungsschreiber Augsburgischer Profession zu Strassburg.* »

(2) *Strassb. Zeitung*, 16 mai 1791.

compte des prêtres assermentés de tels mensonges (1) que, dans certaines communes au moins, leur vie n'était pas en sûreté. C'est ainsi que le nouveau curé de Bischheim, l'abbé Gelin, dénonçait deux paysans de Suffelweyersheim comme ayant voulu le tuer dans la nuit du 12 au 13 mai; mais comme le seul témoin à charge était la sœur de Gelin et qu'ils protestèrent de leur innocence, le tribunal du district les acquitta quelques jours plus tard, bien que leur apparition nocturne au presbytère dût paraître bien étrange (2). Les journaux tout spécialement fondés pour éclairer les paysans n'étaient pas lus par eux, et certains

---

(1) Le 10 mai, le vicaire épiscopal Taffin, le futur juge au tribunal révolutionnaire, sortait de la Cathédrale après avoir dit la messe, quand un paysan l'arrête et le prie de lui dire la formule du serment civique. Un peu étonné, Taffin satisfait à son désir et le paysan de s'en aller, l'air tout joyeux. — Pourquoi me demandez-vous cela ? dit l'ex-chanoine messin — « Notre curé nous a dit qu'en le prêtant on abjurait la Sainte-Vierge, le pape et toute l'Eglise catholique. Mais je vois bien maintenant qu'il a menti. Nous le chasserons. » Malheureusement ces paysans à l'esprit investigateur étaient fort rares. *Strassb. Zeitung*, 17 mai 1791.

(2) *Strassb. Zeitung*, 16 mai, 6 juin 1791.

d'entre eux, au moins, comme le journal allemand : *Le Franc, feuille patriotique populaire alsacienne*, n'étaient pas rédigés de manière à pouvoir être compris par les masses, **peu accessibles aux déductions abstraites et aux raisonnements philosophiques** (1). Elles voyaient mettre **aux** enchères les biens de l'Eglise, vendre au plus offrant le mobilier de leur évêque, ses tapisseries de haute-lisse, ses somptueuses porcelaines de Chine et ses urnes du Japon (2), elles entendaient leurs conducteurs spirituels maudire les persécuteurs et les vouer aux tourments éternels; cela faisait sur elle une toute autre impression que la lecture d'une dissertation sur les droits de l'homme et du citoyen.

Ce qui rendait les dispositions des populations rurales plus dangereuses encore, c'étaient les espérances contre-révolutionnaires qui se rattachaient à leurs antipathies religieuses. Plus on étudie l'histoire de cette époque, plus on se rend compte de la faute immense commise par l'Assemblée Nationale, en

---

(1) *Der Franke, ein patriotisches Volksblatt*, commença à paraître en mars 1791. mais ne vécut pas très longtemps.

(2) *Affiches*, 16 mai 1791.

ajoutant cet élément fatal de discorde à toutes les causes de désunion qui travaillaient le royaume et menaçaient surtout les départements sur la frontière. C'est par haine des *jureurs* que les paysans catholiques d'Alsace devinrent en partie les alliés des Rohan, des Mirabeau, des Condé, menaçant dès lors le sol de la patrie, et servirent d'intermédiaires et d'espions aux traîtres, qui attendaient le signal de la lutte ouverte pour déserter à l'étranger.

Tout indiquait, vers la fin de mai 1791, qu'une crise terrible allait éclater, soit à l'intérieur, soit au dehors. En Alsace, le nouveau commandant de la province, M. de Gelb, était un militaire, longtemps retraité, cassé par l'âge, sans autorité sur ses troupes et soupçonné dès lors d'incivisme, soupçon que son émigration devait justifier plus tard. Quoique Strasbourgeois de naissance, on avait été fort mécontent chez nous de lui voir confié un poste aussi difficile; ses adversaires l'avaient même accusé de travailler en secret à la destruction du nouvel ordre des choses (1). En tout cas, il ne surveillait

---

(1) On disait qu'il avait un dépôt d'écrits incendiaires dans sa campagne à l'île des Epis. *Gesch. der gegenw. Zeit*, 26 mars 1791.

pas ses officiers et sans cesse on en voyait circuler quelques-uns, avec ou sans déguisements, sur le chemin d'Ettenheim à Strasbourg (1). Sous ses yeux, on recrutait dans la garnison des volontaires pour la légion de Mirabeau (2). Des espions de Rohan sillonnaient le pays déguisés en mendiants, en maquignons, etc., pour distribuer des appels à la révolte et entraîner la jeunesse au delà du Rhin (3). On en arrêtait un à Habsheim et son arrestation était suivie de celle du curé du village, ainsi que de son collègue de Krembs (4). Les municipalités des localités qu'on croyait douteuses étaient bombardées de lettres pastorales, déclarations, bulles et autres imprimés qui arrivaient non-affranchis. Celle de Mutzig se plaignit d'avoir à payer en un jour trente-six sols de port pour des envois postaux de ce genre (5)! Dans la Société des Amis de la Constitution, on donnait lecture d'une correspon-

---

(1) *Gesch. der gegenw. Zeit*, 20 mai 1791.
(2) *Strassb. Zeitung*, 18 mai 1791.
(3) Un agent de Bernhardswiller amenait, en huit jours, vingt-six jeunes gens de Bernhardswiller et d'Obernai à Ettenheimmünster. *Strassb. Zeitung*, 1er juin 1791.
(4) *Pol. Litt. Kurier*, 9 juin 1791.
(5) *Strassb. Zeitung*, 30 mai 1791.

dance échangée entre le procureur-syndic du district, Acker, et le prince Joseph de Hohenlohe, du Grand-Chapitre de la Cathédrale. Le procureur ayant réclamé les titres et pièces relatives aux propriétés du Chapitre, le prince lui répondait que, dans peu de jours, l'armée contre-révolutionnaire allemande passerait le Rhin, réinstallerait l'ancien ordre de choses et remettrait chacun à sa place (1).

A Strasbourg même, les partisans de l'ancien régime semblaient espérer et préparer un prompt revirement. Les journaux signalaient les distributions d'argent (fort modestes d'ailleurs, à ce qu'il nous semble, et peu dangereuses) du chirurgien Marchal à de vieilles femmes dévotes (1). Ils racontaient aussi comment le receveur de l'Œuvre-Notre-Dame, M. Daudet, ayant à payer leurs gages quotidiens de huit sols aux six gardiens de la Cathédrale, avait tendu à l'un deux un assignat de quatre-vingt livres, total *nominal* exact de leur salaire mensuel à tous, en criant d'un air moqueur : Vive la Nation ! Quand le pauvre gardien l'avait supplié de le satisfaire en monnaie, il l'avait ren-

---

(1) *Gesch. der gegenw. Zeit*, 24 mai 1791.

voyé, disant qu'il n'avait pas d'autre argent (1). Sans une veuve, bonne patriote, qui leur versa le montant de l'assignat, les modestes fonctionnaires de l'Œuvre auraient perdu douze livres en changeant le papier chez un banquier. „Mais Daudet n'est-il pas un coquin?" disait la *Gazette de Strasbourg* en manière de péroraison (2). Rodolphe Saltzmann, son rédacteur, était pourtant l'un des plus modérés parmi les défenseurs des idées nouvelles, et figurera bientôt parmi les *réactionnaires* les plus haïs.

Dans les environs les rixes se multipliaient entre les habitants des villages catholiques et les soldats cantonnés chez eux ou dans leur voisinage. A Oberschæffolsheim, ils attaquèrent un détachement du 13ᵉ de ligne (ancien Bourbonnais) et blessèrent grièvement deux des soldats. Le curé non assermenté qui

---

(1) Dans la justification, passablement embarrassée, que M. de Türckheim, administrateur des œuvres charitables de la Ville, fit de son subordonné (*Strassb. Zeitung*, 13 juin), il dut reconnaître que Daudet avait à ce moment plusieurs centaines de francs en numéraire dans sa caisse; ce qui semble bien indiquer qu'il voulait narguer et punir le civisme des gardiens de la Cathédrale.
(2) *Strassb. Zeitung*, 10 juin 1791.

les avait poussés, dit-on, à cet acte de sauvagerie, fut arrêté et conduit en ville sur une voiture découverte; en y arrivant à dix heures du soir, il fut reçu à la porte par une foule en émoi, qui se précipita sur l'escorte, en criant : à la lanterne ! Sans l'énergique intervention de la garde nationale, le malheureux aurait été écharpé (1). Le lendemain, le même Saltzmann, dont nous venons de parler, „protestait au nom des véritables amis de la liberté contre ce cri sanguinaire, qui est le contraire de la justice" (2); mais les esprits, emportés par la passion, n'étaient plus capables d'écouter d'aussi sages conseils. Il semblerait que la réalité, pourtant bien triste déjà, ne leur fournissait pas de scènes assez lugubres. L'imagination surexcitée des *patriotes* hantée par des visions terrifiantes, inventait des projets de meurtre et d'assassinat, auxquels elle croyait sans doute elle-même. Un journal affirmait qu'un ecclésiastique réfractaire de Strasbourg avait engagé l'une de ses jeunes pénitentes à demander à se confesser à l'évêque Brendel, puis à tuer l'intrus d'un bon coup de

---

(1) *Pol. Litt. Kurier*, 24 juin 1791.
(2) *Strassb. Zeitung*, 23 juin 1791.

couteau, dans le confessionnal (1). Le rôle des Judith et des Charlotte Corday n'est pas, fort heureusement, dans le tempérament de nos jeunes Alsaciennes, et l'anecdote tout entière nous semble de la fabrique du journaliste radical qui l'offrit au public.

Mais si l'on pouvait hardiment absoudre le beau sexe, et même le sexe fort, de toute intention réelle d'homicide contre le chef de diocèse, il n'en était pas de même, ni pour l'un ni pour l'autre, quant aux délits de police correctionnelle. L'histoire particulière de la Cathédrale nous offre, à ce moment, quelques curieux exemples de l'irrévérence brutale ou raffinée des fervents catholiques à l'égard des mystères de leur propre religion et des indécences auxquelles les entraînait dans leurs propres lieux de culte une trop fervente dévotion. La première en date de ces affaires est celle du sieur Julien d'Espiard, lieutenant au régiment de ci-devant Bourbonnais, qui pénétra le 12 mai dans la Cathédrale pendant qu'on y célébrait le culte et s'y conduisit d'une façon bruyante, sifflottant et répondant à la sentinelle qui le rappelait au res-

---

(1) *Gesch. der gegenw. Zeit*, 7 juin 1791.

pect du saint lieu : „Il n'y a plus de religion ; il n'y a donc plus rien à respecter!" (1) Arrêté par la force armée et conduit devant le maire, il fut condamné par le corps municipal à „tenir prison pendant deux fois vingt-quatre heures pour avoir manqué de respect dans l'Eglise cathédrale au respect que tous doivent aux lieux saints (2)." Six semaines plus tard, le même individu se faisait encore remarquer pour avoir tenu après boire dans un endroit public „des propos incendiaires et despectueux contre la Nation", et la municipalité le condamnait derechef à huit jours de prison (3). Exclu de son régiment, ce singulier défenseur de la foi terminait dignement sa carrière en se rendant à Ettenheim et en affirmant là-bas en justice que Dietrich et ses collègues l'avaient salarié pour assassiner Rohan (4).

L'autre incident se produisit quelques semaines plus tard, lors de la fête

---

(1) *Gesch. der gegenw. Zeit*, 27 mai 1791.

(2) Extrait des registres de police de la municipalité, du 17 mai 1791. Dannbach, placard in-fol.

(3) Extrait des registres de police, etc., du 11 juillet 1791.

(4) Extrait des délibérations du corps municipal, du 6 septembre 1791. Dannbach. 7 p. 4°.

des Rogations. Brendel avait annoncé pour ce jour la procession usuelle dans l'intérieur et sur le parvis de la Cathédrale. La municipalité craignait des troubles pour cette fête, les radicaux aussi, témoin la brutale invitation de Simon aux bons patriotes, de mettre pour ce jour-là quelques bons nerfs de bœuf en saumure, afin de calmer les démangeaisons des jeunes et vieilles bigotes qui seraient tentées de déranger les offices (1). La garde-nationale était sur pied ; il se trouva néanmoins une jeune personne assez désireuse de faire parler d'elle (car elle ne pouvait espérer la couronne du martyre), pour proférer à haute voix quelques sarcasmes blessants sur la procession qui défilait devant elle. Son zélé défenseur, dont nous allons entendre tout à l'heure les accents passionnés, déclare bien que cette procession „n'était effectivement composée que de deux pelés, quatre tondus et six pouilleux, bien faits pour accompagner F. A. Brendel,„ mais on avouera que ce n'est pas une excuse.

La jeune fille fut arrêtée par le piquet de garde à la Cathédrale et conduite devant le maire, qui la tança vertement

---

(1) *Gesch. der gegenw. Zeit*, 1ᵉʳ juin 1791.

sans lui infliger d'ailleurs, à notre sû. de peine légale quelconque. Or voici quel accès de folie furieuse cette scène de gaminerie provoqua dans le cerveau d'un trop effervescent ami de l'Eglise et de l'ancien régime. „Elle fut enlevée, dit-il, par ces infâmes satellites aux trois couleurs, par ces cannibales, qui, non contents de l'arracher à son foyer, l'ont meurtrie de coups, et l'ont traînée, le visage tout ensanglanté, à la municipalité. Cette pauvre fille, indignée du traitement affreux que cette canaille nationale exerçait sur elle, appelait les honnêtes gens à son secours... Elle n'en fut pas moins menée devant le Grand-Inquisiteur. Cet oiseau de proie se réjouissait d'avance de la capture et esperait, la tenant sous ses griffes, d'en faire une victime de sa rage constitutionnelle.... N'y aura-t-il jamais, disais-je à deux de mes voisins, un homme assez ami du bien et de l'humanité, pour brûler la cervelle ou pour enfoncer le fer vengeur dans le cœur de ce scélérat? — Nous le jurons, diront-ils (1) "...

On se demande, en lisant des appels

---

(1) Lettre à M. le maire de Strasbourg. 3 juin 1791. S. l. 4 p. 8º.

au poignard pareils, à propos de si mesquines affaires, si leurs auteurs anonymes étaient dans leur bon sens, s'ils étaient de pauvres fous ou de misérables scélérats. Un sceptique nous répondra qu'ils étaient sans doute fort lucides et n'auraient pas fait tort peut-être au voisin d'un centime, mais qu'ils étaient „sous l'influence des passions politiques."

C'était sous l'influence aussi de ces mêmes passions que les autorités du district envoyaient aux sacristains des différentes églises l'ordre direct d'avoir à faire abattre les armoiries sculptées qui se trouvaient dans ces églises; en d'autres termes, c'était la destruction, la mutilation du moins, des nombreux monuments funéraires conservés alors dans nos édifices religieux. La municipalité fut saisie de cette réquisition singulière dans sa séance du 12 mai. Elle avait sacrifié naguère aux tendances du jour en proscrivant les écussons armoriés de la Cathédrale; elle resta plus fidèle maintenant aux vrais principes : „Sur le rapport de l'administrateur des établissements publics,… considérant que cet ordre, de quelque part qu'il soit émané, s'éloigne du décret du 19 juin 1790, parce que ces armoiries dans les églises constatent un tribut de vénération payé à des familles qui ont bien mérité de la patrie, intéressent des familles régnicoles et étrangères et sont le plus souvent liées à des décorations et forment des monuments publics, vu le décret et ouï le procureur de la Commune, le Bureau municipal arrête qu'il n'y a pas lieu de donner suite à la destruction des armoiries dans les églises" (1).

Des gens auxquels il ne fut pas nécessaire de donner des ordres péremptoires pour faire disparaître les emblèmes de l'ancien régime, furent les Israélites de Mutzig. Lorsque Rohan était revenu en Alsace, après le procès du Collier, ils avaient orné leur synagogue de l'écusson des Rohan et y avaient placé de plus un grand cadre contenant une prière pour leur illustre protecteur, le cardinal. Ils se hâtèrent maintenant de briser l'écusson, mais, en gens pratiques, ils conservèrent la prière calligraphique, encadrée dans leur temple, en y substituant seulement le nom de Brendel à celui de l'évêque proscrit (2).

---

(1) Délibération du Conseil général, 12 mai 1791.

(2) *Strassb. Zeitung*, 30 mai 1791.

Brendel cependant faisait tous les efforts possibles pour organiser le clergé constitutionnel de son diocèse; les recrues désirées arrivaient peu à peu, surtout des contrées rhénanes, en moins grand nombre assurément qu'on ne l'avait espéré d'abord, mais en nombre et surtout en qualité suffisante pour lui constituer un état-major très présentable, auquel il ne manquait que les soldats. Dans le courant des mois de juin et de juillet on voyait débarquer à Strasbourg les professeurs J. J. Kæmmerer, de Heidelberg et Antoine Dereser, de Bonn, puis encore Joseph Dorsch et le plus connu, le plus tristement célèbre de tous, Euloge Schneider. Docteurs et professeurs en théologie des universités épiscopales rhénanes, leur libéralisme religieux ou le besoin de liberté politique les avait rendus suspects dans leur pays et ils venaient chercher une sphère d'activité plus vaste, un air plus respirable, sous le ciel de la France. Reçus à bras ouverts par le parti constitutionnel, ils se voyaient bientôt installés comme maîtres dans les chaires abandonnées du grand Séminaire et comme vicaires épiscopaux à la Cathédrale. Natures exaltées pour la plupart, ces hommes étaient d'une valeur morale très diverse. Il y en avait de profondément pieux et honnêtes, comme le bon Dereser, dont la conduite pendant la Terreur mérite toutes nos sympathies ; il y en avait aussi que le besoin d'aventures amenait parmi nous, bien plus que la soif d'indépendance religieuse. Parmi ces derniers il faut nommer avant tout Euloge Schneider, que sa faconde oratoire et des vers érotiques médiocres, doublement choquants sous la plume d'un ancien moine, avaient fait connaître déjà dans certains milieux lettrés d'Allemagne (1). Le 6 juin déjà, Kæmmerer avait paru à la Société des Amis de la Constitution, pour y prêter le serment civique et pour annoncer la publication d'un journal de langue allemande, consacré spécialement aux affaires ecclésiastiques d'Alsace Le 30 juin, les journaux de Strasbourg annonçaient l'arrivée de Schneider, le professeur démissionnaire de l'académie de Bonn, et sa nomination comme vicaire épiscopal (2).

Comme l'entrée en fonctions des

---

(1) *Gedichte von Eulogius Schneider*, 2te *Auflage, Frankfurt am Main*, 1790, p. 40, 45, 73, 74, 91, 127.

(2) *Gesch. der gegenw. Zeit*, 30 juin 1791.

nouveaux venus vint coïncider avec la fuite de Varennes et que durant plusieurs jours les esprits surexcités ne s'occupèrent pas d'autre chose que de la „grande trahison" du malheureux Louis XVI, ils n'attirèrent pas d'abord sur eux l'attention du public. Le moyen de s'intéresser à quelques prêtres schismatiques étrangers, alors que le sort du royaume était en suspens et que la guerre civile semblait devoir éclater à nos portes! Une plume élégante et habile a trop bien raconté cet épisode célèbre de la Révolution au point de vue de notre histoire locale, il y a quelques années déjà, pour que nous songions à nous y arrêter ici (1). Il fallait seulement le mentionner en passant, car il acheva d'aigrir les esprits les plus modérés en Alsace, pour peu qu'ils eussent à cœur de conserver les conquêtes libérales des dernières années. On ne se contenta pas de brûler en effigie Bouillé, Klinglin et Heywang, les généraux déserteurs, sur la place d'Armes (2), on demanda hautement la déchéance du souverain, traître à

---

(1) G. Fischbach, La fuite de Louis XVI. Strasbourg, 1878, 8°.

(2) *Gesch. der gegenw. Zeit*, 30 juin 1791.

tous ses serments (1), et l'attachement monarchique, très marqué jusqu'ici, du parti constitutionnel alsacien s'effaça devant le sentiment supérieur de l'attachement à la patrie (2).

La crise religieuse devait forcément se ressentir, elle aussi, de cette tentative de réaction politique, et la haine anti-religieuse du parti radical trouva un nouvel aliment dans la persuasion que c'était surtout l'influence du clergé qui avait poussé le faible Louis XVI à cette démarche, dont la duplicité ne fut dépassée que par le complet insuccès.

On n'était pas encore revenu de cette chaude alarme, quand les nouveaux vicaires épiscopaux débutèrent successivement à la Cathédrale, dans le courant de juillet et d'août. Ce fut d'abord le chantre de Minette, Nannette et Babette, Euloge Schneider, qui, le 10 de ce mois, vint y prononcer un sermon sur *l'Accord de l'Evangile avec la nouvelle*

---

(1) *Strassburg. Zeitung*, 7 juillet 1792.

(2) On peut se rendre compte de cette disposition des esprits les plus modérés en lisant la poésie d'Auguste Lamey *An Frankreich's Schutzgeist*, insérée dans la *Gesch. der gegenw. Zeit* du 29 juin 1791.

Constitution française (1); plus tard Antoine Joseph Dorsch y prêcha sur *la Liberté* (2), etc. Vers la même époque aussi paraissaient les premiers numéros du journal dirigé par Kæmmerer, devenu supérieur du grand Séminaire, intitulé *Die neuesten Religionsbegebenheiten in Frankreich* (3), et destiné à devenir le moniteur officiel de l'Eglise schismatique. Les uns et les autres, parmi ces étrangers, montraient un enthousiasme, sans doute sincère à ce moment, pour toutes les conquêtes de la Révolution et tâchaient d'y découvrir la réalisation des promesses de l'Evangile. Les uns et les autres parlaient en termes chaleureux de la nécessité de lutter contre le „fanatisme" des prêtres et les tendances contre-révolutionnaires des masses, et gagnaient ainsi l'appui des journaux et des sociétés patriotiques, sans cependant que leur auditoire habituel en fût notablement accru.

Autant la crainte avait été vive au moment de la fuite de Louis XVI, au-

---

(1) *Die Uebereinstimmung des Evangeliums mit der neuen Staatsverfassung der Franken*. Strassb., Lorenz, 1791, 16 p. 8°.

(2) *Ueber die Freiheit, eine Predigt*. Strassb., Treuttel, 1791, 16 p. 8°.

(3) Depuis le 1er juillet 1791.

tant la réaction avait semblé relever partout la tête, quand le faux bruit de la réussite de ce projet avait couru l'Alsace, autant la colère contre les fauteurs, plus ou moins authentiques, de ces désordres perpétuels fut profonde après cette vive alerte. C'est à partir de cette époque que nous voyons se multiplier les expéditions „nationales" contre les bourgs et villages réfractaires, les poursuites contre les prêtres non-jureurs, contre les correspondants ouverts et secrets de l'émigration. „Il est temps d'en finir avec l'aristocratie dans notre département", disait la *Gazette de Strasbourg*, en énumérant une série d'attentats commis contre les *patriotes* (1). Elle répétait en termes plus convenables ce que le „Véritable Père Duchêne" disait sur un ton plus ordurier : „Toujours en Alsace, toujours du grabuge et des précautions maudites dans cette contrée, où il y a tout autant d'aristo-jeanfoutres que de poux dans la culotte d'un gueux. Est-ce qu'on ne réduira pas cette engeance insolente" (2) ?

Le *Courrier politique et littéraire* lui-

---

(1) *Strassb. Zeitung*, 15 juillet 1791.
(2) Quarante-quatrième lettre bougrement patriotique. Paris, Châlon, 1791, 8 p. 8°.

même, si pacifique d'ordinaire, publiait des traductions allemandes du *Ça ira* et annonçait, en assez mauvais vers, que le jour était proche où tous les tyrans par la grâce de Dieu, les calotins, les aristocrates et leurs maîtresses, ne se nourriraient plus de la graisse du pays" (1).

L'Assemblée Nationale donnait un encouragement officiel à ces sentiments d'irritation en faisant partir de nouveaux commissaires pour l'Alsace, chargés de concerter avec les autorités départementales des mesures de répression plus efficaces contre les fauteurs de désordres publics. MM. Régnier, Chasset, de Custine, arrivèrent à Strasbourg dans la première semaine de juillet, et le 12 du mois avait lieu une réunion générale de tous les membres du Directoire du département, de ceux du Directoire du district et de ceux du Conseil général de la Commune, pour aviser à la situation troublée de la province. Les commissaires de l'Assemblée Nationale s'y rendirent, accompagnés des commandants militaires, et en leur présence, les chefs des différents corps énumérés tout à

---

(1) *Pol. Litt. Kurier*, 15 juillet 1791.

l'heure présentèrent un nouveau compte rendu de la situation du département par rapport au clergé. „Après la discussion la plus sérieuse et la plus approfondie", voici les faits qui furent reconnus, au dire du procès-verbal officiel, auquel nous empruntons les lignes suivantes (1) :

„Le cardinal de Rohan, ci-devant évêque de Strasbourg, et les membres des ci-devant chapitres, s'opposent ouvertement, de concert avec l'évêque de Spire et l'Electeur de Mayence, à l'établissement dans les départements du Haut- et du Bas-Rhin, de la Constitution française....

„Cette opposition est établie par les protestations signifiées de leur part au département du Bas-Rhin, qu'ils ont présentées à la Diète de Ratisbonne, en réclamant l'appui et les forces des princes étrangers....

„Ils sont déterminés à soutenir cette opposition à main armée. Déjà un corps de troupes est armé ; ce corps est placé sur la rive droite du Rhin, depuis Ettenheim jusqu'à Kehl, et journellement il insulte et maltraite les Français,

---

(1) Délibération du Directoire du département du Bas-Rhin, du 12 juillet 1791. Strasb. Levrault, 4°.

particulièrement les citoyens de Strasbourg que leurs affaires obligent de passer le Rhin....

„Pour propager ce système d'opposition et de rébellion, ils emploient non seulement une partie des chanoines, mais encore les ecclésiastiques fonctionnaires publics, réfractaires au serment et un grand nombre de religieux."

Le procès-verbal relate à la suite de cet exposé général une foule d'exemples particuliers de l'insubordination des prêtres réfractaires, de leurs appels à la révolte, des brutalités exercées par les paysans fanatisés sur les ecclésiastiques constitutionnels. Malheureusement cette liste ne renferme ni noms propres ni noms de lieux et, par suite, l'intérêt historique qu'elle présenterait pour nous, dans le cas contraire, est diminué dans une forte mesure (1).

L'exposé des motifs de la délibérations du 12 juillet poursuit ainsi : „Il se présente (donc) dans le département

---

(1) Nous devons dire cependant qu'il n'est pas permis pour cela de mettre ces faits en doute, car un certain nombre au moins d'entre eux se trouvent mentionnés, avec indications précises, dans les feuilles publiques et surtout dans le journal de l'abbé Kæmmerer.

du Bas-Rhin deux partis très prononcés et extrêmement opposés, dont l'un tient fortement à toutes les parties de la Constitution décrétée par l'Assemblée Nationale et l'autre fait les plus grands efforts pour en empêcher l'établissement... On reconnaît que la plus grande partie des villes, et très éminemment celle de Strasbourg, animées du plus brûlant patriotisme, ont accueilli avec transport la Constitution et sont déterminées à la soutenir jusqu'à la mort. Un bon nombre de villages sont dans les mêmes dispositions, mais dans la majorité de la campagne on ne rencontre presque pas un partisan de l'heureuse régénération de la France.....

„ Les mal-intentionnés sont en partie composés des personnes qui vivaient des abus énormes dont cette contrée était opprimée plus particulièrement qu'aucune province du royaume; mais les ecclésiastiques, tant séculiers que réguliers, à quelques exceptions près, sont les plus nombreux, les plus ardents détracteurs, les ennemis les plus acharnés de la Constitution.

„Les excès auxquels ils se livrent viennent de deux causes: l'ignorance extrême du plus grand nombre et l'attachement du surplus aux principes ultramontains et aux princes étrangers..... La seconde cause ne permet pas de différer un seul instant de garantir ce département du danger imminent qui le menace.

„Ce danger résulte de la correspondance tantôt ouverte, tantôt cachée, que les ecclésiastiques, **tant réguliers que séculiers**, entretiennent, soit généralement avec les Français fugitifs et devenus indignes de ce nom, soit particulièrement avec ceux d'entre eux qui, dans une rébellion déclarée, sont déjà frappés de l'anathème de la patrie et justement livrés aux tribunaux, soit avec ceux des princes étrangers, possessionnés dans cette contrée... qui, sous des prétextes odieux,... font les plus grands efforts pour susciter des ennemis à la France...

„Dans cette position.... il est d'une indispensable nécessité de prendre, sans le moindre délai, une mesure qui puisse intercepter sur-le-champ cette correspondance.... Pour arriver à ce but,... il n'y a qu'un moyen; il consiste à réunir tous les ecclésiastiques, tant séculiers que réguliers, en un seul et même lieu, dans lequel on soit à même de s'assurer de la conduite des mal-intentionnés, ou de les écarter des frontières à une distance telle qu'ils ne puissent être nuisibles."

Les corps administratifs et délibérants, qui déclaraient cette mesure indispensable „pour le salut de tous", ne se dissimulaient pas qu'elle „semblait contraire aux lois et à la liberté." Un pareil internement était, en effet, contraire au principe de la liberté individuelle, proclamé par la Constituante. Serait-il au moins efficace? Cette mesure franchement révolutionnaire, qui en appelait de la légalité au salut public, empêcherait-elle ces menées incontestables et si dangereuses pour le pays, ou ne ferait-elle qu'exaspérer encore des adversaires déjà redoutables? Evidemment les hommes modérés et prudents, amis d'une sage liberté, qui mirent leurs signatures au bas de la délibération du 12 juillet, espéraient un résultat pareil. C'était leur excuse, quand ils forçaient tous les curés, vicaires, supérieurs, professeurs et régents des collèges, les chanoines et les religieux de tout ordre, qui n'avaient pas encore prêté le serment, à se rendre dans le délai de huitaine à Strasbourg, sauf à y être menés par la force publique s'ils refusaient, pour y être internés dans les locaux communs, s'ils ne préfèrent loger en ville à leurs frais. On leur permettait néanmoins d'y continuer leurs exercices religieux; ceux qui prêteraient le serment après s'être rendus à Strasbourg, étaient libres d'aller où bon leur semblerait. Enfin il restait loisible à tout ecclésiastique non assermenté d'échapper à l'internement en se retirant dans l'intérieur du royaume, à quinze lieues des frontières.

Pour une loi des suspects, c'était assurément une loi bien modérée, bien inoffensive, et certes ceux qui l'avaient provoquée par leurs excitations incendiaires n'avaient pas le droit de s'en plaindre. Il faut néanmoins regretter profondément que les circonstances aient paru telles à ses promoteurs qu'ils n'aient pas cru pouvoir s'en passer, car enfin, quoi qu'on puisse plaider en sa faveur, c'était une loi des suspects.

L'Assemblée Nationale ne ratifia pas seulement dans leur ensemble les mesures extraordinaires prises le 12 juillet. Dans sa séance du 17, elle étendit de quinze à trente lieues de la frontière l'éloignement forcé des prêtres non-jureurs. L'un des plus célèbres et des plus éloquents parmi les orateurs de la droite, Malouet, avait demandé que l'on ne prît point ainsi de mesure de sûreté générale, mais qu'on fît leur procès individuellement à ceux qui désobéiraient aux lois. C'était conforme aux vrais principes; mais un des députés alsaciens, Reubell, répondit que tous les moines et les curés récalcitrants des deux départements ne valaient pas les frais d'un seul procès criminel (1). Cette violente boutade termina la discussion et la loi fut votée.

XV.

Au milieu d'un pareil antagonisme des esprits, on comprend que la fête annuelle de la prise de la Bastille fût célébrée dans des dispositions moins pacifiques et moins généreuses que l'année précédente. Les cloches de la Cathédrale, sonnant à toute volée, soir et matin, les drapeaux tricolores qui en ornaient la pyramide ne pouvaient ramener la concorde chassée de tant de cœurs aigris. Aussi les cérémonies officielles de la journée durent-elles sembler bien froides à tous ceux qui se rappelaient l'enthousiasme de 1790. La fête en question eut au moins une conséquence inattendue, qui se rattache

---

(1) *Strassb. Zeitung,* 22 juillet 1791.

directement à l'histoire de la Cathédrale. Pour bien marquer les sentiments fraternels de tous les citoyens, sans distinction de cultes, en ce jour solennel, la Société des Amis de la Constitution avait demandé qu'on cessât de sonner, chaque soir, du haut de la plate-forme, l'antique cor d'airain, nommé le *Krœuselhorn*, et qui, de temps immémorial, avertissait les juifs de passage à Strasbourg qu'ils devaient quitter la ville. „C'est une honte pour nous qu'on l'entende encore, s'était écrié l'un des orateurs du club; c'est une plus grande honte qu'on exhibe chaque jour cette pièce à l'appui de la barbarie de nos mœurs aux visiteurs étrangers" (1). Sans doute, la municipalité n'aurait pas mieux demandé que d'obtempérer à cette demande si légitime, mais ses délibérations furent devancées par un acte de souveraineté populaire, d'autant plus fait pour étonner que la petite bourgeoisie de notre ville n'était alors guère tendre pour les juifs. Peut-être aussi l'enlèvement dont il s'agit, fut-il motivé moins par une impulsion humanitaire que par quelque pari fait après boire. Quels qu'aient été

---

(1) *Strassb. Zeitung*, 18 juillet 1791.

d'ailleurs les motifs véritables qui l'ont inspiré, toujours est-il que, dans la matinée du 17 juillet, l'un des gardiens de la tour, nommé Jean-Melchior Kuhn, se présentait fort ému à la Mairie. Il racontait à M. de Dietrich que trois inconnus, „qui lui ont paru être des garçons bouchers", avaient fait leur apparition sur la plate-forme, s'étaient emparés „de la corne dite *Griselhorn*", et avaient disparu avec elle. Dans sa séance du 18, le Corps municipal arrêta que ladite déclaration serait communiquée à la police, à telle fin que de raison; „que cependant la sonnerie de la corne, dite *Griselhorn*, sur la tour de la Cathédrale, sera supprimée à l'avenir, que celle restante des deux cornes sera déposée au cabinet de l'Université, et que l'autre, si elle est retrouvée, sera laissée auxdits gardes pour pouvoir la montrer comme un objet de curiosité aux personnes qui viendront visiter la tour de la Cathédrale" (1). Il faut bien croire que les patriotes exaltés qui avaient commis ce détournement finirent par arriver à résipiscence et restituèrent leur butin, car les deux cors

---

(1) Bureau municipal, procès-verbaux manuscrits, II, p. 636.

d'airain figurèrent plus tard parmi les curiosités entassées dans le chœur du Temple-Neuf. Retrouvés sous les décombres de nos collections scientifiques, on peut les voir encore aujourd'hui à la nouvelle Bibliothèque municipale, mais notre génération chétive aurait bien de la peine, je le crains, à leur arracher un son quelconque.

Les mesures approuvées par l'Assemblée Nationale à-l'égard du clergé non assermenté allaient être mises en vigueur. Il était difficile d'en contester l'urgence en présence des faits. En attendant la guerre étrangère, la guerre civile avait commencé. Des légions de moines d'outre-Rhin, Franciscains de Rastatt et autres, pénétraient chaque jour dans les districts de Wissembourg et Haguenau pour y dire la messe, procéder aux actes d'état civil, et faire de fructueuses tournées dans les villages; ils revenaient au bercail, chargés de beurre, de fromages et d'œufs, offerts par les âmes pieuses (1). Les autorités civiles, effrayées ou de connivence, laissaient faire. „Ne se trouvera-t-il donc pas un seul maire, s'écriait la *Gazette de Strasbourg*, pour prendre ces

---

(1) *Strassb. Zeitung*, 20 juillet 1791.

gaillards au collet et les fourrer en prison ?" Mais c'était là chose facile à dire au chef-lieu, difficile à mettre en pratique à la campagne. Témoin ce qui se passait, quelques jours plus tard, à Sessenheim. Les administrateurs de cette commune, en majeure partie protestants, avaient arrêté, sur la réquisition des autorités compétentes, quelques curés, qui tâchaient d'exporter du numéraire de l'autre côté du Rhin. Un de leurs collègues, le curé de Soufflenheim, apprend cette arrestation dans la journée du 24 juillet. Aussitôt il fait battre la générale au village, arme ses paroissiens, se met à leur tête et marche sur Sessenheim, pour délivrer les prisonniers. Il avait fait annoncer, par le crieur public, avant de se mettre en campagne, que tous les gens de Soufflenheim qui ne se joindraient pas à l'expédition, seraient jetés en prison et punis !

Plusieurs citoyens de Sessenheim furent plus ou moins grièvement blessés par les assaillants ; mais les prêtres arrêtés étaient déjà partis, sous escorte, pour Fort-Louis, de sorte que l'attaque n'eut pas d'autres résultats. Ce qu'il y a de plus caractéristique pour la situation, c'est, qu'en revenant chez eux, les habitants de Soufflenheim furieux incarcérèrent en effet plusieurs *patriotes* de leur commune. On comprend que de pareils actes de désobéissance aux lois poussassent les esprits les plus pacifiques aux mesures violentes (1).

Pendant ce temps, l'organisation de l'Eglise nouvelle n'avançait guère. L'évêque Brendel avait beau promettre au Directoire du département que le culte ne chômerait nulle part (2), il avait beau détacher la plupart de ses vicaires épiscopaux à l'administration de communes de son diocèse, Kœmmerer à Bouxwiller, Euloge Schneider à Oberbronn, etc. On recevait si mal ses curés, quand on ne les expulsait pas de leur presbytère sans autre forme de procès, qu'ils restaient le moins longtemps possible, ne fût-ce que pour ne pas mourir de faim (3). A Strasbourg seul, et dans deux ou trois centres plus importants,

---

(1) *Strassb. Zeitung*, 27 juillet 1791.
(2) *Ibid.*, 1er août 1791.
(3) Les municipalités réactionnaires employaient d'ordinaire le truc de refuser le certificat du serment de civisme aux curés et desservants qui l'avaient prêté devant elles. Sans ce certificat, ils ne pouvaient toucher leur traitement officiel. Voy. l'ouvrage déjà cité de l'abbé Schwartz, II, p. 276.

l'opinion publique était encore favorable aux jureurs et de plus en plus montée contre les ecclésiastiques réfractaires au serment. Elle accueillait avec sympathie la fête de la bénédiction des nouveaux drapeaux de l'armée qu'on célébrait à la Cathédrale, le 7 août (1); elle applaudissait le lendemain à l'achat de la résidence épiscopale, du palais somptueux des Rohan, par la Commune, pour une somme de 129,000 livres en assignats (2). Ce qui causait cette joie dans la population strasbourgeoise, ce n'était pas tant la satisfaction de posséder un Hôtel-de-Ville plus vaste et plus majestueux, mais le contentement de voir, une fois de plus, les représentants de la cité affirmer leur indifférence pour les foudres sacerdotales et verser un appoint respectable dans les caisses appauvries de l'Etat. La majorité des habitants du chef-lieu se préoccupaient peu des clameurs affirmant que „dans la chaire de la Cathédrale on ose ouvertement prêcher des hérésies, invectiver contre la confession, et de cette chaire consacrée à la vérité

---

(1) Délibérations du Conseil général, II, p. 384.

(2) *Strassb. Zeitung*, 9 août 1791.

faire une chaire vendue à la calomnie et à l'impiété" (1).

Cependant à Strasbourg même, la municipalité, d'accord avec l'évêque constitutionnel, dût prendre une série de mesures pour empêcher l'animosité religieuse de se manifester davantage. Dans les premiers jours d'août elle décida, sur l'ordre du Directoire départemental, qu'à partir du 7 de ce mois, il serait défendu au public de pénétrer dans les églises de Saint-Étienne, Sainte-Barbe, Sainte-Marguerite et Saint-Jean; à partir du 4, on ne sonnerait plus les cloches de ces églises. Seuls, les deux sanctuaires des Petits-Capucins et de la Toussaint resteraient dorénavant ouverts aux prêtres non assermentés, qui y „diront la messe, à l'heure indiquée par M. l'évêque". En outre, tous les prêtres, sans exclusion des réfractaires, étaient admis à dire des messes basses dans les églises paroissiales, s'ils s'entendaient préalablement à ce sujet avec les titulaires de chaque paroisse. Les membres des ordres monastiques des deux sexes sont autori-

---

(1) Contrepoison de la lettre pastorale de François-Antoine Brendel. S. l. ni d. (1791), 8º, p. 6.

sés à se faire dire la messe par un prêtre de leur choix, mais il leur est défendu de laisser entrer des étrangers dans leurs maisons pour assister à ce culte (1).

En fermant ces quatre églises, on voulait empêcher les prêtres non-jureurs d'exciter encore davantage leurs ouailles, la partie féminine surtout ; l'on espérait sans doute aussi faire refluer une fraction au moins de leur auditoire vers les cérémonies du culte schismatique et dans les lieux saints frappés d'interdit. On ne faisait malheureusement qu'exaspérer les dévotes et pousser aux extrêmes les ecclésiastiques eux-mêmes, tandis que les radicaux auraient désiré la fermeture de *toutes* les églises aux dissidents et trouvaient qu'on montrait encore beaucoup trop d'égards pour le cardinal de Rohan et ses séides (2). Ce dernier faisait, de son côté, sans doute, de bien mélancoliques réflexions en lisant à Ettenheim le récit des fêtes données par la municipalité aux électeurs du Bas-Rhin dans les vastes salons de son ancienne résidence et la description du banquet patriotique,

---

(1) *Pol. Lit. Kurier*, 5 août 1791.
(2) *Pol. Lit. Kurier*, 7 sept. 1791.

célébré sur la terrasse du bord de l'eau. Il devait soupirer au tableau des farandoles populaires qui s'étaient déroulées dans la splendide salle d'honneur, tapissée de glaces, ornée des portraits de ses prédécesseurs, et dans laquelle le galant prélat lui-même avait admiré jadis des toilettes plus élégantes et des épaules plus aristocratiques que celles auxquelles la Révolution frayait maintenant un passage (1).

Une fois encore, les bourgeois paisibles et les politiques à courte vue purent croire qu'après tant de discussions fâcheuses et tant d'orages, la paix allait renaître. Ce fut le jour où l'on célébra dans nos murs la proclamation de la Constitution nouvelle, qui sortait enfin des délibérations de l'Assemblée Nationale, amendée dans un sens démocratique, après la fuite de Varennes. Caduque même avant sa naissance, la Constitution de 1791 ne satisfaisait ni les libéraux modérés ni les progressistes radicaux, sans parler, bien entendu, des *ultras* politiques et des fidèles dévoués à l'Eglise. Cependant le fait même de son achèvement semblait promettre l'avènement d'une ère nouvelle

---

(1) *Strassb. Zeitung*, 16 sept. 1791.

aux esprits altérés de repos. On pensait, dans les classes bourgeoises du moins, que les mécontents finiraient par reconnaître les faits accomplis, que l'antagonisme de l'ancien et du nouveau régime s'effacerait avec le temps et que la crise religieuse, dont on continuait à méconnaître l'importance politique et sociale, finirait, elle aussi, par s'apaiser. La fête du 25 septembre fut donc acceptée chez nous comme l'inauguration d'une période plus calme et plus heureuse, et les autorités elles-mêmes eurent soin de la présenter sous cet aspect à la population strasbourgeoise (1).

Le samedi, 24 septembre, une sonnerie générale annonçait l'ouverture de la fête ; l'artillerie des remparts tonnait au loin, les étendards nationaux flottaient sur les quatre tourelles, et devant l'Hôtel-de-Ville on hissait le drapeau de la fédération et le drapeau blanc, symboles de l'union de tous les Français et de la paix universelle.

Un détachement de gardes nationaux, escortant le secrétaire de police et les huissiers municipaux, se portait

---

(1) Voy. le préambule de la délibération du Corps municipal du 23 septembre, au sujet de la fête. *Pol. Lit. Kurier*, 24 sept. 1791.

successivement aux différents carrefours de la ville, pour inviter tous les citoyens à participer le lendemain à l'allégresse commune, à renoncer pour toujours aux dissensions fâcheuses, à se rallier autour de la loi, en vivant désormais comme des frères. Le lendemain matin, à six heures, nouvelle sonnerie des cloches de toutes les églises de la ville et de la banlieue. Les troupes de ligne et la garde nationale réunies se formaient en bataille sur la place de la Cathédrale et sur la place d'Armes. A neuf heures précises, on procédait devant le nouvel Hôtel-de-Ville à la première lecture de la Constitution, accueillie par des cris de Vive la Nation! Vive le Roi!, prévus déjà dans le programme officiel. Puis le cortège civique se mettait en marche, musique et carabiniers en tête, le maire suivant les quatre fonctionnaires municipaux qui portaient un exemplaire de la Constitution sur un riche coussin de velours. Longeant la façade de la Cathédrale, les autorités de tout rang suivaient la rue des Hallebardes, puis les Grandes-Arcades, pour déboucher sur la place d'Armes, où se dressait l'estrade destinée à les recevoir. Un détachement de la garde nationale était allé prendre déjà l'évêque Brendel et le clergé de la Cathédrale, revêtus de leurs habits sacerdotaux, pour les conduire également au centre de ralliement de la fête, tandis qu'une autre escouade faisait le même service d'honneur pour les ministres protestants réunis au Temple-Neuf. Du haut de l'estrade de la place d'Armes, il était donné lecture pour la seconde fois de l'acte constitutionnel, puis l'évêque entonnait le *Te Deum*, accompagné par la maîtrise du chœur de la Cathédrale, les musiques militaires de tous les régiments en garnison à Strasbourg et les cloches de toutes les églises.

Le soir, les maisons particulières étaient illuminées pour la plupart et la pyramide en feu de la Cathédrale étincelait au loin; des bals populaires étaient organisés au Miroir, au poêle des Pêcheurs, etc., tandis que des bandes de jeunes gens des deux sexes s'ébattaient en rondes joyeuses sur la place du Broglie et sur la terrasse de l'ancien château. Les amateurs de comédie pouvaient entrer gratis à la salle de spectacle, où l'on jouait une pièce de circonstance (1). Un journal avait

---

(1) *Strassb. Zeitung*, 26 et 27 sept. 1791. Tout le monde fut content ce jour-là, sauf un grincheux qui se plaignait dans les feuilles

même invité la population strasbourgeoise à dîner, ce jour-là, tout entière dans la rue, „afin de rendre plus palpable à tous l'unité de la grande famille française", mais nous doutons fort que cette invitation ait trouvé grand écho (1).

L'appel que les autorités civiles et les journaux constitutionnels adressaient à cette occasion à la „petite minorité jusqu'ici mécontente", de ne pas continuer les hostilités, était certainement sincère; cette sincérité se démontre aisément par le fait qu'en ce moment même le Directoire du département cherchait, comme nous allons le voir, à organiser un *modus vivendi* ecclésiastique, qui, sans infraction à la Constitution, permît aux catholiques strasbourgeois de prier Dieu à leur façon. Il n'était pas moins légèrement naïf de croire qu'on apaiserait toutes ces haines si vivaces en disant: „Dorénavant tout doit être oublié et réciproquement pardonné" (2). „Nous n'avons rien à nous faire pardonner, répondaient les non-jureurs; nous

---

publiques que le régiment suisse de Vigier n'eût pas mis ses guêtres blanches de gala pour une cérémonie pareille.

(1) *Gesch. der gegenw. Zeit,* 22 sept. 1791.
(2) *Ibid.*, même numéro.

n'avons que faire de votre pardon. Rendez-nous nos biens, nos églises, notre clergé; nous verrons ensuite". A leur point de vue, cette réponse était aussi logique que légitime. Mais elle devait forcément provoquer l'indignation des constitutionnels, qui se voyaient traités de voleurs pour prix de leurs paroles conciliantes; elle devait enfin attirer sur les imprudents qui jouaient avec le danger, un effrayant orage. Dès le mois de juin, un correspondant de Waldersbach au Ban-de-la-Roche, que nous pensons être le vénérable Oberlin lui-même, écrivait à propos d'un acte de violence niaise commis là-bas par quelques fanatiques: „Est-ce que les réactionnaires ne voient donc pas le terrible danger dans lequel ils se jettent de gaîté de cœur (1)?" Leur malheur et le nôtre voulut qu'ils s'obstinassent à la braver.

Nous avons dit tout à l'heure que le Directoire du département était désireux de prouver aux catholiques strasbourgeois qu'il entendait leur laisser une liberté de culte complète, pourvu qu'ils se résignassent à respecter également le clergé constitutionnel. Par arrêté du 29 septembre, il concédait à plu-

---

(1) *Pol. Lit. Kurier*, 11 juin 1791.

sieurs notables l'usage de la ci-devant église des Petits-Capucins pour y organiser des services religieux non-conformistes, à la seule condition de prendre à bail ladite église quand la nation la ferait mettre en vente. Le 1ᵉʳ octobre, elle était ouverte aux fidèles et bientôt un public considérable se pressait aux cérémonies qu'y célébraient des prêtres non assermentés.

Tout le monde cependant n'avait pas approuvé cette concession; on avait crié que le moment était bien mal choisi pour introduire, sous l'égide des autorités, une secte nouvelle, etc. Mais le gros du parti constitutionnel avait énergiquement soutenu le Directoire en cette occurence. Rodolphe Saltzmann répondait aux mécontents dans la *Gazette de Strasbourg :* „Chaque citoyen a le droit de réclamer un culte libre, conforme à ses croyances particulières; il n'y a point d'ailleurs de moyen plus sûr de combattre le fanatisme que la liberté, car il ne vit que par la persécution" (1). Simon lui-même, infiniment plus radical, disait le même jour dans son journal : „Il ne s'agit pas ici de prêtres récalcitrants et réfractaires, devant être

---

(1) *Strassb. Zeitung*, 3 octobre 1791.

renvoyés à trente lieues de la frontière. Celui qui refuse uniquement de prêter le serment civique, s'il est pour le reste un citoyen paisible, ne peut, il est vrai, rester ou devenir fonctionnaire salarié de l'Etat, mais tous ceux qui ont confiance en lui, peuvent librement recourir à son ministère en particulier. Cela est aussi légal que tout autre culte protestant, juif, turc ou payen" (1).

Mais si l'on avait espéré gagner de la sorte la masse des catholiques récalcitrants, on dût constater bientôt combien l'on s'était trompé. Dès le 3 octobre, le corps municipal se vit obligé de sévir derechef contre les agissements illégaux des prêtres non assermentés et de leurs partisans. Les ecclésiastiques des différentes confessions fonctionnaient encore à ce moment, provisoirement, comme officiers de l'état civil. Naturellement le maire n'en pouvait reconnaître d'autres que ceux que rétribuait la nation. Quand donc un décès avait lieu dans une famille d'opposants, on ne pouvait s'y dispenser de faire venir un curé ou un vicaire constitutionnel pour constater le décès et en dresser acte. Mais au moment où ces fonctionnaires

---

(1) *Gesch. der gegenw. Zeit*, 3 octobre 1791.

se présentaient pour faire l'inhumation des personnes décédées, certains citoyens, dit la délibération municipale, s'absentaient avec affectation, laissant ignorer au prêtre célébrant les noms, âges et qualités du défunt, ce qui le mettait dans une situation tout à fait illégale et de plus foncièrement ridicule. L'arrêté du maire enjoignait donc de ne plus prévenir à l'avenir les curés et vicaires, sans faire en même temps la déclaration d'état civil détaillée, relativement aux personnes décédées. Les prêtres, de leur côté, étaient tenus de dénoncer dorénavant toute contravention semblable au procureur de la Commune, pour être punie comme „propre à entretenir la désunion et comme attentatoire au respect des autorités constituées" (1).

Le clergé constitutionnel ne gagnait pas grand'chose à de pareilles mesures prises par ses amis; ni ses revenus matériels ni son autorité morale ne pouvaient croître dans une atmosphère aussi peu faite pour la discussion calme et raisonnée des principes opposés, qui n'est possible d'ailleurs qu'entre gens qui se respectent. Il avait beau faire

---

(1) Délibération du Corps municipal du 3 octobre 1791. Strasb., Dannbach, placard in-fol.

connaître, de temps à autre, l'arrivée de champions nouveaux et proclamer le nom des chanoines et professeurs allemands qui venaient „se ranger sous le bienheureux drapeau des libertés françaises" (1); ces noms étaient inconnus pour la plupart aux Strasbourgeois et la scène même de leur prestation de serment à la Cathédrale n'attirait plus qu'un auditoire minime. Il n'y avait à cela rien d'étonnant ; les constitutionnels modérés étaient pour la plupart protestants et les catholiques de naissance parmi eux, passaient de plus en plus au parti avancé, qui voyait plus d'inconvénients que d'avantages à s'unir à un parti religieux quelconque (2). Mais ce qui était plus grave pour l'avenir du clergé constitutionnel, c'est la scission qui se préparait dans son sein même. Pour maintenir tous ces éléments hétérogènes, moins mauvais assurément que leurs ennemis ne se sont plu à le dire, mais chez lesquels l'enthou-

---

(1) *Gesch. der gegenw. Zeit*, 17 octobre 1791. *Neueste Religionsbegebenheiten*, 15 octobre 1791.

(2) On peut étudier les premiers germes de cette dissidence dans une polémique entre Simon et l'abbé Kœmmerer. *Gesch. der gegenw. Zeit*, 8 octobre 1791.

siasme évangélique ne dominait pas, à coup sûr, il aurait fallu un esprit supérieur, un caractère énergique, un homme ayant foi en sa mission difficile. Or Brendel, nous l'avons dit, n'avait rien de tout cela; aussi ne trouve-t-on nulle part la trace d'une influence sérieuse de cet évêque sur son clergé. Ses propres vicaires épiscopaux s'émancipaient sans crainte, jusqu'à formuler des vœux et des principes hétérodoxes qui auraient suffi à aliéner à la nouvelle Eglise les rares sympathies qu'elle pouvait encore conserver dans les masses catholiques. C'est ainsi qu'Euloge Schneider, devenu l'un des orateurs habituels du Club du Miroir, où sa faconde s'étalait plus à l'aise que dans la chaire de la Cathédrale, avait réclamé plus ou moins ouvertement le mariage des prêtres. Quelque partisan que l'on puisse être d'une mesure de ce genre, il faut avouer que le moment était on ne peut plus mal choisi pour la préconiser en public. On ne s'étonnera donc pas d'apprendre que l'évêque, suivi par la grande majorité de ses vicaires, ait protesté contre les théories de son subordonné (1). Kæmmerer, le

---

(1) Cet avis était daté du 22 octobre 1791.

rédacteur de cette affiche, ayant déclaré que la manière de voir de Schneider avait excité „l'extrême mécontentement" des signataires, la colère des radicaux, alliés au vicaire dissident, se fit jour non seulement par de violentes attaques dans les journaux, mais encore ce „chiffon inconstitutionnel" fut arraché des murs par les *patriotes* ardents. Quant à Schneider, perdant toute retenue, il répondit à son supérieur, dans une séance du club, par la tirade suivante : „Il y a un proverbe latin qui dit : Celui qui veut éviter Charybde, tombe en Scylla. C'est à dire : J'ai été persécuté en Allemagne. — Par qui? — Par les prêtres. — Pourquoi? — A cause de mes opinions politiques et religieuses. — Je cherche un asile en France. J'y suis encore persécuté. — Par qui? — Par les prêtres. — Pourquoi? — A cause de mes opinions politiques et religieuses. Messieurs, on connaît l'esprit des prêtres; ces messieurs sont partout les mêmes. Pour moi, je ne leur oppose que le mépris et la loi. Je demande qu'on passe à l'ordre du jour" (1).

On pense bien quelles gorges

---

(1) *Gesch. der gegenw. Zeit*, 1er nov. 1791.

chaudes on faisait de ces querelles intestines dans le camp des réfractaires et combien elles devaient servir leur cause. Comment imposer en effet le respect de gens qui ne se respectent pas eux-mêmes? Aussi le calme relatif, qui avait régné en Alsace dans les dernières semaines, fit-il place bientôt à une recrudescence d'agitations et de violences dont on trouvera l'édifiant détail dans les feuilles locales de la fin d'octobre et du mois de novembre. Ce n'était pas seulement au point de vue religieux que la situation se rembrunissait. Dans la foule des gens qui s'en allaient chaque dimanche, à pied ou en voiture, à Kehl (1), pour y assister au service non conformiste (2), artisans ou bourgeois, plus d'un menait de front avec sa dévotion des intrigues politiques. On allait jusqu'à Offembourg porter des missives secrètes ; on buvait tout au moins dans les auberges de la

---

(1) Kehl était d'autant plus mal noté aux yeux des patriotes que, dès le mois de juin, le *Postamt* de cette localité avait fait savoir aux journaux avancés de Strasbourg qu'il n'expédierait plus leurs numéros en Allemagne. *Gesch. der gegenw. Zeit*, 30 juin 1791.

(2) Le curé de Kehl, nommé Stebel, était connu comme un fanatique de la plus belle eau. Voy. *Pol. Lit. Kurier*, 3 sept. 1791.

petite ville badoise à la santé de Mirabeau-Tonneau, etc., et les noms de ces piliers d'église étaient notés par les patriotes et livrés dans les journaux à l'indignation publique. L'un d'eux, le boucher Pulvermüller, ayant osé, le lendemain d'une pareille escapade, se montrer aux Grandes-Boucheries, la cocarde nationale au chapeau, faillit passer un mauvais quart d'heure au milieu de ses collègues ameutés (1). Rohan, lui aussi, reprenait l'offensive. Pour exaspérer ses adversaires plutôt que dans un but pratique — il ne pouvait guère se faire d'illusions à ce sujet — il frappait d'opposition la vente de ses domaines et de son palais épiscopal, et son chargé d'affaires, n'ayant trouvé aucun huissier pour signifier cette protestation au Directoire, avait l'audace de réclamer un ordre formel au président du tribunal de district, nommé Fischer, afin qu'il enjoignît à l'un des huissiers d'accepter cette mission. Ce qu'il y a de plus étrange, c'est que M. Fischer, obéissant à cette mise en demeure, signa l'ordre requis, mettant de la sorte en suspicion la loi formellement votée par l'Assemblée Nationale et sanction-

---

(1) *Gesch. der gegenw. Zeit*, 20 octobre 1791.

née par Louis XVI. Aussi fut-il dénoncé par le Département pour excès de pouvoir au gouvernement central (1).

Ce qui était plus grave encore, plus insultant en tout cas, pour les chefs de la municipalité strasbourgeoise, c'est que le cardinal faisait très sérieusement continuer la procédure au sujet de la prétendue tentative d'assassinat dirigée contre lui par le déserteur d'Espiard, tentative déjà mentionnée plus haut. Le bailli Stuber d'Ettenheim citait devant lui M. de Dietrich, le procureur de la Commune, Xavier Levrault, et Gaspard Noisette fils, comme accusés d'avoir salarié d'Espiard pour commettre ce crime, et s'indignait qu'on refusât d'obtempérer à ses citations et qu'on ne qualifiât Rohan ni de prince ni d'évêque, dans le refus qu'on lui faisait parvenir (2).

Pendant qu'il accusait ainsi les Strasbourgeois de crimes imaginaires, l'exprélat ne cessait d'exposer ses anciennes ouailles à toutes les brutalités des bandes réunies sur ses territoires d'ou-

---

(1) *Strassb. Zeitung*, 1ᵉʳ novembre 1791.
(2) *Gesch. der gegenw. Zeit*, 16 octobre 1791.

tre-Rhin (1). Déjà, dans les derniers jours d'août, l'arrestation d'un candidat en théologie, natif de Schiltigheim, et nommé Frühinsholz, saisi par les soldats de Mirabeau et mis sous les verrous à Ettenheim, alors qu'il allait visiter paisiblement un sien ami badois, le pasteur Lenz, de Meisenheim, avait causé une vive émotion dans notre ville. La garde nationale de Schiltigheim était descendue en corps à Strasbourg, criant vengeance; les bataillons civiques, dont Frühinsholz faisait partie, s'armaient eux aussi, sans attendre des ordres supérieurs. On aurait pu craindre, un instant, une invasion spontanée du margraviat, si le captif n'avait paru subitement, délivré de ses chaînes et n'avait calmé ses amis (2). En octobre, de nouvelles violences ayant été signalées à la municipalité, celle-ci fit dresser procès-verbal, le 10 oc-

---

(1) Une correspondance datée d'Annweiler, dans le Palatinat, relate que Rohan vient d'y faire enrôler une bande de tsiganes, hommes et femmes, êtres sauvages au possible, pour renforcer sa petite armée. *Pol. Lit. Kurier*, 3 octobre 1791.

(2) On pourrait recommander l'étude détaillée de cet épisode héroï-comique à quelque jeune érudit *schilikois*. Voy. surtout *Strassb. Zeitung* du 1er et 6 sept. 1791.

tobre, des sévices subis par deux citoyens actifs, Jean-Daniel Grimmeissen et Jean-Louis Kiener, aubergiste à la *Ville de Vienne*, sur les terres de l'évêché de Strasbourg, à Oberkirch. Y joignant toute une série de procès-verbaux antérieurs, relatant des méfaits analogues, le Directoire du département adressa ces pièces à l'Assemblée Nationale, par lettre du 18 octobre, et réclama l'appui du gouvernement contre „des furieux sans aveu, sans patrie, perdus pour la plupart de dettes et d'infamie, qui voudraient immoler le repos de la France et de l'Allemagne à leur ambition et à leur orgueil" (1).

En même temps, les ecclésiastiques réfractaires, qui s'étaient expatriés dans les mois précédents, rentraient en foule, obéissant sans doute à un mot d'ordre secret, et chassaient en maint endroit les desservants constitutionnels. C'était en vain que les autorités départementales renouvelaient l'ordre de faire rétrograder les non-jureurs, soit au delà du Rhin, soit à trente lieues de la frontière. Que pouvaient-elles faire, là où les autorités locales étaient terrorisées

---

(1) Délibération du Directoire du Bas-Rhin, du 19 octobre 1791. S. l., 18 p. 4º.

ou, plus souvent encore, complices? Aussi les dispositions bienveillantes des constitutionnels s'évanouissaient-elles forcément et l'ancienne colère se réveillait de plus belle, d'autant plus intense, que le parti libéral se sentait impuissant en faveur de la loi, du moment qu'il ne voulait pas renoncer à se servir uniquement de moyens légaux. „C'est une admirable chose que la liberté des cultes, disait la *Gazette de Strasbourg*. après avoir cité toute une série de méfaits commis par les „fanatiques"; mais elle ne saurait en définitive aller jusqu'à troubler la paix publique. Si vous voulez jouir des avantages d'un pays libre, supportez-en les inconvénients. On ne saurait tolérer que quelqu'un vive dans un pays sans obéir à ses lois" (1).

Cette indignation était d'autant plus naturelle que bien peu parmi les prêtres réfractaires se donnaient la peine de distinguer entre leurs devoirs religieux et leurs antipathies politiques. comme ce bon curé d'Erstein, qui, lors de la célébration de la fête de la Constitution dans cette ville, demanda la permission d'entonner tout le premier le *Te Deum* officiel (2), bien qu'il

---

(1) *Strassb. Zeitung*, 21 octobre 1791.
(2) *Strassb. Zeitung*, 9 novembre 1791.

eût toujours refusé le serment. Si l'on avait été partout aussi rassuré sur leurs sentiments civiques, la tension des esprits aurait été infiniment moindre. Ce fut un grand malheur pour l'Eglise — et non pas à cette époque seulement — de s'inféoder volontairement à la réaction politique et de soulever contre elle le seul sentiment qui puisse lutter dans les masses contre le sentiment religieux, la passion de l'indépendance nationale et l'amour de la patrie. Sous ce rapport, le clergé constitutionnel, quoique composé pour un tiers au moins d'étrangers, comprit infiniment mieux ce qu'il devait au pays et ce qu'il se devait à lui-même. On lit avec une véritable satisfaction, par exemple, le récit de la fête de la Constitution, célébrée à Bischheim. Le curé constitutionnel et le rabbin juif s'y réunirent pour une même cérémonie religieuse, haranguant alternativement leurs ouailles, puis s'embrassèrent devant l'autel de la patrie, aux applaudissements de la foule, qui célébra ce beau jour par un banquet fraternel, afin d'effacer le souvenir des antipathies et des superstitions réciproques de deux cultes et de deux races. Sans doute certains détails de ces récits defête nous font sourire aujourd'hui et nous paraissent surannés (1). N'importe, on aura beau déclamer contre la Révolution et ses nombreux excès ; des scènes pareilles nous la feront toujours aimer, car elles contrastent singulièrement avec les excitations haineuses qui retentissent à nos oreilles, et l'humble desservant schismatique de ce village d'Alsace nous semble avoir mieux compris, du moins ce jour-là, le fond même du christianisme que les prélats illustres dont s'inspirent *le Monde* ou *l'Univers* et tant d'autres feuilles de combat.

La fin de l'année 1791 se passa relativement sans grands troubles à Strasbourg. D'abord les élections municipales occupèrent les esprits et l'antagonisme entre libéraux et radicaux s'y donna libre carrière. Le 14 novembre, M. de Dietrich était renommé maire, le lendemain Michel Mathieu était porté aux fonctions de procureur de la Commune et la plupart des officiers municipaux, comme des notables, appartenaient à la fraction modérée du parti constitutionnel. Mais malgré les panégyriques de la *Gazette de Strasbourg* (2),

---

(1) *Strassb. Zeitung*, 22 octobre 1791. — *Gesch. der gegenw. Zeit.* 26 octobre 1791.

(2) *Strassb. Zeitung*, 15. 16 novembre 1791.

leur popularité n'était plus la même, et des attaques journalières, dirigées contre leur politique ecclésiastique et civile, allaient prouver bientôt aux coryphées du parti que les beaux jours des applaudissements unanimes étaient passés pour toujours. Des éléments nouveaux se joignaient sans cesse à la population strasbourgeoise et y acquéraient une situation prépondérante. L'esprit *réfugié*, si je puis m'exprimer de la sorte, y dominait de plus en plus, et l'impulsion générale de la Révolution allait amener bientôt, ou du moins faciliter beaucoup des crises d'ailleurs inévitables. Comme nous n'avons à nous occuper ici que des faits se rattachant à l'histoire religieuse de Strasbourg, nous serons bientôt au bout de ce chapitre.

Vers la fin de l'année, Brendel, désireux de faire oublier les frasques d'Euloge Schneider, nommait vicaires épiscopaux trois hommes de mérite, Dereser, ancien professeur à Bonn; Dorsch, ancien professeur à Mayence, et Schwind, ancien professeur à Trèves, après que ceux d'entre eux qui n'étaient point encore assermentés, eussent prêté le serment civique. Cela se faisait à la Cathédrale, dans la journée du 27 novembre (1). Deux jours plus tard, l'Assemblée législative, poussée par le désir de mâter le clergé rebelle, décidait qu'à l'avenir les prêtres non-assermentés ne pourraient plus fonctionner dans les églises louées par des citoyens isolés ou des associations, pour leur servir de lieux de culte. C'était enlever aux non-jureurs la possibilité d'un culte public; c'était faire perdre sa raison d'être à cette organisation toute récente, imaginée pour sauvegarder à la fois les droits de l'Etat et la liberté des consciences (2). Aussi peut-on dire que le décret du 29 novembre marque le commencement de la persécution véritable pour l'Eglise catholique, le moment où le gouvernement, jusque-là sur la défensive, outrepasse décidément la limite qui devrait toujours être respectée, empruntant à l'Eglise le système de tyrannie spirituelle qu'elle avait exercé depuis tant de siècles, et sans aucun scrupule, partout où ses moyens le lui avaient permis.

Bientôt après, l'Assemblée renforçait également le décret contre les prêtres insermentés rebelles, en ajoutant une aggravation de peine à l'internement

---

(1) *Pol. Lit. Kurier*, 29 novembre 1791.
(2) *Gesch. der geg. Zeit*, 6 décembre 1791.

déjà prononcé contre eux. Le roi se refusa d'abord à sanctionner ce nouveau décret, mais les associations patriotiques du royaume le pressèrent de s'exécuter, par un pétitionnement général, auquel se joignit également la Société des Amis de la Constitution de Strasbourg, dans sa séance du 13 décembre. Elle fit tenir en même temps une adresse à l'Assemblée législative, pour la remercier d'avoir veillé de la sorte au respect des lois, et elle demanda au Directoire du département de s'associer à cette démarche (1).

Toutes ces mesures eurent un effet à peu près nul sur la situation peu prospère de l'Eglise constitutionnelle à Strasbourg. En vain les feuilles dévouées se réjouissaient-elles du départ forcé des anciens fonctionnaires du culte, „bourrés de préjugés ultramontains", et de leur remplacement par des prêtres venus d'Allemagne, si décidés à combattre „l'indicible et barbare ignorance qui règne dans une grande partie de l'Alsace" (2). Pour éclairer et convertir ces „barbares", il aurait fallu pouvoir s'en faire entendre; malheureusement le public en question

---

(1) *Strassb. Zeitung*, 16 décembre 1791.
(2) *Strassb. Zeitung*, 21 décembre 1791.

se refusait avec une obstination de mauvais goût à se laisser édifier par tous les orateurs distingués auxquels Brendel avait ouvert la chaire de la Cathédrale, et qui, chaque dimanche et jour de fête, se faisaient entendre en français et en allemand, sous des voûtes à peu près désertes (1). Nous avons retrouvé dans un recoin des *Affiches* d'alors un relevé de quêtes qui en dit plus long à ce sujet que bien des développements oratoires. Chaque année, l'on procédait dans les paroisses catholiques et luthériennes de Strasbourg à une quête en faveur de la Maison des Orphelins, quête qui se faisait d'ordinaire le jour de la Toussaint. Or voici le relevé des dons versés dans les sachets des six paroisses catholiques officielles, en 1791 :

Cathédrale	5 livres	3 sols.
Ste-Madeleine. . .	2 —	18 —
St-Pierre-le-Jeune.	„ —	11 —
St-Pierre-le-Vieux.	„ —	7 —
St-Jean	„ —	2 —
Citadelle	„ —	1 —

---

(1) Cette réorganisation des services religieux est datée du 23 décembre. Le sermon allemand était prêché à la Cathédrale de 10-11 heures du matin, le sermon français de 2-3 heures de l'après-midi.

Pour qui connaît l'esprit inné de charité des Strasbourgeois de tous les cultes, un pareil chiffre est assurément caractéristique et prouve le manque à peu près complet d'adhérents du culte constitutionnel dans notre ville (1).

C'était donc avec des sentiments de haine réciproque, sous l'influence d'un sourd malaise, qu'on quittait cette année „s'échappant à l'horizon, enveloppée dans les voiles flottants du pâle crépuscule, tandis que le bruit de ses pas se perd au firmament assombri" (2). Elle avait vu s'évanouir déjà tant de belles espérances, tant de rêves généreux, mais nul plus beau ni plus tristement démenti que le rêve d'une paix religieuse universelle fondée sur la tolérance fraternelle de tous. Bien peu d'entre ceux qui saluaient parmi nous l'année nouvelle de leurs élucubrations lyriques (3) se doutaient assurément de ce qu'elle leur apportait dans son

---

(1) *Affiches*, 5 novembre 1791. Cherchant un point de comparaison, nous avons constaté qu'en 1790 la quête avait encore produit 49 livres.

(2) Cette citation est empruntée à une très belle pièce de vers du *Pol. Lit. Kurier*, 31 décembre 1791.

(3) *Neujahrswunsch eines Nachtwæchters*, *Gesch. der geg. Zeit*, 30 décembre 1791, etc.

sein, de tristesses et de maux ; mais c'était un esprit de combat qui les animait bien plutôt qu'un esprit de paix, du moins sur le terrain religieux. Et cependant gouvernants et gouvernés auraient pu faire également leur profit de ce qu'écrivait, quelques semaines auparavant, le sagace correspondant colmarien d'un des journaux modérés de Strasbourg : „Neuf dixièmes des catholiques de notre district — il aurait pu dire aussi de l'Alsace entière — sont non-conformistes. On ne saurait le répéter assez, ni trop haut, que les remèdes héroïques ne servent absolument à rien dans des maladies aussi graves. Puisque la Constitution nous promet une tolérance absolue, il faudrait que l'administration évitât jusqu'à l'ombre de toute persécution. Nous ne saurions nous cacher que nos agissements ecclésiastiques n'aient causé de nombreuses défections parmi les amis de la Constitution. Il n'y a qu'un moyen de réparer les tristes suites de cette désertion fâcheuse, c'est de toujours se conduire en sorte que tous soient obligés de renoncer à l'erreur funeste qu'on veut les persécuter" (1).

---

(1) *Pol. Lit. Kurier*, 15 novembre 1791.

Sages paroles, mais plus inutiles encore, car dans les époques de crise, ce ne sont pas les modérés, mais les violents qui dominent, et dans le double courant, qui va se choquer en sens contraire, nous verrons sombrer à la fois l'Eglise et la liberté.

XVI.

L'année 1792 ne marque d'une façon bien décisive, ni dans l'histoire de la Cathédrale de Strasbourg, ni dans celle, plus générale, de la lutte religieuse en Alsace. Nous avons déjà dit pourquoi. Si elle voit se continuer la lutte entre les deux clergés qui se disputent les âmes, la violence de la crise politique détourne peu à peu l'attention des questions ecclésiastiques. La guerre extérieure d'abord, puis la révolution du 10 août, la chute de la Constitution, l'invasion étrangère, offrent aux simples curieux de plus piquants spectacles, des sujets d'étude plus variés, aux masses indécises de bien autres terreurs. Les plus acharnés aux querelles religieuses, frappés comme par un vague pressentiment, semblent mettre parfois une sourdine à leurs clameurs, réprimer par moments leurs antipathies si profondes, pour prêter l'oreille à l'orage grondant au loin, qui, dans un avenir prochain, balayera de sa toute-puissance brutale, et l'Eglise réfractaire et l'Eglise assermentée.

Cette situation nettement établie, maintenant qu'une étude attentive et minutieuse — trop minutieuse peut-être, au gré de certains lecteurs — nous a fait connaître les différents partis, leur antagonisme et leur manière d'agir, nous pourrons donner à notre récit une allure un peu plus rapide.

Les premières semaines et les premiers mois de l'année nouvelle nous montrent la situation religieuse en Alsace sensiblement la même, et différant seulement par le détail de celle qui se présentait à nous vers la fin de l'année précédente. Nous y voyons la population de Strasbourg préoccupée de tous les bruits qui viennent d'Ettenheim et des environs, suivant anxieusement les menées de l'*armée noire* de Rohan et de Mirabeau, accueillant, avec trop de crédulité peut-être, tous les récits de trahison circulant sur le compte des autorités municipales et autres, qui, le long de la frontière rhénane, conspirent, dit-on, avec l'ancien prince-évêque de Strasbourg (1). Cette anxiété continuelle se change par moments en émotion profonde, comme tel jour où les incendiaires gagés doivent venir mettre le feu à la ville, pour faciliter l'invasion ennemie (2).

Au dedans l'agitation contre les prêtres assermentés, loin de diminuer dans les campagnes, se traduit par des attentats de plus en plus nombreux. Le curé de Türckheim est assailli la nuit, dans sa maison, par un homme masqué, qui se donne pour le diable en personne (3); le desservant de Rœdern inquiété par des coups de feu (4); le desservant d'Oberbronn également canardé pendant qu'il traverse la forêt pour visiter une annexe (5); le desservant d'Esch, saisi à la gorge par un de ses paroissiens et presque étranglé à l'autel, au milieu des éclats de rire de ses „pieuses" ouailles (6).

L'audace des prêtres réfractaires, qui savent que la guerre va venir ajouter

---

(1) *Strassb. Zeitung*, 5, 6 janvier 1792.
(2) Ce devait être dans la nuit du 18 janvier. (*Strassb. Zeitung*, 19 janvier 1792.)
(3) *Ibid.*, 21 janvier 1792.
(4) *Ibid.*, 31 janvier 1792.
(5) *Ibid.*, 23 février 1792.
(6) *Ibid. eod. loco* Voy. encore sur des faits analogues. *Strassb. Zeitung*, 19 juin 1792.

encore aux embarras du gouvernement, ne connaît plus de bornes. Le curé d'Erstein, par exemple, — le non-conformiste, déchu de son emploi, bien-entendu — force un patriote mourant d'abjurer la Constitution *par devant les officiers municipaux*, et lui arrache la promesse de rendre ses biens nationaux, enlevés à l'Eglise, avant de lui donner l'absolution (1). Dans cette même localité arrive un peu plus tard un desservant constitutionnel ; la municipalité n'ose pas désobéir au Directoire du département et l'installe ; mais après avoir reçu son serment, elle se sauve en corps de l'église, laisse le pauvre homme dire la messe tout seul et ne revient qu'après pour le conduire au presbytère (2). Il y a mieux encore. A Bischheim, le curé réfractaire pénètre au village, escorté par quatre gendarmes, et devant ces quatre représentants de la loi, qui auraient dû l'arrêter sur l'heure comme un fauteur de troubles, il fait arracher la serrure de l'église et y célèbre la messe, „sur l'invitation des gendarmes nationaux", à ce qu'il prétendra plus tard (3).

---

(1) *Strassb. Zeitung*, 23 janvier 1792.
(2) *Ibid.*, 8 février 1792.
(3) *Ibid.*, 9 février 1782.

Rien d'étonnant à ce que le clergé constitutionnel fût réellement effrayé par une attitude aussi provoquante, à laquelle ne s'attendaient en aucune façon les nombreux prêtres étrangers qui venaient d'Allemagne pour entrer au service du schisme, et qui s'étaient attendus à trouver chez leurs nouveaux paroissiens un peu de l'enthousiasme facile qui les animait eux-mêmes. Les plus sérieux, les plus dignes d'estime, en devenaient inquiets au fond de leurs consciences, et se demandaient comment agir sur des foules si récalcitrantes à leurs paroles. Nous avons un témoignage très curieux, je dirais volontiers très touchant, de cette disposition de certains esprits dans un sermon sur la *tolérance religieuse et politique*, prêché par Antoine Dereser, le professeur d'exégèse au Séminaire, à la Cathédrale, dans les premiers jours de février. Il y renonce, pour ainsi dire, à séparer dès maintenant, l'ivraie du bon grain. „Ne jugeons personne, ne condamnons personne. Abandonnons ce soin à Dieu qui sera notre juge suprême. Un prêtre tranquille, qui refuse le serment pour obéir à sa conscience, est aussi respectable que moi, qui l'ai prêté pour obéir à la mienne." Cœur tendre et mystique, on voit qu'il regrette déjà, dans le tumulte des discussions religieuses et politiques, „les jours bienheureux" où il a pu enseigner, prier et prêcher paisiblement dans cette ville de Bonn, à laquelle il dédie son sermon (1).

D'autres, plus actifs, plus remuants, moins chrétiens aussi, comme son collègue l'abbé Philibert Simond, Savoyard d'origine et vicaire général du diocèse, se lancent dans la politique, comme l'avait déjà fait Euloge Schneider, et deviennent ses émules au Club du Miroir. Ils y dissertent avec une faconde qui n'a rien d'évangélique, sur des sujets qu'ils peuvent difficilement connaître et visent, dès maintenant, au delà de la chaire sacerdotale, la tribune d'une Assemblée Nationale (2).

Eux, du moins, parlaient et faisaient parler d'eux. Pour leur évêque, il continue à s'effacer dans la pénombre.

---

(1) *Ueber religiœse und politische Toleranz, eine Amtspredigt.* Strassburg, Heitz. 1792, 20 p. 8º.

(2) Nous songeons surtout, en parlant de la sorte, au singulier *Discours sur l'éducation des femmes* prononcé par Philibert Simond dans la séance du 10 janvier 1792. au Club des Amis de la Constitution. (Strasb., Heitz. 20 p. 8º).

C'est à peine si l'on trouve à glaner çà et là quelques menus faits sur son compte. Le 12 février, il bénissait en grande pompe les nouveaux drapeaux de la garnison, devant les corps administratifs, la magistrature et l'état-major réunis dans la nef de la Cathédrale (1). Le lendemain, il disait au même endroit une messe solennelle pour le repos de l'âme de son père, le vieux négociant en bois de Franconie, décédé nonagénaire à Weinoldsheim, dans le district de Wissembourg. Fidèle à l'amour paternel, plus encore peut-être qu'à des convictions religieuses bien arrêtées, le vieillard avait refusé, sur son lit de mort, le concours d'un prêtre non assermenté (2).

Deux jours plus tard, paraissait le mandement de carême du cardinal de Rohan, „prince-évêque de Strasbourg, landgrave d'Alsace, proviseur de Sorbonne" (3). Cette pièce est d'un ton plus doux et d'un style plus terne que les manifestes précédents du même personnage, sans exprimer naturelle-

---

(1) *Strassb. Zeitung*, 14 février 1792.
(2) *Neueste Religionsnachrichten*, 17 février 1792.
(3) *Bischœfliche Verordnung die Fasten des Jahres 1792 betreffend*. S. loc., 10 p. 4°.

ment des idées bien différentes de celles qu'il avait proclamées dans des occasions analogues. Le Directoire du département arrêta sur-le-champ que ce document illégal serait confisqué, et que le cardinal et son secrétaire Weinborn seraient dénoncés par le procureur-général-syndic comme rebelles à la loi. Il enjoignit à toutes les municipalités et procureurs des communes de dénoncer également ceux qui distribueraient ce factum, comme aussi les ecclésiastiques qui en donneraient lecture à leurs ouailles. En même temps qu'il faisait afficher cet arrêté dans toutes les localités du Bas-Rhin, il donnait avis à l'Assemblée législative de cette tentative réitérée d'immixtion dans les affaires ecclésiastiques du pays (1).

Mais Rohan se préoccupait fort peu de ces dénonciations et ses curés guère davantage. Ils lisaient le mandement de Rohan, déchiraient celui de Brendel sous les yeux mêmes du messager officiel (2), levaient la dîme ecclésiastique dans quelques recoins de nos montagnes, comme si la Constituante

---

(1) *Gesch. der geg. Zeit*, 27 février 1792.
(2) *Strassb. Zeitung*, 20 mars 1792.

n'avait jamais existé (1), frappaient des impôts bénévoles sur leurs paysans obéissants (2), qu'ils surexcitaient par leurs prédications et par leurs miracles (3), sans que les autorités civiles pussent ou voulussent intervenir. Toutes les municipalités ne se tiraient pas, comme celle de Soultz, par un trait d'esprit, des difficultés multiples que faisait surgir une situation pareille (4).

Pendant ce temps la dureté des temps se faisait sentir de plus en plus. Epuisées par les dépenses nécessaires pour la réorganisation d'une armée qui manquait de tout, les caisses publiques

---

(1) Le curé Rumpler, de Mühlbach, dans la vallée de la Bruche. *Strassb. Zeitung*, 20 mars 1792.

(2) Le curé Grumaich, de Gundershoffen. *Strassb. Zeitung*, 20 mars 1792.

(3) Le grand crucifix dans le réfectoire des Capucins de Blotzheim se mit à pleurer des larmes de sang. La municipalité fit placer le crucifix au milieu de la salle et les pleurs cessèrent aussitôt de couler. *Strassb. Zeitung*, 2 mars 1792.

(4) Un citoyen de cette localité vendait à ses concitoyens de l'eau bénie par un prêtre non assermenté, à quatre sols la bouteille, et faisait ainsi d'excellentes affaires. Le maire, loin d'inhiber ce pieux trafic, déclara vouloir le légitimer, en lui faisant prendre une patente de commerçant. *Strassb. Zeitung*, 2 mars 1792.

étaient vides. Le commerce et l'industrie ne marchant plus, l'enthousiasme de 1789 étant tombé, les contributions patriotiques volontaires ne faisaient plus rentrer d'argent dans le Trésor. Il en fallut donc venir aux réquisitions de tous les métaux, susceptibles d'être transformés en monnaie, et les cloches des églises furent naturellement visées tout les premières. Déjà en novembre 1791, les administrateurs du district de Strasbourg avaient invité les officiers municipaux à faire remettre au directeur de la monnaie de notre ville „le bouton de cuivre, qui jadis était placé sur la tour de la Cathédrale et qui se trouve aujourd'hui dans les greniers de la fondation Notre-Dame"; le corps municipal s'était empressé de décider, le 3 novembre, „qu'on ferait dudit bouton l'emploi indiqué par ladite lettre, *s'il existe*" (1). En mars 1792, les journaux annoncent que l'église métropolitaine a dû sacrifier sur l'autel de la patrie quelques-unes de ses treize cloches, et que Saint-Thomas aussi a laissé partir pour la monnaie l'une des siennes, pesant 15 quintaux (2). Le 20 avril suivant, le

---

(1) Procès-verbaux manuscrits du corps municipal, II, p. 902.

(2) *Strassb. Zeitung*, 10 mars 1792.

Directoire du département, se conformant au décret de l'Assemblée Nationale du 16 mars, adresse un appel énergique à toutes les communes du Bas-Rhin, les invitant à „faire transporter à l'Hôtel national de la monnaie de Strasbourg toutes celles des cloches de leurs paroisses, dont l'usage ne serait pas de nécessité indispensable pour établir les signaux publics." Outre les cloches de la Cathédrale et de Saint-Thomas, la délibération mentionne encore avec reconnaissance les paroisses protestantes de Saint-Pierre-le-Jeune, Saint-Pierre-le-Vieux, Saint-Guillaume et Sainte-Aurélie, comme lui ayant déjà fait parvenir des secours (1).

La guerre prochaine est dorénavant la préoccupation dominante des administrateurs du département, du district et de la commune. Si l'on parvient à repousser l'invasion menaçante, on en finira, du coup, avec les réfractaires religieux, privés de l'appui du dehors. A quoi bon, dès lors, se fatiguer, avant le conflit suprême, par des luttes partielles avec toute cette masse de citoyens récalcitrants aux lois de l'Etat? C'est cette manière de voir qui l'emporte,

---

(1) Délibération du Directoire du Bas-Rhin, du 20 avril 1792. Strasb., Levrault, 4 p. 4º.

évidemment, dans la pratique, quand bien même on ne l'aurait jamais ainsi formulée d'une façon théorique. L'évêque du Bas-Rhin a beau soumettre son projet définitif sur les circonscriptions paroissiales aux autorités civiles ; il a beau leur demander qu'on procède aux élections pour les cures vacantes ; elles n'ont ni le temps ni l'argent nécessaires pour s'occuper de choses aussi secondaires. Les candidats ne sont pas nombreux, nous l'avons vu, et pourtant Brendel se voit obligé d'annoncer dans les journaux qu'il ne pourra se servir de ceux qui n'auraient pas d'excellents témoignages à produire, tant sous le rapport du savoir que des mœurs, afin de diminuer encore le nombre des postulants qui encombrent son antichambre et qu'il ne sait où placer (1). Le 21 mars il se voit obligé, malgré son flegme habituel, de protester formellement contre ce manque de concours de la part des corps administratifs (2). Ce qui est autrement grave encore, c'est que l'opinion publique se détache de plus en plus de cette éphémère création, qui n'a point obtenu les résultats qu'en attendaient les *politiques*. Sans doute le

---

(1) *Gesch. der geg. Zeit*, 5 mars 1792.
(2) *Neueste Religionsnachrichten*, II, p. 93.

caractère personnel de plus d'un parmi les représentants de l'Eglise constitutionnelle a déplu, a choqué les meneurs des patriotes modérés strasbourgeois. Mais ce n'est pas cependant à ces rancunes personnelles qu'il faut rattacher le changement de ton, assez subit, que nous remarquons alors dans les feuilles locales. On se rend compte, à contrecœur, un peu tard, mais on se rend compte, du peu d'appui que le libéralisme politique peut tirer de son alliance avec le culte schismatique. C'est lui qu'il faut soutenir sans cesse, au lieu d'être soutenu par lui. Dès lors il devient une machine de guerre surannée, qu'on abandonne à son triste sort et qui n'inspire plus, à beaucoup du moins d'entre ses protecteurs d'autrefois, qu'un médiocre intérêt.

On pourra se rendre compte, fort exactement, de cette disposition nouvelle des esprits en prenant connaissance de la polémique qui s'élève au mois de mars et d'avril entre Rodolphe Saltzmann, le rédacteur de la *Gazette de Strasbourg* et l'abbé Kæmmerer, le directeur des *Neueste Religionsnachrichten*, au sujet de la mission temporaire que Kæmmerer avait remplie, l'automne précédent, à Bouxwiller, et durant laquelle il avait manifesté des tendances passablement intolérantes et dominatrices (1). Même le gouvernement central croit devoir reporter son attention, de préférence, sur les protestants d'Alsace, plus nombreux, plus capables de l'aider et plus disposés à le faire. Dans la séance du 13 mars, le ministre de l'intérieur recommande à l'Assemblée Nationale de secourir „les prêtres protestants des départements du Rhin", qui vivaient principalement du revenu de leurs dîmes, aujourd'hui disparues, et qui méritent d'autant plus la bienveillance des représentants du peuple que, malgré ces pertes, ils sont restés chauds partisans de la Constitution et poussent leurs ouailles à s'engager dans l'armée (2).

La conséquence naturelle d'un pareil abandon, de la part des modérés, devait être une conversion très accentuée vers la gauche, de la part des représentants de l'Eglise schismatique, en tant qu'ils ne se décourageaient pas

---

(1) *Strassb. Zeitung*, 26 mars 1792. Voy. aussi *Ueber die Aristokratie von Buchsweiler, Vikar Kœmmerers Schelten, und Vikar Schneider's Bericht in der Konstitutions-Gesellschaft*. 1792. S. loc., 12 p. 4°.

(2) *Gesch. der gegenw. Zeit,* 20 mars 1792.

entièrement, et se retiraient de la lutte. Les uns désavouaient leurs faiblesses, comme le curé Krug de Bergbietenheim qui, sur son lit de mort, signait devant le maire, le 29 mars, une rétractation complète de ses erreurs (1), ou, comme le curé Maire de Dachstein, révoquaient solennellement à l'église, devant leurs ouailles réunies, un serment d'iniquité (2). D'autres écrivaient à leurs amis d'Allemagne, qu'ils étaient désespérés d'être tombés dans un guêpier pareil, et les suppliaient de ne pas venir, „s'ils ne vou aient pas être ruinés de corps et d'âme" (3). D'autres se retiraient dans le Haut-Rhin ; les plus militants, au contraire, forçaient la note pour plaire aux Jacobins et pour regagner de leur côté un appui, désormais perdu du côté de Dietrich et de ses amis (4). On sait que le maire, attaqué par les radicaux de toute nuance et de toute nationalité, coalisés contre lui, avait été moralement forcé de

---

(1) *Strassb. Zeitung*, 6 avril 1792.
(2) *Gesch. der gegenw. Zeit*, 14 avril 1792.
(3) *Ibid.*, même date.
(4) Euloge Schneider a publié dans son *Argos* (2, 5, 9 octobre 1792) un tableau de l'état du clergé constitutionnel au printemps 1792, que nous croyons très vrai dans son ensemble, surtout au point de vue de sa misère matérielle.

sortir avec ses amis de la Société des Amis de la Constitution, séant au *Miroir*, et que les véritables fondateurs de cette association, les patriotes de 1789, avaient fondé en février 1792 une autre société, siégeant à l'Auditoire du Temple-Neuf et décriée bientôt comme le point de ralliement des aristocrates et des *feuillants*. Les grands-vicaires et les vicaires de Brendel, affiliés à la société primitive, restèrent tous au *Miroir*; lorsque quelques esprits vraiment patriotiques proposèrent d'oublier les dissidences intérieures en présence des dangers du dehors, et de fusionner les deux associations, ce furent Simond et Euloge Schneider qui se montrèrent les plus violents pour la négative, dans la séance du 1ᵉʳ avril où fut discutée la motion, et qui la firent enfin rejeter (1). Mais aussi la *Gazette de Strasbourg* parlait-elle, quelques jours plus tard, avec une amertume visible, de „M. l'évêque du Bas-Rhin qui ne nous fait pas l'honneur d'envoyer ses vicaires à l'Auditoire" et constatait-elle que dorénavant „le club du *Miroir* est la colonne sur laquelle s'appuient les prêtres assermentés" (2).

---

(1) *Strassb. Zeitung*, 3 avril 1792.
(2) *Ibid.*, 12 avril 1792.

Il fallait payer un pareil appui, quelque précaire qu'il pût être, en forçant la note schismatique, pour se mettre au diapason des sentiments jacobins d'alors. Ce n'était pas chose facile ; pourtant nous nous figurons qu'il n'y eut pas de mécontents dans le parti, le jour où le professeur Schwind, vicaire épiscopal, vint prêcher à la Cathédrale son sermon sur les *Papes dans toute leur nudité, parallèle entre la vie de Jésus et celle de ses successeurs* (1). Nous ne pensons pas que jamais, dans une chaire, catholique de nom, l'on ait parlé dans des termes pareils des pontifes qui se sont succédés sur le Saint-Siège ; nous doutons même fort, qu'au temps des luttes les plus âpres de la Réforme „contre la grande prostituée de Babylone", on ait reproduit devant les oreilles de fidèles quelconques, un aussi long catalogue de méfaits et de crimes. Nous ne discutons pas les faits allégués dans les notes de cette œuvre oratoire ; si quelques-uns sont apocryphes, la plupart sont malheureusement bien et dûment constatés par des témoignages irrécu-

---

(1) *Die Pæpste in ihrer Blœsse,... vorgestellt am Ostermontag in der Kathedralkirche...* von F. K. Schwind. Strassburg, Levrault, 1792, 24 p. 8º.

sables. Leur énumération, leur discussion serait à sa place dans une œuvre d'histoire ou de controverse. On a quelque peine cependant à croire qu'elles puissent contribuer en rien à l'édification des âmes chrétiennes, et ce n'est pas la prose ampoulée de l'orateur qui pourrait rendre plus attrayante à nos yeux cette polémique massive et médiocrement évangélique (1). Ce n'était pas, en tout cas, par des élucubrations pareilles qu'on pouvait espérer ramener à soi les catholiques dissidents de Strasbourg, plus que jamais dociles à leurs directeurs secrets (2).

---

(1) C'est ainsi qu'il appelle quelque part (p. 23) notre globe terrestre « les latrines de l'univers ».

(2) On nous en cite, pour ce moment précis, un curieux exemple. Le 29 mars, un fonctionnaire municipal, bon patriote, aborde dans la rue l'abbé Bigaut, ci-devant vicaire à Saint-Etienne, et voulant juger de la vérité des instructions reçues par le clergé réfractaire, demande à se confesser à lui. L'autre y consent et notre homme lui raconte qu'il s'est marié et que son union a été bénie par un prêtre assermenté. L'abbé lui déclare alors qu'il commet un péché mortel chaque fois qu'il use de ses droits conjugaux, et lui refuse l'absolution, lui déclarant en outre que, s'il ne rétracte le serment civique prêté comme fonctionnaire, il serait damné pour toute l'éternité. C'est ce qu'on osait déclarer, à Strasbourg même, à un

Depuis quelques mois le parti radical à Strasbourg s'était accru d'une individualité qui mériterait bien d'attirer un jour l'attention d'un historien local, car sa carrière ne manque pas de péripéties intéressantes, et le personnage lui-même est un type caractéristique des époques de révolution. M. Charles de Laveaux, avait commencé sa carrière comme maître de langues à Berlin, et y avait publié, sous le titre de *Nuits champêtres*, des idylles dans le genre de Gessner, qui n'avaient rien de subversif (1). Appelé comme professeur à la fameuse *Karlsschule* de Stouttgart, il s'y était pris de querelle avec un officier supérieur de l'armée wurtembergeoise, et n'ayant pu obtenir justice d'un soufflet reçu dans la bagarre (2), il avait donné sa démission et s'en était venu chez nous, à Strasbourg, qui paraissait alors aux bonnes âmes d'outre-Rhin le véritable Eldorado de la liberté (3).

---

représentant de l'autorité civile! (*Gesch. der gegenw. Zeit*, 14 avril 1792.)

(1) Les *Nuits champêtres*, par M. de Laveaux, 2ᵉ édition. Berlin 1784, 1 vol. in-18.

(2) On trouvera un récit très détaillé de cette scène dans la *Strassb. Zeitung* du 7 mars 1791.

(3) *Strassb. Zeitung*, 7 juillet 1791.

Mais il n'avait pas trouvé chez la population strasbourgeoise l'accueil empressé sur lequel il comptait sans doute comme martyr de la bonne cause. Son caractère, naturellement caustique, s'était aigri et il avait fondé deux journaux, le *Courrier de Paris* et le *Courrier de Strasbourg*, qui, seuls rédigés alors en français, exerçaient une influence assez considérable sur l'opinion publique à l'intérieur (1). Il se donna pour tâche de harceler incessamment les modérés et M. de Dietrich, leur chef, et de déclamer contre la tolérance accordée par eux aux perturbateurs du repos public. Fort lié, pour le moment, avec Euloge Schneider et quelques-uns de ses collègues, il soutenait la cause du clergé constitutionnel du ton tranchant et violent qu'il portait en toute affaire.

Un incident particulier lui sembla propre à forcer la main aux administra-

---

(1) L'un de ces journaux apportait aux lecteurs français de Strasbourg le sommaire des feuilles parisiennes; l'autre envoyait à Paris le récit, très fantaisiste souvent, de ce qui se passait sur les bords du Rhin. Malheureusement le *Courrier de Strasbourg* ne comptait que peu d'abonnés à Strasbourg même et les numéros de ce journal sont devenus excessivement rares aujourd'hui. Il parut de janvier à décembre 1792.

teurs du département et à les entraîner à sa suite. Le curé constitutionnel de Bœrsch, M. Schaumas, avait été maltraité, de la façon la plus indigne, par quelques paysans fanatisés, en présence de prêtres réfractaires, qui riaient de son supplice, et laissé pour mort sur la grande route (1). Les autorités départementales n'ayant pris que mollement en main cette affaire, Laveaux avait proposé le 18 avril, au matin, dans une séance extraordinaire du Club du *Miroir*, de se réunir à main armée et de faire la chasse aux non-jureurs et aux aristocrates dans tout le Bas-Rhin, pour les exterminer. Un auditeur plus timide ayant insinué qu'il fallait demander pour cela l'autorisation de l'Assemblée Nationale, Laveaux aurait répondu qu'on en agirait certes ainsi, mais seulement quand l'expédition serait menée à bonne fin. Le curé de Bœrsch, produit devant la réunion, le corps couvert de plaies encore saignantes, excita l'indignation de la société, qui vota son approbation, au moins théorique, à la croisade contre les *noirs*, et une dénonciation contre le Directoire qui manquait à tous

---

(1) *Strassburger Zeitung*, 19 avril 1792. — *Neueste Religionsbegebenheiten*, 20 avril 1792.

ses devoirs en ne poursuivant pas les prêtres fanatiques (1).

Les autorités s'émurent du discours incendiaire de Laveaux. Le maire convoqua les corps constitués à l'Hôtel-de-Ville pour le 21 avril, et l'on y décida de dénoncer l'orateur au juge de paix, comme ayant troublé le repos public. En même temps on délibérait une adresse aux citoyens, qui commençait par ces mots : „Citoyens, le crime veille, il souffle la discorde. Des esprits pervers redoutent leur nullité dans le règne de l'ordre. Ils entretiennent sans relâche les passions inquiètes, etc. (2)." Cette proclamation rappelait le texte de la loi du 18 juillet 1791 : „Toutes personnes qui auront provoqué le meurtre, le pillage, l'incendie ou conseillé formellement la désobéissance à la loi, soit par placards,... soit par des discours tenus dans des lieux et assemblées publiques, seront regardées comme séditieuses et les officiers de police sont autorisés à les arrêter sur-le-champ." Le maréchal Luckner, commandant l'armée du Rhin, était prié de ne plus laisser dorénavant

---

(1) *Gesch. der gegenw. Zeit*, 25 avril 1792. — *Strassb. Zeitung*, 3 mai 1792.

(2) Délibération du corps municipal du 20 avril 1792. Strasb., Dannbach, placard in-fol.

fréquenter les clubs à ses soldats, les pasteurs et curés invités à lire la proclamation municipale du haut de la chaire et le dimanche, 22 avril, à sept heures du matin, Laveaux, arrêté à son domicile, était conduit en prison. Dès le lendemain, on tirait au sort le jury d'accusation, qui, le 28, autorisait la poursuite. Mais le jury de jugement, réuni le 15 mai, acquittait l'orateur, son intention délictueuse n'étant pas suffisamment prouvée (1).

Nous n'aurions point parlé si longuement de cette procédure. si la motion de Laveaux n'avait amené le Directoire du département à prendre, le lendemain même de son arrestation, une délibération des plus importantes, relativement à la question religieuse. Il est probable qu'il voulut se laver par là de l'accusation portée contre lui, de ne point faire observer les décrets de l'Assemblée Nationale contre les prêtres réfractaires, tout en affirmant, une fois de plus, les sentiments de tolérance animant ce corps administratif. Les

---

(1) *Strassb. Zeitung*, 3 mai, 18 mai 1792. Euloge Schneider avait vivement pris sa défense dans une brochure : *Ein Wort im Ernst an die Bürger Strassburg's*, datée du 27 avril 1792. (Strasb., s. nom d'imprim., 8 p. 8º.)

considérants de cette délibération sont des plus optimistes. „S'étant fait représenter les plaintes... sur les dissensions qu'occasionne *dans quelques communes* la diversité des opinions religieuses ; instruits que des gens malintentionnés... ont cherché à troubler *la tranquillité qui a régné jusqu'ici dans le département;*

„Considérant que la Constitution garantit la liberté de tous les cultes dans l'empire, qu'en conséquence celui qui prétexte les intérêts de sa religion et le sentiment de sa conscience pour provoquer les esprits faibles et crédules à la sédition et à la désobéissance aux lois, est un imposteur, un traître à la patrie...

„Voulant, sans gêner la liberté des opinions ni l'exercice d'aucun culte, prévenir et empêcher l'intolérance d'une part, l'incivisme et le fanatisme de l'autre,.... les administrateurs du département

„Arrêtent :

„Toute personne qui aura outragé les objets d'un culte quelconque, soit dans un lieu public, soit dans les lieux destinés à l'exercice de ce culte, ou insulté les ministres en fonctions, ou interrompu par un trouble public les cérémonies religieuses de quelque culte que ce soit, sera saisie sur-le-champ, et condamnée à une peine qui pourra être de 500 livres d'amende et d'une détention d'un an.....

„Tous prêtres non assermentés, ainsi que les curés ou vicaires qui se permettraient d'exercer des fonctions publiques seront...... dénoncés à l'accusateur public pour être punis conformément à la loi du 28 juin 1791.

„Le défaut de prestation du serment, prescrit par la loi du 26 décembre 1790, ne pourra être opposé à aucuns prêtres se présentant dans une église paroissiale, succursale ou oratoire national, seulement pour y dire la messe, pourvu toutefois qu'ils en aient prévenu la municipalité et le curé ou desservant de la paroisse, et soient convenus avec eux de l'heure à laquelle ils pourront dire leurs messes sans gêner le culte de paroisse....

„Les édifices consacrés à un culte religieux par des sociétés particulières et portant l'inscription qui leur sera donnée, seront fermés aussitôt qu'il y aura été fait quelques discours contenant des provocations directes contre la Constitution... En conséquence, si quelques prêtres non assermentés, cherchant à égarer la multitude, traitaient d'intrus, de sacrilèges et schismatiques les ministres qui ont prêté le serment prescrit par la loi, et représentaient comme nuls les sacrements qu'ils administrent, les municipalités seront tenues... de dénoncer les délinquants à l'accusateur public pour... être poursuivis criminellement et punis comme perturbateurs de l'ordre public.

„Lorsqu'à la réquisition du Directoire, l'évêque du département enverra dans une commune un desservant ou un vicaire, la municipalité sera tenue de convoquer dans les vingt-quatre heures le conseil de la commune pour qu'il soit procédé, en sa présence, à son installation....

„Elles seront en outre tenues de faire toutes les dispositions convenables pour le protéger et lui assurer le libre exercice des fonctions que la loi lui attribue."

A la suite de cet arrêté, les administrateurs départementaux ont placé une proclamation aux citoyens pour leur dire que, décidés à faire respecter la loi, ils se refusaient à aller plus loin ; que jamais ils n'attenteraient à la liberté d'une classe de citoyens, qui vit, comme les autres, sous la protection des mêmes lois, pour obéir aux déclamations de quelques ambitieux, qui sans cesse, le mot de peuple à la bouche, croient s'ériger en apôtres de la liberté, en flattant bassement ses passions. „Fidèles à leurs serments, ils sont résolus de périr à leur poste plutôt que d'ordonner, d'autoriser ou de tolérer aucune mesure ni violence qu'ils regarderaient comme une atteinte portée à la Constitution" (1). On ne se trompera pas en reconnaissant dans le libellé de cette énergique réponse aux objurgations de Laveaux la plume de Xavier Levrault, alors procureur-général-syndic, et l'un des plus marquants parmi les libéraux strasbourgeois de l'époque.

Mais cette énergie dans la modération ne faisait l'affaire ni des radicaux ni d'une partie au moins des prêtres assermentés. Au moment même où la déclaration de guerre contre François de Hongrie arrivait à Strasbourg et y était solennellement proclamée dans tous les carrefours (2), la curiosité de la bourgeoisie strasbourgeoise était tenue en éveil par une querelle violente qui s'était

---

(1) Délibération du Directoire du 23 avril 1792. Strasb., Levrault, 8 p. 8º.
(2) C'était le 25 avril au soir. *Gesch. der gegenw. Zeit*, 26 avril 1792.

élevée entre Kæmmerer et Saltzmann, puis entre le bouillant abbé et la municipalité en personne. La cause première de cette nouvelle prise de bec avait été aussi puérile que possible. Il paraît que depuis longtemps les élèves du Collège National (l'ancien collège des Jésuites) étaient en état d'hostilité avec leurs voisins, les élèves du Séminaire épiscopal, échangeant avec eux des grimaces, voire même des horions occasionnels. Un jour que l'abbé Schwind conduisait les séminaristes à la promenade, un des élèves du collège lui tira la langue en passant, et le réverend professeur du Séminaire, désespérant d'obtenir du principal la punition du coupable, se résigna à le châtier lui-même en lui donnant un „léger" soufflet. Là-dessus, le principal du Collège, nommé Chayron, accourt, une canne à épée à la main, suivi de plusieurs sous-maîtres, saisit Schwind au collet, le secoue en agrémentant son allocution d'épithètes fort malsonnantes, à ce qu'il paraît, et soutenu par ses élèves qui „faisaient chorus en possédés contre les prêtres", il force le Séminaire et son représentant à une fuite plus rapide qu'honorable. L'abbé Kæmmerer, supérieur du Séminaire, écrivit *ab irato*, de sa meilleure encre, à la municipalité, la menaçant de la colère du peuple, si elle ne faisait prompte et entière justice de cet attentat (1). Schneider, de son côté, prit fait et cause pour ses collègues et voulut profiter de l'occasion pour *tomber* Saltzmann, devenu sa bête noire. Mais les deux vicaires épiscopaux n'eurent pas à se féliciter de leur campagne. Le rédacteur de la *Gazette de Strasbourg*, qui ne manquait pas de verve à ses heures, malmena fort l'ex-professeur de Bonn, prenant texte des attaques même contre sa personne pour le tourner à son tour en ridicule. Schneider avait déclaré qu'il ne fréquentait pas de conventicules de vieilles filles et de matrones dévotes, comme son adversaire piétiste. „Certes non, réplique Saltzmann; on vous croira là-dessus sur parole, car chacun sait que M. Schneider préfère la société des jeunes filles et des femmelettes complaisantes et qu'il sait fort bien où les trouver." — „Je n'évoque pas d'esprits," avait écrit le prédicateur de la Cathédrale, faisant allusion aux convictions mystiques de son adversaire. — „Nous le savons trop bien, répond l'autre; votre philosophie ne dépasse

---

(1) *Gesch. der gegenw. Zeit*, 23 avril 1792.

pas les limites sensuelles. De tout temps vous avez préféré avoir à faire avec les corps." — „Je reconnais maintenant combien je me suis trompé sur votre compte; les écailles me tombent des yeux", s'était exclamé Schneider. — „Et nous donc? combien plus profonde a été notre cécité à nous! C'est maintenant seulement que nous comprenons tout ce que nous disaient sur votre compte tant de lettres reçues d'Allemagne." Et mêlant le ton grave au plaisant, Saltzmann ajoutait: „Si MM. les ecclésiastiques assermentés ne lançaient pas toujours l'injure contre leurs collègues réfractaires, s'ils prêchaient l'Evangile et la pure morale, s'ils donnaient l'exemple des vertus civiques, s'ils ne se mêlaient pas de tant d'intrigues, jamais le fanatisme n'aurait fait parmi nous autant de progrès, et, malgré tous les talents à la Schneider, leurs églises ne seraient pas si vides" (1).

Quant à l'abbé Kæmmerer, plus malheureux encore, il se voyait cité devant le juge de police correctionnelle, pour avoir menacé l'autorité d'un soulèvement populaire, trop heureux d'en être quitte pour un avertissement sévère

---

(1) *Strassb. Zeitung*, 24 avril 1792.

et la condamnation aux frais, après avoir dû humblement demander pardon de son intempérance de langage et avoir promis de mieux se surveiller désormais (1). Il s'en dédommagea en publiant, quelques jours plus tard, une brochure pour expliquer aux fidèles que l'excommunication lancée par le pape contre les schismatiques était sans force et nulle en droit. Sur ce sujet du moins, il pouvait donner cours à son éloquence sans se brouiller avec quelque nouvel ennemi (2).

Cependant cette conversion de l'opinion publique, autrefois si favorable et maintenant indifférente, sinon franchement hostile, ne laissait pas de tourmenter les plus sincères, comme aussi les plus habiles parmi les représentants de l'Eglise constitutionnelle. Dans les mois qui suivent, ils semblent avoir pris particulièrement à cœur de répondre aux accusations de haine et d'intolérance portées contre eux. Les sermons prêchés à la Cathédrale dans le courant de mai à juillet, pour autant qu'ils ont été publiés alors, roulent à

---

(1) *Strassb. Zeitung*, 30 avril 1792.
(2) *Abhandlung über die Exkommunikation oder den Kirchenbann*, von *J. J. Kœmmerer*. Strassburg, Levrault, 1792, 36 p. 8º.

peu près tous sur le thème de la charité chrétienne. Euloge Schneider prêche avec une onction quelque peu factice, le cinquième dimanche après la Pentecôte, sur *la conduite de Jésus vis-à-vis de ses ennemis* (1); Dereser examine la question : *Un homme raisonnable et connaissant Jésus, peut-il persécuter ses semblables au nom de la religion?* (2), et conclut naturellement à la négative. Peut-être ne crut-on pas suffisamment à leurs belles paroles, démenties, chez Schneider au moins, par bien des actes contraires. Toujours est-il que la sympathie publique et celle des pouvoirs constitués ne leur revient guère. On le vit à l'occasion des processions annuelles, qui s'étaient produites jusqu'à ce jour à l'extérieur des édifices sacrés. Mais cette année, quand Brendel saisit le corps municipal de la question, dans la séance du 12 mai, rappelant que son clergé avait été hué et insulté par une

---

(1) *Das Betragen Jesu gegen seine Feinde, eine Amtspredigt.* Strassb., Stuber. 1792, 14 p. 8º.

(2) *Kann ein vernünftiger Mensch... seine Mitmenschen um der Religion willen... verfolgen? Eine Amtspredigt.* Strassb. Heitz, 1792, 16 p. 8º. Voy. encore *Das Bild eines guten Volkslehrers, entworfen von E. Schneider.* Strassb., Lorenz, 16 p. 8º.

foule ameutée contre lui, et demandant si la municipalité peut lui garantir pour cette fois une protection efficace, sans déploiement militaire, la réponse est négative. On lui conseille de rester chez soi et le corps municipal finit par décréter qu'en principe, toutes les processions se feront à l'intérieur des églises (1).

La même réponse est donnée, un peu plus tard, au chanoine Rumpler, l'ancien notable, qui a réclamé également pour le clergé non assermenté la permission de fêter processionnellement la Fête-Dieu en circulant autour de l'église des Petits-Capucins (2). Le seul privilège laissé au culte officiel semble avoir été la permission accordée au moniteur du schisme de proférer un mensonge pieux, en annonçant que la procession n'était pas sortie de la Cathédrale „à cause du mauvais temps (3)." Rumpler étant allé porter ses réclamations jusqu'au Directoire du département, ce dernier corps avait dû prendre également position. Il s'était déclaré d'une façon plus catégorique en-

---

(1) *Strassb. Zeitung*, 14 mai 1792.
(2) *Neueste Religionsnachrichten*, 1er juin 1792.
(3) *Ibid.*, 8 juin 1792.

core contre une faveur faite aux constitutionnels. Ou bien *tous* les cultes circuleront en pleine rue, ou bien *aucun*, car la loi prescrit l'égalité de *tous* les cultes. Puis il avait, il est vrai, éconduit le chanoine, mais par là-même renfermé Brendel et les siens sous les voûtes de Notre-Dame (1). Ce manque d'harmonie entre les autorités civiles et religieuses se montre encore le dimanche, 3 juin, lors de la fête funèbre célébrée en l'honneur de Simonneau, le malheureux maire d'Etampes, massacré par la populace et les soldats qu'ils voulait rappeler au devoir. Le conseil général, en discutant le programme de la fête, avait décidé tout d'abord qu'elle n'aurait point lieu à la Cathédrale même, comme autrefois la fête en l'honneur de Desilles, mais sur la place, devant l'édifice, vis-à-vis de la maison commune. Puis on

---

(1) *Strassb. Zeitung*, 1ᵉʳ juin 1792. — Aveuglement éternel des partis! Au moment où les non-conformistes sollicitaient ainsi une faveur, ils se montraient d'une violence fatale à leurs plus chers projets. Un jeune homme, passant devant leur église, au moment du culte, fut assailli, frappé par eux, vit ses habits mis en pièces, puisqu'il n'avait pas ôté son chapeau dans la rue. (*Strassb. Zeitung*, 11 juin 1792.)

avait voté qu'on n'y inviterait pas spécialement les ecclésiastiques, „la loi n'en connaissant plus". Ceux d'entre eux qui voudront y assister, ne seront plus en costume (1). Il est donc incontestable qu'il y a, dès lors, une tendance raisonnée de la part de l'autorité civile à s'affranchir de toute collaboration avec un élément spécifique religieux, soit que l'attitude du clergé constitutionnel, à la fois intolérante et lâche (2), la froisse et la dégoûte, soit qu'elle ait perdu tout espoir de s'en servir comme d'un auxiliaire utile. Mais les libéraux modérés, en prenant cette attitude si nouvelle, ne s'en dissi-

---

(1) *Strassb. Zeitung*, 2 juin 1792.

(2) Le mot peut sembler dur et peut-être même contradictoire; je ne le crois pas néanmoins injuste. Dans tous les cas de violences, si nombreux, relevés à l'égard des prêtres assermentés du Bas-Rhin, nous n'en avons pas rencontré un seul qui ait su faire face virilement à l'ennemi. Ce sont des victimes, assurément, de la brutalité fanatique des autres, mais des victimes rarement sympathiques. Quant à leur intolérance, en voici encore un exemple : Le 7 juin, le curé constitutionnel de Belfort empêchait l'inhumation d'un jeune volontaire protestant du bataillon du Bas-Rhin, qui venait d'y mourir. Il refusait de lui ouvrir le cimetière commun et on dut conduire le corps à Héricourt. (*Strassb. Zeitung*, 16 juin 1792.)

mulent pas les dangers. Ils comprennent que les schismatiques vont se réunir aux réfractaires et aux jacobins pour tenter de les écraser. „Nous marchons entre deux abîmes, le despotisme et l'anarchie, écrit alors Saltzmann. On veut nous jeter dans l'anarchie pour nous ramener plus tôt au despotisme" (1). Ce mot prophétique embrassait et résumait en effet la longue période de notre histoire qui s'étend de la chute de la royauté à la proclamation de l'Empire.

XVII.

Le premier document dont nous ayons à parler en entrant dans la période de la grande lutte décennale qui va ravager l'Europe, c'est la lettre pastorale de l'évêque du Bas-Rhin, adressée, le 11 juin 1792, à ses „vénérables coopérateurs et à tous les fidèles du diocèse", afin „d'indiquer des prières publiques pour la prospérité des armes de la Nation". Cette pièce curieuse, passablement longue et travaillée avec soin, est avant tout politique. C'est le panégyrique de „ces droits imprescriptibles

---

(1) *Strassb. Zeitung*, 4 juin 1792.

et sacrés que la Providence a donnés à l'homme en le créant et dont la stipulation est consignée dans le livre de la nature et dans celui de notre saint Evangile". Pour défendre ses conquêtes les plus légitimes, la liberté, l'égalité, la France s'arme, combat et saura maintenir ses droits. C'est en vain que ses adversaires, „spéculant sur l'ignorance et la docilité superstitieuse des esprits, publient, par l'organe d'imposteurs à gages, que la religion est détruite, tandis qu'en respectant ses dogmes, en la rendant à son ordre primitif, nos sages législateurs n'ont touché qu'à ses abus, qu'à ce qui en faisait la douleur et le scandale."

Cette guerre, „la première peut-être en France, remplira les vues paternelles de l'Auteur de la Nature. Il verra d'un œil satisfait ses enfants défendre leur héritage émané du ciel, que des despotes en chef ou subalternes n'avaient usurpé sur nous qu'en faisant blasphémer sa sagesse. L'humanité ne regardera pas comme un fléau une guerre qui doit faire cesser les plus grands des fléaux, la tyrannie et la guerre.... Cette guerre est sainte; elle affermira chez un peuple et propagera chez d'autres ces lois sacrées de la nature, ces touchantes maximes de l'Evangile, qui tendent à faire d'une société d'hommes une famille de frères. Cette guerre enfin, nous oserons le dire, fera la joie du genre humain et l'objet de son espoir chéri." Le chef du diocèse encourage ensuite tous les chrétiens dont la Providence l'a fait pasteur, à l'union des cœurs, à la paix, à la concorde. „Patriotes ou aristocrates, conformistes ou non-conformistes, eh qu'importent à la Religion, à la Patrie, de stériles dénominations? Vainement vous nous vanterez, les uns votre dévouement à la Constitution, les autres votre zèle pour la foi de vos pères. Avant tout, manifestez par des faits, montrez par des vertus, vous, votre civisme, vous, votre conformité avec l'Evangile. Le patriotisme ne se prouve point par un refrain; l'opinion seule ne forme pas le disciple de Jésus-Christ."

Et s'adressant tout particulièrement à ceux de ses concitoyens qu'il supposait à bon droit faire des vœux pour l'ennemi, dans leur fanatisme religieux, Brendel leur parlait ainsi : „Et vous, qui pourtant prétendez que le Dieu des chrétiens se complaît en vous seuls, vous n'êtes pas chrétiens si, perdant de vue l'Evangile pour y substituer des erreurs anti-sociales, vous haïssez votre frère, si vous le persécutez, si, dans vos décisions risibles, vous le proscrivez même au delà du tombeau, parce qu'il a accueilli l'heureuse régéneration de la patrie et les salutaires réformes que sollicitait l'intérêt du christianisme. Vous n'êtes pas chrétiens, si vos vœux ou vos trames appellent ou préparent l'invasion de nos ennemis, les divisions et la guerre entre Français, et la désolation de la patrie...."

La lettre pastorale se terminait par l'annonce d'une messe votive *pro tempore belli*, célébrée solennellement à la Cathédrale, le 24 juin prochain, avec exposition du saint-sacrement et bénédiction, et de prières spéciales qui commenceront dans toutes les églises du diocèse, après réception de la présente circulaire (1).

Cette circulaire, l'une des meilleures, assurément, que Brendel ait signées, ne dut faire néanmoins qu'une impression médiocre sur l'esprit des masses. Les patriotes n'avaient pas besoin de la parole du prêtre pour enflammer leur courage ; les autres restèrent indiffé-

---

(1) **Lettre pastorale de l'évêque du Bas-Rhin**, etc. Strasb., Levrault, 10 p. 4º.

rents et beaucoup sans doute, parmi les populations rurales, ne la connurent jamais. Quel qu'ait été d'ailleurs son effet, la lettre épiscopale est, pour de longues semaines, le dernier écho religieux qui vienne frapper nos oreilles. Strasbourg est tout à la double anxiété des rumeurs de la guerre civile au dedans, de la lutte qui va commencer au dehors. La majorité de sa population bourgeoise, les chefs de ses administrations locales apprennent avec indignation les saturnales qui déshonorent Paris, l'invasion des Tuileries au 20 juin, préludant à celle du 10 août. Leur libéralisme sincère et calme s'émeut au spectacle de cette licence, décorée du nom de liberté.

Dans sa séance du 26 juin, le Conseil général de la commune vote une adresse à l'Assemblée Nationale, demandant la punition des perturbateurs du 20 juin, exemple trop peu suivi, hélas! de mâle indépendance, vis-à-vis des meneurs de la capitale (1). Quelques jours plus tard, il décide de poursuivre le vicaire épiscopal Simond devant le tribunal correctionnel, pour insultes et calomnies contre le maire, et

---

(1) *Strassb. Zeitung*, 28 juin 1792.

de donner de la sorte un avertissement sérieux aux jacobins locaux (1).

Le *Chant de guerre pour l'armée du Rhin* paraît dans les *Affiches* du 7 juillet, sans nom d'auteur (2); le camp de Plobsheim est renforcé, la discipline, fort relâchée, rétablie par quelques exemples sévères (3). Le pont de bateaux sur le Rhin est enlevé en partie par les Autrichiens (4), dont on signale la présence à Friesenheim, Emmendingen, Willstætt, etc. On interdit l'accès de la plate-forme de la Cathédrale à tout le monde, sauf aux sentinelles et aux citoyens munis d'un permis de la main du maire (5). Les esprits craintifs voient déjà les armées ennemies ravageant l'Alsace, et l'on se raconte qu'il

---

(1) *Strassb. Zeitung*, 6 juillet 1792.

(2) *Affiches de Strasbourg*, 1792, p. 322. Ce n'est qu'en octobre que paraît chez Storck et Stuber le *Chant de guerre des Marseillais* avec musique et la traduction allemande d'Euloge Schneider. (*Affiches* 27 octobre 1792.)

(3) Le cafetier Blessig qui a proféré des paroles injurieuses pour Louis XVI est condamné à deux ans de fers. (*Strassb. Zeitung*, 11 juillet 1792.)

(4) Il était rétabli momentanément quelques jours plus tard. (*Strassb. Zeitung*, 21 juillet 1792.)

(5) Procès-verbaux manuscrits du Corps municipal, 12 juillet 1792. Vol. III, p. 610.

en est d'assez ineptes pour courir à Kehl, où fonctionne un bureau d'assurances, auprès duquel, et moyennant douze à quinze louis, on peut se procurer une sauvegarde valable pour le moment prochain du sac de Strasbourg ! (1) Les esprits caustiques et frivoles au contraire fredonnent la *marche des troupes aristocrates*, sur un air des *Petits Savoyards :*

>....Sur le front de la colonne
>Marche notre cardinal.
>On dirait Mars en personne;
>C'est un nouveau Lœwendal.
>Frappant, taillant, battant, criant, jurant, sacrant.
>Vlà comme il arrive :
>« Oui, j'aurai mon Episcopat,
>« Car je suis sûr de mes soldats;
>« Allons, marchons, doublons le pas,
>« Frappons, coupons, taillons des bras.
>« Oui, j'aurai mon Episcopat ! » (2)

Il y a recrudescence de dénonciations contre tous les prêtres réfractaires et tous les *fanatiques* qui servent d'espions sur les deux rives du Rhin (3). Mais d'autre part aussi, l'enthousiasme patriotique s'éveille, les volontaires

---

(1) *Strassb. Zeitung*, 5 juillet 1792.

(2) La marche des troupes aristocrates, S. l. ni d., 2 p. 8°.

(3) *Strassb. Zeitung*, 25 juillet 1792. — *Argos*, 27 juillet 1792.

accourent; dans la journée du 29 juin, 591 jeunes Strasbourgeois se font inscrire dans les bataillons de marche à l'Hôtel-de-Ville, et c'est à bon droit que les feuilles strasbourgeoises sont fières d'un aussi brillant élan (1). Parmi eux, quatre séminaristes, trop jeunes pour être déjà consacrés et qui s'enrôlent avec l'autorisation de Brendel (2). Toutes les communes du Bas-Rhin ne suivent pas d'ailleurs un si bel exemple. et les feuilles du jour nous racontent qu'Obernai, Rosheim, Molsheim ne montrent aucun enthousiasme, que les jeunes gens du district de Haguenau se sauvent dans les forêts, évidemment sous l'influence et sur l'ordre du clergé réfractaire, tandis que la plupart des cantons protestants se distinguent par leur ardeur (3). La présence de la Prusse dans les rangs de la coalition cause également quelque stupeur à nos journalistes: „Que Rohan et son *armée noire* soient furieux contre nous, qu'ils

---

(1) *Strassb. Zeitung*, 31 juillet 1792.

(2) *Ibid.*, 6 août 1792.

(3) *Ibid.*, 10 août 1792. — Le maire de Dorlisheim, ayant reçu le manifeste de Brunswick, y répondit à sa façon, en levant le double de volontaires dans son village. (*Strassb. Zeitung*. 20 août 1792.)

nous accusent d'avoir fait la Révolution, cela se comprend encore ; mais que le roi de Prusse, le chef du protestantisme allemand, joigne ses armes à celles des catholiques fanatiques, c'est ce qui nous paraît incompréhensible" (1).

Mais au milieu de cet élan même du sentiment patriotique à Strasbourg, la discorde se maintient et continue son œuvre. Euloge Schneider, qui possède enfin dans l'*Argos* un organe, qu'il peut remplir à sa guise de déclamations haineuses, attaque avec violence les modérés, qui lui reprochent — à tort assurément — d'être un Autrichien masqué, et se plaint qu'on ait manqué le jeter par les fenêtres dans la chaleur des discussions qui se succèdent à l'Hôtel-de-Ville. Plus au courant que les autres de ce qui se prépare à Paris, il peut fièrement affirmer que la Providence ne le laissera point succomber à la cabale de Dietrich (2). Son collègue Kæmmerer endosse l'uniforme de la garde nationale et dans une brochure, *Le prêtre au corps de garde*, explique à

---

(1) *Strassb. Zeitung*, 25 juillet 1792.
(2) *Argos*, 31 juillet 1792. Schneider en avait fait paraître le premier numéro le 3 juillet. Il n'avait d'ailleurs, de son propre aveu, que 200 abonnés à la fin de l'année.

ses collègues du troisième bataillon, qu'ils ne doivent pas s'étonner de le voir un fusil à la main. „Les vieux canons de l'Eglise n'ont plus d'autorité là où commandent la nature et la religion" (1). Laveaux et l'abbé Simond, qui s'étaient rendus à Paris pour dénoncer à Roland le maire et le Conseil municipal, reviennent également le 9 août à Strasbourg (2), pour recommencer leurs attaques contre le *traître* Dietrich. Il ne s'en débarrasse pour un instant qu'en obtenant du vieux commandant de Strasbourg, du général La Morlière, un arrêté d'expulsion contre ces deux remuants personnages, dont les amis dénoncent chaque jour de nouveaux complots, toujours imaginaires (3).

Mais ce n'est pas à Strasbourg que va se dénouer la crise révolutionnaire et que se joue la grande partie, toujours perdue par les modérés contre les violents, depuis que le monde existe et que les Etats se fondent et s'écroulent. Dès les premiers jours d'août, des rumeurs

---

(1) *Der Priester auf der Wache, etwas für das Publikum*. Strassb , Stuber, 1792, 8 p. 8º.

(2) *Strassb. Zeitung*, 13 août 1792.

(3) Ainsi l'on fouillait les couvents de femmes à Strasbourg, pour y trouver des amas de munition de guerre qui n'existaient pas naturellement. (*Strassb. Zeitung*, 13 août 1792.)

plus ou moins vagues, précurseurs des événements eux-mêmes, annoncent que la chute du trône se prépare à Paris, et que les éléments avancés de l'Assemblée Nationale l'emportent définitivement, avec l'aide du peuple de la capitale, sur la faible majorité hésitante et divisée des constitutionnels. C'est alors que Dietrich, réunissant à l'Hôtel-de-Ville les corps constitués de la commune, du district et du département, leur inspire cette adresse courageuse, mais imprudente en son langage et qui lui coûtera la tête. On la connaît. Les signataires y déclarent à l'Assemblée Nationale qu'ils n'obéiront qu'à la Constitution, „méconnaissant toute autorité qui ne s'exprime pas en son nom, et que „le jour où elle sera violée, leurs liens seront brisés et qu'ils seront quittes de leurs engagements". Même avant que la lettre soit parvenue entre les mains des destinataires, avant qu'on sache à Strasbourg ce qui s'est passé dans la capitale durant la journée du 10 août, Euloge Schneider, s'emparant de cette phrase malencontreuse, qui ne répondait à rien de précis dans la pensée du rédacteur, mais qu'on pouvait interpréter comme l'annonce d'une révolte ouverte, prononçait à la „Société des amis de la Constitution", dans la journée du 11 août, un discours menaçant contre les pétitionnaires, ses collègues : „Eh bien, leur demandait-il, quand demain, quand après-demain, un courrier nous annoncera que l'Assemblée Nationale a déposé le Roi, que ferez-vous ?... Vous érigerez-vous en république ? Renoncerez-vous aux liens qui vous unissent à la France ? Ouvrirez-vous la porte aux Autrichiens ?" — „Oh non, continuait-il, il est impossible que vous ayez conçu ce projet infernal; il est impossible que vous ayez calculé toutes les suites de votre proposition sinistre. Non, vous êtes Français, vous resterez Français. Le peuple qui vous a élus n'a pas confié sa liberté à des monstres, il l'a confiée à des hommes sujets à l'erreur, à la vérité, mais incapables de trahir la patrie" (1).

Le fougueux vicaire épiscopal, tout en pressentant l'issue des événements, n'en est pas encore sûr; il daigne encore, on le voit, ne pas mettre en doute le patriotisme de ses adversaires (2),

---

(1) Réflexions sur la pétition du Conseil général de la commune contre la destitution de Louis XVI. Strasb., s. nom d'impr., 16 p. 8º.

(2) Il ne leur rendait d'ailleurs que stricte justice. Répondant à la *Gazette de Carlsrouhe*,

et l'attitude ferme des autorités civiles et militaires ne laisse pas d'en imposer aux plus bruyants parmi leurs détracteurs. Dans sa délibération du 13 août, le Conseil général du département interdit tout rassemblement qui n'aurait pas pour objet l'exercice d'un culte religieux. Il prescrit aux administrations communales de veiller à ce que, sous prétexte d'assemblées religieuses, il ne se forme pas de coalitions contre la Constitution; en cas de provocations pareilles, les édifices religieux devront être immédiatement fermés (1). Les Braun, les Mathieu, les Saltzmann, les Levrault qui signaient cette pièce, devaient bien savoir, au fond, que ce n'étaient pas les prêtres réfractaires qui menaçaient le plus à ce moment la Constitution de 1791, et que leurs ennemis ne songeaient pas à se grouper

---

du 5 septembre, R. Saltzmann disait : « Si même il y a dans Strasbourg des citoyens mécontents de tout ce qui vient d'arriver, ils n'en sont pas moins dévoués à leur patrie et à la nation française et résolus à verser leur dernière goutte de sang contre les ennemis du dehors. Ils méprisent l'exemple des citoyens de Longwy, Verdun, etc. » (*Strassb. Zeitung*. 24 sept. 1792.)

(1) Délibération du Conseil général du Bas-Rhin, du 13 août 1792. Strasb., Levrault, 4 p. 4°.

en „assemblées religieuses" pour comploter leur perte. Mais, paralysés par la perspective du sort qui les attend, ils n'osent plus protéger, pour ainsi dire, la Constitution que par ce bizarre détour.

Nous n'avons pas à raconter le contrecoup local des événements du 10 août, après la suspension de Louis XVI et la convocation d'une Convention nationale; cela rentrerait dans l'histoire générale de Strasbourg, qui ne nous occupe point ici. Les traits principaux en sont connus d'ailleurs de tous nos lecteurs. Des commissaires de l'Assemblée Nationale, Lazare Carnot, Ritter, du Haut-Rhin, Coustard et Prieur, furent envoyés en Alsace munis de pleins pouvoirs pour déposer les autorités récalcitrantes. Ils arrivèrent à Strasbourg le 20 août. La majorité du Conseil général du département, se refusant à ratifier les faits accomplis, fut cassée et treize jacobins, désignés par les commissaires, remplacèrent les administrateur expulsés (1). Le corps

---

(2) Proclamation des commissaires, 21 août 1792. Strasb., Levrault, fol. Parmi les nouveaux venus nous trouvons encore un vicaire épiscopal, Dorsch, le citoyen Engel, « ministre français du culte luthérien », puis les premiers hommes de la Terreur, Monet, Bentabole, etc.

municipal se soumit, comme on pouvait s'y attendre, et fut provisoirement conservé (1). Mais ce n'était qu'un répit. Dès le 22 août, au matin, arrivèrent à Strasbourg des dépêches du gouvernement exécutif provisoire. Roland envoyait à l'un des membres de la minorité du Conseil, au docteur Lachausse, le décret destituant Dietrich et les autres membres du bureau, et le chargeant lui-même de l'administration provisoire de la cité. Convoquant immédiatement le Conseil général de la commune, Dietrich lui donna lecture de ces documents officiels et déposa ses pouvoirs entre les mains de son successeur, au milieu de ses collègues en larmes et des nombreux citoyens accourus à la triste nouvelle. C'est en sortant de cette séance, que le vieux Brunck, le célèbre helléniste, tourmenté par un pressentiment funeste, s'approche du maire en répétant le vers célèbre :

Le crime fait la honte et non pas l'échafaud (2).

---

(1) Les commissaires de l'Assemblée Nationale lui demandèrent seulement, par lettre du 22 août, que la place du Broglie fût appelée promenade de l'Egalité et le Contades promenade de la Liberté, ce qui fut immédiatement décrété. (*Strassb. Zeitung*, 23 août 1792.)

(2) *Strassb. Zeitung*, 24 août 1792.

La *régénération*, comme on disait alors, des autres corps constitués du département devait suivre naturellement ; nous n'avons à nous en occuper ici que pour montrer, par un nouvel exemple, comment le clergé constitutionnel s'engageait de plus en plus dans le parti radical. Le directoire du district de Haguenau „notoirement désigné pour être contraire à la Révolution" et convaincu de „n'avoir point exécuté les lois qui défendent aux prêtres insermentés d'exercer aucunes fonctions publiques" ayant été cassé tout entier, ce fut encore un des vicaires de Brendel, l'ex-chanoine Taffin, de Metz, qui fut nommé président provisoire de l'administration du district (1).

L'activité du clergé schismatique est plus visible encore dans les jours suivants, alors qu'il s'agit de procéder dans les assemblées primaires au choix des électeurs qui nommeront à leur tour les députés à la Convention nationale. A Strasbourg, où la lutte fut chaude entre les radicaux et les modérés, les premiers remportèrent la victoire ; à côté de quelques noms comme

---

(1) Délibération du Conseil général du Bas-Rhin, du 28 août 1792. Strasb., Levrault, 7 p. 4º.

ceux de Thomassin (1), du professeur Oberlin, et autres, figurent ceux de Monet, de Téterel et autres jacobins, et toute une série de prêtres assermentés, à commencer par Brendel lui-même, Taffin, les curés Valentin et Litaize, etc., etc. (2). Kæmmerer, infatigable la plume à la main, publie un panégyrique spécial du 10 août, *La patrie sauvée ou l'Assemblée Nationale dans toute sa grandeur*, pour exciter le zèle des citoyens (3). Schneider, dans son *Argos*, gourmande les localités où le choix des électeurs s'est porté sur des hommes modérés ou réactionnaires. Il avertit les „démagogues et laquais cléricaux", qu'il ne leur servira à rien d'envoyer un couple d'imbéciles ou de coquins à Paris, où la majorité sera toujours saine, et s'indigne qu'à Schlettstadt, par exemple, et à Molsheim, on ait jugé bon d'expédier „l'écume de la population" au congrès électoral de Haguenau (4).

---

(1) Encore Thomassin venait-il de faire paraître un mémoire justificatif *A mes concitoyens* (S. l. ni date, 11 p. 4º), où il affirmait ses sentiments « d'adorateur de la liberté ».

(2) *Strassb. Zeitung*, 30 août 1792.

(3) *Das gerettete Vaterland oder die Nationalversammlung in ihrer Grœsse dargestellt*. Strassb., Stuber, 1792, 16 p. 8º.

(4) *Argos*, 31 août 1792.

Cependant sa confiance en la „majorité saine" de la population, même d'Alsace, n'est point trompée. L'effervescence des esprits est trop vive, les dangers extérieurs semblent trop grands à plusieurs pour leur permettre encore le luxe de luttes intestines; la publication de la correspondance secrète de Louis XVI, trouvée dans la fameuse armoire de fer aux Tuileries, a trop justement indigné beaucoup de patriotes, même modérés, pour que le scrutin ne tourne pas en faveur des partisans décidés de la République. Euloge Schneider nous a laissé le journal détaillé des opérations électorales de Haguenau dans plusieurs numéros de son *Argos*. L'évêque Brendel est nommé président de l'Assemblée contre Thomassin, le candidat des *noirs*. Ses deux vicaires, Simond et Schneider, sont élus scrutateurs. Le jour du vote, Brendel ouvre la séance en exhortant les électeurs à ne pas nommer des „caméléons politiques", mais „des hommes marchant courageusement dans les sentiers de la Révolution". Trois fois les amis de Dietrich, pour le couvrir de l'immunité parlementaire, mettent son nom dans l'urne; trois fois il reste en minorité contre Rühl, Laurent et Bentabole. Parmi les autres élus, nous rencontrons l'abbé Philibert Simond, enfin récompensé de tant d'intrigues, en attendant qu'il porte sa tête sur l'échafaud, puis encore le pasteur Dentzel, de Landau, que les vicissitudes révolutionnaires transformeront plus tard en général de brigade (1).

Schneider lui-même, de plus en plus entraîné par le tourbillon révolutionnaire et dégoûté, semble-t-il, de ses fonctions sacerdotales, aspire à les quitter. Après les massacres de Septembre (2), il ne craint pas d'en présenter l'apologie, tout en espérant qu'ils ne seront pas nécessaires à Strasbourg, afin de se recommander ainsi aux puissants du jour. N'est-il pas naturel que le peuple perde patience, quand il voit comment les juges ordinaires traitent les patriotes? A-t-on puni jusqu'ici un seul des agresseurs du curé Henkel, de Düppigheim, ou du curé Schaumas, de Bœrsch? Comment donc Acker, l'accusateur public départemental, l'ennemi des jacobins, exerce-t-il ses fonc-

---

(1) *Strassb. Zeitung*, 7 sept. 1792. — Argos, 7 et 11 sept. 1792.

(2) Un des anciens membres du Directoire du département du Bas-Rhin, M. Doyen, avait été massacré à l'Abbaye, où il était prisonnier.

tions? Il faut qu'il y ait dans chaque département un bon accusateur public, sans quoi les administrateurs restent impuissants à faire le bien. „L'accusateur public est l'âme même de la justice" (1). Il pose de la sorte, à l'avance, sa canditature à la magistrature terroriste qui sera la dernière étape de sa curieuse carrière. Mais, pour le moment, Acker ne songe pas à lui céder la place, et c'est dans la carrière administrative civile que doit débuter Schneider. Il va rejoindre son ex-collègue Taffin à Haguenau, en qualité d'administrateur municipal de cette pauvre ville, privée successivement de toutes ses autorités électives. Il y resta plus de trois mois (2), bien qu'il revînt par intervalles à Strasbourg, pour y prêcher.

Au milieu de ce bouleversement du personnel supérieur de l'Eglise constitutionnelle, les quelques âmes vraiment religieuses qu'elle renfermait, à coup sûr, dans son sein, devaient se livrer à de bien tristes réflexions. On s'occupait de moins en moins de leurs besoins spirituels, et, parmi leurs nouveaux alliés eux-mêmes, il y en avait

---

(1) *Argos*, 14 sept. 1792.
(2) *Ibid.*, 21 sept. 1792.

qui leur faisaient brutalement comprendre qu'il serait temps d'abandonner toutes ces simagrées et ces cérémonies, les aumusses, surplis et soutanes, les ciboires, les ostensoirs et les cierges, les rosaires et les madones habillées à la dernière mode, les processions et le confessional, en un mot, tout ce qui constitue l'ensemble des cérémonies du culte catholique (1). On comprend combien ce langage devait froisser des pratiquants sincères. Ce qu'il y a de caractéristique, c'est qu'on put attribuer alors une pareille manière de voir à un dignitaire même de l'Eglise constitutionnelle et qu'un autre dignitaire de cette Eglise crut nécessaire de protester contre une affirmation de ce genre (2).

---

(1) *Priester, Tempel und Gottesdienst der Katholiken, eine kurze Betrachtung von einem französischen Bürger in Strassburg.* Strassb., Stuber. 1792, 8 p. 8º.

(2) C'est ce que fit le bon Dereser dans les notes d'un sermon bien curieux : *Darf ein katholischer Christ dem Gottesdienst eines geschworenen Priester's beiwohnen?*, prêché le 3 septembre 1792. (Strassb., Heitz, 16 p. 8º.) L'excellent homme y raconte qu'il a conseillé à plus d'une personne, hommes, femmes, enfants, domestiques, venus pour le consulter au confessionnal, de suivre de préférence au sien, le culte non-conformiste, pour conserver la paix et l'accord dans les familles. « Bonnes

Le nouveau Conseil général du département avait commencé par enlever, par arrêté du 31 août, les registres de baptême, de mariage et de décès, aux mains des ecclésiastiques non assermentés, pour les confier exclusivement à la municipalité de chaque commune. Il autorisait seulement les curés, desservants et pasteurs, reconnus par l'Etat ou non, à se transporter au greffe de la mairie pour y inscrire les actes en question, sous les yeux du greffier, sans pouvoir déplacer jamais les registres (1). On peut supposer que cette demi-mesure fut prise dans un intérêt pratique, bon nombre de communes n'ayant sans doute personne sous la main, capable de rédiger lui-même les actes en question. Mais cette *laïcisation* de l'état civil, qui les frappait, eux aussi, dans une certaine mesure, ne suffisait pas au zèle intolérant de quelques uns des re-

---

gens, leur disais-je, la larme à l'œil, continuez plutôt à accompagner vos frères, plus faibles dans la foi, dans leurs temples, pourvu que vous aimiez votre patrie et obéissiez à ses lois. Que nos églises restent vides, pourvu que les familles soient unies et que la loi divine de l'amour fraternel règne dans vos cœurs! » (p. 15).

(1) Délibération du 31 août 1792. Strasb.. Levrault, 4 p. 4º.

présentants du clergé constitutionnel. Maintenant qu'ils étaient au pouvoir, ils entendaient faire marcher leurs collègues administratifs. „Est-il vrai, demandait Schneider dans son *Argos*, que les églises, déshonorées par des non-jureurs, ne sont pas encore fermées? Est-il possible que le président du département s'intéresse à ce culte, dont le principe est de ne pas reconnaître d'autres prêtres que ceux ennemis de la nation? N'a-t-on donc pas assez d'une seconde révolution? En désire-t-on, à tout prix, une troisième? Eh bien, malheur à ceux qui la provoqueront!... Nous démontrerons prochainement que tous les défenseurs des prêtres réfractaires sont ou bien des imbéciles, ou bien des coquins" (1).

Les sommations d'Euloge Schneider étaient dorénavant de celles qu'on ne pouvait plus négliger sans danger. Aussi ne s'étonnera-t-on point de voir le Conseil général du département prendre, à trois jours de là, le 28 septembre, l'arrêté suivant:

„Le Conseil général,

„Considérant que les prêtres insermentés n'ont profité du droit qu'a tout

---

(1) *Argos*, 25 sept. 1792.

citoyen d'honorer l'Etre suprême de la manière qu'il juge le plus convenable, que pour saper insensiblement les fondements de la liberté ;

„Considérant encore qu'il ne s'est réuni autour des autels, dont les prêtres insermentés ont été les ministres, que ceux des citoyens dont l'aristocratie a fait suspecter les intentions; que les églises qui leur ont servi de refuge ont constamment retenti de maximes inciviques, même séditieuses ; que ces motifs, développés en la présence des commissaires du pouvoir exécutif, à la séance du 22 de ce mois, les ont portés à requérir la fermeture de l'église des ci-devant Petits-Capucins de Strasbourg ;

„Considérant enfin que ces mêmes motifs sont applicables à toutes les églises du département, arrête, comme mesure générale de police, que toutes les églises et chapelles desservies par des prêtres insermentés resteront fermées quant à présent, même celles des ordres non encore supprimés...

„Autorise néanmoins les prêtres qui ne seraient pas éloignés du royaume (1)

---

(1) Singulière inadvertance de rédaction pour un arrêté daté de « l'an premier de la République française »!

en vertu de la loi du 26 août dernier (1)
à se vouer à l'exercice de leur culte
dans les églises de ceux qui sont salariés par le Trésor public, en se
concertant avec eux, enjoint aux municipalités de veiller, sous leur responsabilité, à l'exécution du présent
arrêté" (2).

Dorénavant les prêtres non assermentés sont donc hors la loi ; l'un des derniers actes de l'Assemblée législative,
suivie bientôt dans cette voie par la
Convention nationale, leur a imposé,
pour punition du seul refus de serment,
l'exil loin de la terre natale. Mais comment exécuter cette mesure rigoureuse,
dernier legs de la monarchie déjà détruite (3) à la République qui va naître ?
Ce n'est pas dans les villes, où résident
des forces militaires suffisantes et une

---

(1) La loi du 26 août bannissait précisément
du territoire français tous les prêtres non
assermentés. Il ne reste donc que les prêtres
jureurs, mais pensionnés ou momentanément
sans position officielle, auxquels puisse s'appliquer cette autorisation du Directoire.

(2) Extrait du registre des délibérations du
Conseil général, du 28 sept. 1792. Strasb..
Levrault, 4 p. 4°.

(3) La loi est du 26 août ; la proclamation
de la République se fit à Strasbourg le 26
septembre. (*Strassb. Zeitung*, 28 sept. 1792.)

garde nationale dévouée, qu'il sera difficile de saisir ces malheureux, coupables d'obéir à leur conscience, et de les enfermer ensuite dans des lieux de réclusion désignés d'avance. Mais à la campagne, mais sur les frontières, à proximité des armées étrangères, il sera bien difficile de les surprendre au milieu de leurs ouailles dévouées, qui ne veulent pas s'en séparer, et même à Strasbourg il y en a qui résident encore dans leur domicile particulier, au lieu d'être reclus au Séminaire, et qui „continuent à se faufiler dans les rues, en semant partout leur venin mortel" (1).

C'est le moment où la persécution véritable commence qu'Euloge Schneider choisit pour revenir de Haguenau et prêcher à la Cathérale sur la *vengeance du sage et du chrétien.* Vraiment, à l'entendre, on est profondément édifié de sa charité chrétienne. „Il faut pardonner à ceux qui nous maudissent, il faut aimer ceux qui nous persécutent; il faut imiter Jésus implorant le pardon de son Père céleste pour ses assassins. Effaçons la dernière étincelle de haine dans nos cœurs, aimons nos frères égarés de toute notre âme; alors seulement nous

---

(1) *Argos,* 23 oct. 1792.

serons les enfants de Dieu" (1). Cependant, en examinant de plus près cette prose onctueuse, on aperçoit bien le vague de ces exhortations évangéliques. On l'aperçoit encore mieux en parcourant un sermon analogue, prêché par le même orateur, presque jour par jour, un an plus tôt, et traitant de *la conduite d'un patriote éclairé et chrétien vis-à-vis des non-conformistes*. Là aussi il enjoint de ne pas haïr ceux qui ne partagent pas notre manière de voir. Il déclare à ses auditeurs que, de même qu'il n'y a point d'uniformité dans la création divine, il ne saurait y en avoir dans la nature humaine. Chaque homme est libre de se créer sa religion lui-même, et les lois n'ont rien à y voir. Mais il ajoute:

---

(1) *Die Rache des Weisen und des Christen, eine Amtspredigt*. Strassb., Lorenz u. Schuler, 1792, 14 p. 8º. Dans la préface, Schneider nous raconte qu'il a publié ce sermon uniquement pour répondre à une calomnie dirigée contre lui. Des ennemis à lui, trop lâches pour l'attaquer directement, avaient, dit-il, persuadé à des volontaires logés chez eux que je monterais ce dimanche en chaire pour démontrer que Dieu n'existait pas. Justement irrités, ces jeunes gens vinrent à la Cathédrale, jurant qu'ils me *descenderaient* de chaire à coups de fusil. Qu'on juge maintenant mes calomniateurs! Voy. aussi l'*Argos* du 2 novembre 1792.

„Comment pourrions-nous détester des frères qui adorent le même Dieu, qui confessent le même Evangile, qui reconnaissent le même évêque suprême, le même pontife que nous? Si seulement ils obéissent à la loi, s'ils satisfont à leurs obligations civiques, qu'ils aient leurs temples particuliers, leurs opinions personnelles, leurs réunions religieuses séparées. Nous leur montrerons que nous connaissons la Constitution et l'Evangile... La maladie de nos frères est le fanatisme, et jamais le fanatisme n'a été guéri par la persécution. Persécuter les fanatiques, c'est verser de l'huile dans le feu; vouloir les écraser, c'est leur infuser une vie nouvelle. Parcourez l'histoire de tous les temps, c'est la leçon qu'elle vous enseignera, mes frères" (1).

A coup sûr, on ne peut qu'applaudir à ces paroles; mais l'orateur qui les prononçait le 11 octobre 1791, sous les voûtes de la Cathédrale, n'apparaît-il pas à nos yeux comme un comédien méprisable quand soudain nous nous rappelons les dénonciations postérieures du journaliste de l'*Argos* et la situation lé-

---

(1) *Das Betragen eines aufgeklærten und christlichen Patrioten gegen die sogenannten Nichtconformisten.* Strassb., Lorenz, im dritten Jahre der Freiheit, 14 p. 8º.

gale faite à ces „frères fanatiques" dont il parlait avec une charité vraiment édifiante? Il ne songe plus aujourd'hui à leur offrir des temples particuliers et des réunions religieuses indépendantes ; d'une année à l'autre, ses convictions — si jamais il en eut de bien arrêtées — ont fléchi, et pour se mettre au niveau des haines de son nouveau parti, il oublie la justice des demandes qu'il accueillait naguère et se contente de vagues déclamations sans aucune sanction effective. Nous préférons encore la haine farouche et franche des terroristes que nous allons voir à l'œuvre, à cette phraséologie doucereuse qui, par de plus longs détours, aboutira finalement à la même guillotine. Et cependant, à la date où nous sommes arrivés, Euloge Schneider appelait encore Marat un incendiaire et le désignait avec Robespierre comme „les apôtres de l'assassinat" (1).

---

(1) *Argos*, 30 oct. 1792. Il faut remarquer cependant que dès lors, depuis son séjour à Haguenau, Schneider se faisait aider dans la rédaction de l'*Argos* par un réfugié holsteinois, nommé Butenschœn, nature fort exaltée, mais moralement bien supérieure à l'ancien professeur de Bonn. On ne sait donc pas s'il faut porter au crédit de l'un ou de l'autre ces protestations indirectes contre les héros de la Terreur.

Cette phraséologie religieuse, dernier souvenir de son éducation monastique, finit d'ailleurs assez rapidement par peser à Schneider. Dans un discours prononcé quelques jours plus tard seulement, à Haguenau, pour célébrer la conquête de la Savoie, il s'écriait : „Quoi? des hommes libres s'arrêteraient encore à des disputes de théologie, à des sophismes de prêtre, à des subtilités scolastiques?... Aimons les hommes, faisons le bien et laissons les disputes aux prêtres. Puisse cette grande vérité pénétrer dans tous les cœurs!" (1).

Entre temps, la République nouvelle s'organisait de plus en plus comme un gouvernement de combat. Les „fanatiques" continuaient à tenir leur place à côté des aristocrates et des *feuillants* dans la série des monstres qu'un „vrai patriote" jurait d'exterminer à tout propos. C'est aussi contre eux que „les citoyennes de la commune de Strasbourg" — elles n'étaient que soixante-quinze ce jour-là ! — venaient réclamer des piques au Conseil général du Bas-Rhin, afin de combattre ces „éternels ennemis de la

---

(1) Discours prononcé à l'occasion de la fête civique célébrée à Haguenau le 4 novembre 1792. Haguenau, Kœnig, 1792, 8 p. 8º.

patrie" (1). Mais le clergé constitutionnel ne bénéficiait en aucune manière de ces colères croissantes; il était, tout comme l'autre, mis en suspicion. Nous savons qu'un arrêté du département avait enlevé l'état civil aux prêtres non assermentés; un nouvel arrêté de la municipalité de Strasbourg, en date du 24 octobre, en déchargeait également les prêtres assermentés, sous le prétexte d'éviter les difficultés surgissant sans cesse entre eux et la population strasbourgeoise (2). Comme ils ne prêchaient guère et confessaient aussi peu, on allait bientôt pouvoir démontrer que ces „officiers de morale publique" étaient parfaitement inutiles. Ils remplissaient moins encore les fonctions de missionnaires politiques, que semblait leur proposer Roland, le ministre de l'intérieur, dans une circulaire curieuse, adressée „aux pasteurs des villes et des campagnes" et datée du 6 novembre 1792; non pas assurément qu'ils refusassent cette mission, mais puisqu'ils ne trou-

---

(1) Extrait des délibérations du Conseil général, du 22 octobre 1792. Strasb., Levrault, 4 p. 4º. Le citoyen Didier fut chargé de fournir le plus promptement possible des piques aux pétitionnaires.

(2) *Strassb. Zeitung*, 1er nov. 1792.

vaient pas, du moins en Alsace, les auditeurs qu'il leur aurait fallu pour la remplir avec fruit.

Ils s'écartaient d'ailleurs, dans leurs sermons et leurs doctrines, de plus en plus du terrain où la conciliation aurait été possible. Après avoir sincèrement protesté au début qu'ils ne songeaient pas à bouleverser les prescriptions de l'Eglise, ils en venaient — quelques-uns du moins — à réclamer des changements, légitimes en eux-mêmes, mais qui logiquement devaient les faire sortir du catholicisme. On se rend compte du chemin parcouru par les novateurs quand on lit, par exemple, le sermon prononcé par Schwind à la Cathédrale, le jour de la fête de l'Immaculée Conception. Il traite *des vœux monastiques, du célibat des prêtres et autres mortifications volontaires* (1). Nous n'avons rien à redire, si ce n'est au point de vue du goût, au tableau retracé par l'orateur, de la misère de ces „myriades d'eunuques légaux" qui peuplent les empires catholiques; nous comprenons à la rigueur sa colère en parlant „des décrets insensés que le tigre Hildebrand, l'ami de la comtesse

---

(1) *Rede über Gelübde, Ehelosigkeit der Geistlichen und andre Selbstpeinigungen.* Strassb., Levrault, 1792, 19 p. 8°.

Mathilde, si loin de la pureté angélique lui-même", imposa jadis à tous les prédicateurs de l'Évangile. Seulement nous avons quelque peine à comprendre qu'une harangue pareille ait pu être prononcée dans une église catholique et par le remplaçant d'un homme qui se disait en „communion avec le Saint-Siège apostolique". Quelques mois auparavant, Brendel — on s'en souvient peut-être — avait solennellement protesté contre des doctrines analogues dans la bouche de Schneider ; elles avaient été émises au club pourtant et non pas, comme ici, dans l'enceinte sacrée. Mais les événements ont marché ; mais il faut rester en faveur auprès des puissants du jour, et Brendel se tait.

Cependant un moment d'arrêt semble se produire dans le développement du radicalisme en Alsace. La population de ces contrées, sincèrement patriotique dans sa majorité, mais calme et réfléchie, a retrouvé son équilibre, perdu dans la tourmente qui suivit le 10 août. Les dangers extérieurs sont momentanément écartés, l'armée prussienne est en retraite, les armées de la République sont entrées à Mayence et à Francfort, et quand le corps électoral du Bas-Rhin se réunit en novembre, à Wissembourg, pour désigner des suppléants à la Convention nationale, pour renouveler le Conseil général du département et les autres fonctionnaires dont le mandat est expiré, la majorité penche visiblement du côté des modérés. Malgré les efforts d'Euloge Schneider, qui s'y démène avec violence, la grande majorité du Conseil général leur est acquise; deux amis de Dietrich, alors en prison, sont désignés comme suppléants pour la représentation nationale, et si Monet passe comme procureur-syndic du Bas-Rhin, Schneider, porté pour le poste vacant d'accusateur public par les radicaux, ne parvient pas à l'emporter sur le candidat des libéraux et des conservateurs réunis (1).

Bientôt après, le 6 décembre, le succès de ce que les jacobins appellent „l'hydre réactionnaire" s'accentue davantage encore, lors des élections municipales de Strasbourg. Les chefs du parti constitutionnel sont à peu près tous élus; Dietrich lui-même figure

---

(1) Schneider nous a donné un compte rendu fort détaillé et naturellement très partial aussi, mais bien vivant, de ces luttes dans les numéros de l'*Argos* du 20, 27, 30 novembre 1792.

parmi les notables (1), sans qu'aucun des noms sortis de l'urne puisse donner sérieusement ombrage à un patriote sincère et éclairé. Pas un partisan de l'ancien régime, pas un citoyen qui n'accepte franchement la République, pourvu qu'elle soit raisonnable et libérale (2). Le nouveau Conseil le déclare dans une adresse à la Convention Nationale. D'ailleurs les corps nouvellement élus s'empressent de fournir des preuves convaincantes de leur civisme. Le Conseil général du Bas-Rhin, informé dans sa séance du 12 décembre qu'en contravention à la loi du 26 août, „des prêtres rebelles à la patrie fomentent dans différents endroits, à l'abri de leurs travestissements, l'incivisme et le désordre; que d'autres, qui avaient quitté la République, s'empressent d'y revenir en foule pour déchirer de nouveau son sein", arrête en séance publique que les municipalités dans lesquelles se trouvent encore des prêtres insermentés seraient tenues de les faire saisir à l'in-

---

(1) Pourtant Laveaux venait d'écrire dans le *Courrier de Strasbourg* du 12 novembre que Dietrich avait reçu de Berlin six millions pour gagner les Strasbourgeois à la Prusse!

(2) Liste du Conseil général de la commune, publiée le 22 décembre 1792. Placard in-fol.

stant et de les livrer aux organes de la loi pour leur faire subir leur peine, à savoir la détention pendant dix ans. Il déclare les municipalités personnellement responsables de leur négligence à remplir leurs devoirs, et invite tous les bons citoyens à dénoncer aux autorités les prêtres réfractaires et ceux qui leur ont donné une retraite, s'exposant de la sorte à être punis comme leurs complices (1).

Déjà, quelques semaines auparavant, le Directoire du département avait fait emprisonner le chanoine Rumpler „pour désordres notoires causés par cet ecclésiastique." Rumpler, toujours intrépide et gouailleur, en avait appelé de cette condamnation administrative à Roland ; le ministre de l'intérieur, convaincu par son épître du civisme de cet ecclésiastique — et certainement avec raison — avait ordonné de suspendre cette incarcération. Cette simple mesure de justice lui avait valu de violentes attaques de Laveaux, naguère encore son admirateur, et qui maintenant lui déclare qu' „inviolablement soumis à la loi, les amis de la li-

---

(1) Délibération du Conseil général du 12 décembre 1792. Strasb., Levrault, 4 p. 4º.

berté à Strasbourg ne reconnaîtraient jamais de dictateur (1).

La municipalité, de son côté, remplissait tous ses devoirs. Elle faisait afficher régulièrement sur la voie publique la liste des biens d'émigrés confisqués au profit de la nation; on y voit figurer, en novembre et décembre, ceux du prince Auguste-Godefroy de la Trémoille, ci-devant grand-doyen du chapitre de Strasbourg ; de N. Lantz, suffragant du ci-devant évêché de Strasbourg; du prince Chrétien de Hohenlohe-Waldenbourg-Bartenstein, autre grand dignitaire de l'église cathédrale, etc. Mais les esprits s'enflammaient de plus en plus dans la capitale; la lutte entre la Gironde et la Montagne s'engageait à propos de la politique extérieure et du procès de Louis XVI, et les plus modérés eux-mêmes y perdaient la tête dans la fièvre universelle, quand ils séjournaient quelques mois dans cette fournaise. Il était donc inévitable que la municipalité nouvelle, comme l'ancienne, fût dénoncée à la Convention pour cause de *modérantisme*, et cela par les mêmes hommes qui avaient juré de perdre Dietrich et qui réussi-

---

(1) *Courrier de Strasbourg*, 13 nov. 1792.

rent dans leur projet. Les députés de Strasbourg eux-mêmes contribuèrent à la calomnier devant leurs collègues. Lassée devant ces accusations perpétuelles, une partie du Conseil général du Bas-Rhin demanda l'envoi de commissaires pour les examiner et les réduire à néant. Le 25 décembre, au soir, les députés Reubell, Hausmann et Merlin arrivaient en effet à Strasbourg, se montrant disposés à faire bonne justice et à reconnaître le patriotisme de la cité (1). Mais ils allaient être remplacés bientôt. La ville de Strasbourg, elle aussi, avait demandé des juges, et dans la séance du 23 décembre la Convention avait entendu les discours des deux délégués, Rollée-Baudreville et Mathias Engel (2). Mais l'effet de leurs assurances fut détruit par les députés du Bas-Rhin, chargés par leurs amis, les jacobins de Strasbourg, de réclamer des commissaires plus énergiques, c'est-à-dire plus prévenus. Ils n'épargnèrent rien pour arriver au but. Laurent, en particulier, déclara que l'esprit public était si malade à Stras-

---

(1) *Strassb. Zeitung*, 26 déc. 1792.
(2) Discours prononcés à la barre de la Convention nationale, le 23 décembre, etc. S. l. ni d., 6 p. 8º.

bourg que, si l'on ne se hâtait pas, dans six semaines les Autrichiens y seraient reçus à bras ouverts (1). La majorité de la Convention n'avait pas mieux demandé que l'en croire sur parole, et trois nouveaux délégués, Rühl, Dentzel et Couturier, étaient désignés aussitôt pour faire une enquête sur place et suspendre, le cas échéant, toutes les autorités constituées (2).

C'est dans l'attente de cette visite omineuse que devaient s'écouler, pour les habitants de Strasbourg, les derniers jours de l'année. Au moment d'en voir s'évanouir les heures finales, dans sa séance du 31 décembre, le Conseil général du département avait tenu à montrer qu'il continuait vaillamment la croisade contre le *fanatisme*. Constatant que, dans nombre de communes, les maîtres d'école insermentés exci-

---

(1) Ce même Laurent avait signé, comme notable, la protestation de Dietrich contre la déchéance de Louis XVI. *Quatre mois* plus tard, il écrivait : « Louis Capet est très malade, et, malgré l'intrigue de ses médecins, il n'en reviendra pas. Ce sera probablement le remède de M. Guillotin qui terminera la crise ». C'est la lâcheté de pareils hommes, plus encore que l'audace des jacobins, qui seule a rendu possible la Terreur.

(2) *Strassb. Zeitung*, 29 déc. 1792.

taient la jeunesse à la désobéissance aux lois, et après avoir été les complices des prêtres, étaient devenus eux-mêmes les principaux agents du fanatisme, il décrétait que tous les instituteurs qui refuseraient le serment seraient immédiatement destitués et portés sur la liste des suspects. On invitera en même temps la Convention nationale à étendre aux maîtres d'école la loi du 26 août dernier, „afin de purger la République du poison de la doctrine pernicieuse qu'ils y perpétuent" (1).

Un autre vote pris le 31 décembre est non moins caractéristique dans un autre sens; c'est celui par lequel le corps municipal refusait de payer une somme de 700 livres que le Directoire du département voulait imputer au budget de l'Œuvre Notre-Dame, et qui avait été dépensée dans l'année pour la décoration intérieure du chœur de la Cathédrale, après qu'on y eût enlevé les armoiries des évêques et des chanoines (2). Les modérés se déclaraient

---

(1) Extrait des délibérations du Conseil général, du 31 décembre 1792. Strasb., Levrault, 8 p. 4°.

(2) Procès-verbaux manuscrits du Corps municipal, 31 déc. 1792.

bien prêts à payer les dépenses ordinaires du culte constitutionnel (1), mais ils jugeaient superflu de solder les tentures et les draperies de leurs anciens alliés, passés maintenant au club des jacobins. Ce fut l'un des rares points sur lesquels ils devaient se trouver d'accord avec leurs successeurs, comme nous le verrons bientôt.

Pour ce qui est de l'histoire de l'édifice lui-même, dont le passé sert de cadre et de centre de ralliement à ces tableaux historiques, il n'y a qu'un fait unique à mentionner. La loi du 14 août avait ordonné la conversion de tous les monuments publics de bronze en canons. En portant cet ordre de l'Assemblée législative à la connaissance du public, la municipalité provisoire décrétait en même temps que tous les restes de la féodalité, tous les emblèmes du fanatisme, qui se trouvaient encore dans les temples ou sur d'autres édifices publics, seraient détruits sans délai (2). C'est en exécution, sans

---

(1) Les traitements des prêtres constitutionnels de Strasbourg, acquittés en décembre 1792, ne forment plus qu'un total de 4210 livres 15 sols. La plupart des vicaires de Brendel étaient à d'autres postes, et ses curés aussi.

(2) *Affiches*, 13 oct. 1792.

doute, de cet arrêté municipal qu'on enlevait, le 25 octobre 1792, avec des ménagements qui firent défaut plus tard, leurs sceptres et leurs couronnes de pierre aux trois statues équestres de Clovis, de Dagobert et de Rodolphe Ier, qui ornaient la façade principale de notre Cathédrale (1). Les tristes mutilations de l'année suivante font paraître celle-ci bien inoffensive.

XVIII.

L'année 1793 marque une époque de crise violente dans les destinées de la Cathédrale de Strasbourg, comme aussi dans l'histoire religieuse de l'Alsace. Dans la première moitié de l'année, les luttes des partis au sein de la Convention nationale, la guerre étrangère et la guerre civile grandissante détournent l'attention des masses des questions religieuses proprement dites. L'Eglise catholique *conformiste* essaie encore de lutter pour l'existence contre l'indifférence et le mauvais vouloir croissant des autorités civiles; mais, délaissée de tous les côtés à la fois, elle

---

(1) Hermann, *Notices*, I, 384.

perd bientôt toute raison d'être. Quand la tourmente révolutionnaire pousse enfin les vrais meneurs des clubs et de la plèbe radicale au pouvoir, le clergé assermenté ne tente même pas de résister à l'orage; il s'effondre et disparaît. Comme la dissidence catholique est depuis longtemps proscrite et que les cultes protestants sont également supprimés, le christianisme tout entier semble avoir sombré dans la tourmente. Un court moment le néant seul règne dans nos églises jusqu'au jour où des fanatiques d'un genre nouveau viennent inaugurer sur leurs autels le culte de la déesse Raison.

A notre point de vue spécial, l'histoire de cette année fatidique peut donc se partager en deux chapitres distincts. Le premier comprendra l'histoire de la lente et peu glorieuse agonie du catholicisme officiel et devra forcément rapporter en résumé les principaux moments de l'histoire politique de Strasbourg, afin de permettre au lecteur de s'orienter au milieu des détails qui suivront dans le second chapitre. Celui-ci sera consacré au tableau de la religion hébertiste dans nos murs et aux exhibitions bizarres qu'il provoquera sous les voûtes de „l'ex-Cathédrale".

Nous avons vu tout à l'heure que, dès les derniers mois de l'année 1792, la municipalité strasbourgeoise témoignait une grande froideur pour les intérêts et les besoins du clergé constitutionnel. On en trouve une preuve nouvelle dans la manière dont elle accueille une pétition, présentée le 23 décembre, par le „citoyen évêque du Bas-Rhin", les curés et les préposés laïques des paroisses catholiques au corps municipal. C'était une protestation motivée contre le décret de l'Assemblée législative du 4 septembre précédent, qui mettait les frais du culte à la charge des communautés religieuses. Les pétitionnaires exposaient que le nombre des conformistes était bien trop faible à Strasbourg pour y subvenir à de pareilles dépenses, et que les fidèles se sentiraient lésés dans leurs droits si on les abandonnait de la sorte à leurs ressources insuffisantes.

Mais la municipalité ne s'occupa de cette demande que dans la séance du 7 janvier 1793 et passa, sans longues discussions, à l'ordre du jour, bien que la somme réclamée par Brendel pour „un culte modeste et décent à la Cathédrale et dans les autres églises paroissiales" ne dépassât pas le chiffre de trois mille livres assignats (1).

L'attitude de la presse radicale répondait à celle des corps constitués. L'*Argos* d'Euloge Schneider est rempli de récriminations violentes contre les ecclésiastiques assermentés des deux cultes. Il leur reproche de ne point travailler à répandre la vraie religion et l'amour de la République, comme c'est leur devoir, et se plaint amèrement d'avoir été persécuté par ses supérieurs chaque fois qu'il a voulu ouvrir les yeux aux masses ignorantes. „C'est si commode, s'écrie-t-il, de n'avoir d'autre occupation que de faire le signe de la croix, de dire la messe, de porter des vêtements brodés d'or et de brailler des psaumes latins, sans être obligé de rien penser, de rien sentir et de rien enseigner." Les ministres protestants étaient confondus par lui dans un même anathème. Après le premier élan du seizième siècle, eux aussi sont restés stationnaires et retardent maintenant de trois siècles sur le progrès général des lumières (2).

---

(1) Corps municipal, procès-verbaux manuscrits, 7 janvier 1793.

(2) *Argos*, 29 janvier 1793. Une preuve de l'antipathie profonde de Schneider pour les protestants, qui l'avaient, croyait-il, abandonné,

C'était, pour le dire en passant, une injustice criante à l'égard de certains au moins des ministres protestants de Strasbourg que de les accuser de n'être pas au niveau des sentiments patriotiques de la nation, prise dans son ensemble. En ce moment même le prédicateur de la paroisse française de Saint-Nicolas, Mathias Engel, composait et faisait distribuer à ses ouailles des „cantiques" qui devaient réjouir le cœur de tout bon républicain, et où on pouvait lire des vers comme ceux-ci :

« Auteur de nos jours, Dieu suprême...
« Reçois notre serment civique :
« Certains de l'immortalité,
« Nous vivrons pour la République,
« Nous mourrons pour la Liberté ! » (1)

Ce qui, plus que tout le reste, irritait Schneider, c'est que les curés et desservants d'origine alsacienne avaient si peu fait pour combattre les superstitions du passé. Plus intelligents et plus cul-

---

en même temps qu'un spécimen curieux de son talent dans le genre satirique, c'est le récit intitulé : *Das Froschkloster zu Abdera*, imité de Wieland, et dans lequel il ridiculise le Chapitre de Saint-Thomas et l'Internat de Saint-Guillaume. (*Argos*, 4 mai 1793.)

(1) Cantique sur la liberté, par le citoyen Enguel. S. lieu ni date, 7 p. 8º.

tivés, les prêtres venus d'Allemagne avaient aussi montré plus de bonne volonté pour répandre la bonne semence, mais pour cette raison même ils avaient éveillé les sourdes rancunes de l'évêché. N'avait-on pas osé offrir à deux savants professeurs, venus d'outre-Rhin, de modestes places de vicaire? Et quand ils se plaignaient de l'exiguité de leurs traitements, on leur répondait par des sarcasmes. C'est ainsi que l'ex-procureur Levrault avait dit un jour : „Les apôtres n'étaient pas non plus salariés par l'Etat, et quand ils étaient persécutés, nul n'envoyait la troupe à leur aide" (1).

Le clergé constitutionnel ne remplissait donc pas, aux yeux des bons patriotes, le rôle qu'ils avaient rêvé pour lui ; on lui donna dès lors des auxiliaires, qu'il ne vit sans doute pas fonctionner avec plaisir à ses côtés. A Strasbourg du moins, les officiers municipaux furent chargés de lire et de commenter en chaire, une fois par semaine, devant les fidèles assemblés, les écrits dont la Convention avait ordonné l'impression et l'envoi aux départements. Le citoyen Lanfrey fut chargé de ce service à la

---

(1) *Argos*, 5 février 1793.

Cathédrale (1). On tâchait également de suppléer à l'apathie des curés en encourageant le zèle des maîtres d'école, chargés de répandre les principes civiques parmi la jeune génération. C'est ainsi que le corps municipal accordait au sieur Nicolas, maître d'école de la Cathédrale, un supplément de chandelles pour tenir une classe du soir (2).

Pendant ce temps aussi la mise en vente des immeubles du Grand-Chapitre et des dignitaires de l'Eglise, des vins et des meubles de l'ancien prince-évêque allaient bon train, et les feuilles publiques étaient remplies d'annonces judiciaires à cet effet, comme aussi les coins des rues ornés de placards qui mettaient tous ces biens, *intra* comme *extra muros*, à la disposition des capitalistes patriotes (3).

L'excitation des esprits, naturellement croissante avec l'approche des dangers du dehors, était encore aug-

---

(1) Corps municipal, procès-verbaux manuscrits du 28 janvier 1793.
(2) *Ibid.*, 11 février 1793.
(3) *Affiches de Strasbourg*, 12 janvier, 26 janvier, 22 juin, 27 juillet 1793, et les nombreux placards avec les *premières*, *deuxièmes* et *troisièmes* proclamations relatives aux biens d'immigrés, du 23 février, 4 mars, 23 mars, etc., etc.

mentée par les dénonciations incessantes des jacobins de Strasbourg; ils provoquaient à Paris des inquiétudes qui se traduisaient par des mesures aussi violentes qu'elles étaient inutiles. Dès février, la Convention Nationale, cédant aux appels de la Société du Miroir, avait envoyé de nouveaux commissaires dans le Bas-Rhin, munis de pouvoirs extraordinaires. Ceux-ci, les représentants Couturier et Dentzel, l'ex-ministre de Landau, s'adressaient à la municipalité, le 11 février 1793, et, pour obvier aux „manœuvres ténébreuses qui s'opposent au succès de la révolution sur cette frontière", ils ordonnaient l'expulsion de la ville et l'internement loin des frontières d'une série de notables strasbourgeois, que nous connaissons comme d'excellents patriotes et parmi lesquels nous citerons seulement Michel Mathieu, l'helléniste Richard Brunck et „le gazetier Saltzman". Bon nombre aussi recevaient un avertissement sévère et se voyaient sommés „d'être plus circonspects à l'avenir et de baisser devant la loi un front respectueux" (1).

---

(1) Lettre des citoyens commissaires, députés de la Convention Nationale.... à la Municipalité de Strasbourg. Strasb., Levrault, 1793, 8 p. 4º.

C'était le commencement de ces proscriptions répétées qui allaient sévir bientôt à Strasbourg contre les éléments modérés de notre ville et frapper indistinctement les rares partisans de l'ancien régime et les adhérents sincères des libertés nouvelles.

On ne saurait douter qu'Euloge Schneider n'ait été l'un des plus zélés à charger ses anciens protecteurs et amis; il entrait, de la sorte, dans l'esprit de ses fonctions nouvelles. Le 3 février, il avait gravi, pour la dernière fois, les marches de la chaire, illustrée par Geiler, à la Cathédrale, et prêché sur les *opinions de Jésus relativement aux feuillants et aux fanatiques de son temps* (1); sur la couverture de la brochure imprimée, il ne s'intitulait plus „vicaire épiscopal", mais „professeur de religion républicaine". Peu de jours après, les commissaires de la Convention Nationale le désignaient pour le poste d'accusateur public auprès du tribunal criminel du Bas-Rhin, et le 18 février, il adressait un réquisitoire officiel au corps municipal pour être installé dans ses

---

(10) *Die Aeusserungen Jesu über die Fanatiker und Feuillants seiner Zeit, eine Predigt.* Strassb., Stuher, 1791, 16 p. 8º.

fonctions (1). En effet, le lendemain les autorités constituées procédaient à son installation solennelle, et l'ex-professeur de Bonn, l'ex-vicaire de Brendel, prononçait, devant un auditoire sans doute partagé dans ses impressions intimes, un discours dans lequel il s'expliquait sur la façon dont il entendait sa terrible mission (2).

Un autre de ses collègues ecclésiastiques à la Cathédrale avait quitté, encore avant lui, la carrière sacerdotale qui n'offrait plus grand avenir à tant d'ambitions remuantes. Le „citoyen" Dorsch avait été appelé à Mayence, conquise par le général Custine, comme l'un des administrateurs provisoires de cette cité, et y avait porté, comme le montre une lettre, reproduite par l'*Argos*, toute la haine des prêtres assermentés radicaux pour les modérés strasbourgeois vaincus (3).

Sans doute les Strasbourgeois de vieille roche n'avaient pas accepté sans protestations les mesures dictatoriales des commissaires de la Convention ; ils étaient amis de la liberté, mais se sen-

---

(1) Procès-verbaux mss. du Corps municipal, 18 février 1793.
(2) *Argos*, 28 février 1793.
(3) *Argos*, 21 février 1793.

taient profondément froissés de voir une tourbe d'aventuriers étrangers, accourus de l'intérieur et du dehors, s'abattre sur leur ville et vouloir les dominer. La majorité des douze section. de la commune avait envoyé à Paris les citoyens Lauth et Philippe Liebich, pour réclamer le rapport de ces mesures extraordinaires, outrage gratuit au patriotisme de Strasbourg. Ceux-ci parlèrent avec énergie à la barre de la Convention Nationale, dans sa séance du 5 avril, essayant de démasquer leurs calomniateurs, „les maîtres d'arithmétique, les régents de collège, les maîtres de langue qui voudraient être les maîtres de la ville" (1), et malgré cs efforts des porte-voix de la Société des Jacobins, également présents à Paris, ils avaient semblé l'emporter un instant; des Montagnards avérés comme Rühl avaient pris leur défense, et le président les avait admis aux honneurs de la séance Mais la lutte entre la Gironde et la Montagne prenait chaque jour un caractère plus aigu, et les exaltés, d'avance assurés de la victoire, continuè-

---

(1) Paroles d'un député à la Convention, citées dans l'*Extrait d'une lettre de Paris* du 5 avril 1793. S. lieu d'impression ni nom d'imprimeur, 4 p. 4º.

rent, sans trop s'inquiéter de cet échec passager, leur lutte à outrance contre les personnes et les institutions qui leur étaient odieuses. Ils pressentaient, dirait-on, que, le lendemain de la crise, la bourgeoisie de Strasbourg, toujours malhabile à flatter les pouvoirs du jour ou ceux du lendemain, se trouverait, au moins de cœur, non du „côté du manche", mais avec ceux qu'aurait balayés le mouvement révolutionnaire.

C'est à ce mois d'avril, précédant l'établissement de la Terreur, qu'appartient aussi la première saisie d'immeubles ecclésiastiques réquisitionnés pour les besoins de la Nation. On entasse des provisions de fourrages à la Toussaint ; on décharge des grains au Temple-Neuf; on avertit l'évêque qu'il faut changer l'église de Saint-Jean en magasin pour l'armée et qu'il ait à pourvoir, comme il l'entend, à ce que le service de la paroisse ne soit pas interrompu (1). Un peu plus tard, le corps municipal décide de faire décrocher le grand tableau, symbolisant l'union de Strasbourg et de la France, qui se trouve dans la salle de ses séances et de se concerter avec

---

(1) Procès-verbaux du Corps municipal, 9 avril 1793.

le citoyen Melin, peintre, pour y faire disparaître les fleurs de lys sur le manteau de la figure symbolique de la France. Il s'occupe également de faire remplacer les boutons de métal qui se trouvent encore sur l'uniforme d'un certain nombre de gardes nationaux, et sur lesquels se lit encore le mot prohibé de *Roi* (1); il délègue un commissaire de police, assisté de deux témoins, pour enlever les armoiries du citoyen Arroi, ci-devant attaché au Grand-Chapitre, sculptées, contrairement à la loi, sur le fronton de sa demeure (2).

Entre temps, le tribunal criminel du Bas-Rhin commence à prononcer ses arrêts sur les réquisitoires de Schneider. Par un curieux hasard, l'un des premiers — l'un des premiers que nous connaissions, au moins, — daté du 3 mai, concerne une accusation pour insultes, adressées au clergé constitutionnel, intentée à Martin Maurer, vigneron à Reischsfelden, dans le district de Barr. Le 16 avril, travaillant dans son vignoble, ce pauvre homme s'est écrié, paraît-il : „Que la foudre écrase les *patriotes* et les prêtres assermentés! Ils

---

(1) Corps municipal, procès-verbaux du 13 mai 1793.

(2) *Ibid.*, 22 avril 1793.

sont tous des hérétiques et ont trahi leur religion!" Pour ce grave méfait, Maurer est condamné par le tribunal à faire amende honorable, tête nue et à genoux, sous l'arbre de la liberté à Reichsfelden, à y rétracter publiquement ses blasphèmes, et à en demander pardon à la République, à la municipalité et aux prêtres constitutionnels. Puis il sera conduit à Schlestadt, exposé durant deux jours au pilori, orné de l'inscription suivante : „Aristocrate et fanatique", et finalement reconduit à Strasbourg, pour y rester en prison jusqu'au 10 août (1).

C'était prendre peut-être bien à cœur la considération du clergé conformiste, au moment où l'on se préparait à le déclarer inutile, mais enfin c'était une condamnation régulière et légale, prononcée par des jurisconsultes de profession, les Elwert, les Silbernad, etc., qui passaient déjà pour modérés et réactionnaires.

Voilà sans doute pourquoi ces procédures semblaient encore trop longues et trop compliquées à l'accusateur public du Bas-Rhin. Quinze jours plus tard, il réclamait dans l'*Argos* des pro-

---

(1) *Argos*, 7 mai 1793.

cédés plus sommaires contre les ennemis de la patrie, l'établissement d'un *tribunal révolutionnaire* qui s'affranchirait de toutes les formes et arguties légales. „Qui donc entrave notre unité, s'écriait Schneider. — Les aristocrates et les fanatiques. Ce sont eux qu'il faut dompter. Et par quel moyen? — Par la guillotine, par rien d'autre que la guillotine" (1).

L'écrasement de la Gironde, opéré dans les journées du 31 mai et du 1er juin, grâce à la coopération de la Montagne et de la Commune de Paris, allait lui donner la joie de voir se réaliser bientôt ce dernier souhait. Il ne se doutait pas, le malheureux, qu'il serait lui-même, un peu plus tard, victime de ce mépris pour toutes les formes protectrices de la justice, qu'il appelait de tous ses vœux!

L'exaspération de l'ancien vicaire épiscopal n'était pas d'ailleurs sans motifs. L'accueil favorable fait par la majorité de la Convention nationale aux républicains modérés, en avril, avait ravivé pour un temps le courage de la bourgeoisie de Strasbourg. Dans les réunions des douze sections de la ville

---

(1) *Argos*, 23 mai 1793.

une lutte des plus vives s'était engagée entre les jacobins et leurs adversaires, lutte dirigée par le comité central des douze sections, formé de modérés, auxquels s'étaient même ralliés quelques-uns des chefs de l'ancien parti catholique. Euloge Schneider s'était jeté dans la bataille avec toute l'impétuosité de sa nature fougueuse et mobile, et dans la séance du club du 7 mai, il était allé jusqu'à déclarer que le comité central était d'accord avec les Autrichiens et les Prussiens.

Ripostant à cette insinuation ridicule et perfide par une contre-accusation non moins absurde, la huitième section, dont Schneider faisait partie, se réunissait le 12 mai pour examiner l'attitude du nouvel accusateur public. Après une discussion des plus animées, visant „les calomnies proférées par le prêtre allemand Schneider" et constatant que „ledit prêtre ne cherche qu'à semer la discorde entre les citoyens; vu qu'il est Allemand de Cologne et domicilié depuis deux ans seulement à Strasbourg, et qu'il semble payé par les ennemis extérieurs et intérieurs du pays", l'assemblée décidait de réclamer auprès du gouvernement la déportation de Schneider hors des frontières de la République.

afin de rétablir la paix et la tranquillité dans les esprits (1).

Cette décision, appuyée par la signature des citoyens Wehrlen, Grün, Stromeyer, Spielmann, Schatz, etc., trouva de nombreux approbateurs à Strasbourg. Le comité des sections réunies, présidé par le sieur Metz, „chef des fanatiques" (élevé par les feuillants à cette dignité pour gagner le concours du parti catholique, au dire de Schneider (2), élaborait même, à la date du 23 mai, une protestation des plus énergiques contre l'influence montante du jacobinisme dans la capitale et l'envoyait à Rühl pour la déposer sur le bureau de la Convention nationale. Mais ce document parvint à Paris au moment précis où les amis d'Euloge Schneider l'emportaient sur toute la ligne, et ne servit qu'à incriminer d'une façon plus spécieuse la population si loyale et si patriotique de la cité frontière.

Aussi faut-il voir avec quelle jubilation l'*Argos* accueille la nouvelle des événements qui viennent de s'accomplir dans la capitale et l'ordre d'arrêter les

---

(1) *Argos*, 4 juin 1793.
(2) *Argos*, 18 juillet 1793.

chefs des sections *modérées* de Strasbourg, les Thomassin, les Schœll, les Ulrich, les Noisette et autres. Il applaudit aux avertissements donnés aux Beyckert, aux Metz, aux Edel, aux Fries, aux Mosseder, etc., signalés comme *suspects*. Seulement il trouve qu'on est peut-être trop sévère pour ceux des non-conformistes qui se détournent de l'Eglise constitutionnelle par pure ignorance, et qu'il faut „les éduquer et non les tourmenter". C'est aux riches protestants qu'il faut s'en prendre avant tout; il n'y en a pas un seul sur la liste des suspects (1), et cependant „c'est là le nœud de la situation" (2). Schneider se livre ensuite à une caractéristique perfide de tous ces adversaires qui l'avaient si longtemps tenu en échec et qui sont enfin à terre : Metz, Ostertag, Lacombe, les meneurs des *fanatiques* ; Fries, le pédagogue de Saint-Guillaume, qui a fomenté, selon la faible mesure de ses forces, la haine

---

(1) C'était là un mensonge gratuit de la part de Schneider; il savait fort bien que Beyckert, Schœll, Fries, Edel, Weiler, Mosseder, etc., étaient protestants.

(2) « *Man vergesse nicht die Pfründner des reichen Thomasstiftes; hier, hier ist der Knoten!* » (*Argos*, 11 juin 1793.)

de la liberté chez ses élèves. Mais c'est surtout contre „Salzmann, ce *bon* Salzmann", que s'épanche le courroux du moine défroqué. „A mon avis, s'écrie-t-il, il a plus nui à la République que toute une armée ennemie. Sans sa feuille infernale, l'esprit public dans les deux départements du Rhin ne serait peut-être jamais tombé aussi bas (1)."

Ces dénonciations haineuses, qui appelaient comme sanction la guillotine, maintenant qu'on entrait sous le régime de la Terreur, n'empêchaient pas Euloge Schneider de parler par moments d'un ton plus conforme aux vrais principes. „Nous respectons, était-il dit dans une adresse de la *Société des Amis de la liberté*, signée par lui comme vice-président, nous respectons la liberté des opinions, mais nous condamnons les menées des hypocrites et des traîtres. Nous distinguons entre un frère égaré et ceux qui l'ont perdu. Nous voulons instruire l'un et démasquer l'autre. Notre religion commune est l'amour des hommes, notre temple la patrie, nos offrandes l'obéissance à la loi. Nous ne reconnaissons pas de patriotisme qui ne soit fondé sur la vertu, pas de poli-

---

(1) *Argos*, 18 juin 1793.

tique qui ne s'appuie sur la morale" (1). Mais ces déclarations de tolérance abstraite ne tiraient pas à conséquence; en admettant même qu'elles fussent sincères, la force des choses poussait les exaltés en avant et, comme le disait un jour M. Renan, „la révolution ne permet à personne de sortir du branle qu'elle mène. La terreur est derrière les comparses; tour à tour exaltant les uns et exaltés par les autres, ils vont jusqu'à l'abîme. Nul ne peut reculer, car derrière chacun est une épée cachée, qui, au moment où il voudrait s'arrêter, le force à marcher en avant."

La révolution du 31 mai n'eut pas d'effet immédiat apparent sur la situation ecclésiastique, du moins en Alsace. Les cultes continuèrent à être célébrés comme à l'ordinaire dans les mois qui suivirent. Que leur liberté d'allures fût encore pleinement respectée à la veille même de ces événements, nous le voyons par l'autorisation accordée au curé de la Robertsau, l'abbé Chrétien Gillot, de célébrer le dimanche de l'octave de la Fête-Dieu, par une procession solen-

---

(1) *Die Gesellschaft der Freunde der Freiheit und Gleichheit an die Bürger der zwœlf Sektionen Strassburg's*, 14. Juni 1793. S. nom de lieu ni d'imprim., 7 p. in-18.

nelle en dehors de son église (1). La circulaire du citoyen Garat, ministre de l'intérieur, datée du 1ᵉʳ juin 1793 et adressée aux administrateurs des départements, doit être mise sans doute encore à l'actif de l'ancienne majorité girondine et n'est point attribuable aux nouveaux détenteurs du pouvoir, bien que sa publication coïncide avec les débuts du nouveau régime.

Cette circulaire réitérait l'interdiction du port des vêtements ecclésiastiques en dehors des fonctions sacerdotales, interdiction prononcée depuis de longs mois déjà. Mais le ton en était âpre et tristement significatif. „Les ecclésiastiques amis de l'ordre et de la révolution, y disait le ministre, sentiront combien il importe à la manifestation de leurs principes qu'ils ne conservent pas plus longtemps un vêtement que persistent encore à porter des prêtres ennemis de la République, qui cherchent par de vains efforts à faire de ce vêtement l'étendard et l'aliment de la révolte (*sic*)... S'il est quelque reste de raison dans les hommes avides du sang de leurs concitoyens et de l'anéan-

---

(1) Procès-verbaux du Corps municipal, 27 mai 1793.

tissement de leur patrie, l'intérêt personnel doit leur dire que cet habit distinctif appelle sur eux à tout moment l'indignation et la colère des bons citoyens, et qu'aux jours d'une effervescence qu'ils auraient sans doute eux-mêmes excitée dans d'autres intentions, ce moyen de reconnaissance pourrait en faire de malheureuses victimes" (1). Le Directoire du département faisait afficher partout la lettre ministérielle, par arrêté du 5 juin ; c'est douze jours plus tard seulement que la municipalité faisait à son tour défense aux curés et aux ministres de se montrer dans les rues avec les insignes distinctifs de leurs fonctions (2).

Disons tout de suite que l'évêque Brendel reçut cette notification le 20 juin et qu'il s'empressa de protester contre l'ordre reçu, en alléguant que le décret de la Convention n'était applicable qu'aux ci-devant congrégations religieuses, mais non aux prêtres assermentés et fidèles à la nation. Du reste, en sa qualité d'évêque chargé de l'ad-

---

(1) Délibération du Directoire du département du Bas-Rhin, du 5 juin 1793. S. lieu ni nom d'imprim., 4 p. fol.

(2) Corps municipal, procès-verbaux du 17 juin 1793.

ministration de tout un diocèse, il se regardait comme étant toujours et partout dans l'exercice de ses fonctions; il demandait donc au corps municipal de revenir sur son vote. Mais celui-ci, ayant pris connaissance de sa lettre, décida, dans sa séance du 11 juillet, sans longs débats, qu'il n'y avait pas lieu à délibérer (1). Les représentants de la cité faisaient bientôt après un accueil tout aussi peu favorable aux réclamations des anciens fonctionnaires du culte catholique, qui demandaient à la municipalité leurs indemnités arriérées. On avait, il est vrai, chargé le compositeur Pleyel, alors directeur de l'orchestre de la Cathédrale, de dresser un état nominatif de tous les employés des différentes paroisses, et la municipalité avait ensuite transmis cette pièce au Directoire du district. Mais, soit que celle-ci se fût perdue en chemin, soit que, dans la confusion croissante de tous les services publics, il n'y eût plus d'ordre ni de responsabilité nulle part, aucune réponse ne venait, et finalement on renvoyait le règlement de la question au département, qui ne s'en occupa pas

---

(1) Corps municipal, procès-verbaux du 11 juillet 1793.

sans doute avec plus de zèle que la commune ou le district (1).

Cette attitude peu sympathique du corps municipal vis-à-vis des questions religieuses ne l'empêchait pas toutefois de conserver avec le clergé des deux cultes des rapports occasionnels et même courtois, si son républicanisme ombrageux n'y trouvait point à redire. C'est ainsi que nous le voyons adresser des félicitations officielles au pasteur Jean-Georges Eissen, du Temple-Neuf, ancien aumônier de Royal-Suédois, au sujet de son opuscule : *Galerie de la République française ou Collection de quelques faits et dits mémorables des Français libres, à l'usage de la jeunesse*. Il décide même d'en acheter un certain nombre d'exemplaires et de les distribuer aux écoles françaises de Strasbourg (2).

Pendant ce temps la Convention nationale mutilée avait rapidement achevé la discussion de la Constitution nouvelle, cette Constitution de 1793 qui ne fut jamais mise en vigueur, parce que les utopistes radicaux eux-mêmes, qui l'a-

---

(1) Corps municipal, procès-verbaux du 29 juillet 1793.
(2) Corps municipal, procès-verbaux du 27 juin 1793.

vaient réclamée, puis votée, la jugeaient inapplicable dans la situation désastreuse du pays. Elle devait être envoyée solennellement aux départements pour être sanctionnée par le vote populaire, et l'un des représentants du Bas-Rhin fut chargé de la porter à Strasbourg. Ce fut le 8 juillet 1793 que Dentzel, muni des pouvoirs extraordinaires, arrivait dans notre ville et descendait à la Maison-Rouge, au son des cloches de toutes les églises et au bruit du canon, „porteur du nouveau Livre de vie" (1). Immédiatement conduit à l'Hôtel-de-Ville par une députation des corps administratifs, il y donna lecture, à la foule assemblée, de l'acte constitutionnel, „fruit incorruptible de la Montagne".

La lecture achevée, l'assemblée tout entière se lève au bruit des salves d'artillerie et des sonneries des grandes cloches de la Cathédrale, et, „les mains tendues vers le ciel, jure l'unité et l'indivisibilité de la République, l'adhésion la plus entière à la Constitution républicaine et la mort des conspirateurs et des tyrans". Puis le maire Monet prononce un discours emphati-

---

(1) *Argos*, 11 juillet 1793.

que sur la situation présente, à la fin duquel il convie les citoyens „à délibérer en philanthropes sur des lois douces et philosophiques, posant avec sagesse les fondements d'une gloire impérissable et d'un bonheur éternel". Ces paroles sont accueillies aux cris de : Vive la République ! vive l'égalité ! et „portent dans tous les cœurs, au dire du procès-verbal officiel, l'amour de l'union, annonçant une réconciliation parfaite et l'aurore d'un bonheur qui ne doit plus avoir de terme". Le procureur de la commune, Hermann, homme très modéré de caractère et d'opinions, mais que la municipalité épurée avait maintenu jusqu'à ce jour en fonctions, puisqu'il lui fallait au moins *un* fonctionnaire au courant des services administratifs et des compétences législatives (1), vient s'associer, lui aussi, à ces manifestations d'un enthousiasme

---

(1) Rien ne donne une idée plus singulière et plus affligeante à la fois de la façon dont on *administrait* alors les affaires de la ville, au milieu des agitations quotidiennes de la politique, que certains faits relatés aux procès-verbaux du Corps municipal, p. ex. sur la gestion de la citoyenne Demart, directrice de la Maison des Enfants-Trouvés, de connivence avec le garçon-chirurgien Schmidt, son amant (18 mars 1793).

naïf ou forcé, et déclarer que la liberté remportera sous peu la victoire sur les esclaves du fanatisme, et que l'hydre de la guerre civile sera étouffée dans son propre sang. Enfin l'on introduit dans l'enceinte une députation des écoliers du Gymnase, et le jeune Ehrenfried Stœber, le futur poète et polémiste libéral du temps de la Restauration, harangue Dentzel et l'assure que la jeunesse de la cité partage les transports des autres citoyens et que la postérité la plus éloignée bénirait ce jour comme le plus beau de ceux qu'a vus la commune de Strasbourg (1). Affirmation sincère sans doute dans la bouche de l'adolescent exalté, mais trop souvent répétée depuis quatre années dans tant d'occasions solennelles, au milieu de scènes trop contradictoires, pour ne pas provoquer maintenant chez les esprits plus rassis, soit des appréhensions nouvelles, soit au moins un triste sourire !

Le soir, à la séance du club des Jacobins, les citoyennes des tribunes entonnèrent la *Marseillaise*, puis Euloge

---

(1) Procès-verbal de la séance publique du Conseil général de la Commune de Strasbourg, du lundi 8 juillet 1793. Strasbourg, Dannbach, 14 p. 8º.

Schneider prononça le panégyrique de la Constitution nouvelle, qui, „du coup, termine tous nos différends et qui, de même que la loi de Jéhovah, est née sur la sainte Montagne, au milieu du grondement de la colère populaire, du tonnerre des armes et des éclairs". La sanction de la Constitution par le vote populaire n'était et ne pouvait être, dans les conjonctures présentes, qu'une vaine formalité. Le 9 juillet le corps municipal annonçait aux citoyens de Strasbourg que la grande cloche de la Cathédrale (1) les appellerait, le 14 juillet, à ratifier l'acte „qui doit anéantir l'anarchie, éteindre les torches de la guerre civile et fixer à jamais les destinées de la France" (2). Ceux d'entre les habitants qui répondirent à l'appel vinrent en effet déposer dans l'urne des votes approbatifs, et, dès le soir du 14 juillet, une nouvelle sonnerie des cloches et les salves d'artillerie tirées sur les remparts annonçaient l'adhésion

---

(1) Ce fut à ce moment aussi, le 12 juillet, qu'on installa le télégraphe optique des frères Chappe sur la coupole du chœur de la Cathédrale. X. Kraus, *Kunst und Alterthum in Elsass-Lothringen*, I, p. 423.

(2) Procès-verbaux du Corps municipal, 9 juillet 1793.

presque unanime des sections de la commune. „Partout, dit la *Gazette de Strasbourg* (que Saltzmann ne rédige plus), partout on ne voit que réjouissances et gaîté, et tout le monde s'épanouit à la douce perspective d'un avenir heureux" (1). Quelques-uns cependant devaient être mécontents au fond, puisqu'on vit paraître immédiatement après une brochure, prudemment anonyme et ne décelant pas son lieu d'impression, intitulée: *Euloge Schneider, prêtre, puis accusateur public et bientôt... rien*, dans laquelle l'ex-vicaire épiscopal était livré à la risée publique. Schneider, qui attribuait, nous ne savons pourquoi, ce factum aux commis de l'administration départementale, y répondit avec une verve à la fois rageuse et sentimentale dans un des prochains numéros de l'*Argos* (2).

Pendant ce temps, la crise s'accentuait à Paris, comme en province. Les armées de la République rétrogradaient sur le Rhin, et le gouvernement, craignant de plus en plus „les complots liberticides" des ennemis de l'intérieur et du dehors, redoublait de violences,

---

(1) *Strassb. Zeitung*, 15 juillet 1793.
(2) *Argos*, 27 juillet 1793.

sur les frontières surtout. C'est par son ordre, sans doute, que, le 29 juillet, le Conseil général du département allait jusqu'à interdire et supprimer provisoirement toutes les correspondances avec l'étranger, comme étant „le plus grand aliment des traîtres" (1). Bientôt après, les papiers du général Custine, déposés chez le citoyen Zimmer, notaire, étaient mis sous scellés (2) et les propriétés de Dietrich confisquées comme biens d'émigré (3). Puis c'était Edelmann, le facteur d'orgues et le compositeur, l'un des plus estimables pourtant parmi les jacobins de la municipalité, qui proposait de dresser à Strasbourg une liste complète des citoyens suspects (4).

En même temps, la chasse aux symboles de l'ancien régime, délaissée pendant quelque temps, reprenait de plus belle. On dénonçait au corps municipal

---

(1) Délibération du Conseil général du Bas-Rhin, du 29 juillet 1793. placard in-folio. — Déjà le 11 juin, le Directoire du département avait défendu les correspondances en « langue hébraïque ».

(2) Corps municipal, procès-verbaux du 5 août 1793.

(3) Corps municipal, procès-verbaux du 3 août 1793.

(4) Corps municipal, procès-verbaux du 12 août 1793.

les lys en fer forgé de la grille de l'église Saint-Louis, la „figure de pierre du ci-devant ordre des Récollets" sur le portail de leur église, les armoiries subsistant encore sur la façade de la „maison Darmstadt, vers la promenade de l'Egalité" (1). Les administrateurs de Saint-Thomas se hâtaient de signaler eux-mêmes, à qui de droit, la présence des armes de Courlande et de fleurs de lys sur le monument du maréchal de Saxe, et priaient le Conseil de prendre lui-même les mesures qu'il jugera bonnes, dans sa sagesse, pour concilier le décret qui demande la destruction des symboles de la royauté avec cet autre qui prescrit le respect des monuments historiques. Le corps municipal se montra raisonnable dans sa réponse; il enjoint aux chanoines de Saint-Thomas de ne rien faire qui puisse dégrader un monument national, mais d'attendre un décret interprétatif qu'il a demandé lui-même à la Convention, dès l'année dernière (2).

Pour exalter encore les esprits, la Société des Jacobins décidait de fêter, le

---

(1) Corps municipal, procès-verbaux du 22 juillet 1793.

(2) Corps municipal, procès-verbaux du 14 août 1793.

10 août, l'unité et l'indivisibilité de la République; mais elle n'osa point encore, comme cela devait arriver bientôt, célébrer la fête dans une enceinte sacrée. Le cortège solennel, précédé d'un grand char, sur lequel trônait la Liberté, entourée de six jeunes filles costumées en Grâces, se dirigea depuis le Miroir jusqu'à la Finckmatt. Les Jacobins, le bonnet rouge sur la tête, suivaient le char, assez nombreux; mais, au témoignage d'Euloge Schneider lui-même, l'élément féminin faisait un peu défaut. Les „aristocrates strasbourgeoises" avaient préféré voir passer le cortège sous leurs fenêtres que de s'y mêler. Et quand, après avoir dansé la Carmagnole à la Finckmatt, on s'assit „sur la terre du bon Dieu" pour prendre part à un modeste banquet, l'entrain ne fut pas grand, car „seuls, les vrais sans-culottes étaient réellement joyeux" (1).

Ces fêtes bruyantes à ce moment critique, cette joie qui s'harmonisait si facilement avec la guillotine, exaspéraient la majorité de la population de Strasbourg. Dans la soirée du 19 au 20 août, l'instrument du supplice fut assailli par

---

(1) *Argos*, 17 août 1793.

la foule au moment où il passait sous les fenêtres de Schneider, et renversé par elle, pendant qu'elle poussait des clameurs violentes contre l'accusateur public, le traitant de va-nu-pieds, venu du dehors (1), et demandant sa tête. Les autorités militaires et municipales ne se pressèrent pas précisément de rétablir l'ordre, et l'ex-vicaire épiscopal, qui ne brillait point par son courage, dût ressentir cette nuit-là les affres de la mort. Dans le numéro suivant de son journal, il s'écriait: „La Providence m'a protégé jusqu'ici; mais s'il faut que les feuillants trempent leurs lèvres altérées dans mon sang, je ne forme qu'un vœu, c'est qu'on épargne ma sœur, et que ma mort soit utile à la patrie!" (2). Quelques mois plus tard, la prophétie s'était accomplie, mais ce n'étaient pas les feuillants qui s'étaient chargés de la réaliser.

Le lendemain soir, une certaine fermentation se manifestait dans les rues, sillonnées de jeunes gens dont plusieurs étaient armés; quelques citoyennes, faisant partie du Club du Miroir, étaient

---

(1) « *So ein Hergelaufener* »; les mots sont rapportés par Schneider lui-même, *Argos*, 24 août 1793.

(2) *Argos*, 24 août 1793.

arrêtées au sortir de la séance, pour avoir mal parlé de la garde nationale, et châtiées avec des verges de bouleau „sur une partie de leur personne que la municipalité ne protège pas encore par ses arrêtés" (1). C'était une gaminerie peu décente, mais rien de plus. Le nouveau commandant de la place de Strasbourg, le général Diêche, y répondit néanmoins par une mesure dictatoriale, expulsant en masse tous les anciens membres des Conseils de la ville libre, des corps ecclésiastiques, des fonctionnaires de l'Etat, en un mot, tout ce qui touchait à l'ancien régime (2). Schneider, de son côté, promptement revenu de sa terreur, se répandit en menaces : „Mon cœur est sans fiel, je le déclare en présence de l'Etre suprême! mais je poursuivrai le feuillantisme, le fédéralisme, le royalisme, l'usure, la fourberie, jusqu'à la mort. Paix aux bons citoyens, mort aux fédéralistes et aux traîtres!" (3).

Au milieu de tous ces bruits de guerre et de discorde civile, les questions re-

---

(1) *Strassb. Zeitung*, 23 août 1793.
(2) Proclamation : Les circonstances, etc., du 26 août 1793. Un placard in-folio dans les deux langues.
(3) *Argos*, 29 août 1793.

ligieuses semblaient reculer bien à l'arrière-plan. Les membres du clergé réfractaires, cachés ou en fuite, espéraient que leur rentrée s'opérerait prochainement sous la protection des baïonnettes autrichiennes ou prussiennes. Ils n'essayaient plus de grouper leurs adhérents, du moins à Strasbourg, où leur ancien lieu de culte, l'église des Petits-Capucins, était occupée par quatre cents prisonniers de guerre (1). Quant au clergé constitutionnel, il était en pleine dissolution. De l'évêque Brendel on n'entend plus parler, et ses curés et vicaires s'occupent de tout autre chose que de prêcher. Les uns sont commissaires du gouvernement révolutionnaire, comme Anstett, chargé de surveiller les „fanatiques" du Kochersberg, et que nous entendons déclarer que la compassion n'est pas une vertu républicaine. D'autres, comme Taffin, déclarent hautement que lorsqu'il n'y aura plus de prêtres, il n'y aura plus de scélérats. Euloge Schneider lui-même nous raconte une anecdote singulièrement édifiante au sujet de la manière dont cet ex-chanoine de Metz entend la cure

---

(1) Corps municipal, procès-verbaux du 29 août 1793.

d'âme. Les paysans de Niederschæffolsheim sont venus lui demander un nouveau vicaire. Il leur répond : „A quoi bon? Ils seront pourtant prochainement abolis tous ensemble." Les braves gens insistent néanmoins et vont jusqu'à l'évêque, qui leur adresse un desservant. Mais Schramm, un autre défroqué, va les relancer jusque chez eux, les traite d'imbéciles, et leur déclare que ce „jupon noir" ne pourra leur servir à rien. Effrayés par ces menaces, les bons paysans décident, en gens prudents, de ne plus mettre le pied à l'église, et c'est ainsi que s'éteint l'une des paroisses constitutionnelles du Bas-Rhin (1).

Ceux même d'entre les prêtres assermentés qui restent à leur poste, ou bien s'occupent de chants guerriers et d'hymnes politiques, plus que de leur prône (2), ou bien ils déshonorent les derniers moments de leur existence en se déchirant entre eux. C'est encore Schneider qui nous montre ce malheureux clergé, si décimé déjà par les défections antérieures, se réjouir des bles-

---

(1) *Argos*, 14 et 17 septembre 1793.
(2) *Lied am Abend vor einer Schlacht, mit Musik*, de Séverin Averdonk, curé d'Uffholz, dédié à ses frères sans-culottes. (*Argos*, 15 août 1793.)

sures que des frères reçoivent dans la lutte, et les jureurs d'origine alsacienne saluer avec une joie indécente le décret de la Convention Nationale éloignant du territoire ou condamnant à la prison les étrangers nés dans l'un des territoires actuellement en guerre avec la République, parce qu'ils espéraient être débarrassés de la sorte de leurs confrères immigrés d'Allemagne.

„Comme vous vous lamentiez déjà, s'écrie le rédacteur de l'*Argos* avec une amère ironie ; vos larmes coulaient à la pensée de vous séparer de ces amis des lumières, qui vous tenaient tant à cœur, à cause de tous vos jours fériés, de vos messes grassement payées, de vos servantes-maîtresses ! Calmez-vous.... les représentants du peuple ont décidé que ce décret ne les regardait en aucune façon. Il faut en effet avoir des oreilles fort longues pour croire pareilles choses, et un vrai cœur de prêtre pour les désirer !" (1).

La Convention Nationale avait contribué puissamment elle-même à renverser l'édifice de l'Eglise constitutionnelle par son décret du 19 juillet, déclarant qu'aucune loi ne pouvait priver

---

(1) *Argos*, 15 août 1793.

de leur traitement les ministres du culte catholique qui voudraient contracter mariage. Les évêques qui apporteraient un obstacle au mariage de leurs subordonnés seront déportés hors du territoire de la République (1). Pour hâter encore l'émancipation sacerdotale, un nouveau décret, du 7 septembre 1793, promettait un traitement d'office à tous les prêtres inquiétés par leurs communes pour raison de mariage (2). La tentation devenait trop grande pour maint ecclésiastique, de jouir ouvertement des plaisirs de ce monde, tout en conservant un salaire officiel. Quant aux communautés constitutionnelles, elles ne voulaient point, à de rares exceptions, d'un sacerdoce aussi profane ; elles refusèrent de le reconnaître plus longtemps, et c'est peut-être ce que désiraient au fond les promoteurs de cette étrange mesure.

On n'en était pas encore, en effet, à ce moment précis, à vouloir rompre déjà nettement avec tout culte public. On peut s'en rendre compte en étudiant les

---

(1) Ce décret du 19 juillet fut promulgué par le Directoire du département du Bas-Rhin, le 21 août 1793.

(2) La promulgation de ce second décret eut lieu à Strasbourg, le 17 septembre 1793.

articles de Schneider dans l'*Argos*. Ballotté entre les dernières réminiscences de son état primitif et le désir de rester dans le courant révolutionnaire, il louvoyait, incertain de son attitude future. Dans un travail intitulé de : *De l'état religieux du Bas-Rhin,* il affirmait que dans tout Etat vraiment libre l'exercice de tout culte devait être absolument libre aussi. Seulement il déclarait qu'un culte, employant d'autres moyens de propagande que la persuasion par la raison, commettait un crime contre la loi. Dans ces questions religieuses tout dépend de la bonne volonté des masses ; les prêtres n'ont absolument rien à leur ordonner. „Nous ne voulons pas dire cependant par là qu'il ne doive plus y avoir ni religion ni prêtres. La religion chrétienne reste sans contredit un auxiliaire puissant pour le perfectionnement de la race humaine. Tout bon chrétien sera un véritable patriote. Quiconque essaie de détruire la religion est, à mon avis, un homme dangereux et nuisible. Mais il faut absolument qu'elle soit enseignée dans toute sa pureté" (1). Et

---

(1) *Argos*, 5 septembre 1793. Ce qu'il entendait par la pureté de sa morale, il le montrait quelques jours plus tard par ses articles sur Marat : « Un temps viendra où sa tombe,

il partait de là pour démontrer que ni le catholicisme actuel ni le protestantisme (bien que ce dernier fût d'essence républicaine) ne répondaient à cette religion idéale. Plus tard encore, en octobre, il se proposait de composer un livre de prières républicain, pour bien établir que son Dieu était un sans-culottes et non un ci-devant (1).

Un seul prêtre de l'Eglise constitutionnelle semble avoir fait alors à Strasbourg œuvre d'honnête homme et de croyant : c'est le bon Dereser, que nous avons eu déjà plusieurs fois l'occasion de nommer, et dont la sympathique physionomie repose un peu de tant de types d'aventuriers et de renégats. Dans une brochure non datée, mais publiée sans doute vers la fin de septembre, il tente un dernier effort pour ramener l'entente entre les catholiques de Strasbourg, entre tous ceux „auxquels la conservation de leur religion tient à cœur (2).

à Paris, sera regardée avec une reconnaissance respectueuse; suis ses traces, jeune homme, et l'immortalité t'attend ! » (*Argos*, 19 septembre 1793.)

(1) *Argos*, 12 octobre 1793.
(2) *Einladung zur Wiedervereinigung an die katholischen Bürger Strassburg's, denen die Erhaltung ihrer Religion am Herzen liegt.* Strassburg, Heitz und Levrault, 1793, 16 p. 8º.

Cet écrit, qui constitue en même temps une espèce d'autobiographie, renferme une série de considérations développées avec beaucoup de force, pour engager *tous* les catholiques de la ville à se grouper en face des dangers qui les menacent *tous ensemble*. Cette réconciliation est *nécessaire* si nous voulons continuer d'exister ; elle est *possible* si nous voulons être chacun de bonne foi. On travaille activement, dans la nouvelle République, à la chute du christianisme ; Dereser le prouve par des citations nombreuses de journaux et d'orateurs populaires de la capitale. Il faut protester contre cette *spoliation de l'Eglise*, à laquelle on a pris ses *biens patrimoniaux* contre un *salaire perpétuel*, et dont on voudrait confisquer maintenant jusqu'à ce modeste salaire. En présence de cette situation, il faut nous unir pour supporter fraternellement les dépenses de notre culte, sans quoi on fermera nos églises, nous serons obligés de nous cacher dans quelque obscure chapelle, et bientôt dans les maisons ; l'Eglise de nos pères aura vécu. Pour gagner les catholiques réfractaires à sa cause, il affirme qu'il reconnaît le pape Pie VI comme le père de l'Eglise universelle, qu'il n'a cessé de prier pour lui, qu'il baptise, enterre et bénit les mariages au nom de la foi catholique, apostolique et romaine. „Venez m'entendre; assistez à mes instructions religieuses, que je fais régulièrement à la Cathédrale, tous les dimanches, de deux à trois heures; vous verrez que je suis aussi bon catholique que vous. Fixez-moi le jour et l'heure où je devrai solennellement affirmer devant vous la suprématie spirituelle du Saint-Père, dans les limites de sa puissance légitime, et je le ferai par serment, avec une grande joie. Mais réunissez-vous pendant qu'il en est temps encore, avant que l'ennemi commun triomphe. Je parle uniquement par amour pour vous. Que peut m'apporter, à moi, cette réunion si désirée? Rien qu'un surcroît de travail, alors que je succombe déjà presque à la tâche; rien que des calomnies des ultras contre mon patriotisme, des dénonciations auprès des commissaires de la Convention Nationale. Ecoutez donc ma voix, ne laissez pas vos enfants sans instruction chrétienne, sans leçons de morale. Venez me causer en amis, exaucez ma confiance en Dieu et votre bon cœur et notre réconciliation feront rougir les ennemis de notre sainte religion!"

C'était sans doute une utopie de croire possible alors une réunion pareille, même à la veille d'une chute commune, mais c'était au moins une pensée généreuse de vouloir la tenter et de s'occuper encore avec une conviction profonde de ces graves questions, alors que tant d'autres désertaient le sanctuaire et se préparaient à le couvrir de blasphêmes. Aussi le nom de Dereser mérite-t-il de rester dans la mémoire de tous ceux parmi nous, qui ne croient pas impossible, malgré tant d'échecs, l'alliance de la religion et de la liberté.

Mais le moment n'était pas propice à de pareilles effusions, et les esprits n'étaient plus disposés à les comprendre. Le 23 août 1793, la Convention Nationale décrétait la levée en masse, et chargeait ses commissaires d'aller veiller à l'exécution de la loi. Les représentants Milhaud et Lacoste, en tournée à Strasbourg, y promulguèrent le décret le 8 septembre et le 9, une délibération du Directoire du département annonçait au public que les cloches de toutes les églises allaient sonner durant quarante-huit heures, pour avertir les citoyens que la patrie était en danger. Tous les habitants mâles, âgés de plus de 18 ans et de moins de 45, devaient se rendre immédiatement à Haguenau, emportant pour huit jours de vivres. Le premier bataillon de la garde nationale devait partir dans les douze heures pour le Fort-Vauban, sur les bords du Rhin (1). La *Gazette de Strasbourg* s'écriait : „Hier, à cinq heures, le tocsin national a commencé de sonner; tous les citoyens étaient sous les armes. Puisse-t-il sonner le glas funèbre de tous nos ennemis, ouverts ou cachés!" (2). Le lendemain, les canons de la ville et ceux de la citadelle commençaient le bombardement de Kehl, et peu de jours après, le décret du 17 septembre sur les suspects remplissait d'un nombre croissant de prisonniers le vaste Séminaire épiscopal, construit en 1769, à l'aide des contributions de l'Alsace catholique tout entière, par le cardinal-évêque de Rohan, deuxième de ce nom (3).

Enfin, cédant à leurs propres craintes, à la pression du dehors, aux clameurs des Jacobins avides de places ou voyant

---

(1) Corps municipal, procès-verbaux du 11 septembre 1793.

(2) *Strassb. Zeitung*, 19 septembre 1793.

(3) Glœckler, *Geschichte des Bisthums Strassburg*, II, p. 21.

partout des traîtres, les représentants séjournant à Strasbourg, Milhaud et Guyardin, procédaient, le 6 octobre 1793, à une épuration générale de toutes les autorités constituées. Directoire et Conseil général du département, Directoire et Conseil général du district, corps municipal et notables de la Commune de Strasbourg sont également expurgés. Dix-huit citoyens sont exclus et déclarés suspects, les uns comme feuillants et agioteurs, les autres comme ci-devant ou protecteurs d'aristocrates, d'autres encore comme ayant appartenu à la faction de Dietrich, ou comme fanatiques ayant recelé des prêtres réfractaires (1). Des autorités municipales, sorties en majeure partie des „couches sociales nouvelles", ramoneurs, bateliers, marchands de vin, cafetiers, tonneliers et baigneurs, furent installés à l'Hôtel-de-Ville (2), un Comité de surveillance et de sûreté générale de huit membres, choisis parmi les

---

(1) Liste des personnes destituées par arrêté du 6 octobre 1793. Un placard grand in-folio, dans les deux langues, sans lieu d'impression.

(2) Conseil général de la Commune de Strasbourg, publié par ordre de la municipalité, 8 octobre 1793.

plus purs des Jacobins, fut nommé et installé le 8 octobre, sous la présidence de Monet. Ceux-là même qui, comme Schneider, avaient naguère encore trouvé que „la conduite des représentants du peuple vis-à-vis des administrateurs du département frisait, sinon le despotisme, au moins la folie" (1), applaudirent à ce coup de force nouveau, car il leur donnait enfin le pouvoir, ce pouvoir entier, absolu, qu'ils rêvaient d'exercer depuis si longtemps déjà, pour écraser les ennemis de la République et leurs propres adversaires.

Non pas qu'il n'y ait eu, même alors, parmi les hommes portés subitement au pinacle, des caractères honnêtes et des patriotes dévoués. Mais, instruments inconscients ou dociles entre les mains des meneurs, ils vont laisser s'accomplir les saturnales de la Révolution, quand ils ne s'y associeront pas eux-mêmes. Remplis d'une haine profonde pour l'Eglise catholique, bien que la moitié, pour le moins, soient catholiques de nom, les dépositaires nouveaux de l'autorité municipale vont inaugurer leur carrière en chassant les derniers catholiques de leurs temples, en attendant que la Con-

---

(1) *Argos*, 1er octobre 1793.

vention nationale leur dénie jusqu'au droit même à l'existence.

XIX.

C'est dans les premiers jours d'octobre seulement que commence à Strasbourg la véritable Terreur, jusque-là passablement bénigne, malgré l'exemple encourageant donné par la capitale. Nous n'avons pas à la raconter ici dans son ensemble; il nous suffira de voir comment ses représentants autorisés parmi nous inaugurent dans nos murs le culte de la Raison, tout en exerçant leur zèle aveugle d'iconoclastes contre les plus beaux monuments du passé.

La Convention nationale n'a pas tout d'abord donné dans les déplorables excès auxquels l'entraînera plus tard le fanatisme politique ; même après la chute de la Gironde, le décret du 6 juin 1793 venait punir de deux ans de fers la dégradation des monuments nationaux quelconques, parmi lesquels on comptait aussi les églises (1). A Strasbourg l'administration de l'Œuvre Notre-Dame continuait à fonctionner comme

---

(1) Ce décret fut promulgué par l'administration du Bas-Rhin le 15 juillet 1793.

par le passé, et bien que le receveur de cette œuvre, M. Daudet de Jossan, fût connu comme fort peu sympathique au régime républicain, nous ne voyons pas, dans les délibérations du Corps municipal, qu'on ait songé, soit à négliger les soins dus à l'entretien de la Cathédrale (1), soit à l'inquiéter dans sa propre gestion. Encore au mois d'août l'administration discute longuement et paternellement une pétition des six gardiens de la tour, réclamant une augmentation de traitement, vu la cherté des vivres et la perte de tout casuel, causée par l'absence complète d'étrangers (2). On expose à cette occasion, au

---

(1) Nous le voyons par le règlement des comptes du citoyen Streissguth, chaudronnier, et du citoyen Mathieu Edel, fondeur, approuvé par la municipalité, bien qu'ils montassent à plus de 7000 livres, somme considérable pour des finances embarrassées comme celles de Strasbourg. (Corps municipal, procès-verbaux mscr., 18 juillet 1793.)

(2) Nous apprenons par cette pétition que le traitement des gardiens avait consisté, jusqu'en 1781, en 144 livres en numéraire, huit sacs de grains, quatre cordes de bois et six cents fagots. A cette date le service, qui était de vingt-quatre heures, fut diminué de moitié, et le traitement porté à 400 livres, en retranchant toute autre *compétence*. Depuis 1781, le traitement n'avait été augmenté que de 24 livres.

sein du conseil, que „à la vérité le service des gardiens est augmenté par la sonnerie de la cloche du Conseil général et des assemblées primaires, et par la vigilance à laquelle ils sont astreints pour obvier aux dégâts de la jeunesse irréfléchie qui afflue depuis quelques années sur la tour; que leur casuel est réduit à rien, parce qu'on y monte gratuitement; mais qu'ils suppléent à cela par un débit de vin, de bière et autres rafraîchissements; que d'ailleurs ils peuvent aussi bien travailler sur la tour que chez eux, parce qu'on choisit toujours des bonnetiers pour cette place." On finit cependant par leur rendre les émoluments de 1781, mi-argent, mi-denrées, ce qui, vu la situation du marché, constituait une amélioration positive de leur situation (1).

Les premières atteintes portées à la propriété de l'Œuvre Notre-Dame et le premier dépouillement de la Cathédrale se justifient aisément par les nécessités pressantes de la défense nationale, et ne sauraient provoquer d'objections sérieuses. Le 11 septembre 1793, le Corps municipal était saisi d'une

---

(1) Corps municipal, procès-verbaux, 5 août 1793.

réquisition des citoyens Barbier et Tirel, délégués par le Comité du Salut public pour l'exécution des décrets du 23 juillet et du 3 août, relatifs à la fonte des cloches, ordonnée par toute la république. Les deux commissaires demandaient les ouvriers nécessaires pour faire démonter et transporter à l'Arsenal les vingt-sept cloches disponibles dans les différentes églises de la ville, chaque édifice religieux ne devant conserver qu'une cloche unique. Après que l'administrateur chargé des travaux publics a fait des réserves au sujet des cinq cloches de la flèche de la Cathédrale, nécessaires aux divers services municipaux, le Conseil arrête que les vingt-sept cloches seront démontées sans retard et livrées contre reçu au citoyen Lépine, directeur de l'artillerie à l'Arsenal. Les préposés de chaque paroisse seront invités à désigner eux-mêmes la cloche qu'ils désirent garder pour les sonneries religieuses. Les cloches de la Cathédrale seront démontées par les ouvriers de l'Œuvre Notre-Dame, sauf recours au Trésor national, et le corps municipal se réserve formellement le droit de demander, à qui de droit, le payement des cloches de la Cathédrale et de celles des paroisses protestantes qui ne sont pas propriété de la nation (1).

Mais quelques jours plus tard, les prescriptions vexatoires commencent, sans qu'on soit encore en droit cependant d'accuser les administrateurs de la cité d'un vandalisme volontaire. Le 19 septembre 1793, le Directoire du Bas-Rhin promulguait le décret de la Convention nationale, du 2 de ce mois, ordonnant aux corps administratifs de détruire partout les portraits et effigies des rois. De ce moment la Cathédrale était directement menacée, puisque sa façade portait les statues équestres de plusieurs monarques; il ne semble pas pourtant que la municipalité d'alors ait songé à s'en prévaloir pour faire du zèle. Puis on vint déranger les morts dans leurs tombeaux. Les quantités de plomb ou d'étain que pouvaient fournir les cercueils déposés dans les caveaux de nos églises étaient certainement minimes, car ce luxe était peu usité à Strasbourg, et d'ailleurs, depuis 1529, les inhumations dans l'enceinte de la ville n'étaient plus autorisées que fort rarement et pour de très hauts personnages. Néan-

---

(1) Corps municipal, procès-verbaux, 11 septembre 1793.

moins le Directoire du département adressait, le 28 septembre, à la municipalité un ordre relatif aux cercueils de cette catégorie, l'invitant „à mettre sur-le-champ ces monuments de l'orgueil à la disposition du général Lépine, afin d'être convertis en canons et balles." Le Corps municipal, allant aux informations, apprend que tous les cercueils de Saint-Thomas sont déjà livrés, sauf celui du maréchal de Saxe, et délègue l'un de ses membres pour faire les perquisitions nécessaires dans les autres églises (1).

C'est seulement dans la séance du 10 octobre, alors que la municipalité a été déjà *régénérée*, que ce délégué, le citoyen Edelmann, présente à ses collègues le procès-verbal sur l'enlèvement desdits cercueils et les reçus du citoyen Jacquinot, garde d'artillerie. Dans l'un de ces cercueils (il n'est pas dit dans quelle église on l'a trouvé) des bracelets en or ont été découverts. Le Corps municipal décide qu'ils seront estimés par un orfèvre et que le produit de la vente sera versé en monnaie de cuivre dans le tronc des pauvres (2).

---

(1) Corps municipal, procès-verbaux, 30 septembre 1793.
(2) *Ibid.*, 10 octobre 1793.

Toutes ces mesures devaient laisser, et laissaient en effet le gros du public assez indifférent. Il n'en fut pas de même pour un nouvel arrêté du Directoire du Bas-Rhin, portant la date du 14 octobre, et rendant exécutoire pour le département le décret du 5 octobre précédent sur l'ère républicaine. Cette injonction ne se rapportait plus à quelques privilégiés, morts ou vivants, de l'ancien régime; elle atteignait tout le monde, l'humble artisan, le négociant, comme l'homme d'affaires et l'agriculteur indifférent à la politique. Si les âmes pieuses étaient indignées de cette rupture officielle de l'Etat avec le christianisme, les esprits pratiques étaient agacés par les néologismes bizarres qui venaient compliquer inutilement leurs affaires au dedans et surtout au dehors. Aussi bien l'on peut affirmer que l'introduction d'un nouveau calendrier ne fut possible en France que parce qu'elle était alors en guerre, partant sans relations de commerce, avec l'Europe presque tout entière. Même ainsi, la résistance latente du public et jusqu'à celle des autorités locales demeure sensible. C'est ainsi qu'à Strasbourg l'ère chrétienne reste en usage sur les documents officiels eux-mêmes, jusqu'au

1ᵉʳ novembre, concurremment avec l'ère nouvelle, et, près d'un mois plus tard, le Corps municipal est obligé de réitérer aux imprimeurs l'ordre pressant de supprimer les indications de l'ancien calendrier en tête des journaux, sur les annonces des ventes, affiches de spectacles, etc. (1).

L'introduction de la chronologie républicaine coïncide pour notre ville avec les semaines les plus agitées de la période révolutionnaire. On sait que, le 13 octobre 1793, Wurmser, Brunswick et Condé, forçant les lignes de Wissembourg, pénétrèrent en Alsace, et s'avancèrent, les jours suivants, jusqu'aux bords de la Moder. Le 16, les émigrés entrent triomphalement dans Haguenau, où l'élément contre-révolutionnaire domine, où des villages catholiques tout entiers viennent à leur rencontre, drapeau blanc en tête, et de nombreux jeunes gens s'engagent dans les régiments de Condé. De toutes parts on y voit accourir moines et curés, désireux de rentrer dans leurs couvents et leurs presbytères sous la protection des baïonnettes ennemies. Le 17, les corps

---

(1) Corps municipal, procès-verbaux, 11 novembre 1793.

français, rejetés encore plus en arrière, se retranchent à Schiltigheim et Hœnheim, presque sous le canon de Strasbourg; Wurmser établit son quartier-général à Brumath, et ses avants-postes, dirigés par le prince de Waldeck, occupent la Wanzenau et poussent jusqu'à la *Cour d'Angleterre*. En même temps la garde nationale de Strasbourg est requise d'urgence pour occuper les batteries du Rhin et pour répondre à la cannonade furieuse qui part des retranchements autrichiens près de Kehl (12—15 octobre (1). On se figure aisément quelle devait être la surexcitation des esprits dans nos murs, et nous n'avons qu'à nous reporter à nos propres souvenirs, à ce lendemain de la défaite de Frœschwiller, au spectacle inoubliable qui se déroula devant nos yeux dans la matinée du 7 août 1870, pour nous faire une idée exacte du désarroi de Strasbourg en ces journées terribles.

---

(1) Ajoutons à tout cela que l'élite de la jeunesse strasbourgeoise était cernée dans le Fort-Vauban (Fort-Louis), et qu'elle allait être obligée de capituler quelques semaines plus tard. Voy. pour tous ces détails le récit détaillé de Strobel et Engelhardt, ou celui de M. Seinguerlet.

A cette crise dangereuse devait correspondre et correspond en effet une recrudescence de mesures révolutionnaires. Huit représentants en mission, réunis momentanément à Strasbourg, y créent, le 15 octobre, le fameux tribunal révolutionnaire, que présidera l'ex-chanoine Taffin, et près duquel Euloge Schneider fonctionnera comme commissaire civil (1). Quelques jours plus tard, nous voyons introduire les cartes de civisme, obligatoires pour tous les citoyens ; on décrète l'arrestation de tous les suspects et les visites domiciliaires nocturnes. Puis, le 1er novembre, Saint-Just et Lebas frappent un impôt forcé de neuf millions de livres sur les riches ; ils réquisitionnent deux mille lits, dix mille paires de souliers, dix mille manteaux, qui vont pourrir, en majeure partie, dans les magasins de l'Etat, quand ils ne sont pas scandaleusement dilapidés par des fonctionnaires infidèles. Dans leur frénésie dictatoriale, les proconsuls de la Convention, multipliant les mesures de rigueur, vont jusqu'à menacer les citoyens qui leur adresseraient des suppliques de plus de

---

(1) *Livre Bleu*, I : Copie exacte du soi-disant protocole, etc.

dix lignes, de les traiter „comme suspects de vouloir interrompre le cours de la Révolution" (1). La terreur des uns, la bonne volonté patriotique des autres mettaient ainsi des ressources précieuses au service de la république en danger; mais la plupart de ces exorbitants arrêtés et de ces proclamations emphatiques étaient parfaitement inutiles pour atteindre ce résultat, en même temps qu'injurieux au dernier point pour le civisme des habitants de Strasbourg; ils ne les ont jamais pardonné à leurs auteurs et ils avaient raison. Quand on étudie de plus près et de sang-froid toutes ces agitations théâtrales, on s'affermit toujours davantage dans la conviction que ce n'est pas à elles que la France dut alors son salut; l'on éprouve le besoin de protester, au nom de la vérité historique, contre la légende toujours encore répétée, qui, de ces épileptiques révolutionnaires, a fait des héros antiques ou de grands hommes d'Etat.

Parmi les mesures, décrétées alors par les commissaires de la Convention, ou prises sous leur impulsion directe, nous n'avons à mentionner que celles qui se

---

(1) *Livre Bleu*, I, n° XXXV.

rapportent aux questions ecclésiastiques. Dans la matinée du 15 octobre, le nouveau maire, le Savoyard Monet, faisait fermer le Temple-Neuf, pour le transformer en magasin de fourrages (1) ; puis, quelques jours après, l'église de Saint-Guillaume et celle de Saint-Pierre-le-Jeune étaient saisies à leur tour, sous des prétextes analogues. Une interdiction formelle du culte n'avait pas encore eu lieu, mais elle ne devait pas se faire attendre. Ne se sentant pas absolument sûr de pouvoir manier à son gré la majorité des Jacobins de Strasbourg, puisqu'il ne comprenait ni ne pouvait parler leur langue, Monet avait conçu le projet, fort goûté des représentants en séjour, d'amener à Strasbourg un corps de *missionnaires* de la Révolution, qui chaufferaient l'esprit public et lui serviraient, personnellement, de gardes-du-corps dévoués. Il recruta, sans grandes difficultés, dans les clubs patriotiques de la Moselle, de la Meurthe, des Vosges, du Doubs, de la Haute-Saône et autres départements limitrophes, une soixantaine d'individus, attirés par l'appât d'une haute-paye,

---

(1) Friesé (V, p. 268) raconte cette fermeture comme témoin oculaire.

d'un bon logis et d'un couvert assuré, comme aussi par l'honneur d'un rôle politique à remplir. Teterel (le ci-devant M. de Lettre), de Lyon; Moreau dit Marat, Richard, l'ex-prêtre Delattre, de Metz, et l'ex-prêtre Dubois, de Beaune, étaient les plus marquants d'entre les personnages de la *Propagande*. „Affublés d'un costume particulier, disait d'eux quelques mois plus tard un homme qui les connaissait bien, l'un des plus ardents jacobins de Strasbourg, le „sans-culotte" Massé, en grande robe, longs sabres attachés pardessus, en moustaches et en bonnets rouges, ils se promenaient dans les rues, passaient les troupes en revue, les haranguaient et se proclamaient partout les patriotes par excellence, la crème des révolutionnaires et les sauveurs du département du Bas-Rhin" (1). On les logea au ci-devant Collège national, le général Dièche leur fournit une garde de douze hommes, des ordonnances à cheval pour leurs dépêches, et la municipalité se fit un devoir de satisfaire aux réquisitions multiples adressées

---

(1) *Livre Bleu*. I, p. 187, n° CII: Histoire de la Propagande et des miracles qu'elle a faits.

par ces apôtres gourmands à l'Hôtel-de-Ville (1).

Cette troupe de zélotes devait poursuivre à Strasbourg une double mission. D'abord ils voulaient nationaliser ou, comme on disait alors, *franciliser* l'Alsace, encore beaucoup trop allemande au gré de certains conventionnels (2). Mais, en second lieu, ils venaient travailler à „déraciner le fanatisme", à faire disparaître les derniers restes de l'exercice public d'un culte antérieur, pour les remplacer tous par celui de la Nature et de la Raison. Ils firent, dès leur arrivée, les motions les plus singulières et les plus violentes au Club des Jacobins. Les uns d'entre les *propagandistes* voulaient opérer l'union rapide des races et des religions en forçant juifs et chrétiennes à s'épouser ; les autres demandaient que tout ecclésiastique qui ne se *déprêtriserait* pas dans les vingt-quatre heures fût mis au cachot ; d'autres encore se répandaient en

---

(1) Le texte même d'un certain nombre de ces réquisitions est reproduit au *Livre Bleu*, T. I, n° XLII.

(2) Dissertation sur la francilisation de la ci-devant Alsace, par Rousseville. (Strasbourg) Levrault, 1ᵉʳ ventôse an II, 16 p. 8°. C'est une des plus curieuses et des plus caractéristiques productions de ce temps.

violentes invectives contre le fondateur du christianisme. Les Jacobins strasbourgeois d'origine protestante, politiques exaltés, mais n'ayant pas absolument désavoué tout sentiment religieux, étaient choqués de ces déclamations à la fois grossières et frivoles. Le brave cordonnier Jung, quoique nouvellement appelé au Conseil municipal par les commissaires de la Convention eux-mêmes, ne put s'empêcher de prendre contre eux, en plein club, la défense de l'honnête sans-culotte Jésus-Christ (1).

Sans doute qu'au fond du cœur, Euloge Schneider lui-même était exaspéré d'avoir à renier des croyances si hautement affirmées par lui, naguère encore, pour rester au niveau de son ancienne popularité. Mais il lui était difficile de ne pas s'exécuter, car ces démagogues nouveaux-venus le dépassaient déjà, malgré les éloges qu'il prodiguait aux immolations les plus inutiles (2). Aussi

---

(1) Butenschœn, le collaborateur de Schneider, l'applaudissait dans l'*Argos* du 22 brumaire (12 nov. 1793). et déclarait que « le Christ était aussi honnête et loyal que le citoyen Jung. »

(2) Le 22 octobre 1793, il s'écriait en parlant de Marie-Antoinette, dans l'*Argos*, avec une joie sinistre : « Elle doit être arrivée actuellement aux Enfers ! »

ce serait trop dire que d'affirmer que l'ex-vicaire épiscopal essaya de lutter contre le courant anti-religieux qui dominait alors à Strasbourg ; il était trop pusillanime et trop ambitieux pour remonter un courant quelconque. Pendant quelques semaines, il se borne pourtant à traiter les questions politiques, tâtant, pour ainsi dire, le pouls à l'opinion publique et ne voulant pas se compromettre ou se déshonorer par une abjuration sans retour. Il masque, il est vrai, ses hésitations par des sorties violentes. „On ne peut pas dompter les tigres, écrivait-il dans l'*Argos*. Et nos tigres qui sont-ils ? Ah, ce sont les prêtres, les ci-devant, les égoïstes ! Mais votre heure dernière est arrivée, prêtres fanatiques ! Le Dieu, que depuis si longtemps vous provoquiez, a remis sa foudre vengeresse entre les mains du peuple, et celui-ci vous traitera avec justice, mais sans pitié" (1). Il hésite toujours ; racontant, par exemple, dans son journal comment le conventionnel Fouché, l'ex-oratorien trop connu, en mission dans la Nièvre, vient d'y défendre tout culte public, et de faire détruire images saintes, crucifix et confes-

---

(1) *Argos*, 10 du 2e mois (31 octobre) 1793.

sionnaux, il se demande bien : „Strasbourg imitera-t-il cet exemple?" mais il ne s'explique nullement à ce sujet (1).

Plus curieuse encore par ses réticences est, à cet égard, la correspondance qu'il imagine entre la Cathédrale de Strasbourg et celle de Fribourg. „Pourquoi fais-tu tant de vacarme? demande la tour brisgovienne, en entendant résonner le tocsin strasbourgeois qui déclare la patrie en danger. Le Roi Très Chrétien est-il venu chez vous? Ou bien est-ce notre Saint-Père le Pape? Vos juifs et vos protestants se sont-ils convertis? Toutes les jeunes filles de Strasbourg sont-elles devenues religieuses ou bien encore les femmes ne prennent-elles plus leur café l'après-midi?" Voici ce que répond à ces questions saugrenues la vieille basilique alsacienne :

„Citoyenne Cathédrale (2),

„J'ai carillonné parce que je suis républicaine et tu ne m'as pas comprise parce que tu es esclave. Voici ma réponse à tes sottes questions: Le roi

---

(1) *Argos*, 26 octobre 1793.
(2) Dans l'original allemand, la lettre est adressée au *Bürger Münsterthurm*. (*Argos*, 12 du 2ᵉ mois [2 novembre] 1793.)

très-chrétien n'a plus de tête, le saint-père plus de mains ; non seulement les juifs et les protestants, mais la nation tout entière s'est convertie aux *Droits de l'Homme*. Nos filles, grâce à Dieu, n'ont aucun penchant pour la vie monastique... Mais j'ai carillonné aussi pour l'enterrement de tous les despotes ; j'ai annoncé notre Révolution à l'Allemagne et quand je prendrai de nouveau la parole, toute la terre tremblera. Par les cendres du grand Erwin, qui nous créa toutes deux, je te somme d'éveiller les peuples de la Germanie, de les appeler à revendiquer leurs droits éternels. L'heure est venue ; pourquoi tardent ils encore ?"

Il n'y a pas, dans tout cet article, qui s'y prêtait pourtant, une allusion à la situation religieuse. Encore le 9 novembre, dans un autre travail, intitulé : „Est-il possible aux prêtres de devenir raisonnables?" Schneider, tout en usant d'un langage brutal dans son dialogue, probablement fictif, avec l'abbé Kæmmerer, son ancien collègue, essaie plutôt d'engager les exaltés à conserver les prêtres vraiment éclairés et vraiment patriotes (1). Son travail est presque

---

(1) *Argos* du 19 brumaire (9 novembre 1793). Schneider rencontre Kæmmerer venant du

une apologie, quand on le compare au langage qui se tenait à ce même moment au Club des Jacobins, tel que le rapporte leur procès-verbal : „Un membre monte à la tribune et annonce que la dernière heure des prêtres constitutionnels est venue. La Société, impatiente depuis longtemps de voir le sol de la liberté purgé de cette vermine, s'associe aux vues de l'orateur et approuve les moyens proposés par lui" (1). Ces moyens proposés pour la destruction de la „vermine", nous allons les voir à l'œuvre ; ils peuvent d'ailleurs se résumer en un seul : l'abus de la force brutale.

Les représentants du peuple près l'armée du Rhin ouvrirent l'attaque par un arrêté du 17 brumaire (7 novembre), qui ordonnait la destruction de tous les symboles religieux. Deux jours plus tard, la Commission provisoire du département du Bas-Rhin interdisait tout

---

corps-de-garde en uniforme, et le supérieur du Séminaire dit en riant à son collègue : « J'ai le bon Dieu dans ma giberne », puisqu'il veut aller porter le viatique à un mourant. A la fin de la conversation, Schneider dit à Kæmmerer : « Je te pardonne d'être prêtre ; si nous devons en avoir, je souhaite qu'ils te ressemblent tous ! »

(1) Heitz, Sociétés politiques, p. 291.

acte d'un culte quelconque „pendant la guerre" (1). Les autorités se sentaient encouragées à des actes de ce genre par les démarches d'une partie du clergé lui-même. Voici, par exemple, ce que l'abbé Jean Scherer, vicaire constitutionnel de Bischheim-au-Saum, écrivait à l'évêque Brendel, à la date du 7 novembre : „Citoyen, trop longtemps j'ai appartenu, contre mon gré, à la horde noire des prêtres; il est temps que je m'en arrache pour devenir tout à fait homme. Je vous invite donc à me rayer de la liste de vos aveugles idolâtres. Votre concitoyen Jean Scherer" (2). Nous allons en entendre encore bien d'autres, parlant le même langage, et si l'on ne savait pas toute l'influence du milieu sur les esprits vulgaires et les volontés faibles, on serait saisi d'un violent mépris pour la majorité de ce clergé constitutionnel, si prêt à se stigmatiser lui-même comme un troupeau des pires hypocrites. Mais il est permis

---

(1) On peut voir dans ces derniers mots comme un sentiment de pudeur, empêchant de nier d'une façon définitive une des libertés élémentaires garanties par la Constitution républicaine.

(2) *Argos*, 29 brumaire (19 nov. 1783). On y cite aussi quelques passages, vraiment topiques, de son dernier sermon.

de croire que beaucoup de ses membres n'ont été que lâches et que, s'ils renièrent si bruyamment leurs convictions antérieures, c'était pour écarter plus sûrement de leur côté les dangers nullement imaginaires qui menaçaient alors tout ce qui, de près ou de loin, avait vécu de l'autel.

L'un des administrateurs du district de Strasbourg, nommé Daum, publiait également, en ces jours agités, une *Instruction aux gens de la campagne sur l'arrêté du 17 brumaire*, qui montre bien l'esprit dominant dans le parti victorieux. Après s'être félicité d'abord de la disparition de „Louis le Rogné" (*der Abgekürzte*), Daum continuait en ces termes : „Maintenant c'est le tour des calotins et de toutes les belles choses qui viennent de ces tristes sires. Tous les hommes raisonnables se refusent à tolérer plus longtemps des prêtres et veulent détruire les derniers restes d'un fanatisme scandaleux. Toutes les personnes intelligentes rient au nez d'un calotin et lui déclarent catégoriquement que son métier consistait surtout à tricher les gens et à changer ses ouailles en bêtes brutes.... Il faut bien que vous compreniez tout cela, puisque les citoyens instruits vous répéteront tous cette même vérité, puisqu'ils vous la crieront aux oreilles, et qu'au besoin l'on raccourcira les têtes trop têtues pour vouloir la saisir. Il n'y a qu'une seule religion, qui est de ressembler à Dieu, en faisant le bien, d'aimer ses frères, de ne point tromper ni mentir, de défendre la liberté et l'égalité ; il n'est pas d'autres autels que celui de la patrie. Toutes les simagrées (*Firlefanz*) ecclésiastiques doivent cesser, les prêtres doivent devenir de bons pères de famille, des hommes. J'inviterai prochainement tous les prêtres du district à se marier (1). S'il surgissait des obstacles de ta part (Daum parle au peuple des campagnes), ou de celle des calotins, la guillotine, le tribunal révolutionnaire et l'armée révolutionnaire te mettraient bien vite au pas !" (2).

Au moins les paysans de nos campagnes ne pouvaient se plaindre désor-

---

(1) Un décret de la Convention du 25 brumaire allait déclarer que les prêtres mariés n'étaient exposés ni à la réclusion ni à la déportation. Ce décret, promulgué à Strasbourg, le 14 frimaire, détermina plus d'une vocation matrimoniale.

(2) *Unterricht über den Schluss der Repräsentanten... für die Leute auf dem Lande.* 20 brumaire. Placard in-folio sans nom d'imprimeur.

mais qu'on leur parlât un langage inintelligible. Ces paroles étaient suffisamment claires ; mais qu'elles devaient navrer les esprits modérés et confiants qui avaient travaillé naguère à gagner les populations rurales réfractaires aux idées nouvelles et qui voyaient maintenant se réaliser à la lettre toutes les prédictions pessimistes des défenseurs de l'ancien régime! S'il est un motif qui doive rendre odieux aux partisans de la liberté véritable, tous ces extravagants révolutionnaires, c'est l'acharnement aveugle avec lequel ils se sont appliqués à réaliser les pires prophéties des champions de la contre-révolution, et par conséquent à justifier toutes ses paroles haineuses et à réhabiliter, pour ainsi dire, ses actes les plus provocateurs.

Le 25 brumaire (15 novembre) le corps municipal reproduisait la défense du département relative à l'exercice d'un culte quelconque ; il interdisait notamment les sonneries des trompettes sur la plate-forme de la Cathédrale et l'emploi des cloches restées dans les églises (1). Bientôt aussi les presbytères

---

(1) Corps municipal, procès-verbaux, 25 brumaire an II.

des communes qui ont renoncé au culte public, sont „consacrés au culte de l'humanité souffrante" (1). Le 27 brumaire, un article de l'*Argos*, intitulé *Les Prêtres salariés*, marquait le passage définitif de Schneider dans le camp des novateurs. „Le culte et la morale, disait cet article, n'ont absolument rien de commun. Ces messieurs noirs devraient avouer eux-mêmes que la pure morale est tout et que le reste n'est que tromperies et simagrées ridicules.... Gardons donc la morale et que le reste s'en aille à tous les diables! Venez, prêtres, dépouillez le vieil Adam et devenez hommes! La nature vous récompensera de vos sacrifices, sinon, restez des bêtes brutes et dévorez la paille et le foin théologiques jusqu'à ce que les nécessités de l'existence aient eu raison de votre obstination!" (2).

Tout ce que nous venons de voir et d'entendre jusqu'ici sont les déclarations d'une guerre à mort aux différentes formes du christianisme, plutôt que des

---

(1) Décret de la Convention promulgué à Strasbourg, le 11 frimaire an II.

(2) *Argos*, 26 brumaire an II. Il est vrai qu'on ne sait pas si l'article est de Schneider ou de Butenschœn, mais la suite de notre récit montrera que Schneider avait pris son parti.

tentatives d'organisation d'une religion nouvelle. Ces tentatives se produisent pour la première fois dans une séance de la municipalité du 27 brumaire (17 novembre). Le maire Monet y propose à ses collègues d'annoncer solennellement aux citoyens qu'à l'avenir le *decadi* sera le seul jour de repos, et de destiner un bâtiment public à la célébration du culte national. Le decadi prochain, 30 de ce mois, lui semble tout désigné pour cette cérémonie, et il demande au Conseil de choisir dans son sein une commission pour fixer les détails de la cérémonie. Le corps municipal, „applaudissant à la proposition du maire, arrête que l'édifice de l'église cathédrale sera destiné à servir à la célébration du culte national, et que cette fête sera notifiée aux citoyens par un avis imprimé dans les deux langues. Les commissaires désignés pour ordonner la fête sont les citoyens Martin et Bierlyn" (1).

Le procès-verbal de cette séance, qui marque une date mémorable dans les annales religieuses de Strasbourg, porte les signatures autographes des citoyens

---

(1) Corps municipal, procès-verbaux, 27 du 2ᵉ mois, an II.

Butenschœn, Gerold, Grimmer, Martin, Mertz, Schatz et du greffier Rumpler (1). Monet, quoique présent à la séance, ne l'a point signé.

Les meneurs du club des Jacobins avaient pris leurs mesures pour mettre immédiatement à profit ce vote, facile d'ailleurs à prévoir. Il s'agissait en effet de ne pas manquer l'effet de la fête du 30 brumaire, et, pour cela, de gagner d'avance les uns et d'effrayer les autres par un déploiement considérable des forces révolutionnaires. Les députés plus ou moins réguliers d'une série de sociétés populaires, celles de Beaune, Châlon-sur-Saône, Lunéville, Phalsbourg, Pont-à-Mousson, Nancy, Sarrebourg. etc., séjournaient alors à Strasbourg. Ils avaient demandé déjà la convocation d'une assemblée générale des autorités constituées et de la Société des Jacobins, dans le plus vaste local de la cité, pour y procéder à une de ces scènes de fraternisation théâtrales que la Fédération de 1790 avait mises autrefois à la mode, mais qui contrastaient maintenant d'une façon si lugubre avec

---

(1) Il ne faut pas confondre le greffier Henri-Ignace Rumpler avec son fougueux homonyme, l'abbé Rumpler, dont nous avons déjà souvent parlé.

la haine profonde des partis, acharnés à s'entre-détruire. Le moment sembla propice aux meneurs pour s'emparer de la Cathédrale. Le mot d'ordre circule dans les sections, et, à trois heures de l'après-midi, quelques heures seulement après le vote du corps municipal, le tocsin convoque les citoyens de Strasbourg en assemblée générale. La nef de la Cathédrale se remplit d'une foule d'adeptes et de simples curieux, et à quatre heures les autorités, la Propagande, le Club, ouvrent la séance „au milieu de la masse du peuple, qui se presse dans l'enceinte de cet édifice" (1).

Monet commence par remercier les frères des départements voisins „d'être venus partager les dangers de cette frontière et nous développer les principes de la Révolution pour porter les départements du Rhin à la hauteur des circonstances." Puis les orateurs du dehors et ceux de la Société populaire alternent „pour présenter au peuple des considérations patriotiques sur les égarements du despotisme et de l'ignorance, sur les attentats des meneurs perfides

---

(1) Tous les détails qui suivent sont tirés du « Procès-verbal de l'Assemblée générale... réunie au Temple de la Raison, le 27 jour (*sic*) de l'an II.» Strasbourg, Dannbach, 8 p. 8°.

qui le conduisent à sa perte. Pour rendre ce peuple à la raison, à la philosophie, il faut déchirer le bandeau du fanatisme dont l'ignorance ceint doublement les esprits sur cette frontière. Le prêtre a toujours été d'accord avec le tyran pour enchaîner le genre humain, abusant du nom du ciel pour empêcher l'homme d'user des droits de la nature. L'ambition et l'intérêt ont créé tous les dogmes dont les prêtres ont fasciné l'imagination des hommes. Il n'en est aucun qui soit de bonne foi, à moins qu'il ne soit un imbécile; tous ne sont que d'habiles charlatans dont il est temps de détruire le prestige; celui du prêtre assermenté n'est pas plus respectable que celui du réfractaire. Le ministre d'aucun culte ne pourra prouver qu'il est vraiment l'ami de la Liberté et de l'Égalité qu'en apportant sur l'autel de la Raison et de la Philosophie les titres que la superstition avaient inventés et en faisant l'aveu que leurs dogmes sont autant d'impostures."

Ces vérités, „développées avec le caractère brûlant du patriotisme, ont été vivement applaudies", dit le procès-verbal officiel. Les orateurs français, affirme-t-il, ont été souvent interrompus par les acclamations du Peuple. Un officier municipal s'est fait entendre ensuite en allemand. Il a éveillé le même enthousiasme en affirmant que l'Être suprême n'a d'autre temple digne de lui que l'Univers et le cœur de l'homme de bien. Si réellement les mêmes acclamations ont salué la profession de foi du Vicaire Savoyard et l'exposé des doctrines matérialistes d'un Helvétius et d'un d'Holbach, nous en devrons conclure que le bon „Peuple" de Strasbourg avait encore fort à faire pour débrouiller le chaos des systèmes philosophiques qui devaient assurer son bonheur.

Toutes ces belles harangues n'étaient cependant que le prélude de l'action véritable, la *parade* extérieure, s'il est permis de s'exprimer avec autant d'irrévérence sur le compte d'aussi marquants personnages. On visait, en effet, un but précis, et la foule une fois *allumée*, les meneurs du club allaient l'atteindre. L'un des membres de la Propagande se lève et demande „que le Peuple énonce son vœu sur les prêtres". Le procès-verbal raconte qu'il „a été consulté dans les deux langues et que des acclamations générales ont annoncé qu'il n'en voulait plus reconnaître". Le citoyen maire monte à la tribune pour recevoir ce serment au milieu des cris de joie, et il augmente encore l'enthousiasme en annonçant qu'au prochain jour décadaire on consacrerait le lieu de la séance à un Temple de la Raison. La partie est gagnée désormais, et le président peut même se hasarder jusqu'à demander „si quelqu'un avait à proposer des réclamations". — „Personne n'a voulu en faire", raconte naïvement le procès-verbal, et nous ne serons pas assez cruels pour nous étonner de sa candeur.

On comprend qu'après avoir fait de si bonne besogne, l'Assemblée se soit levée remplie d'allégresse et que son „cortège majestueux" se soit déroulé, au chant de l'Hymne à la Liberté, à travers les rues de Strasbourg, jusqu'au local de la Société populaire, où les discours reprennent et où „l'on a répété les maximes éternelles qui avaient électrisé le Peuple au Temple de la Raison". Les transports de la joie y ont été si violents — c'est toujours notre procès-verbal qui l'affirme — „qu'il n'a été possible de suivre aucune délibération, et que tous se sont retirés chez eux avec la joie qu'inspire un événement aussi important. Elle s'est terminée par une illumination générale et spontanée qui a terminé cette belle journée".

C'est ainsi que se passa „le grand jour de la préparation" et cette „fête comme jamais encore Strasbourg n'en avait célébré dans le domaine religieux"; pour la première fois „les voûtes de l'antique Cathédrale avaient retenti de paroles inspirées par la Raison pure", et les plus endurcis avaient versé des larmes quand au milieu des ténèbres, rendues plus opaques par un petit nombre de lumières, des milliers de voix avaient entonné le refrain : Amour sacré de la patrie ! (1). Il y a quelque trace d'un véritable enthousiasme dans ce compte rendu de l'*Argos*, rédigé sans doute par Butenschœn, et l'historien scrupuleux ne se permettra pas de nier absolument la bonne foi d'un certain nombre de ceux qui versèrent ces larmes de joie en croyant assister a la „chute définitive du fanatisme". Pour les principaux meneurs du parti cependant, l'excuse d'une „foi athée" et d'un „apostolat de la Raison" paraît bien difficile à soutenir ; ils ne voyaient dans ces scènes à effet qu'un moyen d'établir ou de consolider leur pouvoir, et leurs convictions philosophiques d'aujourd'hui ne furent ni plus fermes ni plus constantes que

---

(1) *Argos*, 29 brumaire (19 nov. 1793).

n'avaient été leurs convictions religieuses de la veille.

C'est avec une confiance entière dans la réussite de son œuvre, que la commission chargée d'organiser la fête du 18 brumaire pouvait désormais se livrer à son travail. Elle décida d'abord que les autorités constituées n'y assisteraient pas comme telles; sans doute qu'on craignait trouver dans leurs rangs trop de récalcitrants, même parmi les Jacobins convaincus (1). Elle arrête de plus que les murs de la Cathédrale seraient ornés des tableaux allégoriques que „les sans-culottes de Zürich ont envoyé, il y a trois cents ans, aux sans-culottes de Strasbourg". Bizarre réminiscence du *Hirsebrei* historique, apparaissant au milieu de scènes si différentes! (2).

Le corps municipal, de son côté, employa les quelques jours qui le séparaient de la grande manifestation dont s'entretenait la ville entière, pour frap-

---

(1) En parcourant les signatures du procès-verbal que nous avons largement extrait tout à l'heure, on constate combien grand est le nombre des absents parmi les représentants du Département, du District et de la Municipalité.

(2) Corps municipal, procès-verbaux, 28 brumaire an II (18 nov. 1793).

per un coup, destiné à impressionner vivement les masses populaires, tant de la ville que de la campagne. Le 28 brumaire, il prenait connaissance d'un réquisitoire du procureur-syndic provisoire du district, réclamant des punitions sévères contre les imprimeurs Lorenz et Schuler, dont le calendrier pour 1794 renfermait encore la phrase stéréotype: „Par ordre supérieur on célébrera dans toute l'Alsace les grandes fêtes suivantes" (1). L'imprimeur J. H. Heitz est également incriminé et mérite, lui aussi, une réprimande sévère, puisque dans son almanach il emploie encore les termes prohibés de Haute et de Basse-Alsace (2). Le procureur de la commune, le citoyen Schatz, annonce qu'il a fait saisir déjà par la police toute l'édition de l'almanach de Schuler, soit environ douze mille exemplaires. Le Corps municipal, après avoir approuvé cette première saisie, arrête qu'on fera confisquer également les almanachs de Heitz, qui donnent l'ère ancienne et

---

(1) Le calendrier publié par Lorenz et Schuler était l'ancien Almanach de Welper.

(2) Le calendrier publié par Heitz était le *Alter und neuer Schreibkalender*, qui datait, lui aussi, du XVIIe siècle, et avait été imprimé jusqu'en 1740 par la veuve Pastorius.

que, par affiches apposées dans les rues, on invitera les citoyens à rapporter à la Mairie les exemplaires de ces calendriers déjà achetés par eux, afin qu'ils y soient immédiatement détruits (1). En effet, le citoyen Grimmer, administrateur de la police, faisait afficher, le jour même, un avis dans les deux langues, portant cet ordre à la connaissance des bons bourgeois et des bonnes femmes de Strasbourg, qui ne s'étaient pas encore aperçus sans doute du danger que leur *Messager boiteux* faisait courir à la chose publique (2).

Enfin le grand jour arriva. „Le peuple de Strasbourg avait abjuré dans une assemblée publique toutes les superstitions; il avait déclaré solennellement et librement qu'il ne voulait plus reconnaître d'autre culte que celui de la Raison, d'autre religion que celle de la Nature. Il annonça à ses magistrats que son intention était de célébrer la divinité qu'il venait de substituer à ses idôles anciennes et ridicules" (3). Dès le

---

(1) Corps municipal, 28ᵉ du 2ᵉ mois (19 nov. 1793).

(2) Placard petit in-fol. dans les deux langues, sans nom d'imprimeur.

(3) Cette citation et toutes les suivantes sont prises dans le procès-verbal officiel, intitulé:

matin, les jacobins ardents affluaient au local de leurs séances, accompagnés de citoyennes, „amies de la République", vêtues de blanc et portant le bonnet de la liberté. „Cet habillement simple rendait chez elles les charmes de la nature bien plus puissants que les ornements empruntés d'un luxe corrupteur."

Vers neuf heures du matin, le cortège se mit en marche. A sa tête on portait le buste de Marat, entouré de faisceaux et de piques, ornées de rubans tricolores. Les „citoyennes" ouvraient le défilé, suivies par les patriotes de tout rang et les délégués des Sociétés populaires du dehors. En passant devant la demeure des représentants en mission, le citoyen Baudot vint se mêler à la foule pour „participer à l'un des premiers hommages rendus, depuis l'existence du monde, à la Vérité". Après avoir encore pris à la Mairie les autorités constituées, tant civiles que militaires, la foule se porta, „au son d'une musique guerrière et en répétant mille fois les chants de la

---

« Description de la fête de la Raison, célébrée pour la première fois à Strasbourg, le jour de la 3e décade de brumaire de l'an II de la République. » Strasbourg, Dannbach, 16 p. 8°.

liberté", vers la Cathédrale, ou, pour parler d'une façon plus correcte, vers le Temple de la Raison.

„Ce temple, dit le récit officiel, avait été pendant quinze siècles le théâtre de l'imposture. A la voix de la Philosophie, il fut purifié en trois jours de tous les ornements ridicules qui servaient aux cérémonies du fanatisme. On ne voyait plus la moindre trace de superstition." Il n'en coûta pas trop cher à la caisse de „la fondation ci-devant Notre-Dame", car les frais de cette destruction systématique de tous les ornements d'église de la Cathédrale ne s'élevèrent qu'à la somme de 393 livres 10 centimes, certifiée exacte par les inspecteurs des bâtiments de la Commune (1). Mais qui saura jamais exactement pour combien de milliers de livres furent alors brisés, démolis ou volés des objets d'arts et des antiquités précieuses!

Sur le grand portail de la façade, dont les statues n'avaient pas encore disparu, on avait dressé un écriteau portant ces mots : „La lumière après les ténèbres." Un gigantesque drapeau

---

(1) Corps municipal, procès-verbaux, 21 frimaire (11 décembre 1793).

déroulait ses plis au-dessus de l'entrée (1). Au fond du chœur s'élevait un échafaudage en planches, représentant, plus ou moins exactement, une montagne. Au sommet de celle-ci se trouvait la statue de la Nature et celle de la Liberté qui s'élançait vers elle. „A leur côté l'on voyait deux génies dont l'un foulait aux pieds des sceptres brisés et l'autre tenait un faisceau, lié par un ruban tricolore, symbole des quatre-vingt-cinq départements réunis, appuyé sur la tête du fanatisme, étendu à ses pieds."

„La montagne était escarpée de rochers; quelques-uns semblaient s'être détaché tout récemment de sa cîme et on voyait que quelque catastrophe terrible s'était nouvellement passée dans son sein. Des monstres à face humaine, des reptiles à demi ensevelis sous les éclats de rocher, semblaient se débattre sous ces ruines de la nature. Ces monstres portaient avec eux les attributs de ce qu'ils furent autrefois, des

---

(1) Il devait être de bonne taille, puisqu'on paya 76 livres 15 sols au citoyen Jean Krafft, tapissier, et 12 livres au citoyen Jean-Jacques Krieg, menuisier, qui l'avaient fourni. Corps municipal, procès-verbaux, 21 frimaire (11 décembre 1793).

livres où on lisait des erreurs, des encensoirs, des poignards. Là on voyait des prêtres de toutes les sectes : des rabbins avec les feuilles lacérées du Talmud, des ministres catholiques et protestants qui semblaient se charger encore de leurs anathèmes réciproques. Parmi ces prêtres on en remarquait un surtout, couvert d'un costume religieux, cachant la perversité de son âme sous les dehors de la pénitence et cherchant à séduire l'innocence d'une jeune vierge qu'il voulait corrompre. Plus bas les mêmes hommes étaient encore désignés sous la figure d'un animal immonde, couché dans la fange et levant cependant une tête altière.

„Au bas de la montagne était un marais d'où semblaient s'élever des exhalaisons impures. On y remarquait deux autres monstres au visage abattu, à l'œil étincelant, qui jetaient des regards terribles vers le sommet de la montagne, comme pour l'accuser de leur malheur. L'un d'eux portait dans ses mains une couronne teinte de sang, l'autre cachait un livre ouvert où on lisait, à travers ses doigts, des mensonges et des horreurs."

Nous avons reproduit dans son ensemble la description du procès-verbal officiel, n'ayant trouvé nulle part des renseignements plus clairs sur cette bizarre peinture, qui caractérise admirablement, par ses détails, la haine antireligieuse et le mauvais goût des organisateurs de la fête. Evidemment il ne saurait être question ici d'une création *plastique,* qui aurait coûté un temps infini et des sommes considérables. Même si l'on admet qu'il s'agit uniquement d'une espèce de décor de théâtre, brossé rapidement par quelques-uns des artistes jacobins que possédait alors Strasbourg (1), il faudrait admettre qu'on y travailla longtemps avant la décision officielle de la municipalité, relative à la fête. Ce serait une preuve de plus que le coup fût monté de longue main.

L'intérieur de la nef était orné de drapeaux tricolores. La chaire de Geiler avait été démolie — heureusement avec les précautions nécessaires — et remplacée par une large tribune où flottaient également des bannières nationales. L'une portait en lettres d'or

---

(1) On peut admettre aussi, si la tâche artistique paraissait trop compliquée pour nos futurs iconoclastes, une espèce de tableaux vivants, tous ces personnages allégoriques étant représentés par des figurants de bonne volonté.

cette sentence : „Le trône et l'autel avaient asservi les hommes", l'autre : „La raison et la force leur ont rendu leurs droits." Quand la foule se fut groupée sur de vastes gradins étagés le long des murs, un orchestre nombreux se fit entendre, puis le „Peuple" entonna l'*Hymne à la Nature:*

« Mère de l'Univers, éternelle Nature,
« Le Peuple reconnaît ton pouvoir immortel :
« Sur les pompeux débris de l'antique imposture
« Ses mains relèvent ton autel.
« Par ton culte fleurit la vertu, le génie,
« Et l'homme n'est heureux que par tes douces lois ;
« Conduit par la douleur au terme de la vie.
« Il renaît encore à ta voix.

« Venez, juges des rois, l'Europe vous contemple ;
« Venez, sur les erreurs étendez vos succès :
« La sainte Vérité vous conduit en ce temple
« Et s'y fixera pour jamais » (1).

Quand les dix mille chanteurs — c'est le chiffre indiqué par notre procès-verbal — eurent terminé ce chant „d'un accord majestueux et sublime", le maire Monet gravit les degrés de la tribune pour leur exposer le véritable esprit du culte qu'ils devaient professer

---

(1) Culte de la Raison. Hymne à la Nature. Strasb., Dannbach, 4 p. in-18.

désormais, maintenant qu'ils étaient affranchis de l'esclavage, après avoir été si longtemps „enterrés vivants dans une tombe cadavéreuse", maintenant que „le souffle de la liberté purifie une enceinte, où, depuis des siècles, le prêtre façonnait l'homme au crime, à la stupidité, à l'ignorance."

Nous ne saurions reproduire ici ce long et sentimental discours, où se reflète tout l'incroyable désordre d'idées et la phraséologie ridicule qui marqua trop souvent la fin du dix-huitième siècle. Qui sait pourtant si ce tyran imberbe, qui le prenait si haut avec les meilleurs citoyens de Strasbourg, ne fit pas verser de douces larmes à ses auditrices, en suppliant la Nature „de rallumer dans nos cœurs la flamme expirante de la sensibilité", et en lui demandant que „les noms attendrissants de père, d'enfant, d'épouse n'abordent désormais qu'avec un doux frémissement sur nos lèvres"?

Après lui, le citoyen Adrien Boy, chirurgien en chef de l'armée du Rhin, prend la parole pour dire son fait au fanatisme: „L'union fraternelle du despotisme avec les prêtres est l'infâme lien qui nous a tenu pendant des siècles sous la verge de nos oppresseurs... Mais le jour des restitutions est enfin arrivé ; il faut que les fripons de tous les genres disparaissent; il faut que les prêtres rentrent dans le néant; car, en deux mots, à quoi serviraient-ils désormais?... Ce ne sont plus des prêtres, ce ne sont plus des dogmes religieux qu'il nous faut, ce ne sont plus des pratiques superstitieuses, ce sont des vertus sociales... Que des hypocrites intolérants ne souillent plus de leur présence la terre des hommes libres. C'est en les chassant dans les régions étrangères, c'est en extirpant jusqu'au dernier rejeton de cette race infernale que nous pourrons parvenir à éclairer nos frères... Il est temps de demander à la Convention nationale qu'elle consacre ce principe : „Il ne peut exister, dans un Etat libre, un culte salarié par l'Etat." Ceux qui veulent des prêtres peuvent les payer, ceux qui veulent des autels et des saints de bois, peuvent en faire fabriquer et les loger dans leurs maisons..."

Le citoyen Boy s'adresse ensuite aux prêtres républicains, les engageant à se hâter d'abjurer „un métier devenu en éxécration à tous les amis du bon sens et de la vérité"! les jeunes doivent prendre un fusil et courir à la frontière, les vieux doivent tâcher au moins de se rendre dignes par leur attitude de vivre parmi des républicains. „Quant à vous, qui, quoique prêtres constitutionnels, n'êtes ni plus tolérants ni plus vertueux que vos prédécesseurs, prenez garde : La guillotine est en permanence... Unissez-vous à nous, citoyens de Strasbourg, nous voulons vous rendre libres. Il faut le dire, vous vous êtes tenus couchés jusques à présent. Eh bien, levez-vous en révolutionnaires et marchez avec nous ! Point de grâce aux fripons, aux aristocrates, aux intrigants et aux modérés ! S'ils sont connus, la fille de Guillotin leur tend les bras ; nous le demandons, nous le voulons (1)".

Devant des sommations aussi menaçantes et catégoriques, il fallait avoir un courage véritable pour ne pas y obéir. Aussi Schneider n'hésita-t-il pas à faire en ce jour le dernier sacrifice qui lui restait à faire, pour se rendre propices les démagogues révolutionnaires ; mais il le fit sans doute avec une honte secrète, avec la crainte, trop justifiée,

---

(1) Discours prononcé dans le Temple de la Raison, le 30 brumaire, par le citoyen Boy. Strasb., Dannbach, 13 p. in-18.

que ce reniement un peu tardif ne suffirait pas à le sauver. Lui-même n'a point jugé à propos de nous conserver le texte de son discours dans l'*Argos*, et Monet, son rival et son ennemi personnel, ne lui accorde que peu de lignes dans son procès-verbal officiel. „L'accusateur public, dit-il, après avoir fait sentir le ridicule de toutes les religions qui se disent révélées, adressa ces paroles à l'assemblée: Peuple, voici en trois mots toute ta religion: adore un Dieu, sois juste et chéris ta patrie ! Il donna quelques développements de ces principes de la morale universelle, et finit par abdiquer l'état de prêtre qu'il embrassa par séduction et comme victime de l'erreur" (1).

De nouveaux chants se firent entendre, en l'honneur de la Raison, de la Morale sainte et de l'Etre suprême, puis commença le défilé des prêtres, curés et vicaires constitutionnels, moines défroqués, etc., „qui vinrent abjurer leurs erreurs et promettre de ne plus tromper le peuple, en lui annonçant des mensonges auxquels ils décla-

---

(1) On le voit, même à ce moment, Euloge Schneider se refusait à quitter le terrain d'un vague déisme; les metteurs en scène du culte de la Raison ne le lui pardonnèrent pas.

rèrent n'avoir jamais cru eux-mêmes."

Ceux qui ne pouvaient percer la foule, ou qui — nous permettrons-nous d'ajouter — ne se souciaient pas de pousser jusqu'au bout leurs tristes palinodies, remettaient aux représentants de l'autorité leurs déclarations signées et leurs lettres de prêtrise. Parmi ces derniers se serait trouvé l'évêque lui-même, si nous en croyons une allusion de l'*Argos* : „Brendel, l'évêque, remit également ses ridicules paperasses (*papierene Narrenpossen*) pour qu'on les brûlât, mais les folies accumulées sous son crâne ne seront peut-être calmées que par un changement d'air" (1).

Le programme de la fête ne semblait pas épuisé cependant et la Propagande murmurait. „Aucun ministre du culte de Moïse ou de Luther n'a encore paru à la tribune, pour y renoncer à ses pratiques superstitieuses !" s'écrie l'un de ses membres. Le fait était exact ; peu d'ecclésiastiques protestants se trouvaient ce jour-là dans l'enceinte de la Cathédrale (2) et nul d'entre eux ne se sentait poussé vers l'apostasie. Il y en

---

(1) *Argos*, 2 frimaire (22 nov. 1793).
(2) *Ibid.* « *Die grossen Thiere kamen gar nicht, die kleinen sprachen solchen Unsinn dass man sie von der Kanzel jagte.* »

eut un pourtant — et nous regrettons de ne pas connaître le nom de cet homme de cœur — qui n'y put tenir, quand ces cris se firent entendre. Au risque de se faire écharper, il s'élance à la tribune, où sa présence est saluée d'abord par des applaudissements vigoureux. Mais ils s'éteignent comme par enchantement, quand il „prend la parole, non pas pour abjurer les principes monstrueux de l'imposture, mais pour se récrier contre l'intolérance et pour en appeler à l'Evangile, dont le fourbe, dit notre procès-verbal, avait pendant quarante ans défiguré la morale sublime."

„Cet outrage fait à la vérité dans son temple, au moment de l'inauguration de ses autels, ce blasphème contre la raison, prononcé par une bouche accoutumée au sacrilège, fut vengé sur-le-champ. Le déclamateur séditieux fut couvert des huées du peuple, qui, d'une voix unanime, lui cria qu'il ne voulait plus entendre ses maximes erronées, et le força d'abandonner un lieu qu'il profanait par sa présence."

Tous les hommes de bonne volonté ayant enfin abjuré, le représentant du peuple Baudot voulut contribuer aussi, pour sa part, à rehausser l'éclat de la fête. Après avoir „félicité le peuple d'être arrivé à cette époque heureuse, où tout charlatanisme, sous quelque forme qu'il voulût se reproduire, devait disparaître, il annonça que lui-même, en sa qualité de médecin, abjurait une profession qui ne tenait son crédit que de la crédulité et de l'imposture." Inutile d'ajouter que des acclamations réitérées saluèrent cette clôture inattendue de la fête de la Raison.

Après qu'on eût encore brûlé devant l'autel de la déesse „des ossements de saints béatifiés par la cour de Rome et quelques parchemins gothiques", le Peuple, légèrement fatigué par cette séance de trois heures, quitta „l'enceinte sacrée, où il venait d'exprimer ses vœux religieux sans hypocrisie et sans ostentation", pour se rendre sur la place de la Cathédrale, qui allait s'appeler maintenant la place de la Responsabilité. On y avait dressé un immense bûcher „qui consumait, au milieu des cris d'allégresse, les sottises écrites par la folie humaine". Quinze charretées de titres et de documents tirés des archives de l'Evêché, servirent à alimenter les flammes, dans lesquelles fut jetée aussi „l'effigie des despotes et des tyrans ecclésiastiques qui avaient régné dans la ville de Strasbourg et souillé une atmosphère que cet autodafé vient de purifier". On ne saura jamais tout ce que cet acte „symbolique" a détruit de documents précieux pour notre histoire d'Alsace.

Le représentant Baudot, s'arrachant non sans peine à ce spectacle plein d'attraits, se rend encore à la Maison commune où, dans la salle des séances, il procède à l'installation solennelle du buste de Marat. Il y cite aux magistrats présents l'exemple mémorable du dévouement de ce grand homme et les invite à sacrifier leur vie, s'il le faut, pour le bonheur public. Puis la foule, suffisamment haranguée, se répand en chantant dans les rues; elle danse gaiement sur les places publiques, une illumination „spontanée" témoigne partout de la satisfaction générale des citoyens, et dans cette masse immense d'hommes réunis, „l'humanité n'eut pas une larme à répandre et le magistrat ne trouva pas l'occasion de faire usage des pouvoirs de la loi." Ce que le procès-verbal n'ose pas nous raconter, mais ce que nous révèle l'*Argos*, c'est que „l'enthousiasme du Peuple" alla jusqu'à illuminer la guillotine sur la place d'Armes, et que c'est autour de l'instrument terrible, éclairé par les lampions, que jacobins et jacobines dansèrent la Carmagnole jusque bien avant dans la nuit (1), terminant ainsi „cette journée mémorable qui fera époque dans les annales de la philosophie et dans l'histoire du monde".

Il n'est pas difficile de deviner les sentiments qu'éprouvait en réalité la majorité de la population strasbourgeoise en présence de scènes pareilles, mais elle se gardait bien de les manifester, en présence de la „fille de Guillotin" qui lui tendait les bras (2). Quant à la petite église des novateurs, elle était dans l'enchantement. „Le voici donc arrivé, s'écriait Butenschœn, ce jour que rêvaient tous les bons citoyens, devant lequel tremblaient les sots et les méchants! Jamais journée ne fut plus

---

(1) *Argos*, 2 frimaire (22 nov. 1793).

(2) Il est intéressant de constater la proportion tout à fait anormale de noms étrangers qui ont signé le procès-verbal officiel de la *Description;* immigrés de l'Allemagne et immigrés de l'intérieur y dépassent de beaucoup le nombre des Strasbourgeois de naissance. Parmi les premiers, un Prussien, le baron de Clauer; un Holsteinois, Butenschœn; Cotta, de Stuttgart, etc. Pour les seconds, on aurait l'embarras du choix parmi une vingtaine de noms.

sainte, ni plus grande. La seule religion digne d'êtres raisonnables, la religion de la Raison, vient d'être proclamée par un peuple régénéré. Soyez raisonnables et vous serez heureux!" Puis il ajoute cette prophétie, dont il a dû bien rire ou rougir, dix ans plus tard, alors qu'il était recteur de l'Université impériale de Mayence, pour Sa Majesté Napoléon Ier : "Quand un voyageur allemand visitera Strasbourg et demandera où se trouve la Cathédrale, chacun lui répondra avec un sourire: Nous ne connaissons plus ni Cathédrale ni Chapitre de Saint-Thomas; nous fréquentons seulement le Temple de la Raison et la Société populaire. S'il demande : où demeure M. l'évêque, M. le pasteur ?, on lui répondra : Nous ne connaissons pas ces bipèdes-là; mais si vous voulez faire la connaissance des éducateurs du peuple, voici une douzaine de braves sans-culottes! Et je parie que si ce voyageur était le Christ ou Martin Luther, il verserait des larmes de joie et dirait: Voilà ce que je désirais! Voilà ce qui doit être !" (1).

---

(1) *Argos*, 2 frimaire an II.

XX.

L'un des anciens collaborateurs les plus actifs de Brendel et de Schneider à la Cathédrale, l'abbé Kæmmerer, ne se contenta pas d'abjurer ses anciennes erreurs, mais, d'une plume toujours facile, entreprit de se faire le journaliste du culte nouveau, comme il avait été celui des théories constitutionnelles. A quelques jours de là, il lançait dans le public le premier numéro d'une revue allemande, intitulée : *La Religion de la Vertu et de la Raison*, consacré presque exclusivement à la fête du Décadi, „qui doit seule rester sacrée pour nous, le dimanche étant adapté au climat et au caractère de l'Oriental au sang chaud, et non pas au nôtre." L'ex-professeur y déclarait aussi que „quiconque ne renonce pas de cœur à la célébration du dimanche, méprise la loi et blesse la divinité, qui veut l'ordre et l'harmonie" (1).

Si ses explications ne satisfirent pas tout le monde, elles parurent du moins plus que suffisantes aux pouvoirs pu-

---

(1) *Die Religion der Tugend und Vernunft über die Feier der Decaden.* Erstes Heft, von J. J. Kæmmerer. Strassburg, Pfeiffer, 32 p. 18.

blics. Dans la séance du duodi, 2 frimaire an II (22 novembre), le corps municipal prenait la délibération suivante :

„Vu la délibération de la commission provisoire du département, du jour d'hier, par laquelle ladite commission, considérant que la veille la majorité du peuple de Strasbourg a solennellement et librement émis son vœu pour ne plus reconnaître et vouloir d'autre culte que celui de la Raison, d'autre temple que celui qui lui est consacré, et que, laisser exister dans cette cité d'autre culte public que celui de la Raison, serait vouloir propager l'erreur et derechef vouloir asservir un peuple libre sous le despotisme le plus monstrueux, celui du fanatisme; considérant en outre qu'il existe encore différents temples dans cette commune, dans lesquels des sectaires des différents cultes se rendent pour y écouter la doctrine impure et mensongère de prêtres imposteurs et de ministres fourbes ; que tolérer plus longtemps des abus aussi criminels et aussi préjudiciables au triomphe de la liberté, assise sur la base fondamentale de la Raison, serait se rendre complice de nouveaux attentats portés à la liberté du peuple régénéré ; a arrêté que la municipalité de cette ville sera invitée à faire clore tous les temples de cette commune, hormis celui consacré à la Raison et de disposer de ces bâtiments pour le service de la République.

„Ouï le procureur de la commune, la commission a ordonné la communication de la délibération ci-dessus à l'administrateur de la police et à celui des travaux publics, en chargeant le premier de faire clore incessamment les églises, temples, synagogues et autres lieux destinés à un culte public dans cette ville, à l'exception du temple de la Raison...

„Sur l'observation que, pour affermir le culte de la Raison, il serait nécessaire d'établir une instruction suivie, où les citoyens puissent apprendre à connaître et à respecter leurs droits et leurs devoirs, il a été arrêté qu'il sera nommé un comité chargé de proposer un mode d'instruction publique pour les citoyens..." Sont nommés dans ce but les membres du corps municipal Martin, Bierlyn et Butenschœn (1).

Dans cette même séance de la municipalité provisoire, Monet communi-

---

(1) Corps municipal, procès-verbaux manuscrits, 2 frimaire an II.

que à ses collègues les déclarations remises jusqu'à ce jour par les citoyens ci-après dénommés, et par lesquelles ils abdiquent leur qualité d'ecclésiastiques et de ministres du culte, et renoncent aux fonctions qu'ils ont jusqu'ici exercées. Sur cette liste deux noms seuls nous intéressent, ceux de deux ci-devant vicaires épiscopaux attachés au service de la Cathédrale, les citoyens Lex et Gross. „Et le maire ayant dit que quelques-unes de ces déclarations renfermaient des passages dont la publication pourrait servir à extirper ce qui pourrait rester encore de fanatisme et de superstition,

„Vu un exemplaire du décret du 23 du 2ᵉ mois, relatif aux abdications des ministres de tout culte,

„Ouï le procureur de la commune,

„La commission municipale fait consigner les déclarations mentionnées sur ses registres; elle invite le maire à en envoyer la liste certifiée à la Convention nationale, à continuer à faire de même tous les quinze jours pour les déclarations du même genre qu'il recouvrera à l'avenir; autorise le maire à faire extraire, imprimer et distribuer les passages les plus marquants de ces déclarations, dont il croira la publication utile à l'entière destruction du fanatisme et de la superstition" (1).

C'est en vertu de ce vote que Monet publia, quelques semaines plus tard, une brochure restée célèbre dans les annales de la révolution à Strasbourg, intitulée : *Les prêtres abjurant l'imposture*, et contenant les lettres de démission et d'abjuration d'un certain nombre d'ecclésiastiques des deux cultes (2). Nous nous abstiendrons d'en faire usage, puisque après la Terreur plusieurs des personnages dont on y citait les lettres, déclarèrent que Monet avait, en maint endroit, travesti leur style et leur pensée, sans qu'ils eussent alors le courage de produire une réclamation, qui les aurait conduits sans doute à l'échafaud (3). Mais même dans les textes,

---

(1) Corps municipal, procès-verbaux manuscrits. 2 frimaire an II.

(2) *Les prêtres abjurant l'imposture*. Strasbourg Dannbach, s. d., 29 p. 18. La brochure a aussi paru dans une traduction allemande *Die Priester wollen Menschen werden*.

(3) Voy. p. ex. l'opuscule de Philippe-Jacques Engel, pasteur à Saint-Thomas, *Beytrag zur Geschichte der neuesten Religions-Revolution u. s. w.* Strassb., Lorenz u. Schuler, im dritten Jahr, 16º. Le pasteur Petersen, de la paroisse réformée, proteste, dès le 8 nivôse, contre l'abus fait de son nom. (Procès-verbaux manuscrits de la municipalité.)

tels qu'ils étaient donnés par le maire, il y en avait bien peu dont les auteurs „dévoilassent les fourberies de leurs ministères", comme il l'affirmait dans sa préface, calomniant de propos délibéré des gens fort pusillanimes, bien plutôt qu'apostats éhontés. Les malheureux qui consentirent alors à déclarer qu'ils n'avaient été membres du sacerdoce que pour le terrasser et l'avilir, furent en petit nombre parmi nous, malgré les applaudissements et les honneurs que pouvait leur valoir ce surcroît d'ignominie (1).

Les israélites ne furent pas mieux traités que les chrétiens. Leurs synagogues étaient fermées par ordre supérieur, leurs livres saints réunis pour en faire un „autodafé à la Vérité". La circoncision même était défendue, „loi inhumaine qui opère sanguinairement sur l'enfant mâle qui naît, comme si la nature n'était point parfaite" (2). Le 12

---

(1) Une foule de ces curés constitutionnels défroqués furent placés par Schneider dans l'administration révolutionnaire. La Convention votait d'ailleurs, le 22 novembre 1793, des secours à tous les évêques, curés, vicaires qui abdiqueraient leur état. Ce décret fut promulgué à Strasbourg le 8 décembre suivant.

(2) Je me permets de renvoyer, pour plus de détails, à mon opuscule *Seligmann Alexandre*

frimaire le procureur de la commune requérait le corps municipal d'abolir les bouchers israélites (*schœchter*), „cette superstition religieuse étant entièrement contraire aux principes de la Raison, et d'autant plus que plusieurs des citoyens dudit culte étant, ainsi qu'il est notoire, constamment attaqués de la gale, les parties de la viande maniée par eux pourraient être nuisibles à la santé d'autres citoyens". La commission crut devoir passer à l'ordre du jour sur cette proposition spéciale, mais elle décida que quatre de ses membres, Bierlyn, Cotta, Mertz et Butenschœn, lui ferait incessamment rapport sur tous les actes ou signes d'un culte extérieur quelconque qui pourraient encore exister dans la commune et sur les moyens de les abolir (1).

C'est peut-être en apprenant ce vote du corps municipal qu'un brave batelier, nommé Jean Dürr, craignant d'être dénoncé comme „fanatique", s'empressa d'annoncer dans les journaux que l'un de ses bateaux, qui avait été autrefois baptisé le *Saint-Pierre*, s'appelait doré-

---

ou *les tribulations d'un Israélite pendant la Terreur*, Strasb., 1880, in-16.

(1) Corps municipal, procès-verbaux manuscrits, 12 frimaire (2 déc.) an II.

navant le *Républicain français,* et que les *clefs* du prince des apôtres, qui lui servaient d'armoiries, s'étaient métamorphosées en un couple de *poissons*(1).

Quelque zélés cependant qu'ils fussent pour la propagation du culte nouveau, ni les anciens habitants de Strasbourg ni la plupart des immigrés d'outre-Rhin, qui composaient la commission provisoire municipale, n'auraient songé d'eux-mêmes à pousser la „propagande par le fait" jusqu'au point extrême où nous allons la voir arriver, grâce à l'impulsion des commissaires de la Convention nationale, aidés de la cohue propagandiste, accourue dans nos murs. Les faits que nous avons à raconter maintenant resteront la honte éternelle des barbares qui les ont ordonnés ou commis, et montrent, mieux que tout le reste, jusqu'à quel degré d'inintelligente sauvagerie le fanatisme à la fois politique et antireligieux a pu faire descendre les Saint-Just, les Lebas et leurs tristes acolytes.

Nous avons dit que la Cathédrale

---

(1) *Affiches de Strasbourg,* 1793, p. 437. Le citoyen Fietta s'adresse au corps municipal pour demander ce qu'il doit faire avec les estampes et les livres ornés de fleurs de lys. (Procès-verbaux, 5 frimaire an II.)

n'avait point encore subi de dégradations sérieuses au moment où l'on y avait inauguré le culte de la Raison. Dans la séance du 9 brumaire (30 octobre) la société des Jacobins avait bien décidé qu'on enlèverait les belles grilles de fer placées entre le chœur et la nef, mais la proposition était motivée par l'intention patriotique de forger des armes avec le métal refondu et ne semble avoir visé aucune destruction ultérieure. C'est le 4 frimaire (24 novembre) seulement que les représentants en mission „chargent la municipalité de Strasbourg de faire abattre dans la huitaine toutes les statues de pierre qui sont autour du temple de la Raison et d'entretenir un drapeau tricolore sur la tour du temple". Cet ordre laconique et brutal, plus digne d'un émule de Mummius que d'un ex-noble raffiné de l'ancien régime, créa, nous n'en saurions douter, une vive émotion à l'Hôtel-de-Ville. L'influence de Monet n'y était pas encore absolument prépondérante dans la commission municipale, aux séances de laquelle il assistait d'ailleurs avec une irrégularité que nous avons pu constater en parcourant les procès-verbaux déposés aux archives de la ville. On n'osa pas désobéir ouvertement aux terribles proconsuls qui faisaient trembler les départements du Rhin. L'administrateur des travaux publics, le citoyen Gerold, transmit encore le jour même le réquisitoire de Saint-Just et de Lebas au maître serrurier Sultzer, pour qu'il procédât à l'enlèvement des portes de bronze de la façade. On les croyait massives, et c'est cette supposition erronée qui fit probablement commencer la destruction par elles. Il y avait en outre un prétexte de défense patriotique à invoquer dans l'espèce. Mais l'attente des ordonnateurs de la mesure, comme celle des travailleurs, fut complètement déçue ; les battants étaient en bois, recouverts seulement d'une mince couche de bronze, „à peine plus épaisse qu'une feuille de papier à lettre“, au dire de l'un des spectateurs de cette scène douloureuse du 24 novembre. Ce fut un maigre butin de 137 livres de métal seulement que l'on put remettre, à la fin de l'opération, au garde de l'arsenal, le citoyen Jacquinot (1).

Dans les jours suivants, quelques-unes des statues les plus compromet-

---

(1) L. Klotz, Recherches sur un bas-relief en bronze. (*Bulletin de la Société des monuments historiques*, IX, p. 235.)

tantes furent encore enlevées, mais en petit nombre seulement. Il est permis de croire que les images équestres des „tyrans" Clovis, Dagobert et Rodolphe de Habsbourg furent des premières à tomber. Puis l'on s'en tint là. Dans sa séance du 12 frimaire (2 décembre) la majorité du corps municipal, composée des citoyens Butenschœn, Gerold, Grimmer, Cotta, Birckicht, Merz et Schatz, osa même prendre une délibération qui la plaçait en contradiction formelle avec l'arrêté du 4 du même mois, qu'elle visait :

„Sur le rapport de l'administrateur des travaux publics, que le drapeau tricolore était déjà arboré sur ladite tour, qu'il avait aussi donné les ordres pour faire abattre toutes les statues isolées, placées à l'extérieur dudit temple; qu'une partie en était actuellement abattue et que l'autre le serait aussi vite que la rareté actuelle des ouvriers le permettait; que, quant au grand nombre des statues qui font partie de l'architecture même, et qui ne pourraient être enlevées sans dégrader l'édifice, il croyait que la loi s'opposait à leur démolition;

„Vu encore le décret de la Convention nationale du 6 juin 1793, qui prononce la peine de deux années de fers contre quiconque dégradera les monuments nationaux, et ouï le procureur.

„La commission municipale a approuvé les mesures susdites prises par l'administrateur des travaux publics; elle a arrêté qu'il en sera fait part auxdits représentants du peuple, et qu'il leur sera observé en même temps que l'édifice de la Cathédrale tenant un rang distingué parmi les monuments nationaux, la commission municipale croit que ce serait contrevenir à la susdite loi en abattant les statues qui font partie de l'architecture dudit édifice" (1).

Un seul des membres présents, le citoyen Bierlyn, refusa de s'associer à cette manifestation de désobéissance. Dans le cours de la séance, Monet étant survenu, le maire fit la motion de rapporter cette partie de l'arrêté, en se bornant à demander aux représentants de conserver les ornements dont la démolition nuirait à la *solidité* de l'édifice. Mais, malgré ces efforts, ses collègues repoussèrent cette atténuation de leur pensée, et l'on doit leur savoir gré de cette résistance honorable, quoique

---

(1) Corps municipal. procès-verbaux manuscrits, 12 frimaire an II.

vaine en définitive. Elle était d'autant plus caractéristique pour l'amour traditionnel des Strasbourgeois pour leur Cathédrale, qu'il ne s'y mêlait aucune trace de sentiment religieux. Ces mêmes hommes venaient de baptiser dans la même séance plusieurs des rues de la ville de façon à satisfaire les terroristes les plus orthodoxes (1), et ils terminaient leur besogne administrative de ce jour en décidant qu'on choisirait quatre lieux de réunion pour célébrer dans les différents quartiers le culte de la Raison, où des instituteurs volontaires développeront, chaque décadi, à leurs auditeurs, „les premières bases de la morale et tout ce qui a rapport aux principes de liberté" (2).

Le lendemain, 13 frimaire, les membres de la commission municipale communiquaient aux représentants, absents pour quelques jours de Stras-

---

(1) La rue Saint-Louis devenait rue de la Guillotine. la rue des Serruriers la rue de la Propagande révolutionnaire. le quai Saint-Nicolas le quai du Bonnet-Rouge ; ayant été remplacés, peu de semaines plus tard, par d'autres dénominations, quand la ville tout entière subit un baptême de ce genre, ces noms sont peu connus.

(2) Corps municipal, procès-verbaux, 12 frimaire an II.

bourg, la décision qu'ils venaient de prendre, en insistant sur ce que toutes les statues placées à l'extérieur du temple, „qui auraient pu nous rappeler le souvenir de notre esclavage ou réveiller nos anciens préjugés", étaient déjà renversées ou allaient l'être incessamment (1).

Mais les représentants n'eurent pas même à intervenir directement pour réprimer ces velléités de résistance. Monet, furieux de n'avoir pu convaincre ses collègues la veille, adressait à Gerold la pièce suivante :

„L'administrateur des travaux publics est requis de faire enlever dans le plus bref délai, en conséquence de l'arrêté des représentants du peuple Saint-Just et Lebas, toutes les statues du temple de la Raison; en conséquence de requérir non seulement les ouvriers, mais les citoyens en état de se servir d'un marteau, pour les abattre le plus promptement possible. L'administrateur me donnera reçu des présentes. Le 14 frimaire an II (2).

„P. F. Monet, maire."

Il n'y avait plus qu'à s'exécuter,

---

(1) Livre Bleu, I, pièces à l'appui, p. 36.
(2) *Ibid.*, p. 37.

puisque aussi bien, au refus des officiers municipaux, les „citoyens en état de se servir d'un marteau" n'auraient pas moins exécuté leur œuvre de Vandales. On commença le 17 frimaire. L'administrateur des travaux publics fit néanmoins un dernier effort pour arracher à la destruction tant d'œuvres d'art, créées par la foi naïve des sculpteurs du moyen âge. Secondé par quelques ouvriers honnêtes, il fit desceller d'abord avec précaution, et non pas briser, comme on le lui prescrivait, les statues qui couvraient la façade. Soixante-sept statues furent ainsi conservées, puis cachées par ses soins; mais bientôt il ne fut plus possible de procéder avec ces ménagements contre-révolutionnaires. Les ouvriers furent surveillés, on leur adjoignit des gens moins scrupuleux, qui culbutèrent de haut et firent voler en éclats une foule de statuettes et même des ornements qui n'avaient à coup sûr rien de blessant pour le plus farouche jacobin. C'est ainsi qu'on abattit les pommes de pin qui terminaient les tourelles et les arabesques de la prétendue croix, au sommet de la flèche. Il est vrai que les destructeurs les prenaient pour des fleurs de lys!

L'intérieur de la Cathédrale ne fut

pas épargné davantage ; le maître-autel, la célèbre chaire de Geiler, les fonts baptismaux, de magnifiques boiseries, furent démolis ou brisés ; les épitaphes de tant d'hommes célèbres grattées ou martelées. Nous ne saurions entrer dans l'énumération des détails ; ils furent consignés, après la Terreur, dans un procès-verbal officiel, daté du 6 germinal an III, et dressé par des architectes experts, à ce commis par le nouveau corps municipal (1). Ce procès-verbal constate la disparition de deux cent trente-cinq statues, sans compter les autres objets mutilés ou détruits. On peut trouver que c'est peu en fin de compte. Il ne faudrait pas pourtant attribuer la conservation du reste à quelque repentir soudain des iconoclastes strasbourgeois. Ils ont consciencieusement abattu ce qu'ils pouvaient atteindre ; mais les ouvriers de l'Œuvre Notre-Dame, seuls initiés au métier dangereux de grimpeurs dans cette montagne immense de pierres de taille, ne mettaient, on le pense bien, aucune bonne volonté à leur travail de démolisseurs, et les autres, manœuvres

---

(1) Ce procès-verbal est condensé dans Hermann, *Notices*, I, p 382-384.

improvisés, ne se souciaient nullement de risquer leur peau. Ce fut donc à ras du sol seulement que la destruction fut complète, au moins en apparence. Une partie des statues du grand portail fut conservée néanmoins, comme nous venons de le dire, grâce à la connivence de l'honnête Gerold, et put être replacé plus tard dans les niches qu'elles remplissaient autrefois. Le 19 frimaire, le travail prescrit par Saint-Just et Lebas était déclaré terminé, quoiqu'il y eût certes encore moyen de détruire bien des choses.

Un savant renommé, le professeur Hermann, le fondateur de notre Musée d'histoire naturelle, le frère de l'ancien procureur de la commune, du futur maire de Strasbourg, avait suivi, le cœur serré, ces mutilations indignes. D'accord sans doute avec une partie de la commission municipale, il adressait, pendant que l'opération durait encore, la demande suivante aux membres du district :

„Citoyens administrateurs,

„Les statues que vous faites ôter de la ci-devant Cathédrale, aujourd'hui temple de la Raison, se détachent assez entières. Elles mériteraient d'être conservées dans le cabinet national, servant à l'histoire de l'art de la sculpture, du costume des temps où elles ont été faites et à l'histoire en général; plusieurs étant allégoriques et expriment le génie et les idées de ces siècles reculés. La volonté de la Convention nationale étant d'ailleurs que les pièces de l'art et de la curiosité qui pourront servir à l'instruction soient conservées, je vous invite de recommander aux ouvriers de ménager ces statues le plus possible et de leur faire assigner une place où elles soient à l'abri de toutes injures, jusqu'à ce qu'elles puissent en trouver une où elles seront disposées d'une manière qui réponde aux vues de la Convention nationale. Strasbourg, le 18 frimaire l'an II de la République française une et indivisible.

„HERMANN, professeur (1)."

Un certain nombre de têtes mutilées furent recueillies également par le savant naturaliste et déposées à la Bibliothèque de la ville, ornées d'épigrammes latines contre Monet, Teterel et Bierlyn, les chefs des iconoclastes; il savait bien que ceux-ci ne pourraient

---

(1) *Bulletin de la Société des monuments historiques*, 2ᵉ série, vol. I, p. 88.

rien y comprendre (1). Bizarre destinée des choses d'ici-bas! Transmis aux générations suivantes, ces restes de la sculpture du moyen âge reposaient encore au rez-de-chaussée du chœur du Temple-Neuf quand le bombardement de 1870 vint les envelopper dans un autre cataclysme, plus destructeur encore que celui de la Terreur. Et cependant ils ont surgi de nouveau, effrités et demi-calcinés, de cet immense amas de décombres. L'on peut contempler encore aujourd'hui ces têtes de Christs, d'anges et d'apôtres à la nouvelle Bibliothèque municipale, et les réflexions surgissent d'elles-mêmes, graves et mélancoliques, en face de ces créations mutilées d'époques si lointaines, qui, d'âge en âge, ont été les témoins inconscients et les victimes des passions sauvages et de la barbarie des hommes.

XXI.

Les symboles du culte chrétien étant ainsi proscrits et le culte nouveau inauguré dans toute sa splendeur, la municipalité se mit à veiller avec une sollicitude paternelle à ce que les pres-

---

(1) Hermann, *Notices*, I, p. 393.

criptions légales du calendrier nouveau fussent soigneusement observées, à ce que rien, chez les Strasbourgeois, ne vînt rappeler les errements de l'ancien régime. Une *Instruction sur l'ère des Français*, datée du Sextidi, 16 frimaire, et signée des officiers municipaux Grimmer et Cotta, nous reste comme témoignage de ce zèle civique. Elle est adressée „à nos concitoyens qui habitent Strasbourg ou y font des voyages" et mêle, de la façon la plus naïve, les considérations politiques aux détails du ménage. „Il est nommément défendu, sous l'animadversion la plus sévère, de laisser subsister dans l'ère des Français, en quelle manière que ce soit, l'abus des lundis bleus." Les citoyens sont derechef invités à rapporter à la Mairie tous les calendriers *vieux style*, et les ménagères auront à procéder „au nettoyement de la vaisselle et au balayage des chambres", non plus le samedi, mais „le dernier jour ouvrier de la décade" (2).

On voulait — cela se voit dans toutes les manifestations des pouvoirs publics d'alors — étouffer par la crainte ce qui

---

(1) Instruction sur l'ère des Français, du 16 frimaire (6 décembre 1793). Strasbourg, Dannbach, texte français et allemand. 8 p. 4°.

restait de sentiments religieux dans les masses. Les journaux se taisaient ou s'associaient aux attaques de la Propagande ; seul l'*Argos*, exclusivement dirigé par Butenschœn, pendant qu'Euloge Schneider promenait la guillotine à travers l'Alsace, conservait une attitude moins agressive vis-à-vis des idées vaincues. Cet Allemand libre-penseur ne pouvait se défaire, presque malgré lui, des réminiscences chrétiennes de sa jeunesse; il lui répugnait de se joindre à la curée des propagandistes, qui rêvaient d'implanter l'athéisme par la terreur et aspiraient bien plus à la domination terrestre qu'au royaume des cieux. Le 22 frimaire, il publiait encore une poésie du poète alsacien Th. C. Pfeffel, toute empreinte d'un véritable sentiment religieux, bien qu'elle fut destinée, elle aussi, à servir aux cérémonies du culte de la Raison (1).

Mais lui-même et la fraction plus modérée de son parti tout entière, allaient être frappés d'un coup terrible, qui devait paralyser pour longtemps leur influence. Le 23 frimaire, son ami, son rédacteur en chef, Euloge

---

(1) *O Vernunft in deren Strahlen*, etc. *Argos*, 22 frimaire (12 décembre 1793).

Schneider, à peine rentré dans Strasbourg avec sa jeune épouse barroise, était arrêté par ordre des commissaires de la Convention ; conduit, le 25 au matin, sur la place d'Armes, il y subissait la honte d'une exposition publique sur la guillotine, au milieu des huées et des outrages de la foule, et se voyait ensuite dirigé sur Paris, pour y connaître toutes les angoisses d'une longue attente de la mort. Son propre journal n'osa point mentionner d'abord la brusque catastrophe qui frappait ainsi l'ex-vicaire de Brendel; ni le numéro du 24 ni celui du 26 frimaire ne mentionnent son nom, et c'est le 28 seulement que Butenschœn mettait cette déclaration significative en tête du journal de ce jour: „Si Schneider est criminel, que sa tête tombe sur l'échafaud! C'est la sentence impitoyable que je prononcerais si j'étais juge"(1). Nous n'avons pas à nous arrêter plus longuement sur cet épisode, qui ne touche qu'indirectement à notre sujet. Mais Euloge Schneider a tenu pendant trois ans une place trop considérable dans l'histoire religieuse

---

(1) *Argos*, 28 frimaire an II (18 décembre 1793). Peut-être aussi les deux numéros précédents étaient-ils déjà composés au moment de l'arrestation de Schneider.

de Strasbourg et particulièrement dans celle de la Cathédrale, pour qu'il ne faille pas mentionner au moins cette disparition subite d'un homme qui n'était point sans talents et que nous avons vu tomber de plus en plus bas, sous l'influence des passions les plus diverses. De nos jours certains de ses compatriotes ont tenté de réhabiliter sa mémoire et de rendre intéressant et sympathique ce prêtre dévoyé que ses convoitises et ses rancunes changèrent en pourvoyeur de la guillotine. On nous vantait naguère encore sa modération relative, on supputait le nombre des existences qu'il eût pu détruire et qu'il a consenti à ne point abréger. On n'oublie qu'une chose, c'est qu'il les aurait sacrifiées de grand cœur, si, de la sorte, il avait pu sauver la sienne. Témoin la rage aveugle avec laquelle il chargeait le malheureux Dietrich, alors qu'il était déjà lui-même prisonnier à l'Abbaye ! Assurément la Terreur ne diminua point à Strasbourg quand Schneider captif eut été entraîné loin de nos murs, aussi peu qu'elle cessa dans Paris après le meurtre de Marat ; mais, dans l'une et l'autre occurence, les honnêtes gens eurent au moins la consolation de reconnaître un effet de la justice divine dans cette fin tragique et méritée. Nature vaniteuse et sensuelle, rancunière et lâche, Schneider fut toujours un instrument du parti qui dominait à l'heure présente. S'il a succombé finalement aux accusations, reconnues aujourd'hui calomnieuses, de rivaux jaloux et non moins criminels que lui, il n'a point bénéficié dans l'avenir de la haine légitime qu'inspirèrent ces hommes de sang (1). La conscience publique supporte, hélas, bien des ignominies, mais il en est qu'elle ne saurait amnistier et l'une des plus odieuses à contempler c'est, à coup sûr, de voir les représentants attitrés d'une religion d'amour égorger leurs frères pour leurs opinions politiques. Aussi les noms des Joseph Lebon, des Chabot, des Fouché, des Euloge Schneider, sont-ils et resteront-ils

---

(1) Il y a beaucoup de vérités dans la feuille volante que Schneider fit imprimer en prison (*Euloge Schneider, ci-devant accusateur public, aujourd'hui détenu à la prison de l'Abbaye, à Robespierre l'aîné, représentant du peuple.* S. lieu d'impr., 4 p. 4°) et qui est datée du 18 pluviôse ; les accusations de ses adversaires étaient absurdes en partie, en partie fort exagérées. Mais cette même pièce suffirait à le faire condamner au point de vue moral, car elle fait ressortir, bien malgré l'auteur, toute la versatilité de cette nature ambitieuse et mal équilibrée.

à bon droit parmi les plus exécrés de cette époque néfaste de la Terreur.

Le jour même où l'*Argos* annonçait enfin le sort de Schneider à ses lecteurs, le Conseil municipal, présidé par son infatigable adversaire Monet, prenait connaissance d'une nouvelle liste d'écclésiastiques *déprêtrisés*; nous relevons dans le nombre les noms du „ci-devant évêque Brendel" et de Laurent, „ci-devant vicaire épiscopal" (1). Dans cette même séance le maire saisissait ses collègues d'une pétition du citoyen Freiesleben qui réclamait quatre cents livres pour avoir composé quatre grands chœurs et deux duos, le tout à grand orchestre, en l'honneur de la fête d'inauguration du Temple de la Raison. Le citoyen Ingweiler, de son côté, demandait quarante-huit livres pour avoir copié ladite musique. Le Conseil décide „d'accorder les fonds sur la caisse où il appartiendra", c'est-à-dire sans doute sur celle de l'Œuvre-Notre-Dame. Ce n'étaient pas là d'ailleurs les plus grosses sommes à payer; le véritable quart d'heure de Rabelais ne sonne pour le Corps municipal que dans une des séances suivantes, quand le peintre

---

(1) Procès-verbaux manuscrits du 28 frimaire an II (18 décembre 1793).

Heim, le graveur Guérin et le menuisier Strohé eurent présenté leurs comptes „pour ouvrages et fournitures faites pour l'élévation d'un monument de la Nature au Temple de la Raison de cette commune", ledit mémoire se montant à 1340 livres. Guérin, l'artiste bien connu, et le citoyen Bernard, imprimeur en taille-douce, firent parvenir en outre à nos édiles une seconde facture, „pour une planche représentant ledit monument et pour cinq cents épreuves de cette épreuve"; coût: 233 livres. Le Conseil arrêta que ces deux sommes seraient payées „sur les fonds assignés par les représentants du peuple pour être employés aux réparations civiques qui doivent donner les formes républicaines aux anciennes empreintes de cette commune" (*sic*) (1).

Le 2 nivôse, c'est une troisième série de simples démissionnaires ou de bruyants apostats que le Conseil municipal consigne avec mention honorable dans ses procès-verbaux. Beaucoup de ces malheureux font du zèle anti-religieux pour échapper d'autant plus sûrement à la guillotine, comme ce curé qui déclarait à la Convention elle-même, en lui

---

(1) Procès-verbaux manuscr. du 24 nivôse (13 janvier 1794).

envoyant ses lettres de prêtrise, „qu'au lieu d'envoyer des âmes au ciel, il voulait donner dorénavant de solides défenseurs à la patrie et à la République"(1). A cette même date on entend aussi le rapport des citoyens Monet et Sarez, envoyés à Paris pour présenter à la Convention les vases sacrés des églises et temples de Strasbourg et „pour lui faire agréer l'hommage de la reconnaissance de la municipalité pour ses glorieux travaux". Les délégués déposent sur la table du Conseil les „quittances pour les vases en vermeil et en argent, les pierreries et les ornements fins" (2).

Le 5 nivôse, la municipalité décidait que la lecture des lois nouvelles, promulguées par la représentation nationale, serait faite dorénavant au Temple de la Raison, chaque décadi, à neuf heures du matin, par le maire, ou, à son défaut, par un officier municipal. „Soyez fidèles, concitoyens, disait l'affiche, à entendre l'expression de la Volonté Nationale; soyez-le de même à la remplir exactement. Le républicain français ne voit au-dessus de lui que la Loi; son premier

---

(1) *Strassburg. Zeitung*, 3 pluviôse (22 janvier 1794).

(2) Procès-verbaux manuscrits, 2 nivôse (22 décembre 1793).

devoir est de la respecter et de lui obéir" (1).

Ce fut le lendemain de ce jour, le 26 décembre 1793, que le premier membre de l'ancien clergé non jureur de la Cathédrale monta sur l'échafaud. Enfant de Strasbourg, l'abbé Jean-Louis-Frédéric Beck, avait appartenu comme vicaire à la paroisse de Saint-Laurent. Docile aux ordres de son évêque, il avait émigré de bonne heure en Allemagne, après avoir refusé le serment. Lorsque les Autrichiens occupèrent la Basse-Alsace, après la prise des lignes de Wissembourg, Beck était rentré dans le pays à leur suite, avec tant d'autres prêtres réfractaires et avait accepté des fonctions ecclésiastiques comme aumônier de l'hôpital de Haguenau. Malade au moment de l'évacuation subite de cette ville par les Impériaux, ses amis avaient essayé de le soustraire à la vindicte des pouvoirs publics en le transportant en voiture du côté du Rhin. Mais il avait été arrêté par une patrouille dans la forêt de Haguenau, le jour de Noël et dirigé sur-le-champ sur sa ville natale. Son sort ne pouvait être douteux

---

(1) Les officiers municipaux de la Commune à leurs concitoyens, 5 nivôse (25 décembre). Dannbach, placard in-fol.

d'après les lois terribles promulguées contre les émigrés par la Convention nationale. Quarante-huit heures après son arrestation, le jeune prêtre expirait courageusement sous le couperet de la guillotine. Il avait du moins eu la consolation suprême de pouvoir célébrer une dernière fois la messe dans son cachot, grâce à la connivence de son père et du geôlier de la prison (1).

Un pasteur protestant, le vieux ministre de Dorlisheim, nommé Fischer, l'avait précédé sur l'échafaud. Il avait été condamné à mort dès le 4 frimaire (24 novembre), par Euloge Schneider et ses collègues, comme „ayant tenu des propos inciviques et entravé les progrès de la Révolution" (2).

Dans cette crise d'irréligion, où le nom de Dieu est proscrit, où les préceptes de pure morale, les plus respectables en eux-mêmes, affectent un ton déclamatoire et prudhommesque à la fois (3), on doit une mention parti-

---

(1) Schwartz, II, p. 351. Winterer, *La persécution religieuse*, etc., p. 262.

(2) Livre Bleu, T. I. Copie exacte du soi-disant protocole du tribunal révolutionnaire, p. 36.

(3) On en peut citer comme exemple *Les vingt-cinq préceptes de la Raison*, imprimés à Strasbourg chez Treuttel et Würtz (4 p. 8º),

culière et répétée à l'honnêteté courageuse de Butenschœn, le successeur de Schneider à la direction de l'*Argos*. Quels qu'aient été, en d'autres circonstances, les torts de ce Holsteinois égaré sur les rives de l'Ill, on ne peut qu'applaudir à l'énergie dont il fait preuve, à ce moment, en s'opposant au club et dans son journal, aux déclamations furibondes des propagandistes et surtout de Delattre, ex-curé de Metz, contre „le grand charlatan Jésus-Christ". Il faut lire dans l'*Argos* du 8 nivôse sa protestation, comme aussi celle du cordonnier Jung, jacobin convaincu s'il en fût, mais écœuré par l'impiété bruyante des apostats défroqués qui dominaient alors Strasbourg. „Je déclare avoir infiniment plus appris du „grand charlatan", disait ce dernier, que du jeune insolent qui a osé l'insulter. Ah, que ce doit être une âme petite et vile que celle de l'homme qui a pu bafouer ainsi le meilleur, le plus respectable des hommes! On aurait dû étouffer ce misérable au berceau, car il me semble

---

où « les sans-culottes » sont invités « à inspirer à leurs femmes, avec aménité, les vertus sociales et républicaines », et à se souvenir que « la Montagne, centre des vertus, est le point de ralliement de tout bon citoyen ».

irrémédiablement perdu pour tout ce qui est noble, honnête et bon" (1).

Arrêté bientôt après, comme suspect, et peut-être pour cette franchise même, sur l'ordre des représentants Baudot et Lacoste, dans la nuit du 10 janvier 1794, Butenschœn ne fut pas transféré, comme ses compagnons d'infortune, dans les prisons de Dijon. Il resta à Strasbourg, nous ne savons grâce à l'intervention de qui, et put même continuer à faire paraître son journal, dans lequel il ne cessa de proclamer les principes d'un déisme honnête, voire même un peu mystique (2). Courage doublement honorable alors que les représentants en mission venaient de nommer son principal adversaire, le citoyen Delattre, président d'une commission révolutionnaire, chargée de „juger, d'une façon plus accélérée, tous les suspects qui encombrent les maisons d'arrêt et lieux de détention de la ci-devant Alsace"! (3).

C'est au moment où les représentants

---

(1) *Argos*, 8 nivôse an II (28 décembre 1793).

(2) *Die Bergpredigt Christi erklärt von einem Republikaner*, *Argos*, 4 pluviôse an II (23 janvier 1794).

(3) J. B. Lacoste et M. Baudot, représentants du peuple près les armées du Rhin, etc. Strasbourg, 6 pluviôse an II, S. lieu d'impression, 4 p. 4°.

et les adhérents de tous les cultes étaient ainsi traqués et poursuivis à Strasbourg, que l'agent national du district, le citoyen Maynoni, s'adressait, avec un à propos rare, à ses concitoyens, pour porter à leur connaissance une pompeuse circulaire du Comité de salut public, qui recommandait aux représentants de l'autorité centrale dans les départements de veiller avec sollicitude à la liberté des cultes. „Le fonctionnaire public, était-il dit dans cette pièce, signée par Robespierre, Couthon, Barère et leurs collègues, n'appartient à aucune secte, mais il sait qu'on ne commande point aux consciences; il sait que l'intolérance et l'oppression fait des martyrs, que la voix seule de la raison fait des prosélytes... Il est de ces impressions tellement enracinées que le temps seul peut les détruire... La politique ne marche pas sans la tolérance, la philosophie la conseille, la philanthropie la commande... Bientôt le fanatisme n'aura plus d'aliments. A le bien prendre, ce n'est déjà plus qu'un squelette qui, réduit chaque jour en poussière, doit insensiblement tomber sans efforts et sans bruit, si, assez sage pour ne pas remuer ces restes impurs, on évite tout ce qui peut lui permettre d'exhaler tout à coup des miasmes pestilentiels et orageux qui, inondant l'atmosphère politique, porteraient en tous lieux la contagion et la mort!" (1).

Cette ligne de conduite prudente, bien que tracée dans le langage emphatique de l'époque, avait-elle quelque chance d'être suivie par les hommes actuellement au pouvoir dans notre ville, ces conseils de modération allaient-ils être suivis? Les scènes nouvelles auxquelles nous allons assister dans le Temple de la Raison permettront à chaque lecteur d'en juger par lui-même.

XXII.

Ce fut dans sa séance du 18 pluviôse que la Société des Jacobins décida de célébrer, le décadi prochain, une fête en l'honneur de la mort de Louis XVI, invitant tous les bons citoyens à se joindre à elle dans le Temple de la Raison, „pour se réjouir d'avoir vu luire ce beau jour où le dernier tyran de France a porté sa tête sur l'écha-

---

(1) L'agent national du district de Strasbourg à ses concitoyens. Strasbourg, le 14 pluviôse an II (2 février 1794). S. lieu d'impression, texte français et allemand, 10 p. 4°.

faud"(1). Aussi voyons-nous dans la matinée du 20 pluviôse (8 février 1794), une foule de curieux, sinon de patriotes bien convaincus, se presser dans la nef de la Cathédrale pour écouter la harangue solennelle que le citoyen Boy, ce chirurgien de l'armée du Rhin, que nous avons entendu déjà, avait été chargé de prononcer „pour célébrer l'anniversaire de la mort du tyran Capet." Les paroles qui retentirent, ce jour-là, sous les vieilles voûtes gothiques, durent réveiller d'une façon bien singulière les échos endormis de tant de *Te Deum* chantés, récemment encore, en l'honneur et pour la gloire des Bourbons. Rien ne peut donner une impression plus saisissante des vicissitudes humaines que d'entendre ces déclamations furibondes, succédant, dans l'enceinte sacrée, aux hymnes liturgiques et aux périodes onctueuses des orateurs chrétiens, et dans lesquelles on promet „d'amener le règne paisible de la philosophie et de la vérité" par les canons et par l'échafaud.

„La république, disait Boy, va célébrer à jamais l'anniversaire d'un si beau

---

(1) *Strassb. Zeitung*, 18 pluviôse an II (6 février 1794).

jour: la mort d'un roi est la fête d'un peuple libre... C'est la plus belle époque de la révolution française; c'est en ce jour que le peuple rassemblé dans toutes les communes renouvellera avec enthousiasme le serment de mourir libre et sans roi, et, par le récit des crimes de Capet, enracinera dans l'âme des jeunes citoyens cette haine implacable pour la royauté, ce monstre qui causa trop longtemps les malheurs de la France... C'est par l'histoire des rois que les âmes républicaines s'affermissent; c'est par l'histoire des rois que l'on apprend à les détester."

Après avoir tracé, d'un pinceau rapide et quelque peu fantaisiste, le tableau des bouleversements par lesquels avait passé la France, de 1789 à 1794, l'orateur officiel s'écrie dans un nouvel accès de lyrisme: „O jour à jamais mémorable! jour heureux d'où date la liberté française, oui tu seras toujours présent dans nos cœurs. Capet n'est plus! Quel hommage rendu à la justice, à l'humanité! Les grands coupables sont donc atteints par le fer vengeur du peuple! Le crime sur le trône est donc aussi la proie de l'échafaud! Raison, justice, liberté, voilà votre ouvrage!... Voyez le génie triomphant de la France tenant en ses mains la tête ensanglantée de Capet. Ne craignez pas, citoyens, de jeter les yeux sur cette image terrible ; votre sensibilité ne peut en être émue : c'est la tête d'un roi et vous êtes républicains. Venez voir aussi, éxécrables tyrans, monstres nés pour le malheur du monde, nobles, prêtres, princes et rois, venez ! Voilà le sort qui vous est dû ; voilà le sort qui vous attend !"

Le citoyen Boy continuait longtemps encore sur le même ton, mis à la mode par Robespierre, Saint-Just et Barère, poussant, dans le style le plus fleuri, aux violences les plus accentuées contre „les intriguants, les lâches, les ambitieux, les contre-révolutionnaires", dont il faut faire évanouir les criminelles espérances.

Son long discours, prononcé du haut d'une chaire, „jadis le siège impur du mensonge et de l'erreur", et pour l'édification d'un peuple, qui „veut venir à l'école des républicains et non pas à l'école des prêtres", qui „veut des décades et non pas des dimanches", se termine par un sauvage appel aux armes contre la perfide Albion. „Guerre, guerre éternelle aux ennemis du genre humain, guerre éternelle surtout aux Anglais ! Que l'odieux rivage où tant de crimes ont été médités, voie au printemps prochain nos flottes formidables aborder et réduire par le fer et le feu cette infâme cité, séjour des courtisans et des rois, et que dans la place où Londres est bâtie, il ne reste plus que ces mots terribles, écrits en caractères de sang : La nation française a vengé l'humanité sur les féroces Anglais. Vive la République ! Vive la Liberté !" (1).

Quelques jours après cette fête, une nouvelle attaque se produisit contre la Cathédrale et vint troubler le repos des morts qui y sommeillaient depuis plus ou moins longtemps déjà. Une délibération du Directoire du district de Strasbourg, en date du 15 pluviôse, enjoignait au corps municipal d'exécuter une réquisition du ministre de la guerre, relative à tous les matériaux renfermés dans les caveaux funéraires et pouvant être utilisés pour le service de l'artillerie. „Considérant, disait cette délibération, qu'il est du devoir des municipalités de détruire les monuments que le fana-

---

(1) Discours prononcé dans le Temple de la Raison, le décadi 20 pluviôse... par le citoyen Boy. Strasbourg, Levrault, 15 p. 8º.

tisme a érigé à l'orgueil des despotes et de leurs créatures,... tous les matériaux qui ont servi aux cercueils des anciens évêques, seigneurs, etc., seront enlevés et portés à l'Arsenal. Pour ne point faire courir de dangers à la santé publique, on déposera les cercueils dans des endroits bien aérés, on les y fondra en barres de plomb de vingt à vingt-cinq livres et l'on calcinera les cadavres avec de la chaux vive" (1). Nous n'avons pu retrouver malheureusement d'indication plus détaillée sur les violations de sépultures qui durent être la conséquence des mesures ordonnées par les citoyens Didierjean, Brændlé, Schatz, Christmann et Mainoni; mais il y a tout lieu d'admettre qu'elles ont été mises à exécution dans toutes les églises de la ville, et principalement à la Cathédrale, la seule qui contint des tombes épiscopales.

Le 28 pluviôse, les autorités civiles et militaires installaient solennellement dans le Temple de la Raison, la nouvelle Commission révolutionnaire, présidée par l'ex-curé Delattre. Elle se

---

(1) Nous n'avons pu retrouver le texte français de cette délibération; nous la traduisons de la *Strassb. Zeitung*, 27 pluviôse (15 février 1794).

composait, en dehors de ce personnage, des citoyens Mulot, juge à Bitche ; Adam aîné, juge militaire à l'armée de la Moselle ; Neumann, accusateur public du Bas-Rhin ; Fibich fils, de Strasbourg, et Altmayer, accusateur public de la Moselle.

Les Strasbourgeois ne restèrent pas longtemps dans l'ignorance sur les motifs qui avaient amené la constitution de ce nouveau tribunal de sang. On les exposa devant eux avec une franchise qui ne laissait rien à désirer dans sa brutalité. Ce fut encore Adrien Boy, le représentant attitré de l'éloquence jacobine du moment, qui se chargea de cette tâche dans un discours, prononcé dans la Cathédrale, le décadi, 30 pluviôse, et qui traitait surtout de la corruption des mœurs et de l'esprit public. „Egoïstes, s'écriait-il, agioteurs, accapareurs, fanatiques, modérés, aristocrates, et toute la race infernale des ennemis du lieu public, vous qui, depuis l'aurore de notre sainte Révolution, avez été assez imbéciles, assez lâches, ou assez pervers pour ne pas abjurer vos détestables principes,... si vous n'êtes pas assez vertueux pour aimer la patrie, soyez du moins assez prudents pour craindre les supplices qu'elle réserve à ses indignes enfants... Chaque goutte de sang versée par les défenseurs de la liberté, servira un jour à imprimer votre arrêt de mort. Citoyens du Haut- et Bas-Rhin, c'est à vous en particulier que ceci s'adresse... Déjà le fanatisme, ce monstre armé par les prêtres, frémissant et confus à la voix de la raison, cache dans la poussière sa tête hideuse, il rugit en secret, mais... le génie de la liberté le tient enchaîné... Le peuple se passe ici de prêtres; il s'habituera insensiblement à les détester tous..."

A la suite de ce préambule, venait se placer une accusation en règle, aussi violente que mensongère, contre le patriotisme de la grande majorité de la population alsacienne. „Si le fanatisme est dans les fers, en revanche l'égoïsme domine insolemment. L'apathie naturelle au caractère allemand lui a donné naissance; il sera difficile de le détruire, il sera donc difficile de former l'esprit public dans ces départements. Citoyens, faut-il que vos frères vous adressent sans cesse des reproches mérités? Ne voulez-vous jamais être républicains?... Que voulez-vous enfin? Qu'espérez-vous?... La contre-révolution? Elle est impossible, vous n'êtes pas assez insensés pour en douter. Le rétablissement de la royauté? Nous péririons plutôt et vous péririez avec nous. Ne pensez pas être plus forts que le reste de la République. Vous n'êtes rien quand elle a dit: Je veux. Si vous résistez, des millions de bras sont prêts à vous anéantir."

Suit une tirade enflammée contre les „charlatans ecclésiastiques", où l'exagération de la haine aboutit au grotesque. „En vain la raison essayait de vous éclairer sur les crimes de ces imposteurs; en vain vous étiez témoins de leur vie impudique et licencieuse: il vous était défendu de voir, de sentir et de parler... Vous payiez pour venir au monde; vous payiez pour vous marier; vous payiez pour être enterrés; vous payiez pour ne pas être damnés... Depuis que vous n'en avez plus (de prêtres), êtes-vous plus à plaindre? L'ordre des saisons est-il dérangé? Etes-vous moins aimés de vos épouses, moins caressés par vos enfants? Les infirmités vous assiègent-elles davantage?..."

Voici enfin quelques passages de la péroraison: „Le nouveau tribunal révolutionnaire a mis la justice à l'ordre du jour. Citoyens des départements du Rhin, je vous en conjure encore, soyez Français, soyez républicains. Il est si doux de n'avoir aucun reproche à se faire. L'homme vertueux, le bon citoyen regarde la guillotine sans pâlir ; l'égoïste, l'accapareur, l'agioteur, l'aristocrate frémit à chaque instant du jour. Citoyens, que cette comparaison, simple mais vraie, vous serve de leçon !... L'humanité, dans une crise révolutionnaire, ne consiste pas à être avare de sang, mais bien à répandre tout celui des coupables. J'aime mieux que l'on guillotine dix mille aristocrates, dix mille scélérats, que de voir périr un bon, un vertueux républicain. Anéantir le crime, c'est assurer le règne de la vertu... Hommes pusillanimes, hommes sentimentals de l'ancien régime, vous allez crier que je suis un tigre, un barbare, un cannibale enfin. Non, je suis un homme juste et peut-être plus sensible que vous ; mais est-il question d'écouter sa sensibilité quand la patrie est au bord de l'abîme ?... Par les moyens indispensables de rigueur, les départements du Rhin seront convertis à la République... mais si, contre toute attente, l'habitude de l'esclavage, le pouvoir du fanatisme, la corruption enfin étaient tels, que la République ne pût confier une de ses frontières les plus importantes aux citoyens de ces départements, vous concevez, citoyens, quel est le sort qui vons attend. Le sol fertile que vous habitez deviendra le partage des braves sans-culottes, et vous en serez chassés avec ignominie" (1).

C'était un langage d'une insolence pareille qu'on osait tenir à la population de notre ville ! Pourtant, dès les premiers jours, elle s'était, dans sa grande majorité, prononcée pour les idées de liberté et, dans le moment même, elle donnait les preuves les plus convainquantes d'un ardent patriotisme (2). Aussi l'on comprend aisément combien les déclamations furibondes de ces rhéteurs de bas étage ont dû exaspérer les Strasbourgeois d'alors, et leur ont fait saluer avec enthousiasme le jour heureux qui les délivra des tyrans, dont

---

(1) Discours prononcé dans le Temple de la Raison... le 30 pluviôse... par le citoyen Boy. Strasbourg, sans nom d'impr., 15 p. 4º.

(2) Rien de plus caractérisque d'ailleurs que les contradictions perpétuelles des personnages officiels de l'époque à ce sujet. Ainsi les administrateurs du Bas-Rhin vantent au Comité de salut public ce « peuple docile et bon », au moment même où Boy le dénonce. (Copie de la lettre écrite le 8 ventôse, an II, en réponse aux mensonges... d'un écrit intitulé : *Euloge Schneider*, etc. Strasb., Levrault, 7 p. 4º.)

le contrôle inquisiteur et les dénonciations incessantes s'étendaient aux plus mesquins détails de leur existence privée. C'est ainsi qu'on dénonçait en ces jours mêmes, „certaine classe évaporée d'êtres du sexe féminin, *was man gewöhnlich Jungfern in Strassburg nennt"* qui, malgré l'arrêté fameux de Saint-Just, s'est remise à porter les vieilles coiffures locales. „Ces créatures, s'écrie la *Gazette de Strasbourg*, veulent prouver par leur costume suranné, gothique et servile qu'elles ne veulent pas être des républicaines. Fi!"(1). Peu après, les autorités enjoignent à tout propriétaire d'un jardin de luxe d'avoir à ensemencer ses plates-bandes et ses massifs de pommes de terre, d'orge ou de trèfle, sous peine d'être traité de suspect (2). Un autre jour on va jusqu'à défendre de „fabriquer toute espèce de pâtisserie,

---

(1) *Strassb. Zeitung*, 7 ventôse (25 février 1794). Bientôt les rigueurs de l'autorité suivirent les dénonciations bénévoles. Le directoire du district frappait d'une prison de huit jours les femmes qui n'auraient point honte de sortir sans cocarde, et, en cas de récidive, les déclarait suspectes. (*Strassb. Zeitung*, 21 germinal, an II)

(2) Délibération du directoire du district de Strasbourg, 19 ventôse (9 mars 1794). Heitz, 8 p., 4º.

sous peine de confiscation, d'amende et d'être en outre déclaré suspect et traité comme tel" (1).

Heureusement que le vieux sanctuaire du moyen âge n'était pas toujours occupé par des orateurs aussi sanguinaires que celui qu'on vient d'entendre, ni aussi hostiles à tout sentiment religieux. On y réunissait, par exemple, le 8 germinal, les défenseurs invalides de la patrie, et les familles de ceux d'entre eux qui avaient péri, afin que l'officier municipal, commissaire aux secours, leur donnât les renseignements nécessaires pour être admis au bienfait de la loi du 21 pluviôse (2). On y faisait entendre peut-être „la prière du républicain dans le Temple de la Raison" que publiait alors l'*Argos* (3), toujours encore prêt, malgré les mésaventures de Buten-

---

(1) Délibération du directoire du département, 21 germinal, placard in-fol., sans nom d'impr.

(2) Délibération du corps municipal, 8 germinal, an II (28 mars 1794), placard in-fol.

(3) *Gebet für Republikaner im Tempel der Vernunft*, Argos 6 germinal (26 mars 1794). Nous disons *peut-être*, car dans la lettre des «sans-culottes», Massé, Jung, Vogt et Wolff, qui se trouve au Livre Bleu, I, p. 192, la Propagande est catégoriquement accusée d'avoir proscrit la langue allemande au Temple de la Raison.

schœn, à prendre le parti du „défenseur des droits de l'homme, du confident des sans-culottes, de l'ennemi des prêtres, victime des despotes, du sage de Palestine, dont le cœur débordait d'un amour ardent pour ses frères" et qu'il présentait comme „le modèle des républicains" (1). Mais cette tendance déiste, qui allait triompher bientôt à Paris et par suite à Strasbourg, et marquer l'apogée de la puissance de Robespierre, n'avait pas encore pour elle l'appui des puissants du jour et ses partisans strasbourgeois ne pouvaient donc empêcher l'œuvre de vandalisme de suivre son triste cours. Dans les derniers jours de mars les administrateurs du district envoyaient une lettre à la municipalité, „portant qu'il existe plusieurs bâtiments publics en cette commune, qui blessent la vue du patriote par les signes de féodalité et de superstition qui les déshonorent; que la sphère de l'horloge du bâtiment ci-devant Saint-Guillaume est encore surmontée d'une fleur de lys pour marquer les heures, que le Temple de la Raison même en offre de trop marquants du côté de la chapelle ci-devant Saint-

---

(1) *Argos*, 24 ventôse (14 mars 1794).

Laurent, pour ne pas choquer l'œil du républicain; qu'enfin la tour est surmontée d'une croix qui ne peut convenir qu'aux temples du fanatisme."

Le corps municipal, évidemment partagé entre la crainte de se compromettre et le désir de ne pas mutiler davantage la Cathédrale, si éprouvée déjà, répondit par une délibération presque évasive. „Sur le rapport fait par l'administration des travaux publics..., que les ouvriers sont continuellement occupés à enlever les croix des ci-devant églises, que pourtant il est très possible qu'il s'en trouve encore," la municipalité déclare qu'il „est très injuste de taxer l'administration de négligence"; qu'il a été adressé copie de la lettre du district à l'administrateur de la ci-devant fondation Notre-Dame, et que ce dernier a présenté des observations concernant l'enlèvement, observations approuvées par l'architecte inspecteur des travaux de la commune. Le corps municipal arrête en conséquence „que les inspecteurs des bâtiments de la commune seront de nouveau invités à faire les recherches les plus exactes et les plus scrupuleuses, pour découvrir tout ce qui pourrait se trouver en cette commune représentant des signes de superstition et de féodalité, et renvoie au District les pièces et le plan concernant l'enlèvement de la croix sur la flèche du Temple de la Raison, aux fins de décider si, d'après la loi sur la conservation des monuments qui intéressent les arts, ladite flèche doit rester intacte ou bien si la partie de l'architecture au-dessous du bouton est dans le cas d'être enlevée" (1).

Un court sursis fut obtenu de la sorte ; il ne s'était pas encore trouvé d'énergumène dans le Conseil pour proposer d'abattre cette flèche splendide, l'orgueil de notre cité. Mais le moment était proche où de pareilles discussions allaient être possibles, car un premier renouvellement du Conseil général de la Commune avait introduit, le 11 pluviôse, Teterel parmi les nouveaux officiers municipaux, et celui du 4 floréal allait lui donner pour un instant dans ce corps une influence considérable (2).

---

(1) Procès-verbaux manuscrits, 12 germinal an II (1ᵉʳ avril 1794).
(2) Listes officielles du Conseil général de la Commune de Strasbourg, signées Rumpler. Strasbourg, 11 pluviôse, 4 floréal an II, placards in-fol.

XXIII.

L'énergumène dont nous venons de transcrire le nom, et qui faillit être plus néfaste à notre Cathédrale que tous les terroristes réunis, était un des nombreux aventuriers que la crise révolutionnaire avait attirés dans notre province. Antoine Téterel, né, dit-on, vers 1759 dans le Lyonnais, était un séminariste défroqué qui s'installa comme professeur de français et de mathématiques à Strasbourg, en 1789. Il s'appelait alors M. de Lettre, nom qui ne lui appartenait pas davantage, peut-être, que tant d'autres désignations nobiliaires usurpées par les hommes de lettres de l'époque (1).

Intimement lié avec les Laveaux, les Monet, les Simond, il devint, pour ainsi dire, leur commissionnaire attitré au club des Jacobins de Paris, ainsi qu'à la barre de la Convention Nationale. Son zèle fut récompensé par les représentants en mission et, à partir de l'automne 1793, nous le voyons figurer, à divers titres, dans la nomenclature administrative et judiciaire du Bas-Rhin.

---

(1) Voy. les *Notices* de M. E. Barth dans la *Revue d'Alsace*, 1882, p. 540.

Il tenait à faire preuve de civisme et, par des propositions extraordinaires, à se distinguer, même en pareil moment, parmi les extrêmes. C'est poussé sans doute par ce sentiment de vanité féroce qu'il en vint à faire dans la séance des Jacobins du 24 novembre 1793, la motion qui conservera son souvenir parmi nous, d'une façon peu flatteuse d'ailleurs. „Téterel, dit le procès-verbal, fait la motion de faire abattre la tour de la Cathédrale jusqu'à la plate-forme. Les Représentants et Bierlin, membre du club, appuient cette motion, par la raison que les Strasbourgeois regardent avec fierté cette pyramide, élevée par la superstition du peuple, et qu'elle rappelle les anciennes erreurs"(1). Cependant, malgré l'appui des représentants du peuple, la motion ne fut pas adoptée dans son ensemble. On se contenta, nous l'avons vu, de détruire les statues qui couvraient la façade de l'édifice.

D'après une tradition constante (2),

---

(1) Heitz, Sociétés politiques de Strasbourg, p. 302.

(2) D'après les récits de Friesé (V. 330), Schnéegans, Strobel, etc. Mais nous devons dire, pour rendre hommage à la vérité historique, que nous n'avons point trouvé trace de

Téterel, nommé officier municipal, aurait repris la proposition, faite cinq mois auparavant au club, en modifiant quelque peu les considérants de sa motion sauvage. Devant ses collègues du Conseil municipal il ne pouvait décemment alléguer, comme un motif de démolition, l'amour des Strasbourgeois pour leur Cathédrale. On nous dit qu'il prétendit que l'existence de cette flèche altière blessait profondément le sentiment de l'*égalité*. Un seul membre l'appuya, au dire du bon Friesé, peut-être ce même Bierlin, qui déjà s'était proclamé son séide. Cependant les autres élus de floréal n'osèrent pas repousser purement et simplement la demande de ce nouvel Erostrate. On ne saurait prétendre avec justice qu'ils ne s'intéressaient pas à la Cathédrale; nous en avons la preuve certaine dans un arrêté qu'ils prirent durant les derniers jours d'avril, sur la réquisition du Directoire du district, pour écarter de ses fonctions Daudet de Jossan, le receveur de l'administration de l'Œuvre Notre-Dame.

---

cette nouvelle motion dans les procès-verbaux du Corps municipal, conservés aux Archives de la Mairie. Cela ne veut pas dire qu'elle n'ait point été faite, mais la preuve authentique n'en existe point.

L'arrêté continuait en ces termes :
„Considérant que la conservation du bâtiment de la ci-devant Cathédrale, aujourd'hui Temple de la Raison, exige par la nature de sa construction, une suite non interrompue de travaux et de soins, à quelles fins il existe un atelier particulier sous la surveillance d'un architecte-inspecteur, le Corps municipal arrête que, pour ne pas exposer à la dégradation ce monument de l'art, le Directoire du district sera invité à continuer cet atelier et cette surveillance de l'inspecteur, jusqu'à ce qu'il ait pris, aux mêmes fins, telles autres mesures qu'il jugera convenables" (1). Néanmoins ils eurent recours à un subterfuge pour sauver l'édifice du danger dont le menaçait Téterel. Ils lui répondirent qu'une mesure de ce genre coûterait trop cher et ferait peu d'effet, et qu'on réveillerait bien autrement le civisme des populations en plantant le symbole de la liberté sur cette pyramide gigantesque, pour annoncer au loin la fin de l'esclavage aux populations rhénanes. Cette motion prévalut; il fut décidé que le bonnet des Jacobins serait arboré sur la croix, surmontant la lanterne, et vers la mi-mai,

---

(1) Procès-verbaux du Corps municipal, 11 floréal (30 avril 1794).

on hissa, non sans causer de nombreux dégâts, l'immense coiffure phrygienne en tôle, badigeonnée d'un rouge vif, jusqu'au sommet de l'édifice (1). Les bras de la croix furent dissimulés derrière d'immenses guirlandes de feuilles de chêne, fabriquées du même métal. Pendant de longs mois, ce bizarre couvre-chef domina Strasbourg et les campagnes environnantes. Plus tard, après la Terreur, il fut réclamé par J.-J. Oberlin, l'infatigable bibliothécaire de la ville, et conservé parmi les curiosités historiques de la cité, à côté de la marmite des Zurichois et la vieille bannière strasbourgeoise. Beaucoup de nos contemporains l'ont encore contemplé sans doute, dans une salle du second étage du Temple-Neuf, avant qu'il ne s'abimât, comme maint autre souvenir, infiniment plus précieux, du passé, dans l'immense brasier du 24 août 1870.

---

(1) Hermann (Notices, I, p. 387) indique très catégoriquement la date du 4 mai comme celle où le bonnet rouge fut placé sur la Cathédrale; Schnéegans et d'autres ont répété cette date. Mais les procès-verbaux du Conseil municipal disent non moins catégoriquement que ces travaux ont été faits du 23 floréal au 5 prairial, c'est-à-dire du 12 mai au 13 juin. (Procès-verbaux manuscrits, 9 thermidor an II.)

Cependant une réaction sensible allait se produire contre les saturnales du culte de la Raison. Le 24 février 1794, Hébert, le principal créateur de ce culte, Anacharsis Clootz, et leurs amis plus proches, périrent sur l'échafaud. Ils furent suivis, le 5 avril, par Danton, Camille Desmoulins, Chaumette et leurs partisans, sacrifiés comme les premiers, à la jalousie toujours en éveil de Robespierre. Dans sa chute, le fougueux tribun du club des Cordeliers entraîna l'un des anciens vicaires de l'évêque constitutionnel du Bas-Rhin, le député Philibert Simond, accusé d'avoir voulu „renverser la République et lui donner un tyran pour maître." Traduit devant le tribunal révolutionnaire, le 21 germinal, il fut guillotiné trois jours plus tard avec un autre membre de l'ancien clergé d'Alsace, l'ex-constituant Gobel, évêque démissionnaire de Paris, et le général Beysser, de Ribeauvillé (1). Pour mieux faire ressortir la turpitude de ses adversaires, pour faire diversion

---

(1) *Strassburger Zeitung*, 27 germinal (16 avril 1794). Le Corps municipal décida, le 5 floréal, qu'on lirait, le décadi prochain, au temple de la Raison, le rapport fait à la Convention sur la conjuration de Danton, Desmoulins et leurs complices.

peut-être au sombre effroi qui saisit la Convention elle-même à cette recrudescence de la Terreur, Robespierre choisit ce moment pour organiser un culte nouveau. Dans la séance du 17 germinal, Couthon venait annoncer le dépôt prochain de rapports relatifs à la reconnaissance d'un Etre suprême, et Butenschœn s'écriait d'un ton lyrique, en donnant cette nouvelle aux lecteurs de l'*Argos*: „Je puis annoncer l'heureuse nouvelle que la Convention nationale s'est occupée de la création d'un culte divin, digne de citoyens libres; maintenant je puis m'écrier avec le vieillard Siméon: Seigneur, laisse partir ton serviteur en paix!" (1). Le rédacteur de la *Gazette de Strasbourg* écrivait, lui aussi, quelques semaines plus tard, en parlant du rapport de Robespierre à la séance du 18 floréal: „La faction hébertiste, dont Schneider et ses acolytes étaient les partisans fanatiques, voulaient abrutir la nature humaine; cette faction infâme voulait abolir toute morale et arracher aux âmes toute pensée d'immortalité" (2).

Puis des voix officielles, plus auto-

---

(1) *Argos*, 24 germinal (13 avril 1794).
(2) *Strassburger Zeitung*, 23 floréal (12 mai 1794).

risées que celles de simples journalistes, se font entendre. C'est ainsi, pour ne citer qu'un exemple, que les administrateurs du district de Strasbourg s'adressent à la Convention pour „mêler leurs hommages à ceux de tous les bons citoyens", pour la féliciter „d'avoir consolidé à jamais l'édifice majestueux de la République" en reconnaissant l'Etre suprême, et d'avoir „terrassé, du sommet de la montagne, le monstre hideux de l'athéisme et ses déhontés partisans, qui voulaient laisser le crime sans frein et sans remords, la vertu sans récompense, le malheur sans consolations et sans espoir d'un meilleur avenir" (1).

Dans sa séance du quintidi, 5 prairial (24 mai), le Corps municipal décidait que „vu l'arrêté du Comité de Salut public du 18 floréal, qui ordonne que l'inscription *Temple de la Raison* au frontispice des édifices ci-devant consacrés au culte, sera remplacée par les mots de l'article Ier du décret de la Convention nationale du 18 floréal: „Le Peuple français reconnaît l'Etre suprême et l'immortalité de l'âme", le

---

(1) Les administrateurs du district de Strasbourg à la Convention nationale. S. date ni nom d'impr., 4 p., 4º, dans les deux langues.

rapport et le décret du 18 floréal seront lus publiquement les jours de décade pendant un mois dans ces édifices" (1).

En attendant qu'une grande cérémonie officielle vînt inaugurer cette quatrième transformation du culte public à la Cathédrale et réinstaller sous ses voûtes l'Etre suprême, ce „bon Dieu, auquel on permettait de nouveau d'exister", selon la spirituelle épigramme de Pfeffel, son nom s'y voyait invoqué déjà, lors de la fête célébrée le 12 prairial, pour commémorer la chute de la Gironde, qui „permit de respirer aux dignes représentants siégeant sur la montagne." Dès la veille, une sonnerie de trompettes avait annoncé, du haut de la plate-forme, cette réjouissance jacobine et le bonnet rouge au sommet de l'édifice avait "consterné les vils esclaves de l'Autriche" (2). Une tentative d'assassinat, plus ou moins avérée, avait été faite naguère contre l'incorruptible idole des clubs; c'est ce qui explique comment les patriotes réunis à la Cathédrale jurèrent ce jour-là, sur la proposition de leur président, Lespoma-

---

(1) Procès-verbaux du Corps municipal, 5 prairial (24 mai 1794).

(2) *Strassburger Zeitung*, 13 prairial (1ᵉʳ juin 1794).

rède, de „surveiller de plus près les conspirateurs, les traîtres et les assassins", et remercièrent en même temps l'Etre suprême d'avoir protégé Robespierre et Collet d'Herbois „contre un monstre payé par Pitt, pour ravir au genre humain deux de ses amis les plus dévoués et le plus éclairés (1)."

C'est au moment où le culte national, récemment institué, allait entrer en vigueur, que nous rencontrons sur notre chemin un nouveau témoin de la foi catholique. Parmi ceux qui, jadis, avaient officié dans l'enceinte de la basilique strasbourgeoise, se trouvait un jeune prêtre, natif de Châtenois, Henri-Joseph-Pie Wolbert, vicaire de la paroisse de Saint-Laurent et chapelain du Grand-Chœur. Bien que soumis à la déportation pour refus de serment, Wolbert avait refusé de quitter Strasbourg pendant la Terreur, pour y continuer en secret l'exercice de son ministère. Arrêté pendant la visite qu'il faisait à l'une de ses ouailles, traduit devant le tribunal révolutionnaire et condamné, sans débats, il mourut avec le courage serein d'un martyr (2). Deux pauvres

---

(1) Heitz, Sociétés politiques, p. 355.
(2) Schwartz, II, p. 354. Winterer, p. 254.

femmes, deux laveuses, qui l'avaient généreusement caché chez elles, Marie Nicaise et Catherine Martz, furent guillotinées le même jour que lui, comme ses complices; une troisième, plus heureuse, la couturière Marie Feyerschrod, ne fut condamnée qu'à la prison (1).

Mais l'attention publique ne s'arrêtait pas longtemps, alors, à ces douloureux spectacles; c'est à peine si les journaux les mentionnaient en passant et les larmes qu'ils arrachaient sans doute aux âmes pieuses étaient obligées de couler en secret. D'ailleurs, tout se préparait pour la grande fête officielle, qui devait se célébrer à Strasbourg, comme à Paris, où Robespierre et ses adhérents intimes faisaient, on le sait, tous leurs efforts pour lui donner de l'éclat. Les autorités civiles et militaires de notre ville n'auraient pas mieux demandé que de „faire grand", elles aussi. Seulement l'argent manquait quelque peu dans les caisses publiques. Un des membres du Conseil municipal eut alors une idée lumineuse, ainsi rapportée dans les procès-verbaux: „Un membre ayant pré-

---

(1) *Strassburger Zeitung*, 16 prairial (4 juin 1794).

senté une adresse aux citoyens de la commune, relative aux frais que pourraient occasionner les réparations et les décorations républicaines du temple de l'Etre suprême et le dépouillement des ornements ridicules de la superstition, le Corps municipal a approuvé cette rédaction et en a ordonné l'impression dans les deux langues et l'affichage (1). En même temps les poètes se mettaient à l'œuvre; Auguste Lamey composait, sur la mélodie de vieux cantiques luthériens, ses *Chants décadaires* et faisait recommander par les journaux la vente du premier d'entre eux, *A la fête de l'Etre suprême*, aux habitants des communes rurales, à trois sols l'exemplaire (2). Butenschœn, lui aussi, faisait imprimer un cantique, surmonté du bonnet phrygien et orné de la devise: Liberté, Egalité (3). Dans l'*Argos*, un troisième versificateur entonnait un *Hymne* plus ou moins poétique, suivi d'exhortations en prose, d'un style fleuri, où l'on pouvait lire, entre autres, des phrases comme celle-ci : „Voyez ces sauveurs de l'humanité, levez vos

---

(1) Procès-verb. manuscr , 16 prairial an II.
(2) *Strassb. Zeitung*, 12 prairial (31 mai 1794).
(3) *Zu Ehren des Höchsten*, Strassburg, Lorenz und Schuler, 4 p., 18º.

regards vers Jésus et Socrate, vers Rousseau et Marat, tous ces grands cœurs dont vous connaissez le nom!" (1).

Une autre manière de diminuer les frais de la fête, dont s'avisa la municipalité, fut d'inviter tous les citoyens à offrir à leurs frères indigents les moyens de se réjouir, eux aussi, durant le grand jour qui s'approche. Il faut avouer malheureusement que les procès-verbaux ne témoignent pas d'un grand empressement de la population plus aisée à répondre à cette invitation charitable. Une seule offre un peu considérable, à mentionner; c'est celle du citoyen J.-H. Weiler, qui envoie à l'Hôtel-de-Ville une lettre „portant que le Corps municipal ayant pris les mesures les plus sages pour rendre la fête consacrée à l'Etre suprême qui sera célébrée décadi prochain, la plus pompeuse et la plus touchante, et qu'il voit que les citoyens de cette commune qui depuis longtemps sont livrés à la dure privation de la viande, s'empressent de répondre à ces vues, et de reconnaître avec la municipalité l'Etre suprême et ses bienfaits; qu'il croit pouvoir augmenter l'allégresse de cette fête en

---

(1) *Argos*, 18 prairial (6 juin 1794).

s'offrant de distribuer gratuitement deux livres de viande à chaque famille, d'après le mode qui sera adopté par le Corps municipal, pourvu que cette distribution tourne au profit des seuls patriotes" (1). Le Conseil accepte naturellement cette offre généreuse et charge le citoyen Grimmeisen de surveiller la distribution. Une mention honorable encore aux citoyens Dalmer et Weishaar, qui offrent quarante mesures de bière, devant être distribuées, par portions égales, au pied des quatre arbres de la liberté de la commune. Quant à des distributions de victuailles, faites par la municipalité elle-même, nous n'en avons point trouvé d'autre trace qu'une décision au sujet de trente livres de fromage offertes aux „enfants orphelins et à ceux de la Patrie, pour les faire participer à l'allégresse de la fête" (2).

Le peu d'empressement du public aisé n'a point troublé cependant l'enthousiasme du rédacteur du procès-verbal officiel de la description de la fête de l'Etre suprême; il n'a aucun doute au sujet de la sincérité de l'élan général

---

(1) Procès-verbaux du Corps municipal, 19 prairial (7 juin 1794).
(2) Procès-verbaux du 19 prairial an II.

qui se manifeste dans cette journée du 20 prairial, et nous allons le suivre, en résumant son récit, afin de voir quel rôle la Cathédrale eut à y jouer. Dès l'aurore, une décharge d'artillerie annonce ce jour „d'allégresse publique". A huit heures, une seconde décharge donne aux citoyens le signal de se réunir à la Maison commune, pour aller de là au Temple de l'Etre suprême. „Une foule innombrable se pressait à l'envi de partager l'hommage sincère rendu au Père de l'espèce humaine, qui put en ce jour abaisser un regard de confiance sur des enfants tous dignes de lui, sur un culte, où son essence n'était point dégradée, qui n'était pas souillé par les mystères, la doctrine absurde et la coupable hypocrisie des prêtres." Des vétérans écartaient la foule compacte des spectateurs sans violence et „par le seul respect porté à la vieillesse par le Français régénéré." Une musique militaire ouvrait le cortège, puis marchait un „bataillon scolaire", formé de „jeunes citoyens" (1),

---

(1) Extrait des registres du Corps municipal du 12 messidor. Placard in-folio, imprimé dans les deux langues, avec remerciment spécial à ces jeunes citoyens et portant organisation de leur bataillon.

puis encore de „jeunes citoyennes" vêtues de blanc, aux écharpes tricolores, des adolescents armés de sabres, les orphelins de la Patrie, et une foule immense de matrones, couronnées de fleurs, avec leurs enfants portant des bouquets et chantant des hymnes patriotiques.

La masse des citoyens, dont les rangs étaient unis entre eux par des guirlandes de feuillage, était suivie par toute une série de groupes professionnels ou politiques distincts. Des cultivateurs conduisaient une charrue, attelée de deux bœufs „au front panaché de rubans tricolores." Quatre citoyennes représentant les quatre Saisons, en guidaient une cinquième, la déesse de l'Abondance. Des militaires de toute arme portaient une petite Bastille, et „les citoyens occupés à l'extraction du salpêtre, des emblêmes annonçant que le ciel protège le peuple qui prépare la chute des rois et des oppresseurs de la terre." Plus loin l'on aperçoit la France, la Suisse, la Pologne et l'Amérique, représentées par des citoyens vêtus des costumes propres à ces pays, et „paraissant dans leur allégresse, nourrir l'espérance certaine du bonheur qui plane sur ces contrées." En avant de la Société populaire marchent, portant des branches de laurier, „les citoyennes occupées à la confection des effets de campement des armées", puis des femmes encore, la Liberté, la Justice, l'Egalité, la Félicité publique. Les Jacobins suivaient, portant les bustes des martyrs glorieux de la liberté, et accompagnés des „citoyennes habituées à fréquenter leurs tribunes." Le cortège était terminé par les autorités civiles et militaires, qui s'avançaient, au milieu d'une double rangée de canonniers, à travers les rues ornées de banderolles tricolores et de guirlandes de fleurs, „formant un coup d'œil que l'âme attendrie savourait avec délices."

C'est ainsi que le peuple de Strasbourg se portait vers le Temple de l'Etre suprême, „dépouillé des vestiges impies du sacerdoce." La place et les portails avaient été ornés d'arbres et l'intérieur de la Cathédrale était arrangé en vaste amphithéâtre, capable de recevoir une foule immense. Au milieu s'élevait sur une montagne un autel de forme antique, où étaient gravées en bas-relief les principales époques de la Révolution. Sur cette montagne „les jeunes citoyennes viennent déposer leur fleurs, leurs gerbes et leurs fruits, mais elles en sont elles-mêmes le plus bel ornement. Un parfum suave, jeté par leurs mains pures, s'élève vers la voûte; un doux saisissement, un saint respect préparaient le silence nécessaire dans une aussi nombreuse assemblée..." Une fanfare de trompettes annonce alors l'ouverture de la cérémonie, puis „une symphonie mélodieuse élève les âmes vers l'auteur des êtres", et un poète, inconnu pour nous, vient déclamer une *Ode à l'Être suprême:*

...Etre infini, ton culte est le règne de
                          l'homme.
Tu voulus sa grandeur, non le pouvoir de
                          Rome;
L'homme libre élevant vers toi son front serein
T'offre le pur encens des vertus de sa vie.
    Lorsque l'esclave impie
Rampe au pied de l'erreur, du marbre et de
                          l'airain...

Dieu de la liberté, du peuple et du courage.
Les prêtres et les rois nous voilaient ton image;
Nous voulons t'adorer loin des prêtres, des rois.
Nous avons retrouvé tes traits dans la nature;
    Sa voix fidèle et pure
A dicté nos devoirs, notre culte et nos lois!

Espérons que la musique d'Ignace Pleyel, l'ex-maître de chapelle de la Cathédrale, présentait plus d'attraits que ces vers médiocres. Il avait été mis à contribution, lui aussi, pour la cérémonie de ce jour. „Pleyel, dit notre procès-verbal, devenu agriculteur depuis que la Révolution a ramené l'amour des champs..., inspiré par un sujet aussi beau, avait composé une pièce brillante et majestueuse, dont les paroles, extraites de la *Journée de Marathon*, étaient chantées par un chœur nombreux de jeunes citoyennes, unissant les grâces de leur âge au civisme et à la vertu."

Ces „harmonieux accords" sont interrompus par le discours d'un orateur, également anonyme, qui dépeint à la foule „les dangers de la doctrine aride de l'athéisme, en intéressant tous les cœurs sensibles à l'existence de la divinité." Mais nous ne nous arrêterons pas aux flots de rhétorique dont il inonda son auditoire, non plus qu'à la harangue analogue du représentant du peuple Lacoste. De nouveaux chœurs se font entendre et les masses qui se pressaient sous la voûte du temple, se séparent enfin „dans un enthousiasme général" (1) en entonnant cette dernière strophe:

«Potentats, qui sur la terre
Tremblez dès l'aube du jour,
Votre impuissante colère
Va vous perdre sans retour;

---

(1) Sur cet enthousiasme, plus ou moins général, voy. aussi la *Strassburger Zeitung*, 21 prairial (9 juin 1794).

Vous voulez réduire en cendre
Le sol de la Liberté ;
Dans la tombe il faut descendre
Et croire à l'Egalité. »

Ce que fut la fête, au sortir de la Cathédrale, nous ne le savons que par les derniers mots du procès-verbal. „L'indigence, dit-il, en rentrant dans ses foyers, y trouva un repas frugal...; le civisme fit couler, sur le soir, une boisson saine aux pieds des divers arbres de la liberté. Une partie de la nuit se passa encore en fête et en allégresse. Le bonnet rouge placé sur la pointe extrême de la tour du temple, que l'on avait illuminée, paraissait dans l'ombre une étoile flamboyante, proclamant les droits du peuple et le bonheur du monde" (1).

Dès le lendemain, le corps municipal était mis en devoir d'examiner la carte à payer. Deux mémoires, l'un de 130 livres 60 centimes, l'autre de 1377 livres 35 centimes, lui étaient présentés par les entrepreneurs chargés de „dépouiller le Temple de l'Etre

---

(1) Procès-verbal et description de la fête de l'Etre suprême célébrée le 20 prairial. Strasbourg, Dannbach, 16 p., 8º. Signé par le maire et tout le Corps municipal, ce document a été rédigé sans doute par le citoyen Doron, secrétaire-greffier adjoint.

suprême des ornements ridicules de la superstition" (1). Le 24 prairial paraissait un nouvel appel du comité chargé de réunir les fonds pour couvrir cette dépense et pour orner la Cathédrale „d'emblêmes républicains" (2). Les citoyens Labeaume, Zabern, Fischer, Dietsch, Chenevet et Læmmermann y exprimaient leur vive douleur de ce que „beaucoup de citoyens restent froids vis-à-vis de l'émotion universelle produite par la fête décadaire... Voulez-vous être égoïstes? Non, alors déposez votre offrande sur l'autel de la patrie!" Personne n'aimait alors à passer pour égoïste; trop de gens avaient été conduits dans les prisons strasbourgeoises comme suspects de ce crime. Aussi finalement la souscription *volontaire* atteignit-elle le total fort honnête de 34,406 livres en assignats (3). C'est sur ce fonds patriotique que furent réglés les mémoires mentionnés plus haut; c'est avec cet argent aussi que l'horloger Maybaum dut construire l'horloge *décadaire* réclamée par Téterel pour la

---

(1) Procès-verbaux manuscrits, 21 prairial (9 juin 1794).

(2) *Strassburger Zeitung*, 29 prairial (17 juin 1794).

(3) Friese, V, p. 330.

tour de la Cathédrale (1) et que furent renouvelés les quatre drapeaux tricolores, fort usés déjà, ornant les tourelles de la flèche. Ils furent choisis „de l'étoffe la plus solide" pour pouvoir „continuer à annoncer les victoires que remportent les troupes de la République sur les esclaves des despotes coalisés" (2). Enfin, plus tard encore, le jour même où tombait Robespierre, le Conseil municipal soldait un dernier compte, et le plus considérable de tous, toujours sur le même fonds des contributions volontaires. „Vu, disait la délibération, l'état des frais occasionnés par la construction d'un bonnet rouge et de quatre guirlandes, servant d'ornement à la tour du temple dédié à l'Etre suprême, ouvrages faits depuis le 23 floréal dernier jusqu'au 25 prairial, appuyés des pièces justificatives nécessaires, ledit état présenté par Burger, maçon, spécialement chargé de l'inspec-

---

(1) Procès-verbaux du Corps municipal, 8 prairial (27 mai 1794). Maybaum s'engagea à la livrer en quatre ou cinq mois, si on lui fournissait des ouvriers et les matières premières. Téterel fut délégué pour lui fournir du fer et du charbon. (Procès-verbaux, 1er messidor [19 juin 1794]).

(2) Procès-verbaux du Corps municipal, 15 messidor (3 juillet 1794).

tion desdits ouvrages, qui se monte à la somme de 2991 livres 68 centimes,

„Et sur les observations faites par l'administrateur des biens publics que les citoyens Karth, négociant, Galère, tapissier, et Burger, maçon, satisfaits d'avoir contribué à la décoration dudit temple, renoncent au payement qu'ils auraient à réclamer ; ouï l'agent national,

„le Corps municipal arrête qu'il sera payé audit citoyen Burger le montant de l'état, portant la somme de 2991 livres 68 centimes, contre quittance valable, sur les fonds provenant des dons des habitants de cette commune, pour décorations républicaines du Temple dédié à l'Eternel; arrête en outre qu'il sera fait mention civique au procès-verbal du don généreux des citoyens Burger, Galère et Karth" (1).

Nous ne nous arrêterons pas longuement aux fêtes civiques qui suivirent celle du 20 prairial. Il semblerait que durant cette époque immédiatement antérieure à la fin de la Terreur, on ait tenté d'étouffer la conscience publique révoltée, sous le bruit des acclamations officielles et des réjouissances publiques

---

(1) Procès-verbaux du Corps municipal, 9 thermidor (27 juillet 1794).

et de cacher ainsi le spectacle hideux de la guillotine fonctionnant sans relâche sur la place de la Révolution. Le 20 messidor, la Cathédrale était illuminée pour célébrer les victoires de la république aux Pays-Bas (1) et l'on dansait au Broglie ou plutôt sur la place de l'Egalité. Six jours plus tard, les autorités civiles et militaires convoquaient la population strasbourgeoise au temple de l'Etre suprême pour célébrer l'anniversaire du 14 juillet 1789. Un cortège, analogue à celui que nous venons de décrire, partait du champ de la Montagne, vulgairement dit Finckmatt, portant les bustes de Marat, de Châlier et de Lepelletier, pour aboutir à la Cathédrale, où les discours alternèrent avec des chants patriotiques et un hymne spécial du citoyen Labartasse. Un banquet frugal était offert ensuite aux défenseurs de la patrie, mutilés dans les combats, et la fête se terminait par une représentation gratuite au théâtre (2).

---

(1) *Strassburger Zeitung*, 22 messidor (10 juillet 1794).

(2) Plan de la fête du 26 messidor, Strasbourg, Dannbach, 8 p., 8°. — Voy. aussi le compte rendu de la *Strassburger Zeitung*, 28 messidor (16 juillet 1794).

Cette mise en scène d'un lyrisme aussi froid que pompeux, n'empêchait pas le sang de couler en province, tout comme à Paris. Le lendemain même du jour où les „groupes d'adolescents" de Strasbourg avaient chanté :

> « Nourris de civisme et de gloire,
> Notre cœur n'est pas corrompu.
> Nous croissons près de la victoire,
> Parmi des leçons de vertu,
> Affranchis de l'horreur profonde
> Qu'éprouvaient nos tristes ayeux... »

ils pouvaient assister, sur la place d'Armes, au spectacle de l'exécution d'une vieille femme de soixante-quatre ans, nommée Françoise Seitz, traduite devant le tribunal révolutionnaire pour avoir distribué des brochures royalistes à des soldats de l'armée du Rhin, et condamnée, puis guillotinée, le jour même, à cinq heures du soir. C'étaient là sans doute aussi les „leçons de vertu" chantées par le poète ! (1).

Mais c'est surtout dans le langage des représentants du peuple en mission dans nos départements, que l'on pouvait constater la recrudescence terroriste de ces dernières semaines qui précèdent la

---

(1) *Strassburger Zeitung*, 29 messidor (17 juillet 1794).

chute de Robespierre (1). La proclamation du 4 thermidor, publiée à Strasbourg par Hentz et Goujon, atteint, si elle ne dépasse pas en violence, les arrêtés de Lebas et Saint-Just: „Instruits par leurs propres yeux de l'état déplorable où se trouve l'esprit public dans les départements du Haut- et Bas-Rhin... que là... les prêtres exercent un empire révoltant, tiennent les citoyens dans une oisiveté scandaleuse, pendant plusieurs jours des décades, sous prétexte du culte religieux, tandis que la terre demande des bras...; qu'ils profitent de cette oisiveté qu'ils commandent, pour prêcher la révolte, corrompre les mœurs et exciter le désordre (2);

„Que l'ignorance et la superstition sont telles dans ces départements que le peuple est toujours sous le despotisme et méconnaît la révolution... qu'il est prouvé par une foule de renseigne-

---

(1) Il faut dire qu'ils étaient stimulés par les Jacobins de Strasbourg. La lettre des administrateurs du département du Bas-Rhin, datée du 14 messidor (Livre Bleu, I, p. 169), réclamait précisément la mesure prise par les représentants.

(2) Le motif principal de la colère des représentants étaient le renversement d'un arbre de la liberté à Hirsingen, dans le Haut-Rhin.

ments que les prêtres conspirent contre la patrie... qu'ils séduisent les femmes et corrompent les mœurs, qu'ils machinent en secret la contre-révolution, qu'ils ont tous dans le cœur, même quand ils parlent de leur attachement aux lois, langage équivoque dans leur bouche...

„Que le résultat de leurs manœuvres dans ces départements est une ignorence totale des lois de la liberté... qu'un autre résultat non moins funeste de ces prédications audacieuses et fanatiques est un relâchement de l'esprit public...

„Les représentants du peuple arrêtent: Tous les prêtres des départements ci-dessus désignés seront sur-le-champ mis en arrestation et conduits à la citadelle de Besançon, où ils seront enfermés et traités comme gens suspects" (1)...

Cet arrêté qui, d'un trait de plume, et sans examiner la situation personnelle des individus qu'il frappait, déclarait suspects tous les ministres des cultes, les protestants et les israélites

---

(1) Les représentants du peuple envoyés près les armées du Rhin et de la Moselle. Strasbourg, 4 thermidor, grand placard in-folio, dans les deux langues, s. nom d'impr.

aussi bien que les prêtres constitutionnels, est la mesure la plus radicale peut-être qui ait été prise dans notre province contre la libre manifestation d'un sentiment religieux quelconque. La chute inopinée des terroristes à Paris empêcha de mettre partout à exécution la mesure ordonnée par Hentz et Goujon et confiée par eux aux bons soins du général Dièche, le piteux ivrogne auquel était confiée pour lors la sécurité de Strasbourg. Mais de nombreux ecclésiastiques de tous les cultes furent traînés néanmoins dans les cachots de la citadelle de Besançon (1).

La seule chose qui puisse nous étonner dans le langage des deux proconsuls, c'est qu'ils reprochent aux autorités départementales une „honteuse inertie" vis-à-vis de ces désordres imaginaires ou réels, et les accusent de ne pas „appesantir la hache vengeresse des lois sur le méchant qui conspire." Les administrateurs du Bas Rhin, tout au moins, ne méritaient pas ce reproche ; leur langage était d'un jacobi-

---

(1) Voy. Winterer, p. 183-188, et pour les pasteurs protestants et les ministres officiants israélites les lettres du pasteur Gerold. de Boofzheim, l'une des victimes, publiées par nous. *Bilder aus der Schreckenszeit.* Strassburg, Bull, 1883, 18º.

nisme à satisfaire les plus exigeants, du moins dans le domaine religieux. Qu'on écoute plutôt ce qu'ils écrivaient à Hentz et à Goujon, en date du 7 thermidor :

„L'ancien orgueil des jongleurs chrétiens avait fait élever des clochers insolents sur les édifices consacrés à leurs billevesées religieuses. L'œil stupide du peuple s'était accoutumé à voir avec respect ces monuments de la superstition et de son esclavage. Aujourd'hui... rien de ce qui peut en perpétuer le souvenir ne doit exister dans une terre libre. Ordonnez donc, citoyens représentants, que tous les clochers et tours soient abattus, excepté cependant ceux qui, le long du Rhin, seront reconnus être utiles aux observations militaires, et celui du temple dédié à l'Etre suprême, à Strasbourg, qui présente un monument aussi hardi que précieux et unique de l'ancienne architecture (1)...

„Cette opération fera le plus grand bien au moral des citoyens... elle épurera l'horizon devant les âmes fortes

---

(1) Téterel dut être furieux de cette restriction, faite par des hommes qu'il regardait comme ses émules; elle s'explique par le fait qu'il y avait au Directoire quelques administrateurs, Strasbourgeois de naissance.

qui ne voient que la pureté du culte de l'Etre suprême, elle portera un dernier coup à l'aristocratie, et au prestige funeste des prêtres... Plus de clochers, plus d'insultes à l'égalité, plus d'aliment à la faiblesse ou au crime ! " (1).

Cette pièce était signée Ulrich, président, Sagey, Carey, Rivet et Barbier, secrétaire général. Peut-être bien les députés de la Convention auraient-ils tâché de satisfaire les pétitionnaires, si le temps ne leur avait manqué. On sait ce qui arriva. Le 10 thermidor, alors qu'on célébrait à Strasbourg la fête de Barra et Viala, conformément au décret de la Convention du 23 messidor (2), la tête de Robespierre tombait à Paris sous le couperet de la guillotine, et sa mort mettait fin à la crise terroriste, contre le gré de bon nombre d'entre ceux qui s'étaient coalisés contre la dictature et le dictateur. La nouvelle en arriva relativement tard à Strasbourg ou, du moins, n'y fut regardée comme authentique qu'après des hésitations prolongées; ainsi c'est le 15 thermidor seulement (2 août) que la *Gazette de*

---

(1) Livre Bleu I, p. 172.
(2) Hymnes qui se chanteront à la fête de Barra et Viala, célébrée à Strasbourg, le 10 thermidor. Strasbourg, Dannbach, 8 p., 8º.

Strasbourg enregistra la condamnation de Robespierre et de ses „complices" (1).

Monet, le fervent admirateur du héros jacobin vivant, s'empressa de joindre ses imprécations contre le „monstre" terrassé, à celles de tant d'autres, terroristes comme lui. Dès le 14 thermidor, il réunit le Conseil général de la commune de Strasbourg en séance publique extraordinaire, pour lui faire voter une adresse à la Convention nationale, flétrissant „les complots liberticides" des traîtres qui avaient prétendu „asseoir leur tyrannie sur les débris sanglants de l'autorité nationale." Les citoyens des tribunes furent invités à signer également cette adresse et „se précipitant dans l'enceinte, présentèrent dans cet accord civique, le spectacle le plus touchant aux républicains, qui y trouvèrent dans ce moment de crise un délassement pour leur âme affaissée"(2)...

---

(1) *Strassburger Zeitung*, 15 thermidor (2 août 1794). — Il courait alors à Strasbourg des bruits insensés sur Robespierre Le même journal, dans son numéro du 26 thermidor, racontait qu'il « avait voulu obtenir de force la main de la jeune Capet, pour être plus facilement reconnu par les puissances étrangères. »

(2) Extrait des registres du Conseil général, 14 thermidor, Strasbourg, Dannbach, 4 p., 4º.

Ce n'était pas sans raison que les citoyens de Strasbourg témoignaient d'une joie assurément sincère en félicitant la Convention de la chute du „tyran". Ils pressentaient que le chef de la Montagne une fois abattu, ses sectateurs en province tomberaient bientôt à leur tour et que Robespierre, Saint-Just et Lebas entraîneraient à leur suite leurs valets et leurs courtisans locaux, les Monet, les Téterel, les Mainoni et tous les héros de la Propagande. Cet espoir ne devait pas les tromper.

XXIV.

La journée du 10 thermidor ne changea pas d'abord les destinées de la Cathédrale. Comme pour faire oublier les événements accomplis à Paris, et qui allaient avoir leur contre-coup à Strasbourg, le maire Monet et la municipalité organisèrent, quelques jours plus tard, une nouvelle et grande fête populaire, dont le point de ralliement devait être également le temple de l'Etre suprême. Dans sa séance du 18 thermidor, le corps municipal délibéra longuement sur l'organisation d'un cortège républicain, destiné à fêter l'anniversaire du 10 août, „le jour de cette explosion terrible où le Français donna à la terre outragée l'exemple d'un roi marchant du trône au supplice", et le programme, arrêté ce jour-là, fut exactement suivi (1).

Le 22 thermidor, à six heures du soir, des officiers municipaux grimpèrent aux tourelles de la Cathédrale, pour y fixer, au bruit des trompettes et des cymbales, quatre piques, surmontées de bonnets rouges, et autant de drapeaux tricolores, offerts la veille par le 3e et le 6e bataillon de la garde nationale (2). Le lendemain matin, dès cinq heures, les mêmes trompettes sonnent „la terreur des rois et le réveil du peuple", puis les curieux voient se former lentement le cortège aux seize groupes, qui doit aller de la maison commune au temple de l'Etre suprême, accompagné de citoyennes costumées, „représentant les deux sublimes passions des Français, la Liberté et l'Egalité." Nous ne nous arrêterons pas à détailler ce spectacle; toutes ces processions révolutionnaires se ressemblent et la description de l'une

---

(1) Plan de la fête du 23 thermidor, célébrée à Strasbourg, l'an II. Strasb., Dannbach, 13 p. in-8º.

(2) Procès-verbaux manuscrits du corps municipal, 21 thermidor (8 août 1794).

peut dispenser de refaire celle des autres. La foule des acteurs et des spectateurs s'étant engouffrée sous les voûtes de la Cathédrale, une grande symphonie d'Ignace Pleyel en réveille tous les échos. Musique singulièrement expressive, il faut le croire, car, au dire du procès-verbal, elle ne décrit pas seulement les bruits de la lutte à main armée, mais „laisse entrevoir, dans le lointain, le conciliabule secret des républicains conspirant avec énergie contre la monarchie homicide, pendant que les citoyens incertains se débattent dans de douloureuses angoisses." Un citoyen gravit ensuite les degrés de la nouvelle tribune des orateurs, construite en bois de chêne (1), et prononce un discours „analogue à la circonstance", puis commencent les chants des solistes, répondant aux chœurs de la foule. Une mère qui a perdu son fils, vient déclamer des vers qui se terminent ainsi :

„Mon fils vient d'expirer, mais je n'ai plus de roi."

Puis un citoyen, debout sur les marches de l'autel, dressé au milieu du

---

(1) Elle coûta 2368 livres à la municipalité. Procès-verbaux manuscrits, 1ᵉʳ jour complémentaire, an II (17 septembre 1794).

temple, adresse à la Liberté des couplets, mis en musique par François Reinhard. Assise sur une estrade, au milieu des guerriers blessés, la Liberté se lève alors et répond par d'autres couplets, dont nous ne citerons que le dernier :

« O vous, peuples de tout pays,
« Soyez un, comme est un le jour qui vous éclaire,
« Formez autour du globe une chaîne d'amis,
« Que cette chaîne soit la seule sur la terre.
« L'acier luit,
« L'airain gronde,
« Et tout Français dit :
« Je ferai mon bonheur par le bonheur du monde. »

Le soir, la tour de la Cathédrale est brillamment illuminée, des banquets populaires et des danses publiques animent les rues et les places de la cité.

La masse d'attributs et de décors de toute espèce que nécessitait la mise en scène de ces réjouissances officielles amena, quelques jours plus tard, la création de fonctions administratives nouvelles. Par délibération du corps municipal, le citoyen Ferdinand Berger fut chargé de créer, au temple de l'Etre suprême, „un magasin de tous les objets de représentation pour orner les fêtes publiques". Il devait exercer en même temps la surveillance à l'intérieur du temple, y entretenir la propreté et y faire les arrangements nécessaires pour les fêtes décadaires et nationales. Un traitement de six cents livres lui était accordé (1). On doit supposer que Berger fut impuissant à maintenir, à lui seul, l'ordre dans l'enceinte sacrée ; en effet, dans sa séance du 12 fructidor, le corps municipal, „instruit du désordre qui règne au temple de l'Etre suprême, les jours de fête", arrêtait que cinq citoyens, nommés *censeurs*, veilleront au maintien du bon ordre, vu que dans un lieu consacré à la divinité, il doit être observé la plus grande décence". Ils seront assistés de trois gardes de police et porteront à leur boutonnière, durant leur service, une carte avec l'inscription : Surveillance du temple de l'Etre suprême (2).

Mais malgré tous les soins apportés par les meneurs du jour à l'organisation de ces fêtes, malgré l'attrait que leur

---

(1) Procès-verbaux manuscrits du 2 fructidor (19 août 1794). Le 4 floréal an III, le corps municipal supprimait ces fonctions et attribuait la surveillance de l'édifice au concierge du temple.

(2) Procès-verbaux du corps municipal, 12 fructidor (29 août 1794).

pompe extérieure devait forcément exercer sur l'imagination des masses, l'heure de la réaction allait sonner bientôt pour tout ce qui rappellerait, de près ou de loin, le règne de Robespierre. Le représentant Foussedoire, envoyé en mission à Strasbourg, n'osa pas encore, il est vrai, rompre ouvertement avec les Jacobins, et se laissa même guider par eux dans plusieurs de ses mesures politiques; mais il s'empressa du moins d'inviter tous les bons citoyens à se rassurer et à reprendre confiance; il entrouvrit la porte des prisons (1), il accorda la parole aux patriotes républicains, tyrannisés par Monet et ses acolytes. Ce n'était plus là le ton des Saint-Just et des Lebas, des Baudot et des Lacoste, des Hentz et des Goujon (2). Le sans-culotte Massé, revenu de Besançon, put déclarer à la Société populaire, dans la séance du 17 fructidor, qu'il y avait à Strasbourg „un tas de scélérats encore impunis", et s'il réclamait, avec la même ardeur, le châtiment

---

(1) Soixante-seize suspects furent relâchés par lui (*Strassb. Zeitung*, 17 sept. 1794); mais les derniers prisonniers du Séminaire ne sortirent que le 5 novembre suivant. (*Strassb. Zeitung*, 16 brumaire an III, 6 nov. 1794.)

(2) Voy. sa lettre dans la *Strassb. Zeitung* du 15 fructidor (1er sept. 1794).

des feuillants et des „valets de Dietrich", il insista surtout pour la nomination de commissaires qui rechercheraient les auteurs de tous les actes arbitraires et de tous les abus d'autorité qui avaient eu lieu dans notre ville „sous la dictature de l'infâme Robespierre" (1). Aussi, quand Foussedoire quitta notre ville, la majorité de la population, habituée de longue date aux traitements les plus durs et les plus injustes, de la part de la Convention nationale, conserva-t-elle un souvenir reconnaissant à ce „messager de paix" (2).

Ce fut sous l'inspiration du représentant en mission, désireux de se concilier les masses populaires, que le corps municipal réorganisa les fêtes décadaires au temple de l'Être suprême, de manière à rendre à la population de langue allemande, si nombreuse à Strasbourg, la part légitime que les terroristes de la Propagande avaient su lui enlever d'une manière absolue. Il fut décidé que l'on inviterait tous les bons citoyens à prononcer alternativement des dis-

---

(1) Discours prononcé à la Société populaire dans sa séance du 17 fructidor. Strasb. s. date, 15 p. 8°.

(2) *Strassb. Zeitung*, 5 brumaire III (26 octobre 1794).

cours dans les deux langues aux fêtes décadaires du temple de l'Etre suprême ; un registre fut ouvert à la mairie pour que les orateurs de bonne volonté pussent s'y inscrire d'avance (1). En prenant cette décision, le corps municipal répondait assurément au vœu public, ainsi qu'en témoigne cette correspondance de la *Gazette de Strasbourg* : „Chaque fois que nous visitons, le jour de décade, le temple de l'Etre suprême, pour y recevoir l'enseignement d'une morale épurée de toute superstition, nous regrettons qu'un si grand nombre de nos citoyens et citoyennes, qui ne comprennent pas la langue française, n'y puissent participer, et pourtant ce sont précisément ces gens-là qui en auraient le plus besoin. On leur a pris leurs vieilles idoles, on leur a dit que l'Etre suprême n'exige point de la part du premier des êtres créés, l'hommage d'un esclave, et, à peine se sont-ils montrés disposés à accepter cet enseignement, qu'il ne leur est plus inculqué que dans une langue dont ils comprennent à peine quelques phrases d'un usage journalier. Sans doute on s'efforce de leur enseigner la langue d'un peuple

---

(1) Procès-verbaux du corps municipal, 5 vendémiaire III (26 sept. 1794).

libre, mais on ne peut l'enseigner à des vieillards de soixante ans. Et le paysan qu'absorbe la culture de son champ, comment doit-il s'y prendre ?" (1).

L'appel de la municipalité fut entendu ; un certain nombre d'orateurs se firent inscrire, et dès le 10 vendémiaire la série de ces „prédications laïques" allemandes à la Cathédrale commençait par un discours d'un réfugié allemand, nommé Lehne, „citoyen français de Mayence", empreint d'un sentiment religieux sincère, bien que fort anticatholique et d'un style très déclamatoire. Il fut imprimé avec ce vers de Voltaire pour devise : „Dieu ne doit point pâtir des sottises du prêtre" (2). Un autre réfugié, Frédéric Cotta, de Stuttgart, ex-officier municipal à Strasbourg, et arrêté comme suspect après la chute de Schneider, prit la part la plus active à la réorganisation de ce culte de langue allemande. Il venait d'être acquitté par le tribunal révolutionnaire de Paris (3), et tenait à faire preuve

---

(1) *Strassb. Zeitung*, 12 vendémiaire an III (3 octobre 1794).

(2) *Rede auf das Fest des hœchsten Wesens... von Lehne. frænkischem Bürger aus Mainz*. Strassb., Treuttel u. Würtz, 16 p. 8°.

(3) *Strassb. Zeitung*, 2 vendémiaire an III (23 sept. 1794).

d'un républicanisme militant et sincère, peut-être aussi à venger ses amis et lui-même sur le maire et les siens. Il nous reste de lui bon nombre de harangues, prononcées alors à la Cathédrale, et dont quelques-unes sont des documents historiques importants pour l'histoire contemporaine de Strasbourg (1). Nous citerons tout spécialement le „discours sur *l'amour de la patrie*, prononcé devant les citoyens de Strasbourg rassemblés pour l'adoration de l'Etre suprême" le 2ᵉ décadi de brumaire (2), discours qui respire un enthousiasme généreux pour la liberté et défend la mémoire des amis de Cotta, Jung, Edelmann, Martin, victimes des dénonciations calomnieuses des Téterel et des Monet. Euloge Schneider lui-même y est l'objet d'une tentative de réhabilitation, qui nuisit beaucoup à l'effet des autres parties du discours et valut à l'orateur des attaques virulentes, dont

---

(1) Voy. p ex. le discours : *Es geht, es wird gehen, Gott ist mit uns, Rede für das Fest des Frankenvolkes*. Strassb. Stuber, 3. Decadi des Vendemiaire, am 3ᵗᵉⁿ Jahr, 8°.

(2) *Die Fülle der Vaterlandsliebe, zum Andenken der Freiheitsmärtyrer*, u. s. w. Strassb., Treuttel, 15 p. 8°. Les notes de ce discours sont fort curieuses pour l'histoire de la période de la Terreur à Strasbourg.

la publication, même clandestine, était, elle aussi, un „signe des temps" (1).

Vers la même époque, en octobre 1794, le citoyen Auguste Lamey, alors secrétaire de la justice de paix du troisième arrondissement de Strasbourg, terminait la publication de ses *Chants décadaires pour les Français du Rhin*, qui avaient paru déjà, pour la plupart, en feuilles volantes, et offrait ainsi un recueil de cantiques républicains aux fidèles de langue allemande, assidus au culte du décadi; recueil d'autant plus facile à utiliser que la plupart des chants du jeune poète s'adaptaient à des mélodies de cantiques bien connues, au moins de la population protestante d'Alsace (2).

---

(1) Dans une feuille volante allemande de la municipalité de Wasselonne datée du 30 novembre 1794, où l'on rappelle les faits et gestes de Cotta comme commissaire révolutionnaire dans cette commune et où l'on proteste contre l'éloge de cette bête enragée (*Bluthund*) de Schneider dans un discours « patriotico-moralisant et schneidérien-liberticide ». Le ton de cette pièce, imprimée sans doute outre-Rhin, rappelle déjà tout à fait le ton des pamphlets clérico-royalistes de 1791.

(2) *Dekadische Lieder für die Franken am Rheinstrom.* Strassb. Zeitungscomptoir, 3tes Jahr der R.publik, 18º. Ajoutons que ce culte décadaire ne se célébrait pas seulement

En même temps renaissait le respect pour les monuments du culte indignement mutilés naguère, et les administrateurs jacobins eux-mêmes se croyaient obligés de formuler à ce sujet des professions de foi qui contrastaient singulièrement avec leurs agissements les plus récents. Les citoyens formant le directoire du district de Strasbourg s'écriaient avec onction : „Inscrivons sur tous les monuments et gravons dans tous les cœurs cette sentence : Les barbares et les esclaves détestent les sciences et détruisent les monuments des arts; les hommes libres les aiment et les conservent" (1). Un peu plus tard, un véritable réquisitoire était dressé contre les iconoclastes qui avaient détruit, autant qu'ils avaient pu, la façade de la Cathédrale. L'abbé Grégoire avait présenté, le 20 octobre 1794, un rapport à la Convention nationale sur les outrages subis pendant la Terreur par les monuments publics et les œuvres d'art et y avait mentionné,

---

dans les grandes villes. Nous avons p. ex. un discours analogue, tenu en l'honneur des martyrs de la liberté à Barr, par Jacques Dietz, teinturier (Strasb., Stuber, 30 messidor an II).

(1) L'administration du District à ses concitoyens. Strasb., 7 vendémiaire an III, 7 p. 4º.

mais en passant, les mutilations de la „pyramide de Strasbourg" (1). Dans une lettre adressée au célèbre conventionnel, un autre Allemand réfugié à Strasbourg, George Wedekind, entreprit d'éclairer ce dernier, et le public cultivé en général, sur la gravité des actes de vandalisme commis à Strasbourg et sur la conduite des meneurs jacobins du dedans et du dehors, à l'occasion de ces actes (2). De pareilles attaques, qui n'étaient point encore sans danger, préparaient, à courte échéance, la chute définitive des personnages politiques contre lesquels elles étaient dirigées. Quand enfin Monet fut écarté du pouvoir, dont il avait tant abusé, et disparut de Strasbourg pour n'y plus reparaître (3), on put s'écrier, en empruntant les paroles d'une des feuilles

---

(1) *Strassb. Zeitung*, 14 brumaire an III (4 nov. 1794).

(2) *Etwas vom Vandalismus in Strassburg, im andern Jahre der Republik verübt, Schreiben an Bürger Grégoire*. Strassb., Treuttel u. Würtz, 16 p. 8º.

(3) On sait que ses protecteurs furent assez puissants pour le soustraire à toute punition pour ses actes arbitraires et pour lui procurer une place dans les bureaux du Ministère de la guerre, place qu'il occupait encore en 1814, docile instrument du despotisme impérial, après l'avoir été du despotisme jacobin.

locales, „la joie éclate sur le visage de chaque citoyen, la justice, la liberté, l'humanité sont de nouveau à l'ordre du jour" (1). Quelles haines profondes le jeune jacobin savoyard avait suscitées dans les cœurs, on le peut voir encore aujourd'hui en parcourant le cruel portrait qu'a retracé de lui l'un de ses anciens administrés dans la *Gazette de Strasbourg* du 26 novembre 1794 (2). Le contentement devint plus grand encore quand les Comités de la Convention prononcèrent, le 8 décembre, la fin de l'état de siège et la destitution du général Dièche, l'inepte et brutal commandant de la place, qui s'était montré, dès l'origine, l'instrument docile des pires terroristes (3).

Un des domaines de la vie publique et privée où la réaction contre l'exor-

---

(1) *Strassb. Zeitung*, 15 brumaire an III (5 nov. 1794).

(2) *Strassb. Zeitung*, 6 frimaire (26 nov. 1794). On l'y dépeint comme le sultan de Strasbourg, impitoyable pour les enfants gémissants qui demandent à voir un père, se mourant en prison, mais jetant volontiers le mouchoir aux belles, imberbe, aux yeux baissés vers terre, à la figure féminine, comme lady Milwood, la célèbre favorite du prince, dans *Amour et Cabale*, de Schiller.

(3) *Strassb. Zeitung*, 24 frimaire (14 déc. 1794).

bitante compression subie par l'opinion, se fit le plus rapidement sentir, fut assurément le domaine religieux. Les meneurs de la Convention qui s'étaient flattés de détruire ou du moins de modifier profondément la foi de l'immense majorité de la nation française, durent s'avouer bientôt qu'ils connaissaient mal la nature humaine. Partout les convictions, naguère encore proscrites, recommençaient à s'affirmer sans crainte, à Strasbourg, comme à Paris et dans le reste de la France. En vain la Convention, profondément irritée de ce réveil de „l'hydre du fanatisme", qu'elle croyait domptée, refusait-elle encore de s'associer à ce mouvement irrésistible. Quand, dans la séance du 1er nivôse, Grégoire réclame à la tribune la liberté des cultes, l'Etat n'en salariant aucun, mais les protégeant tous, et prononce ce mot célèbre et tristement prophétique : „Un peuple qui n'a pas la liberté du culte, sera bientôt un peuple sans libertés", des murmures violents interrompent le courageux évêque de Blois, et, sur la motion de Legendre, l'assemblée passe à l'ordre du jour aux cris de : Vive la République ! (1).

---

(1) *Strassb. Zeitung*, 7 nivôse III (27 déc. 1794).

Mais de pareils votes importaient peu à l'opinion publique, qui se prononçait, presque unanimement, pour la reprise des anciennes habitudes, qu'elles fussent contraires ou non aux lois nouvelles. Dès le 8 nivôse, le nouveau maire provisoire de Strasbourg, le citoyen André, et ses collègues du corps municipal étaient obligés de rappeler officiellement à leurs concitoyens la défense de chômer et de fermer les magasins un autre jour que le décadi. Mais — symptôme significatif! — ils le faisaient sur un ton doux et paternel, réclamant l'obéissance, comme un devoir „prescrit impérieusement par les circonstances, puisqu'il en résulterait la perte d'un temps qui n'a jamais été plus précieux, et que cette perte nuirait essentiellement à la chose publique" (1). Un magistrat même, l'un des juges au tribunal criminel de Strasbourg, le citoyen Albert, de Schlestadt, publiait à ce moment un calendrier populaire, rempli non seulement d'anecdotes des plus violentes contre les Jacobins (ce qui était de mode alors), mais renfermant le vieux calendrier chrétien, parallèlement

---

(1) Délibération du corps municipal de la commune de Strasbourg, du 8 nivôse an III, placard in-folio.

au calendrier républicain, ce qui était positivement illégal (1).

Ce mouvement prit une intensité plus grande encore, quand, dans les premiers jours de janvier 1795, le représentant Edme-Barthélemy Bailly fut envoyé en mission à Strasbourg, pour y examiner de plus près les griefs des *modérés* contre les Jacobins, toujours encore influents dans certains milieux, surtout au Département, et dont se plaignaient amèrement les notables de notre ville. Le 20 nivôse (9 janvier), cet ancien oratorien, ex-professeur au collège de Juilly, prêtre assermenté d'ailleurs, et, qui plus est, marié, réunit les citoyens de la commune au temple de l'Etre suprême pour leur exposer, dans une longue harangue, ses idées sur les vrais principes de la justice et de la liberté (2). Il y invita les patriotes présents à revenir le lendemain dans la même enceinte, pour y choisir une commission qui l'aiderait à *purifier* les administrations civiles et militaires. Bailly était engagé, bien plus

---

(1) *Neuer und alter Kalender für das dritte Jahr der Republik* (alte Zeitrechnung 1794-1795), 26 p. 4°. S. lieu d'impression ni nom d'imprimeur.

(2) *Strassb. Zeitung*, 22 nivôse III (11 janvier 1795).

avant que Foussedoire, dans la réaction thermidorienne ; son modérantisme frisait d'assez près les opinions royalistes pour qu'il faillît être déporté au 18 fructidor de l'an V, et son tempérament placide en faisait d'ailleurs l'ennemi de toutes les violences. Entouré et dirigé par les anciens constitutionnels et les républicains modérés, à peine sortis de prison, il résolut, dès son arrivée, de mettre fin aux menées révolutionnaires de leurs implacables adversaires, non sans employer, à son tour, des mesures passablement dictatoriales.

Ce fut entouré d'un „Conseil du représentant du peuple" dans lequel figuraient des hommes comme J. J. Oberlin, Laquiante, Schœll et Mayno, des *suspects* de la veille, que Bailly se présenta le lendemain, 21 nivôse, à la Cathédrale, pour y présider l'assemblée générale, convoquée vingt-quatre heures auparavant. On peut se figurer dans quel sens se firent les désignations des commissaires épurateurs, qui devaient exclure les citoyens indignes de la confiance publique et proposer au représentant des fonctionnaires nouveaux. Le 28 nivôse, leur besogne était achevée, et Bailly, revenant une troisième fois au temple de l'Etre suprême, exprimait aux Strasbourgeois, charmés d'entendre un pareil langage, tous ses regrets sur leurs maux passés. „En proie, leur dit-il, aux calomnies les plus atroces, vous avez gémi plus d'un an sous l'oppression la plus cruelle. La Commune de Strasbourg, qui a fait tant de sacrifices pour la patrie, a été présentée à la France comme foyer de contre-révolution. Des brigands étrangers, se disant patriotes exclusifs, ont voulu la réduire au désespoir pour la perdre et l'anéantir plus sûrement."

L'orateur, faisant ensuite appel au calme et à la concorde entre tous les citoyens, donna lecture de la liste des citoyens proposés pour la réorganisation des autorités constituées, et consulta, dit le procès-verbal, le peuple sur chaque individu présenté. Le même „peuple" peut-être, qui naguère acclamait les noms de Tétérel, Bierlyn ou Monet, salua non moins chaleureusement celui des nouveaux membres de la Commune, du District, du Département, etc., qui représentaient des tendances opposées. Avec des hommes comme Koch au Département, ou Schertz au District, avec Mathieu et Brackenhoffer au Corps municipal, Fréd. Herrmann comme agent national,

Schweighæuser, Momy, Zimmer comme notables, Laquiante et Spielmann aux tribunaux, Mayno à la présidence du tribunal de commerce, Eschenauer et Schützenberger comme chefs de bataillon de la garde nationale, les *modérés* étaient absolument les maîtres de la situation à Strasbourg, et rentraient, le front haut, dans toutes les positions électives dont les Jacobins les avaient expulsés en octobre 1793.

Le même jour, la Société populaire, dernier refuge des *montagnards* strasbourgeois, était épurée de même. „Il est temps que la Terreur finisse, avait dit Bailly à ses membres ; le char de la Révolution ne doit plus marcher sur des cadavres ; il doit rouler sur une terre pure et régénérée." Elle fut si bien épurée qu'elle en mourut ; à partir de janvier 1795, elle n'a plus d'histoire.

Les nouveaux tribunaux inaugurèrent leurs travaux par une mesure de clémence, en prononçant l'acquittement de cent soixante-deux pauvres paysans du Bas-Rhin, émigrés pendant la Terreur et tenus en prison depuis leur retour, dans l'attente journalière de la déportation, sinon de la peine capitale (1).

---

(1) *Strassb. Zeitung*, 3 pluviôse III (22 janvier 1795).

Bien que médiocres républicains, sans doute, ils voulurent payer leur dette de reconnaissance à la République en se joignant au cortège des représentants du peuple, Bar et Bailly, quand ceux-ci se rendirent à la Cathédrale, le 2 pluviôse, pour y célébrer l'anniversaire de la mort de Louis XVI. L'édifice était rempli, depuis neuf heures, d'une foule immense, malgré le froid rigoureux; elle écouta la harangue de Bailly qui se termina par le cri de : Guerre à mort à la royauté! (1), et quand il eut fini, „dix mille citoyens, les bras levés vers le ciel, jurèrent haine éternelle aux rois et à toute espèce de tyrannie." Puis l'orchestre, réorganisé par les soins de l'un des officiers municipaux, nommé Hubschmann, joua la symphonie de Pleyel, composée pour la fête du 10 août (2), tandis que „le peuple contemplait avec complaisance les nouvelles autorités consti-

---

(1) Circonstance curieuse et qui devait nuire quelque peu au sérieux de l'orateur lui-même, Bailly avait voté contre la peine de mort, lors du procès de Louis XVI devant la Convention.

(2) Cette musique réorganisée coûtait 15,000 livres à la ville. Procès-verbaux du 13 pluviôse (1ᵉʳ février 1795). On trouvera les noms de tous les membres de l'orchestre dans le procès-verbal du 28 ventôse (18 mars 1795.)

tuées... C'était la fête du cœur et le triomphe de la vertu et de la justice" (1).

Tout le monde, naturellement, ne partageait pas cette allégresse. Le représentant Foussedoire incriminait même, à la tribune de la Convention, les opérations de Bailly comme „dangereuses pour la liberté", dans la séance du 7 pluviôse, et s'attirait une réplique violente de la part d'un notable strasbourgeois (2). Quelques-uns des nouveaux administrateurs eux-mêmes, effrayés du bruit qui se faisait autour de leur nom, et craignant un retour offensif des Jacobins, se dérobaient aux honneurs et à la gestion des affaires publiques. C'est ainsi que le nouveau maire, Mathieu, qualifié „d'homme dangereux" à la tribune de la capitale, préféra céder la place au citoyen Keppler, d'Andlau, qui fut alors nommé maire provisoire. Mais la grande majorité de la bourgeoisie strasbourgeoise n'était guère tourmentée de craintes semblables ; elle se réveillait

---

(1) Discours prononcés par le représentant du peuple Bailly..., suivi du procès-verbal, etc. Strasb., Treuttel et Würtz, 19 p. 4°.

(2) Gaspard Noisette, député suppléant du Bas-Rhin aux rédacteurs du *Narrateur*. Paris, s. nom d'imprim., 1 feuille 4°, en français et en allemand.

de sa longue torpeur ; chacun parlait librement, attaquait l'adversaire d'hier ou songeait à présenter sa propre apologie. La vérité sur le régime de la Terreur se faisait jour de toutes parts. Le pasteur Philippe-Jacques Engel en dévoilait les iniquités religieuses (1), Ulrich annonçait l'apparition prochaine de son fameux *Livre Bleu*, qui nous a conservé tant de documents curieux sur cette époque néfaste (2) ; le 25 ventôse enfin (15 mars 1795), Frédéric Hermann, le nouvel agent national de la commune, déposait sur le bureau du corps municipal son rapport sommaire relatif aux dégradations subies par la Cathédrale et aux auteurs et provocateurs présumés de ces actes coupables. Quelques jours plus tard, la municipalité décida que ces pièces seraient transmises à l'accusateur public près le tribunal du département, pour qu'il en prît connaissance, et qu'on dresserait un procès-verbal détaillé sur l'état actuel de la Cathédrale (3).

---

(1) *Beytræge zur Geschichte der neuesten Religionsrevolution in Strassburg.* Voy. *Strassburger Zeitung*, 21 pluviôse (9 février 1795).

(2) *Strassb. Zeit.*, 16 ventôse (6 mars 1795).

(3) Procès-verbaux manuscrits du corps municipal, 25 ventôse (15 mars), 2 germinal (22 mars), 15 germinal (4 avril 1795).

Pendant ce temps c'était, à Paris, un échange continuel de compliments entre la majorité de la représentation nationale et la population de Strasbourg. Dans la séance du 24 pluviôse, Bailly en avait fait le plus complet éloge ; un de ses collègues, Richou, vint également témoigner de son patriotisme (1). Quatre jours plus tard, ce sont des députés de la ville qui viennent exprimer leur reconnaissance à la barre de la Convention et remercier Bailly de son œuvre d'apaisement; puis encore c'est Dentzel, l'ex-pasteur de Wissembourg, le futur général de brigade, qui prononce un panégyrique en leur honneur, après les avoir bien rudoyés jadis (2). Et pourtant, à ce moment précis de notre histoire, la réaction s'annonçait déjà ; ainsi les femmes strasbourgeoises, ne „voulant pas passer pour Jacobines", supprimaient la cocarde tricolore, ornement obligatoire jusque-là, et se faisaient rappeler sévèrement à l'ordre par la municipalité pour cette infraction aux lois, passible de six

---

(1) *Strassb. Zeitung*, 2 ventôse (20 février 1795).

(2) *Strassb. Zeitung*, 4 ventôse (22 février 1795).

années de réclusion, en cas de récidive! (1).

C'est au beau milieu de cet échange de félicitations que la Convention nationale rendit, le 3 ventôse (21 février 1795), le célèbre décret qui mit fin à l'arbitraire légal sur le terrain religieux. Elle déclarait dans ce document que la nation ne salarierait aucun culte, mais qu'elle n'en troublerait dorénavant aucun ; qu'elle ne fournirait de locaux officiels à aucun d'entre eux; que les cérémonies publiques et les costumes sacerdotaux ne seraient pas tolérés. Les inscriptions extérieures, relatives au culte étaient également défendues, et pour empêcher la reconstitution de la main-morte, les donations par testament et la constitution de rentes aux paroisses nouvelles étaient prohibées. Mais la loi permettait la vente ou la location des anciennes églises à des particuliers ; elle autorisait les collectes privées pour l'entretien du culte, et donnait ainsi, si non la liberté dans son sens le plus large, du moins la possibilité de vivre, à toutes les communautés religieuses vraiment vivaces, comp-

---

(1) Délibération du Corps municipal du 22 pluviose an III (10 février 1795). Strasb., Dannbach, 4 p. 4°, français et allemand.

tant des adhérents sincères et un clergé dévoué.

Qu'on l'eut prévu ou non, la loi du 3 ventôse donna le signal de la résurrection générale du catholicisme. Immédiatement des lieux de culte furent ouverts à Paris et la messe y fut dite „sans produire aucune émotion dans le peuple", ainsi que le constatait un correspondant de la *Gazette de Strasbourg*, dès le 7 ventôse (1). „Le peuple veut son dimanche ; eh bien, qu'on le lui laisse, et : Vive la République ! Il ne l'en aimera que mieux. Serait-ce bien raisonnable de s'exposer à des troubles pour un calendrier ?" Cette parole, ajoutée d'un air détaché par le journaliste local, montre avec quelle rapidité l'opinion publique s'apprêtait à revenir en arrière, du moins à Strasbourg. Aussi l'effet de la loi de ventôse fut-il presque instantané dans les départements du Rhin. Au bout de peu de jours les prêtres y affluèrent en masse. Dans une correspondance, datée de Neuchâtel, une de nos feuilles strasbourgeoises racontait que, sur douze cents prêtres réfugiés dans ce canton, les trois-quarts étaient déjà rentrés en

---

(1) *Strassb. Zeitung*, 7 ventôse (25 février 1795).

France (1). Ils revenaient d'autant plus volontiers d'outre-Rhin qu'ils y avaient bien de la peine à vivre (2). Les fugitifs laïques suivirent les membres du clergé réfractaire dans ce retour de l'exil. Dix mille citoyens, dit-on, avaient franchi le Rhin, près de Lauterbourg, soit en barques, soit sur des radeaux, dans une seule quinzaine, vers la fin de ventôse (3). Les églises se repeuplaient partout dans les campagnes; à Strasbourg même, les fournisseurs du clergé rouvraient leurs magasins et annonçaient dans les journaux leurs surplis, leurs nappes d'autel et leurs étoles (4). Les prêtres non assermentés reprenaient même possession de leurs presbytères avec un sans-gêne tel que l'agent national du district de Strasbourg, le citoyen Ferat, se vit obligé de rappeler à ses administrés que tous

---

(1) *Strassb. Zeitung*, 7 germinal (27 mars 1795).

(2) Un bailli wurtembergeois en offrait comme jardiniers et domestiques pour les empêcher de mourir de faim. *Strassb. Zeitung*, 1er vendémiaire (22 sept. 1794).

(3) *Strassb. Zeitung*, 11 germinal (10 avril 1795).

(4) Les citoyens Jæggi, près du pont Saint-Guillaume, et Nagel, au Luxhof. *Strassb. Zeitung*, 18 germinal (11 messidor an III).

les prêtres, ayant refusé le serment prescrit par la loi, „ne sauraient se présenter impunément, et bien moins encore reprendre l'exercice de leurs fonctions. La loi qui les frappe de mort n'est point rapportée... ils doivent, au moment qu'il seront découverts, être envoyés à la maison de justice du département pour être, dans les vingt-quatre heures, livrés à l'exécuteur des jugements criminels... La loi du 22 germinal, rendue contre les receleurs d'ecclésiastiques sujets à la déportation, et qui prononce contre eux la peine de mort, est encore en pleine vigueur et n'est nullement révoquée ou atténuée par le décret du 3 ventôse. Ce dernier décret assure la liberté de tous les cultes exercés dans des lieux privés sous les yeux de la police ; il n'accorde point à des hommes qui ont renoncé aux droits des citoyens, et que les lois ont condamnés comme ennemis de la patrie, la faculté de reparaître sur le sol républicain" (1).

Mais ces avertissements et ces menaces restent à peu près sans effet ; le

---

(1) L'agent national du district de Strasbourg à ses concitoyens, 7 germinal an III (27 mars 1795). Strasb., Lorenz, placard in-folio, dans les deux langues.

culte décadaire est abandonné de plus en plus, malgré les efforts de la municipalité strasbourgeoise pour y attirer le public (1), et bientôt celle-ci est obligée de supprimer les séances d'après-midi au temple de l'Etre suprême, séances consacrées à la lecture et à l'exposition des lois nouvelles, personne ne se rendant plus à ces réunions décadaires (2). Quand le représentant Richou arrive à Strasbourg, dans les premiers jours de mai, et qu'il exprime aux officiers municipaux l'espoir trompeur que le culte décadaire n'est pas négligé dans cette commune, on se hâte d'insérer dans les journaux que le représentant du peuple viendra demain à la Cathédrale, afin qu'il y trouve un auditoire de curieux à qui parler (3). La même précaution est nécessaire pour amener un public à la séance dans laquelle il raconte aux citoyens „les derniers forfaits des Jacobins", lors de

---

(1) Elle décide p. ex. de faire exécuter au temple de l'Etre suprême un Hymne à la Vertu, composé à Paris par le citoyen Jacques-Philippe Pfeffinger. Procès-verbaux du 29 germinal (18 avril 1795).

(2) Procès-verbaux du 8 floréal (27 avril 1795).

(3) Procès-verbaux du 19 floréal (8 mai 1795).

cette journée du 2 prairial (1), dont l'issue provoquait le suicide de Rühl, l'un des derniers députés montagnards du Bas-Rhin (2).

Nul doute que la tentative suprême des Jacobins du faubourg Saint-Antoine pour ressaisir le pouvoir, n'ait précipité dans une certaine mesure le mouvement de la réaction religieuse, malgré les sentiments intimes de la majorité des conventionnels. Cherchant désormais son point d'appui dans la bourgeoisie, pour résister au sourd mécontentement des prolétaires aigris et fanatiques, l'assemblée dût lui payer son concours par la loi du 11 pairial (30 mai 1795), qui rendait provisoirement l'usage des édifices nationaux, non encore aliénés, aux fidèles, avec l'autorisation de s'en servir comme de lieux de culte. Or, dans la plupart des communes, et spécialement à Strasbourg, aucune vente d'église, encore consacrée au culte, n'avait eu lieu jusqu'à ce jour, pour des motifs faciles à comprendre. L'article IV de loi de prairial portait que si les adhérents de différents cultes voulaient

---

(1) Procès-verbaux du 8 prairial (27 mai 1795).

(2) Voy. sur la fin de Rühl le livre de M. J. Claretie intitulé : *Les derniers Montagnards*.

se servir d'une même église, la municipalité devrait veiller à ce que les usagers communs se comportent entre eux avec décence et s'y rendent à des heures convenables, préalablement fixées par elle. Cet article était né sans doute du désir de concilier les exigences probables et contradictoires des sectataires du culte décadaire, de ceux de l'Eglise constitutionnelle et de ceux d'entre les catholiques-romains qui se résigneraient à reconnaître les lois de la République. Cette dernière clause était obligatoire en effet ; l'article V portait: „Nul ne pourra exercer le ministère, s'il ne fait devant la municipalité de sa résidence acte de soumission aux lois de la République." C'était un frein, bien faible il est vrai, mais c'était un frein pourtant contre les prêtres réfractaires qui ne rentreraient au pays que pour y semer la discorde et pour tramer des complots contre-révolutionnaires. La Convention, se sachant près de sa fin et visant le suffrage des masses, en vue des élections prochaines, alla même bientôt encore plus loin dans ses concessions. Dans une circulaire du 29 prairial, son comité de législations déclarait que cette „soumission aux lois" ne se rapportait pas au passé, qu'elle n'impliquait point, par conséquent, d'adhésion à la Constitution du clergé, loi périmée depuis l'établissement de la République. Cette déclaration était habile autant que juste au point de vue légal. A vrai dire, elle offrait à tous les ecclésiastiques, fidèles à leur foi religieuse, et uniquement préoccupés de la garantir, une amnistie complète. On ne leur demandait que d'adhérer aux lois de l'Etat, et l'Etat n'ayant plus de législation religieuse, ils pouvaient les reconnaître sans aucun scrupule de conscience. Si jamais moment fut propice à une réconciliation entre le gouvernement et les membres du clergé, ce fut le printemps de 1795. Un peu de prudence et de douceur chez les uns répondant à une tolérance toute nouvelle chez l'autre, en aurait facilement fait les frais.

Malheureusement, il faut bien l'avouer, la majorité des membres du clergé catholique, du moins en Alsace, ne sut pas prendre l'attitude que lui commandait son intérêt bien entendu. Les prêtres revenus au pays se croyant certains d'une victoire prochaine, plus complète, se montrèrent insoumis aux lois, trop souvent haineux contre les constitutionnels, prêchèrent contre les lois sur le divorce, contre la suppression des ordres monastiques, et prêtèrent même la main aux menées des émigrés politiques. On leur demandait simplement d'affirmer, en honnêtes gens, leur soumission au régime existant pour participer ensuite aux libertés communes. A peu d'exceptions près — et leurs plus chaleureux défenseurs n'osent pas le nier — ils refusèrent cette adhésion, condition de leur séjour pacifique en Alsace ; ils disaient la messe en cachette, distribuaient clandestinement les sacrements et violaient ainsi la condition préalable de l'engagement tacite, impliqué par leur retour. Quand par hasard ils consentaient à prêter le serment, ils l'entouraient de restrictions si bien combinées que l'acte demeurait sans signification réelle, leur soumission „ne devant être préjudiciable en aucune façon à la doctrine et à la discipline de l'Eglise catholique" (1).

C'est donc armés en guerre, et non pas disposés à la soumission, que nous voyons rentrer dans le Haut- et le Bas-Rhin la foule des prêtres réfugiés

---

(1) Gyss, *Histoire d'Obernai*, II, p. 416. Avec une formule pareille on niait, à mots couverts, toute la législation nouvelle, issue de la Révolution.

en Suisse ou en Allemagne ; on ne saurait s'étonner de remarquer bientôt après, parmi nos populations rurales, une agitation qui rappelle l'effervescence de 1791 à 1793. Il était impossible que la Convention ne s'en aperçût pas, et s'en étant aperçue, qu'elle ne fût pas tentée de les réprimer avec vigueur. Aussi quand nous verrons succéder une réaction violemment anticléricale à une ère fort courte d'apaisement et de calme, nous la regretterons à coup sûr, au nom de la liberté, mais nous la trouverons expliquée par les lois même de l'histoire.

XXV.

Pour le moment, ces perspectives plus lointaines ne troublaient pas encore les esprits, du moins à Strasbourg. Le décret du 11 prairial y avait été promulgué quatre jours plus tard, et, dès le 22 de ce mois (10 juin 1795), les catholiques de Strasbourg, habilement groupés par quelques-uns de leurs conducteurs spirituels qui ne les avaient point délaissés durant la tourmente (1), venaient ré-

---

(1) Parmi eux il faut nommer en première ligne l'abbé Colmar, le futur évêque de Mayence, qui se promenait dans les rues de Strasbourg,

clamer aux autorités civiles le bénéfice de cette loi nouvelle. Une délégation de citoyens laïques présenta requête pour prendre possession de quelques-uns des sanctuaires délaissés et le Corps municipal, en majorité protestant, s'empressa d'accéder à leur demande (1). La délibération du 22 prairial est très caractéristique, au point de vue des dispositions religieuses de la majorité strasbourgeoise et marque un chapitre nouveau dans l'histoire de la Cathédrale. Nous en donnons par conséquent les principaux passages :

„Vu une pétition revêtue de 2014 signatures et portant que les catholiques de Strasbourg, toujours fidèles à leur sainte religion, viennent de nouveau promettre à la municipalité la soumission la plus entière aux lois et au gouvernement, et demandent qu'il lui plaise mettre à leur disposition le temple dit de l'Etre suprême ou Cathédrale, pour y exercer leur culte, comme du

---

au plus fort de la Terreur, déguisé en général de brigade, faisant ses instructions religieuses dans les mansardes, etc. Voy. Winterer, p. 254.

(1) D'après M. l'abbé Guerber, le premier culte catholique strasbourgeois aurait été célébré de nouveau à Saint-Louis, à la Pentecôte 1795. (Vie de Liebermann, p. 137.)

passé, en se conformant en tous points au décret du 11 de ce mois,

„Vu aussi ledit décret et ouï l'agent national,

„Le Corps municipal arrête ce qui suit : Le Temple de l'Etre suprême, ci-devant Eglise cathédrale, sera mis à la disposition des citoyens catholiques de cette commune, pour l'exercice de leur culte, sous les conditions prescrites par le décret susdit.

„Le Bureau des travaux publics fera enlever l'amphithéâtre construit dans l'intérieur du Temple, qui barre le chœur et gênerait l'exercice du culte (1).

„Le Corps municipal rappelle aux citoyens auxquels l'usage dudit temple est accordé, les dispositions de la loi sur le libre exercice des cultes et notamment aussi la peine qu'ils encourraient d'après l'article V du décret du 11 courant, s'ils admettaient ou appellaient au ministère de leur culte un citoyen qui ne se serait pas fait donner acte par la municipalité de sa soumission aux lois de la République."

---

(1) Ces changements furent passablement onéreux, puisque le peintre Heim, à lui seul, recevait 600 livres pour sa part dans les travaux de restauration de la nef. Procès-verbaux manuscrits, 4 vendémiaire (26 sept. 1795).

Mais ce n'est là que la première moitié de cette délibération d'une si haute importance. Elle ne rend pas seulement la Cathédrale aux catholiques ; elle montre la municipalité se prononçant, dès le premier jour, pour les anciens rétractaires et contre les constitutionnels. En effet la pétition, dont nous venons de parler, n'était pas seule parvenue à la maison commune, et d'autres fidèles réclamaient, eux aussi, l'usage du Temple de l'Etre suprême. A leur tête se trouvait l'abbé Rumpler, et la délibération du Conseil nous renseigne sur la teneur de sa demande.

„Vu la déclaration du citoyen Rumpler, dit-elle, prenant la qualité de prêtre catholique, apostolique et romain, portant qu'il déclare et en demande acte à la municipalité : 1° qu'il veut être constamment soumis aux lois de la République française, dont il est membre, et qu'il est pleinement convaincu que par cette soumission au gouvernement politique de sa patrie, il ne fait que remplir le devoir d'un chrétien en même temps que celui d'un citoyen ; 2° qu'il déclare aussi qu'il entend exercer désormais son culte dans le temple principal de la cité, qui, suivant le décret du 11 courant, doit être incessamment restitué à son usage primitif, après qu'il aura été purgé et évacué des échaffaudages y établis par les agents de Robespierre, à moins qu'il ne plaise à la municipalité lui abandonner, aux termes dudit décret, ce temple dans l'état où il se trouve, auquel cas le déclarant le fera évacuer à ses frais et emploiera le produit net des bois de charpentes qui y sont, tant à la reconstruction des autels qu'au rétablissement des autres parties nécessaires au service divin...

„Le Corps municipal donne acte au citoyen Rumpler de sa soumission aux lois de la République... et considérant que le Temple ci-devant Cathédrale, a été mis à la disposition des citoyens catholiques de cette commune, c'est à ces citoyens qu'il appartient d'appeler ou d'admettre des ministres pour leur culte,

„Le Corps municipal arrête qu'il n'y a lieu de délibérer sur le surplus de ladite déclaration."

En même temps qu'il réclamait la Cathédrale, le comité des bourgeois catholiques avait demandé sans doute à la municipalité d'enlever les inscriptions placées au fronton de l'édifice, au moment où l'on proclamait l'existence de l'Etre suprême. Celle-ci n'osa pourtant répondre à ce vœu avant d'avoir interrogé à ce sujet le représentant en mission dans le Bas-Rhin. Le citoyen Richou répondit de Schlestadt, le 19 prairial, que la loi, ordonnant l'établissement d'une inscription sur le portail de la Cathédrale, n'étant pas rapportée, il serait prématuré de la faire disparaître. Mais il autorisait l'enlèvement des inscriptions placées au-dessus des portes latérales de l'édifice et le Corps municipal s'empressa d'en voter l'éloignement (1).

Désireux de prouver sa bonne volonté à ses concitoyens catholiques, le Conseil fit commencer en outre immédiatement la transformation de la Cathédrale. Tout l'appareil des fêtes civiques en fut éloigné et c'est à peine si l'on y laissa subsister pour le moment la tribune des orateurs, où devait continuer à se faire la lecture des lois nouvelles, mais de manière à ne pas troubler l'exercice du culte. Un arrêté

---

(1) Procès-verbaux manuscrits du corps municipal, 22 prairial an III (10 juin 1795). Les membres présents à cette séance décisive furent les citoyens Keppler, maire; Demichel, Ehrmann, Ehrlenholtz, Fischer, Reichardt, Saum, Schnéegans, Hübschmann, officiers municipaux, et Hermann, agent national.

municipal du 28 prairial rétablissait les dénominations, chères aux fidèles, de rue du Dôme et de place du Dôme, au lieu des noms révolutionnaires de rue de la Philosophie et de place de la Responsabilité (1).

Le 12 messidor (30 juin), une autre délibération ordonnait l'enlèvement de l'inscription du portail principal, épargnée d'abord, sur l'ordre de Richou; poussant la condescendance jusqu'aux dernières limites, les administrateurs de la cité votèrent, ce même jour, sur la demande des „commissaires préposés catholiques", la démolition d'un monument dressé dans la chapelle (Saint-Laurent?) „aux mânes des Françait morts pour la patrie", sous prétexte qu'il encombrait le local. On ajoutait bien, pour excuser cette destruction peu patriotique, que le monument n'était pas digne de ceux qu'il devait honorer et qu'on l'élèverait plus tard, avec des matériaux plus choisis, sur une des places de la cité (2). Mais ce fut un des innombrables monuments, pompeusement décrétés par les autorités

---

(1) Délibération du corps municipal du 28 prairial an III, Strasbourg, Dannbach, 4 p. 4°.

(2) Procès-verbaux manuscrits du 12 messidor (30 juin 1795).

de l'époque révolutionnaire, qui ne virent jamais le jour.

Le 15 messidor, pour bien marquer que l'autorité civile ne prétend plus rien à la Cathédrale, on licencie l'orchestre des musiciens du Temple de l'Etre suprême, en les avertissant *rétrospectivement*, qu'ils ne seront plus salariés depuis le premier du mois (1); le 25 messidor enfin, l'on accorde aux „citoyens catholiques" la démolition de la tribune aux orateurs qui les gêne, en décidant que la promulgation des lois se fera dorénavant à l'Hôtel-de-Ville (2). On leur en donne même les bois de charpente, afin qu'ils puissent se construire une nouvelle chaire, „l'ancienne ayant été vandalisée" (3). On le voit à ces concessions successives, nous sommes à la lune de miel des rapports

---

(1) Corps municipal, procès-verbaux du 15 messidor (3 juillet 1795).

(2) Procès-verbaux manuscrits du 25 messidor (13 juillet 1795).

(3) Corps municipal, procès-verbaux du 19 thermidor (30 juillet 1795). — L'ancienne chaire n'avait pas été détruite, on le sait, puisque nous l'admirons encore aujourd'hui, mais démolie soigneusement au début de la Terreur. Les catholiques ne voulaient sans doute pas l'exposer à des dangers nouveaux en la remettant dès alors en place.

entre l'Eglise et la Commune ; que de chemin parcouru depuis dix mois !

Cependant — il faut bien signaler le fait pour rester fidèle à la vérité historique, — toutes ces avances, toutes ces faveurs même n'engagent guère les anciens réfractaires à se montrer reconnaissants. Nous avons recherché, avec une curiosité fort naturelle, les noms des ecclésiastiques catholiques qui, conformément aux lois, seraient venus prêter serment d'obéissance à la République, pour exercer librement ensuite leur ministère. Eh bien, tandis que la liste des ministres protestants, des Blessig, des Eissen, des Oertel, etc., est passablement fournie, les procès-verbaux officiels n'ont conservé trace d'aucune autre déclaration d'allégiance catholique que précisément de celle de l'abbé Rumpler, enregistrée plus haut. Il faut donc en conclure que les membres du clergé catholique, présents à Strasbourg, acceptèrent tous les bénéfices du décret de prairial sans se soumettre aux obligations préalables exigées par lui, et que la municipalité de Strasbourg, entraînée par le courant de l'opinion publique, a sciemment fermé les yeux à cette infraction si grave à la loi. Nous savons, en effet, que le nouveau maire Keppler, natif d'Andlau, passait dans les cercles républicains de Strasbourg pour un „archifanatique". On nous raconte, par exemple, qu'il avait placé, contrairement aux prescriptions légales, un poste d'honneur à l'entrée de la Cathédrale, dès la réouverture du culte, avec la consigne d'arrêter immédiatement l'évêque Brendel ou l'abbé Rumpler, s'ils osaient se montrer dans l'intérieur de l'édifice (1). Il n'est donc point étonnant qu'un fonctionnaire aussi bien pensant ait négligé les formalités que ses fonctions officielles l'appelaient à surveiller de très près. Il est moins étonnant encore que ses collègues et lui, saisis d'une protestation de Rumpler contre leur décision du 22 prairial, comme ayant „affecté de vouloir lui contester la qualité de prêtre catholique„ et comme ayant, „d'après les caquets des malveillants, cru devoir prendre parti contre lui," aient passé derechef à l'ordre du jour sur ses plaintes et sa demande réitérée. Pour

---

(1) *Unpartheyische Grundsœtze und Warnungen für die Wahlmœnner des Niederrhein's von einem Republikaner*. Strassb., im 4ten Jahr, 8°, p. 32. On trouve dans cette brochure une caractéristique détaillée et fort curieuse de tous les personnages réactionnaires d'alors dans le Bas-Rhin.

ne pas accorder à l'impétrant le lieu de culte qu'il réclamait, le Conseil allégua qu'il n'avait point à prendre parti dans les disputes intérieures ecclésiastiques et les „querelles d'orthodoxie" de ses administrés (1). Manière de voir assurément louable et tout à fait digne d'approbation ! Malheureusement pour nos magistrats municipaux, ils avaient commencé tout d'abord à la mettre en oubli, au détriment de ceux auxquels ils donnaient une si belle réponse.

Un épisode caractéristique de la hardiesse avec laquelle les prêtres nonjureurs essayaient de reprendre possession de leur ancienne situation, se produisait, à ce moment même, aux portes de Strasbourg, à Wolfisheim (2), où certains exaltés voulurent arracher par leurs menaces, une rétractation du serment civique au curé constitutionnel qui se trouvait depuis quatre ans dans la paroisse. Sur son refus, on en vint aux coups et l'on se battit, à coups de serpette, sur le seuil même du sanctuaire (3).

---

(1) Corps municipal, procès-verbaux manuscrits du 28 messidor (16 juillet 1795).
(2) *Strassb. Zeit.*, 23 thermid. (10 août 1795).
(3) On peut se rendre compte des dispositions du clergé réfractaire d'alors en lisant la

Cette disposition des esprits étant assez générale dans les villes et surtout dans les campagnes alsaciennes, on comprend facilement que les assemblées primaires du Bas-Rhin, réunie le 20 fructidor (7 septembre 1795) pour voter sur l'acceptation de la nouvelle constitution, élaborée par la Convention nationale, aient accepté, à la majorité, le gouvernement directorial, mais aient repoussé, avec un rare ensemble, l'article additionnel qui prescrivait de choisir deux tiers des députés nouveaux parmi les anciens conventionnels, afin de protéger la stabilité des institutions républicaines. Les électeurs du second degré, choisis à Strasbourg, sont tous des *modérés*, protestants ou catholiques ; on n'a qu'à citer le nom des Metz, des Lauth, des Levrault, des Brunck, des Koch, etc. (1). Mais la Convention n'entendait pas recevoir son congé de la part des électeurs français et n'attribuait pas sans raison, peut-être, leurs dispositions hostiles à

---

curieuse biographie de Liebermann par M. l'abbé Guerber; Liebermann était alors curé d'Ernolsheim et *commissaire épiscopal* dans le Bas-Rhin, de 1795 à 1798.

(1) *Strassb. Zeitung*, 21, 22 fructidor (8, 9 septembre 1795).

l'influence grandissante du clergé réfractaire. Aussi le décret du 20 fructidor (6 septembre) bannit-il à perpétuité tous les prêtres déportés et rentrés sur le territoire français, comme moteurs des mouvements qui menacent la paix publique. Ils ont quinze jours pour passer la frontière. S'ils reviennent, ils seront traités comme émigrés, c'est-à-dire condamnés à mort, sans autre forme de procès. Tous les corps administratifs sont rendus responsables de l'exécution de ces mesures. Les prêtres qui, tout en faisant leur soumission, ajouteraient des restrictions à leur serment et exerceraient le culte dans les maisons particulières ou les locaux publics, seront mis en prison ; les propriétaires de ces locaux payeront cent livres d'amende.

En même temps, de nouveaux représentants, envoyés en mission dans les départements, devaient veiller à l'exécution de ces ordres et travailler l'esprit public. C'est ainsi que le premier jour de l'an IV, le représentant du peuple Fricot réunissait les citoyens de Strasbourg au Temple-Neuf pour leur exposer la nécessité d'un contrôle sévère sur les prêtres et les émigrés, comme „émissaires de l'ennemi et adversaires de la République". La *Gazette de Strasbourg* affirmait que ce discours avait été „entendu avec approbation" (1), mais l'attitude générale de la population nous permet d'en douter quelque peu. Les autorités municipales, en tout cas, se montraient on ne peut plus accommodantes dans leurs rapports avec les anciens fonctionnaires et mandataires du cardinal de Rohan (2).

La Convention ne pouvait cependant fermer les yeux à l'évidence et méconnaître entièrement la puissance du mouvement religieux qui menaçait de s'insurger contre elle. Afin de garder de son côté les électeurs qui ne mêlaient pas d'arrière-pensées politiques à leurs préoccupations ecclésiastiques, elle résolut de confirmer, une fois de plus, les concessions faites sur le terrain de

---

(1) *Strassb. Zeitung*, 23 septembre 1795.
(2) Nous faisons allusion aux dénonciations de Rumpler contre les sieurs Zæpffel et Weinborn, chefs de la communauté catholique, présentées au District, et discutées par le corps municipal. Ce dernier « considérant qu'aucun fait précis n'était articulé », passa à l'ordre du jour, le 5 vendémiaire an IV (27 sept. 1795). Quinze jours plus tard il n'aurait plus osé agir ainsi. Nous savons d'ailleurs aujourd'hui que tout ce clergé était en rapports constants avec l'émigré Rohan. (Guerber, Liebermann, pages 143-159.)

la liberté religieuse. Dans la séance du 6 vendémiaire, le représentant Génissieux proposait et défendait une série de mesures formant une espèce de code de droit ecclésiastique, et qui furent votées par la majorité de l'assemblée. Le décret du 6 vendémiaire donnait à chaque citoyen le droit d'exercer librement son culte en se soumettant aux lois. La République n'en salariait aucun et nul citoyen n'était obligé de s'y associer. Chaque réunion de culte était soumise à la surveillance de l'autorité civile, chargée de garantir la paix publique. Si quelque malveillant dérangeait ou troublait l'une de ces réunions, il était passible au maximum de 500 livres d'amende et de deux ans de prison. Aucun ministre des cultes ne peut entrer en fonctions s'il n'a signé une déclaration expresse de soumission aux lois de la République. Si elle ne contient pas explicitement la reconnaissance de la souveraineté du peuple, l'autorisation de fonctionner sera nulle et non avenue. Le prêtre qui rétracte sa déclaration sera banni à perpétuité du territoire français. Aucun ecclésiastique ne pourra porter en public un costume distinctif; aucun objet de culte ne pourra être exposé en dehors de l'église ou des musées publics. Les donations perpétuelles sont défendues aux fidèles, les attaques contre la République, faites dans une réunion religieuse, punies de mort (1). Les principaux points, précédemment acquis par la loi de prairial n'étaient donc pas remis en question.

Mais c'était autre chose, c'était beaucoup plus, que réclamait une partie notable de l'opinion publique. L'insurrection royaliste de Paris se chargea de le démontrer. Nous n'avons pas à raconter ici la journée du 13 vendémiaire, dont l'insuccès raffermit pour un temps les anciens montagnards, pour autant qu'il en restait, et valut au général Bonaparte, vainqueur des sections royalistes, le commandement de l'armée d'Italie. Constatons seulement qu'une nouvelle réaction, mais en sens contraire, suivit, sur le terrain religieux, l'échec politique des partisans de l'ancien régime. Le gouvernement directorial vit dès lors dans le clergé un dangereux ennemi ; il devait surtout le considérer comme tel dans les départements frontières, où les intrigues de tout genre, les conspirations, les trahisons même pouvaient sembler plus

---

(1) *Strassb. Zeitung*, 13 vendémiaire (5 octobre 1795).

faciles, et où les sympathies publiques se manifestaient plus vivement qu'ailleurs pour un régime modérateur et modéré.

L'Alsace rentrait alors tout particulièrement dans cette catégorie; à Strasbourg, par exemple, les choix obligatoires pour les ex-députés à la Convention, étaient tous tombés sur les plus marquants des adversaires du jacobinisme, sur un Boissy d'Anglas, un Lanjuinais, un Bailly, un Henri Larivière, etc. (1). Aussi les autorités supérieures avaient-elles l'œil sur la municipalité et, dès les premiers jours de novembre, le District la sommait-elle d'exécuter dans les vingt-quatre heures les lois contre les prêtres sujets à la déportation. Dans sa séance du 6 novembre, le Corps municipal, ne pouvant guère se refuser à obéir aux lois, décida de faire constater tout d'abord par l'administrateur de la police si des prêtres de cette catégorie séjournaient dans la commune (2). Le fait était de notoriété publique; il fallut cependant quatre jours (temps plus que suffisant pour faire échapper les plus menacés) jusqu'à ce que l'autorité municipale fût

---

(1) *Strassb. Zeitung*, 16 octobre 1795.
(2) Procès-verbaux du corps municipal, 15 brumaire (6 novembre 1795).

saisie d'une liste nominale des citoyens soumis à la rigueur des lois. Cette liste portait, comme sujets à la déportation : Louis Colmar, ex-régent de troisième au Collège national ; Jean-Louis Kæuffer, prêtre séculier ; Jean-Guillaume-René Videlange, ex-prébendaire de Saint-Pierre-le-Vieux, et François-Xavier Schweighæuser, „qui n'ont jamais prêté les serments exigés." Sont sujets à réclusion : François Vacquerie, ex-jésuite, âgé de quatre-vingt-seize ans ; Joseph Jung, récollet ; Jacques Sigel, ex-chanoine à Saverne. Quelques autres ecclésiastiques semblent également placés dans une situation plus ou moins irrégulière et l'on devra consulter l'administration supérieure à leur égard ; ce sont les abbés Rumpler (1), Rauscher, Bourste et Hobron. Celui dont on s'occupe surtout, est un personnage qui fut très influent, semble-t-il, dans le sein de la communauté catholique d'alors, l'abbé Montflambert (2). Sorti

---

(1) On ne peut voir dans la mention de ce nom qu'une malice individuelle du rapporteur ou l'expression d'un mauvais vouloir plus général du conseil ; Rumpler avait prêté serment, on le sait, et sa situation n'était donc nullement irrégulière.

(2) Procès-verbaux du corps municipal, 19 brumaire (10 novembre 1795).

de France longtemps avant la Révolution, Montflambert avait été ordonné prêtre à Paderborn en Westphalie, après avoir séjourné comme précepteur dans une famille polonaise pendant dix ans. Chassé de Varsovie par l'invasion russe en mai 1794, il était rentré en France en prairial de l'an III (juin 1795) et n'ayant jamais exercé le ministère dans sa patrie, n'avait pas été dans le cas de prêter ou de refuser le serment prescrit au clergé constitutionnel (1). Mais il n'avait pas non plus rempli les conditions imposées par les lois du 11 prairial et du 6 vendémiaire ; était-il passible pour cela de la déportation comme prêtre réfractaire ?

L'administration départementale, moins bienveillante ou plus soumise à la loi, transmit, le 27 brumaire (18 novembre 1795), à la municipalité l'ordre de déporter Colmar, Schweighæuser, Kæuffer et Videlange et de soumettre à une surveillance minutieuse les nommés Jung, Sigel et Vacquerie. Le corps municipal n'avait qu'à s'incliner devant cette injonction, mais il s'arrangea sans doute de manière à laisser échap-

---

(1) Procès-verbaux manuscrits, 7 frimaire an IV (28 novembre 1795).

per les proscrits (1). Le 7 frimaire (28 novembre 1795) il annonçait au Département que les quatre prêtres s'étaient absentés de la commune avant qu'on eût pu les saisir, mais cet insuccès ne semble lui causer aucun regret (2). Aussi cette apathie de la municipalité parut-elle dangereuse à l'administration départementale ; le 21 décembre 1795, elle prenait la délibération suivante :

Considérant que la loi du 3 brumaire dernier, concernant les prêtres qui sont dans le cas de la déportation, a été dictée par les dangers de la patrie, qu'elle est le résultat du vœu bien prononcé, de l'arracher aux trames liberticides... considérant que l'insouciance ou la malveillance de quelques fonctionnaires, ouvre à ces hommes, que la loi proscrit, des asyles sûrs contre son exécution ; considérant enfin qu'il est temps de prendre des mesures sévères qui atteignent tous les coupables,

Arrête, que dans les communes où se trouvent des prêtres sujets à la déportation ou à la réclusion, sans que les agents municipaux les aient fait arrêter ...ainsi que ceux qui leur donnent asyle...

---

(1) Procès-verbaux manuscrits du 4 frimaire an IV (25 novembre 1795).
(2) Procès-verbaux du 7 frimaire an IV.

ces fonctionnaires seront sur-le-champ livrés au tribunal criminel du département, pour leur faire appliquer la peine de deux années de détention prononcée par la loi du 3 brumaire ; charge surtout les commissaires du pouvoir exécutif près les administrations municipales de tenir la main à l'exécution de cette loi... et dans le cas où l'administration départemantale serait instruite que ces commissaires ne remplissent pas leurs devoirs à cet égard... elle provoquera leur destitution près du Directoire exécutif et leur punition comme complices" (1).

En présence de pareils ordres, qui s'appuyaient sur une lettre du ministre de l'intérieur, il n'était plus possible de tourner ou de mettre absolument de côté la loi. Tous les prêtres refusant le nouveau serment civique durent être écartés du ministère et — fait caractéristique ! — dès ce jour les catholiques romains de Strasbourg n'eurent plus de sacerdoce. Nous n'avons pas à rechercher quelles purent être en d'autres régions les dispositions morales du clergé vis-à-vis du gouvernement légal

---

(1) Délibération de l'administration du département du Bas-Rhin, du 30 frimaire an IV, placard in-fol. dans les deux langues.

du pays. Il est certain qu'ici du moins, ces dispositions étaient absolument hostiles, puisqu'il ne se trouva personne, parmi tous les prêtres habitant Strasbourg, pour s'engager à respecter les lois de l'Etat, comme le demandaient les décrets de prairial et de vendémiaire. Le 26 décembre 1795, l'abbé Montflambert présidait une dernière réunion de prières à la Cathédrale, puis il partait, lui aussi, pour l'exil (1). Les catholiques romains de notre ville se voyaient, une fois de plus, sans conducteurs spirituels et la compression légale remplaçait derechef la bienveillance et la tolérance qu'ils avaient fait si peu d'efforts pour conserver à leur parti.

XXVI.

Le départ des prêtres, et la crainte d'être mal vus ou peut-être même em-

---

(1) *Protokol und Verbalprocess der teutschen Herren Bürgern in Strassburg, welche den Gottes Dienst im Münster... wieder eingeführt, u. s. w.*, publié par extraits dans le *Katholisches Kirchen- und Schulblatt*, de Strasbourg (année 1855, p. 9), par M. l'abbé Fues. Les descriptions du chapitre suivant sont empruntées principalement à ce curieux document qu'on devrait bien faire connaître *in extenso*.

prisonnés, empêchèrent dès lors beaucoup de fidèles d'assister aux réunions de prières à la Cathédrale ou de venir s'y réunir le dimanche à leurs coreligionnaires. Ils renfermèrent les manifestations de leur foi dans leurs maisons et une administration municipale moins sympathique aurait pu arguer du délaissement de l'édifice pour l'employer à d'autres usages. Cela n'était point à craindre, il est vrai, pour le moment, mais rien ne garantissait la stabilité de fonctionnaires aussi mal notés et les chefs, intelligents autant qu'énergiques, de la communauté catholique résolurent de conclure, pour ainsi dire, un nouveau bail avec la municipalité, afin de s'assurer, en tout état de cause, la possession de la Cathédrale. Il existait à Strasbourg, depuis la fin du dix-septième siècle, une *Confrérie marianique des bourgeois allemands*, qui se recrutait principalement parmi les artisans catholiques de notre ville et jouissait d'une haute considération dans les sphères de la petite bourgeoisie. C'est dans les rangs de cette confrérie que furent choisis douze citoyens, fervents croyants tout d'abord, mais sans doute aussi peu compromis que possible dans les affaires politiques du temps. Ils se présentèrent comme délégués de tous les autres catholiques de la ville devant les administrateurs des édifices publics et demandèrent l'autorisation d'organiser à la Cathédrale des réunions de prière exclusivement laïques, tous les dimanches, à deux heures de l'après-midi (1).

Cette demande fut accordée sans peine et dès lors on vit à Strasbourg, grâce à l'inclémence des temps, ce spectacle si curieux et si contraire à l'esprit du catholicisme, la foi des fidèles se passant de prêtres pour parler à Dieu et des réunions de culte, considérées comme orthodoxes, et présidées pourtant par de simples laïques. Ce fut le 10 janvier 1796 que furent inaugurés ces services religieux, placés sous l'invocation des souffrances mortelles du Christ (2). L'un des Douze dirigeait les chants qu'accompagnaient les orgues, et récitait les prières au nom des croyants assemblés. Le 12 février, on célébra la fête de la purifica-

---

(1) *Kathol. Kirchen- und Schulblatt*, 1855, p. 9-10. Les noms de ces douze citoyens étaient Xavier Antoine, Valentin Kœhren, François Lazar, François Kieffer, Arbogast Heim, Nicolas Varin, Antoine Wescher, Etienne Hatter, Joseph Studer, Michel Schweighæuser, Michel Starck, Laurent Detterer.

(2) *Kirchen- und Schulblatt*, p. 47.

tion de la Sainte-Vierge, et après une confession générale des péchés commis contre la mère de Dieu, les nombreux assistants des deux sexes se prosternent à ses pieds et l'un des directeurs la proclame à haute voix comme patronne et protectrice de la cité (1). Le 4 mars commence une neuvaine spéciale en l'honneur de Saint-François-Xavier, instituée pour implorer la miséricorde divine en faveur des prêtres persécutés (2). Le 25 mars enfin, les cérémonies de la semaine de Pâques commencent, malgré l'absence de prêtres. Un des Douze a composé une exhortation aux fidèles, dont on donne lecture; les tableaux des quinze stations de la croix, ayant appartenu jadis aux Pères franciscains, sont placés contre les colonnes de la nef et la procession des fidèles se dirige de station en station, au milieu du chant des cantiques, pour prier et pour baiser la croix (3).

Nous n'avons voulu qu'esquisser ici quelques-uns des principaux traits de ce culte laïque, qui semble avoir eu d'autant plus de succès qu'il répondait à de profonds besoins religieux chez

---

(1) *Kirchen- und Schulblatt*, p. 48
(2) *Ibid.*, p. 49.
(3) *Ibid.*, p. 129-130.

une partie de la population strasbourgeoise (1). Ceux qu'intéresserait le détail des cérémonies, devront se reporter au document dont nous avons tiré les quelques renseignements fournis plus haut. Ce mémorial lui-même n'a pas été, malheureusement, publié tout entier et ne saurait d'ailleurs tout nous apprendre. Il est muet, par exemple — et nous comprenons le silence prudent de ses rédacteurs — sur l'attitude du clergé proscrit vis-à-vis de ces manifestations éclatantes, mais légèrement insolites, de la piété catholique. Cependant on a peine à croire que le cérémonial de toutes ces réunions religieuses n'ait pas été le résultat de sa collaboration discrète. Les Douze ne furent sans doute que les éditeurs, responsables vis-à-vis du pouvoir civil, de ce qui s'est dit alors à la Cathédrale, et non les véritables auteurs des sermons laïques prononcés par ces honorables citoyens.

Le 2 janvier 1796, l'administration municipale avait dû enregistrer la loi

---

(1) Les préposés du culte catholique procédaient aussi à de fréquentes quêtes à la Cathédrale, dont ils envoyaient le produit à la municipalité pour l'Hospice des orphelins. Voy. p. ex. le procès-verbal du 17 nivôse (7 janvier 1796).

portant que les agents qui ne dénonceraient pas les prêtres soumis à la déportation seraient sur-le-champ livrés au tribunal criminel (1), mais elle n'en restait pas moins favorable, au fond de l'âme, aux nouveaux proscrits. Le 9 janvier, elle accueillait favorablement une pétition de la citoyenne Marie-Reine Montflambert, qui demandait pour son frère, l'abbé, la permission de revenir à Strasbourg (2). Puis, quand le Directoire du département eut itérativement ordonné son arrestation, elle osa déclarer nulle et non avenue cette mesure du Directoire, Montflambert étant couvert par une des exceptions de la loi sur les émigrés. Cette opposition n'empêcha pas que le nom du prêtre fugitif ne fût porté sur la liste des émigrés ; mais jusqu'au bout, le Corps municipal persista dans sa manière de voir et déclara que „l'arbitraire prenait la place de la justice" (3).

---

(1) Procès-verbaux du Corps municipal, 12 nivôse (2 janvier 1796).

(2) Procès-verbaux du 19 nivôse (9 janvier 1796).

(3) Procès-verbaux du 25 ventôse an IV (15 mars 1796). Il semblerait pourtant que Montfiambert ait fini par tomber entre les mains de la police, car nous connaissons une délibération de l'administration départementale

Les mêmes procès-verbaux, auxquels nous empruntons ces détails, nous ont conservé la liste des lieux de culte ouverts à Strasbourg au commencement de l'année 1796. Le culte „connu sous la dénomination de culte catholique, apostolique et romain", occupait l'édifice de la ci-devant Cathédrale et l'église Louis; les protestants officiaient aux temples Aurélie, Thomas, Nicolas, Guillaume, Pierre-le-Vieux, l'Eglise-neuve (Temple-Neuf), la Ruprechtsau, et à l'auberge de la Charrue, au faubourg de Pierres. Les israélites se réunissaient chez Scheyen Netter, rue de la Lune; Abraham Auerbach, rue Sainte-Elisabeth; Moïse Isaac, Vieux-Marché-aux-Vins, et Joseph Lehmann, rue du Jeu-des-Enfants (1). Il n'est pas fait mention ici d'un lieu de culte pour les constitutionnels, mais il est cependant hors de doute qu'ils célébraient leur culte à part, avant même d'être admis au partage de la Cathédrale, comme nous le verrons bientôt.

Pendant ce temps la lutte s'engageait,

---

du 5 vendémiaire an V, qui ordonne son élargissement provisoire de la maison de réclusion. (Procès-verbaux du corps municipal, 8 vendémiaire, 29 sept. 1796.)

(1) **Procès-verbaux** du 12 nivôse an IV.

avec un redoublement de violence, entre le nouveau gouvernement de la République et les membres du clergé rénitent, rentrés en foule dans leurs anciennes paroisses, dans l'attente de jours meilleurs. Plus la connivence tacite des autorités avait été grande durant de longs mois, plus la répression dut sembler cruelle quand on se remit à sévir. Les municipalités favorables au clergé furent frappées, comme les prêtres eux-mêmes. La municipalité de Truchtersheim fut destituée pour avoir laissé fonctionner des ecclésiastiques non-assermentés (1) ; le président de celle d'Obernai, le citoyen Apprédéris, se vit casser pour en avoir hébergé dans sa demeure (2), et les malheureux eux-mêmes furent traqués partout, jusque dans les hautes vallées des Vosges, pour „écraser les ennemis de la République" (3). Ces poursuites ne restèrent pas infructueuses, et plusieurs de ceux qu'on recherchait, furent en effet arrêtés. C'est ainsi que le tribunal criminel du Bas-Rhin condamnait à la

---

(1) *Strassburger Weltbote* (c'est le nouveau titre de la *Strassburger Zeitung*, du futur *Courrier du Bas-Rhin*), 28 janvier 1796.
(2) *Strassb. Weltbote*, 15 février 1796.
(3) *Strassb. Weltbote*, 10 février 1796.

déportation sur les côtes de la Guyane le curé Kappler, de Beinheim (1), puis l'abbé Heckel, ancien desservant de Grossendorf (2). Les armes les plus terribles, forgées pour combattre l'Eglise hostile, devaient être employées elles-mêmes dans l'ardeur de la lutte et sous l'influence funeste des haines renaissantes. Dans les premiers jours de février on amenait captif aux prisons de Strasbourg un prêtre condamné jadis à la déportation et qui, avec un faux passe-port (3), était revenu dans sa paroisse ; c'était l'abbé Antoine-François Stackler, desservant de Neuve-Église. Son identité sommairement reconnue, le tribunal prononça contre lui la peine capitale et, le 3 février 1796, le jeune ecclésiastique montait courageusement les marches de l'échafaud, dressé sur la place d'Armes, salué comme un martyr par l'immense majorité de ses coreligionnaires, quoique jugé plus sévèrement par les feuilles républicaines (4).

---

(1) *Strassb. Weltbote*, 19 mars 1796.
(2) *Strassb. Weltbote*, 11 avril 1796.
(3) La falsification fréquente de ces passeports est également avouée par M. Guerber dans sa *Vie de Liebermann*, p. 137.
(4) *Strassb. Weltbote*, 4 février 1796. Voy. aussi sur Stackler l'article de M. l'abbé Siffer

Toutes les régions de notre province ne supportèrent pas avec un calme résigné cette recrudescence dans la persécution religieuse; dans le Kochersberg, par exemple, presque aux portes de Strasbourg, les paysans catholiques proféraient des paroles menaçantes et l'on y armait, disait-on, jusqu'aux garçons de douze ans, pour défendre les prêtres réfractaires qui s'y tenaient cachés (1). Huit demi-brigades de gendarmes durent être établies à Dachstein, Molsheim, Mutzig, Wasselonne, Westhoffen, Schirmeck et lieux environnants, pour y faire respecter les arrêtés relatifs au clergé non-assermenté (2), et surtout aussi celui du 13 ventôse, qui ordonnait d'enlever partout, sur les églises, dans les cimetières, aux maisons particulières et sur les grands chemins, les symboles religieux, croix, images des saints, inscriptions diverses, ayant échappé jusqu'ici au marteau des démolisseurs. Le piédestal même des crucifix devait être immédiatement en-

---

dans la *Revue catholique d'Alsace*, 1868, p. 372 — Nous rencontrons un trait de fanatisme religieux épouvantable — s'il est authentique — chez l'une des paroissiennes de Stackler, dans le *Strassb. Weltbote* du 15 février 1796.

(1) *Strassb. Weltbote*, 17 mars 1796.
(2) *Strassb. Weltbote*, 26 mars 1796.

levé (1). On peut se figurer aisément quelles colères éveillaient d'aussi tyranniques décrets dans le cœur de nos populations rurales. Il va sans dire que la défense de se servir des cloches pour la célébration du culte, très rapidement tombée en désuétude, du moins à la campagne, était réitérée sous les peines les plus sévères (2).

Dans cette lutte, qui renaissait de la sorte âpre et passionnée, le gouvernement devait nécessairement chercher à gagner des alliés, dont l'intérêt immédiat les pousserait, non pas à s'associer à des mesures persécutrices, mais à donner au moins l'exemple d'un *loyalisme* patriotique et de l'obéissance aux lois. Il était d'une importance suprême pour lui de pouvoir montrer aux masses des groupes religieux se disant et se croyant bons catholiques et se montrant bons citoyens. La situation générale du pays devait amener et amena en effet un rapprochement sensible entre les autorités civiles et l'ancien clergé constitutionnel. Celui-ci n'avait pas attendu, pour organiser son

---

(1) *Strassb. Weltbote*, 25 mars 1796.
(2) Procès-verbaux du Corps municipal. 22 germinal (11 avril 1796) et 30 messidor (18 juillet 1796).

culte, supprimé par la Terreur, que le pouvoir lui devînt favorable ; au contraire. C'est au moment où la Convention nationale semblait se désintéresser entièrement de la question religieuse, pour gagner le clergé réfractaire, que les constitutionnels, sous la conduite de Grégoire, avaient refait leurs cadres, par la célèbre circulaire du 15 mars 1795 (1). Au mois de septembre, les anciens curés assermentés du Haut-Rhin s'étaient réunis pour se donner une organisation synodale dans le *presbytère* de Soultz, avec le concours de l'abbé Maudru, évêque constitutionnel des Vosges. Le 24 avril suivant on avait procédé dans le même département à l'élection d'un nouvel évêque et sur 12,800 suffrages exprimés — chiffre minime quand on songe aux masses catholiques de la Haute-Alsace ! — 7000 voix environ avaient porté l'abbé Berdolet au siège épiscopal (2).

---

(1) Voy. sur cette question plus générale, que nous ne pouvons aborder ici, le remarquable travail de M. Gazier, chargé de cours à la Faculté des lettres de Paris, qui vient de paraître : *Etudes religieuses sur la Révolution française*. Paris, 1887, 8º.

(2) On peut consulter sur ce mouvement dans la Haute-Alsace, mais avec une défiance permise vis-à-vis d'un adversaire mortel de

Tandis que l'Eglise constitutionnelle du Haut-Rhin témoignait ainsi d'une certaine vitalité, les prêtres assermentés ne faisaient guère parler d'eux dans le département voisin, si l'on en excepte Strasbourg même. On n'a pas oublié que bon nombre des membres du clergé dans le Bas-Rhin, compatriotes et partisans de Schneider, avaient abandonné, comme lui, le ministère, ou bien étaient retournés dans leur pays, déçus dans leurs espérances religieuses et matérielles (1). On se rappelle aussi ce que nous avons dit du caractère apathique et de la santé chancelante de l'évêque Brendel, et l'on ne s'étonnera donc pas s'il ne s'est que faiblement associé au mouvement de réorganisation provoqué par Grégoire et ses amis. Les mois de captivité, passés au Séminaire, pendant la Terreur, avaient brisé le peu de

---

l'Eglise constitutionnelle, l'ouvrage de M. Winterer, souvent déjà cité.

(1) Ceux qui restaient étaient devenus suspects au gouvernement ; ainsi, dans une lettre du 5 germinal an IV, le ministre de la police s'informait du « prêtre autrichien » Kæmmerer, et demandait en vertu de quels titres il résidait encore en France, où, « sous le masque d'un patriotisme exalté, il s'occupe d'anéantir le gouvernement ». Procès-verbaux du Corps municipal, 23 germinal (12 avril 1796).

ressort qui pouvait rester à un homme, nullement fait pour agir en temps révolutionnaire. Aussi n'est-ce pas Brendel, mais un autre personnage, à nous bien connu, l'abbé Rumpler, qui travaille indirectement à Strasbourg à la résurrection du mouvement constitutionnel. Ce singulier original n'avait pas, à vrai dire, d'antécédents qui l'appelassent à jouer ce rôle. Il n'avait jamais fait partie du clergé assermenté ; il avait été enfermé plus tard pour avoir dit la messe en cachette et avait lutté, du fond de sa prison, plus courageusement que bien d'autres, contre la tyrannie de Monet et de Schneider (1). Mais c'était une nature belliqueuse, toujours en émoi, ulcérée par le souvenir de maintes avanies, à lui faites par le haut clergé de l'ancien régime. Il était de plus bon patriote et il se croyait en droit de reprocher à ses adversaires de ne point l'être du tout. Peut-être

---

(1) Pour apprécier l'énergie morale de Rumpler, il faut lire les lettres virulentes et gouailleuses qu'il adressait, du fond de sa prison, aux autorités départementales pour protester contre la tyrannie de « l'adolescent d'Annecy, du *mineur* du Mont-Blanc ». Le courage assurément ne lui faisait pas défaut. (Actes d'un bon apôtre, Strasb., Dannbach et Gay, dix cahiers divers, p. 454-495.

aussi son amour-propre avait-il été blessé de se voir écarté, lors de la réorganisation du culte catholique, par les mandataires secrets du cardinal de Rohan, Louis-Gilles Zæpffel et Claude Weinborn, l'un cousin germain du promoteur de l'évêché, l'autre frère de l'ex-secrétaire de l'officialité strasbourgeoise. Toujours est-il que Rumpler a contribué, plus que tout autre, à travailler l'opinion publique contre les réfractaires et contre la communauté catholique libre, groupée soit à Saint-Louis, soit à la Cathédrale. En criblant les „successeurs des douze apôtres" de ses sarcasmes, avec une acrimonie peu chrétienne, il a plus fait pour soutenir les faibles restes de l'Eglise constitutionnelle que celle-ci n'a fait elle-même, sans cependant se déclarer catégoriquement pour elle. Combien faible était cette Eglise à Strasbourg, on le voit par le petit nombre des signataires qui viennent, une fois de plus, demander à la municipalité, le 12 avril, l'usage de la Cathédrale pour les citoyens Brendel, Kirchhoffer, Rosswag et Gross, „ci-devant prêtres constitutionnels" (1).

La municipalité se voyait fort embar-

---

(1) Ils n'étaient que quarante-sept.

rassée, car, au point de vue légal, sinon en équité, la Cathédrale était vacante. Il ne s'était pas présenté, on le sait, un seul prêtre pour prêter le serment préalable, exigé de tous les ministres d'un culte, et les pétitionnaires pouvaient prétendre, avec assez de logique, qu'en l'absence d'un célébrant, toute cérémonie religieuse était impossible, et que le culte catholique ne se comprenait pas sans un sacerdoce. Mais la municipalité ne songeait pas à expulser du sanctuaire les préposés de la congrégation catholique, qui venaient d'être renouvelés par le suffrage des électeurs (1). Elle déclara donc aux pétitionnaires qu'elle ne serait dans l'obligation d'accorder l'usage commun d'un même édifice à des citoyens exerçant des cultes différents ou prétendus tels, que si cet édifice était le seul dont on put disposer, et sur la demande qui lui en serait faite, de *part et d'autre*, par les intéressés. „Considérant que l'édifice connu sous la dénomination de l'Eglise cathédrale a été réclamée, en vertu de la loi, par un grand nombre de citoyens pour l'exercice du culte dit catholique-apostolique-romain, et qu'il

---

(1) Procès-verbaux du Corps municipal, 17 germinal (6 avril 1796).

a été remis à leur usage,... que ces citoyens sont encore aujourd'hui en possession de cet édifice, où ils continuent d'exercer le culte qu'ils ont adopté et qui paraît différer de celui qui convient aux pétitionnaires,... que c'est sur l'assurance légale d'y être maintenus, qu'ils ont fait les dépenses nécessitées par la nouvelle destination de l'édifice,..." le Conseil finit par „estimer qu'il n'y a pas lieu de délibérer sur la pétition susdite". Il invite seulement l'administration départementale à fournir aux impétrants l'une des autres églises catholiques placées sous séquestre (1).

Le 8 floréal (27 avril), le Département accorde en effet aux constitutionnels l'église de Saint-Louis, qu'on prend aux catholiques-romains. Ceux-ci réclamèrent sans doute, car, le 20 du même mois (9 mai), on transférait les pétitionnaires de Saint-Louis à Saint-Pierre-le-Vieux (2). Ce local ne suffit pas à la longue; le 24 mai treize citoyens demandèrent encore Saint-Pierre-le-Jeune pour y célébrer un

---

(1) Corps municipal, procès-verbaux manuscrits, 23 germinal (12 avril 1796).

(2) Procès-verbaux manuscrits, 23 floréal (12 mai 1796).

culte constitutionnel et cette demande dut être accordée (1). Comment finit-on par établir une espèce d'*alternative* dans le principal sanctuaire de la cité? C'est ce que nous ne saurions dire, malgré nos recherches ; cependant la chose elle-même ne semble pas douteuse, puisque le *Journal de la confrérie marianique* mentionne, à la date du 3 juillet 1796, un „culte latin", célébré par un prêtre constitutionnel, dans le chœur de la Cathédrale (2).

Peut-être doit-on voir là le résultat des attaques de Rumpler, qui, précisément à cette époque, harcelait les préposés du culte catholique avec une grande véhémence. „Vous êtes reconnus pour des intriguants dans la bergerie du Seigneur, et pour des intrus dans une *prépositure* usurpée, dont les catholiques raisonnables vous chasseront pour avoir la paix, s'ils consultent un peu le vœu des citoyens catholiques, apostoliques et romains de la cité et des fauxbourgs" (3). Quand on le voit

---

(1) Corps municipal, procès-verbaux du 2 prairial (21 mai 1796).

(2) *Kath. Kirchen- und Schulblatt*, 1855, p. 132.

(3) Appel pour les citoyens et citoyennes romano-évangéliques, catholiques, apostoliques de la confession de Saint-Louis à Strasbourg,

maltraiter ainsi „messieurs les frères et cousins des docteurs d'outre-Rhin", on devine que l'antagonisme politique et le sentiment national entrent en jeu, dans ces luttes intimes, à nous si mal connues, du catholicisme strasbourgeois d'alors. On s'expliquerait assez bien que la municipalité n'osât plus sacrifier entièrement les constitutionnels à des gens aussi vivement accusés et mal notés sans doute auprès du gouvernement de la République.

Malheureusement nous savons très peu de chose sur cette seconde période de l'histoire du culte constitutionnel à Strasbourg, l'attention publique se détournant vers d'autres sujets et la littérature des brochures et des pamphlets, si riche pour les années 1790 à 1795, nous faisant maintenant à peu près défaut. Brendel fonctionna pour la dernière fois comme évêque à la consécration du nouvel évêque du Haut-Rhin, Berdollet, cérémonie qui se fit à Colmar, le 15 août 1796. Il y prononça un „discours plein d'onction" et qui fit couler des larmes, au dire du rapport officiel.

---

25 juillet, fête du P. Jacob. Voy. aussi la préface de la *Tonnéide*, de Rumpler (Argentcourt, Dannbach, an VII), ironiquement dédiée à Zæpffel et Weinborn.

Mais, depuis ce jour, il n'a plus accompli d'actes ecclésiastiques, et de fait, la juridiction de Berdollet s'étendit, dans les années qui suivirent, aux départements du Bas-Rhin et du Mont-Terrible. Nous ne savons pas exactement quand Brendel résigna ses fonctions épiscopales, mais ce dût être bientôt après la date indiquée tout à l'heure. Quant au motif de sa décision, il ne l'a déposé dans aucun document rendu public ; un contemporain nous affirme que Brendel „ne donna à la municipalité sa démission de la juridiction épiscopale que pour opérer la réunion des différents partis" (1). Il aurait donc cru que, lui parti, les catholiques dissidents et les constitutionnels pourraient s'entendre fraternellement sur la nomination d'un nouvel évêque, moins compromis dans les luttes antérieures ? On a quelque peine à penser qu'il ait pu se livrer à de pareilles illusions. Quoi qu'il en soit de cette réunion des différentes fractions religieuses rêvée par Brendel, „mais à laquelle les fanatiques se sont opposés", nous voyons l'ancien évêque accepter bientôt les

---

(1) Note manuscrite de la main de M. Laquiante, juge à Strasbourg, sur mon exemplaire du discours de Bottin.

fonctions, modestement rétribuées (1), d'archiviste départemental. A partir de ce moment, il disparaît forcément des pages de ce récit. Il ne survécut pas longtemps d'ailleurs à l'abandon de ses fonctions épiscopales, ayant succombé, dès le 22 mai 1799, aux maladies qui le minaient depuis longtemps déjà. Un „cortège de trois cents patriotes, spontanément réunis", l'accompagna jusqu'à sa dernière demeure, tandis que des mégères, „égarées par un fanatisme hideux, se pressaient dans les rues où le convoi devait passer, dirigeant sourdement des imprécations et des injures grossières vers le cercueil." L'orateur qui parla sur sa tombe put affirmer que le mort avait „constamment repoussé avec pitié toutes les tentatives que l'hypocrisie fit à plusieurs reprises pour l'attirer à une lâcheté. Ses derniers moments ont ressemblé à ceux de toute sa vie; il est mort républicain" (2). Le ton général du discours prononcé par

---

(1) Il est entièrement faux de dire qu'il avait « *ein erkleckliches Einkommen* » comme le fait M. Guerber, Liebermann, p. 159.

(2) Eloge funèbre du citoyen Brendel, chef du bureau des archives, ci-devant évêque constitutionnel du Bas-Rhin, mort le 3 prairial an VII, prononcé par le citoyen Bottin. Strasb., Levrault, s. dat., 11 p. 8º.

le citoyen Bottin semble indiquer que l'idée religieuse tenait bien peu de place dans les dernières pensées du défunt. L'on ne saurait donc s'étonner que l'Eglise constitutionnelle du Bas-Rhin ait misérablement fini sous un tel chef. Un ardent apôtre lui-même aurait échoué sans doute, vu la disposition d'esprit des masses, et Brendel, nous l'avons dit autrefois, n'était rien moins qu'un apôtre.

L'attitude des populations rurales restait en effet une cause d'incessants soucis pour l'administration départementale et le gouvernement de la République. Non contents de laisser inexécutée les lois contre les prêtres rénitents, certaines municipalités du Bas-Rhin s'étaient oubliées jusqu'à „tolérer des attroupements formés dans leurs communes pour enlever des prêtres réfractaires des mains de la troupe armée"; d'autres avaient „souffert que les prêtres rebelles célébrassent publiquement le culte dans leurs communes"; d'autres enfin avaient „laissé subsister, contrairement à la loi, les signes extérieurs du culte". Un arrêté du Département, daté du 6 juillet, avait suspendu les adjoints et les agents municipaux de Crastatt, Itterswiller, Kleingœft, Mennolsheim,

Reuttenbourg et Sigrist comme coupables de ces méfaits. Par arrêté du 8 août, le Directoire de la République destituait ces fonctionnaires désobéissants et prescrivait leur remplacement immédiat (1). Quelques semaines après, le ministre de la police générale, le citoyen Cochon, insistait, dans une nouvelle missive, sur l'expulsion immédiate des prêtres insermentés, si nombreux encore en Alsace (2). Une autre circulaire, datée du 6 fructidor, ordonnait d'enlever sur-le-champ les croix et les images partout où elles subsistaient encore. Cette dépêche officielle citait principalement Marmoutier comme centre de *fanatisme*. On y sonne les cloches, on y fait des processions au dehors, on y arbore même des cocardes blanches et le drapeau blanc (3). On peut supposer que ces objurgations officielles restèrent, autant que par le passé, sans résultats pratiques.

La fin de l'année 1796 et les premiers mois de l'année suivante s'écou-

---

(1) Extrait des registres des délibérations du Directoire exécutif. Paris, 21 thermidor an IV. Placard grand-fol. dans les deux langues.

(2) *Strassb. Weltbote*, 9 fructidor (26 août 1796).

(3) *Strassb. Weltbote*, 17 fructidor (9 septembre 1796).

lèrent sans faits marquants à signaler pour l'histoire religieuse de l'Alsace et celle de notre Cathédrale. Malgré les dispositions peu favorables du gouvernement, les *préposés* catholiques n'ont pas été troublés dans la possession tranquille de l'antique édifice (1). Ils y célèbrent leurs réunions de prières, et y font des quêtes fructueuses, qui semblent indiquer une affluence de fidèles assez considérable. Le produit de ces collectes est en partie consacré à l'achat de livres de piété pour les orphelins de l'hospice communal, et les donateurs peuvent écrire à ce sujet à l'administration municipale : „Les sentiments que l'administration professe nous sont garants de son suffrage pour l'emploi de cette somme", sans craindre un refus d'approbation de sa part (2).

Les événements politiques du dehors

---

(1) Toutes les fêtes publiques du temps (fête de la Jeunesse, au 27 mars 1797; fête en l'honneur de Hoche, au 14 octobre 1797, etc.) se célèbrent soit au Temple-Neuf, soit sur la place d'Armes; on n'emprunte à la Cathédrale que ses cloches. (Corps municipal, procès-verbaux du 7 germinal an V et du 23 vendémiaire an VI.)

(2) Corps municipal, procès-verbaux manuscrits du 16 germinal et du 12 floréal (5 avril, 1er mai 1797). La collecte du 20 germinal se montait à 224 livres 19 sols.

semblent devoir favoriser ce calme. En avril 1797, les électeurs français procèdent au renouvellement par tiers des Conseils, et la plupart des conventionnels sortants sont remplacés par des modérés ou même par des royalistes avérés. Aussi, le 23 mai déjà, sur la proposition du représentant Dumolard, on nommait au Conseil des Cinq-Cents une commission chargée de réviser les lois et décrets relatifs à la police des cultes. La majorité de cette commission était favorable, par politique ou par conviction religieuse, aux vœux des catholiques. Elle le montre en nommant rapporteur l'éloquent Camille Jordan, qui déposa, dès le 17 juin, un rapport resté célèbre et concluant à une liberté des cultes à peu près complète. La mesure vexatoire du serment devait être abolie, les processions permises (1), les cloches rendues aux églises, les cimetières distribués entre les adhérents des cultes divers, etc. Le 24 août la majorité des Conseils alla plus loin en-

―――

(1) Il paraît qu'on anticipa même sur cette autorisation, car dès le commencement de juin, l'administration départementale se voyait obligée de défendre de pratiquer les cérémonies du culte en dehors des édifices choisis pour cet exercice. Corps municipal, procès-verbaux du 20 prairial (8 juin 1797).

core ; désireuse de rétablir la paix religieuse dans le pays, elle rapporta, par la loi du 7 fructidor, toutes les lois antérieures, relatives à la déportation ou à la réclusion des prêtres non-assermentés. Mais le Directoire, en majorité formé d'anciens conventionnels, trouva que cette mesure, et plusieurs autres, entraînaient les pouvoirs publics sur une pente fatale à la République.

Effrayés par la découverte de complots royalistes, plus ou moins sérieux, craignant de perdre la direction des affaires, Rewbell, Barras et La Réveillère-Lepaux s'appuyèrent sur le commandant de Paris, le général Augereau, envoyé tout exprès dans la capitale par Bonaparte, afin de prêter main-forte contre „les brigands modérés". Dans la matinée du 4 septembre, ils exécutèrent le coup d'Etat militaire connu dans l'histoire sous le nom de la journée du 18 fructidor, le premier d'une série de violences analogues, qui devaient déconsidérer la représentation nationale et livrer enfin la France à la dictature d'un seul.

Une des premières lois révoquées par les Conseils décimés fut celle du 7 fructidor, et les ministres des cultes furent astreints derechef à prêter le serment de haine à la royauté. L'Eglise affirmant encore aujourd'hui, par la bouche de ses pontifes, qu'elle est indifférente par principe aux formes politiques des Etats, la prestation de ce serment n'aurait pas dû être nécessairement refusée par le clergé. Elle le fut pourtant partout en Alsace, sur l'ordre exprès du cardinal de Rohan qui, de l'autre côté du Rhin, surveillait toujours son diocèse (1). C'était montrer bien clairement que l'agitation fomentée par le clergé dans le pays n'était pas seulement religieuse mais encore contre-révolutionnaire. Les suites naturelles d'un refus obstiné de ce genre ne se firent pas attendre. Le Directoire rentra dans l'ornière jacobine qu'on venait à peine de quitter. A Strasbourg, l'église de Saint-Louis et son mobilier furent mis en vente au plus offrant, dès novembre 1797, par le ministère du commisaire de police Braun et du revendeur Dollinger (2). Afin d'éviter un sort semblable, les préposés de la Cathédrale s'empressent de célébrer un *Te Deum* d'allégresse pour la conclusion du traité de Campo-Formio avec François d'Au-

---

(1) Winterer, p. 277.
(2) Corps municipal, procès-verbaux du 21 brumaire (11 nov. 1797).

triche, première cérémonie politique à laquelle nous les voyons s'associer (1). Mais ils ne devaient plus jouir longtemps en paix du sanctuaire qu'ils occupaient depuis deux ans. Dans les premiers jours de décembre, le citoyen Rumpler, „sans désignation d'aucune qualité", présente une nouvelle requête à l'administration municipale pour y officier à son tour. Profitant de ce que ni Zæpffel, ni Weinborn, ni aucun des autres administrateurs n'osent prêter un serment, interdit par leur ancien évêque, et répugnant à leur conscience (2), il vient „réclamer ses droits de prêtre catholique-romain", sur une église où „il n'y a plus ni ministre du culte ni administrateurs qui osent se montrer", et demande „à célébrer le sacrifice" pour „les nombreux citoyens qui l'ont choisi pour dire la messe".

Le Corps municipal cherche un moyen de se soustraire à cette mise en

---

(1) Procès-verbaux du Corps municipal, 19 brumaire (9 nov. 1797).

(2) Cela était vrai; l'administration de la police municipale constatait qu'aucun des onze préposés en exercice ne voulait prêter serment, la plupart niant leur propre existence officielle, pour se dispenser de cette corvée. Procès-verbaux du 12 frimaire an VI (2 décembre 1797).

demeure. Bien que Rumpler ait déposé un volumineux dossier de pièces à l'appui de sa demande, on lui déclare que, n'y trouvant pas le serment exigé par la loi du 19 fructidor, on devait surseoir à toute réponse (1). Mais Rumpler, présent à la séance publique du Conseil, se lève subitement et exhibe une attestation de la municipalité d'Obernai, établissant qu'il a satisfait à la loi ; d'ailleurs il se déclare prêt à prêter le serment, une fois de plus, séance tenante. Ne sachant plus alors quelle attitude prendre vis-à-vis des catholiques, peu soucieuse de rien faire en faveur des constitutionnels, l'administration municipale décide enfin de renvoyer la question à celle du Département. Cinq jours après intervenait une décision, facile à prévoir : Les préposés prêteront le serment exigé par la loi, ou bien on leur fermera leur lieu de culte (2). Un délai de quatre jours étant écoulé sans que les administrateurs de la paroisse catholique eussent obtempéré à la sommation contenue dans la délibération du 17 frimaire, le

---

(1) Procès-verbaux du 12 frimaire (2 déc. 1797).

(2) Procès-verbaux du Corps municipal, 17 frimaire (7 déc. 1797).

Directoire du département prit, à la date du 21 frimaire, une délibération „portant que la ci-devant Cathédrale était fermée à toute espèce de culte, et le local uniquement destiné à la réunion des citoyens lors des fêtes civiques et décadaires." Quelque peu satisfaite qu'elle fût de cette mesure, la municipalité dut l'enregistrer cependant. Nous lisons au procès-verbal de sa séance du 25 frimaire, que „vu le refus opposé (par le Département) à la pétition de quinze citoyens, d'être conservés dans l'usage de ladite Cathédrale", on enverra copie de ce refus au citoyen Fink, l'un des préposés au temporel du culte; qu'ils devront remettre les clefs de l'édifice, et, qu'à partir du 30 frimaire, les fêtes décadaires y seront célébrées avec décence (1). Le Corps municipal eut un moment de satisfaction cependant; il pouvait répondre le même jour à une troisième pétition de l'infatigable Rumpler „qu'il n'y avait plus lieu de délibérer" sur sa demande. Comme dans la fable, les deux plaideurs ennemis étaient renvoyés dos à dos du procès et l'objet du litige restait entre les mains d'un tiers plus heureux.

---

(1) Procès-verbaux du 25 frimaire (15 déc. 1797)

XXVII.

L'année 1798 est marquée par un redoublement d'hostilités entre l'Eglise et l'Etat. Une fois de plus, les représentants de l'autorité civile, désespérant de gagner le concours du clergé, essaient de l'écraser ou de le proscrire. L'arsenal des lois de combat édictées depuis sept ans leur fournit toutes les armes désirables pour cette lutte, et cependant ils seront obligés, eux aussi, d'avouer leur impuissance finale. Peu sympathiques au clergé constitutionnel, hostiles, en partie du moins, à tout sentiment religieux, les détenteurs du pouvoir en reviennent au système inauguré par Robespierre, aux fêtes symboliques à grand apparat, à l'imitation maladroite des cérémonies grecques et romaines, à l'exploitation de l'idée patriotique, opposée aux tendances catholiques. C'est alors que l'un des membres du Directoire exécutif, La Réveillère-Lepaux, inaugure à Paris son culte des *théophilanthropes*, travestissant, malgré lui, une grande et belle idée par son cérémoniel absurde et sa phraséologie ridicule. C'est alors aussi que nous voyons la Cathédrale de Strasbourg redevenir, comme avant le 10 thermidor, le centre officiel du républicanisme et le sanctuaire de la propagande patriotique.

Il nous reste toute une série des discours prononcés à cette époque, lors des fêtes décadaires, à la Cathédrale. Ils ont à peu près tous le même caractère, et sont composés presque tous par un même groupe de personnages. Le ministre de l'intérieur d'alors, François (de Neufchateau), littérateur assez médiocre, bien qu'il ait été de l'Académie française, avait prescrit d'employer à cette tâche civique les fonctionnaires municipaux d'abord, puis les professeurs des nouvelles Écoles centrales, établies dans chaque département de la République, et qui remplaçaient les anciens collèges. Il comptait sur l'éloquence facile, le sérieux et le dévouement obligé des membres de l'enseignement secondaire officiel, il pensait aussi que la parole de ces citoyens respectables aurait une autorité plus considérable que celle des énergumènes entendus pendant la Terreur. Sur le premier point, son attente ne fut pas déçue ; les discours — nous dirions volontiers les homélies laïques — prononcés à la Cathédrale sont l'expression, souvent émue, des sentiments les plus dignes de respect. On y prêche, avec une conviction absolue, la croyance en Dieu, en l'immortalité de l'âme, la tolérance religieuse et la charité, l'oubli des haines politiques et la concorde entre tous les citoyens (1). La sainteté, l'indissolubilité du mariage n'ont jamais trouvé de plus sincères défenseurs (2). Mais à côté de l'exposé de ces vérités générales et supérieures, la note polémique n'est jamais absente ; elle ne pouvait l'être sans manquer le but même de l'institution. On y demande au ci-devant d'abjurer ses préjugés contre l'égalité, au prêtre de reconnaître l'absurdité de bon nombre de ses dogmes, au piétiste de

---

(1) *Das Glück der Freiheit, eine patriotische Rede auf den Dekadi*, 10 ventôse, 6. S. nom d'auteur ni d'impr. Strassb., 8 p. 8°. — *Rede über den Muth des Republikaner's, gesprochen im Tempel der Freiheit, am 20. Ventose, von Joh. Friedr Aufschlager, Beamter im Finanzbüreau der Gemeinde*. Strassb., Dannbach. 8 p. 8°. — *Rede über die patriotische Thätigkeit, gehalten am 20. Messidor von J. F. Aufschlager*. Strassb., Dannbach, 16 p. 8°.

(2) *Ueber die Wichtigkeit der Ehe, eine Rede gehalten am Fest der Ehegatten. den 10. Floreal, im Nationaltempel, von J. B. Escher, Professor an der Centralschule.* Strassb., Dannbach, 15 p. 8°.

renoncer à ses cérémonies enfantines, au juif de se soustraire au rituel vieilli de ses rabbins. On exhorte les électeurs à ne jamais donner leur voix à qui embrasse encore d'un bras débile le fantôme de la royauté, à qui, poussé par le fanatisme religieux, défend encore des superstitions honteuses (1).

De pareilles paroles devaient repousser naturellement la masse des fidèles catholiques, aveuglément dévoués à leurs conducteurs spirituels. Elles n'auraient point été proférées d'ailleurs, que les orateurs n'auraient pas eu prise sur les citoyens de cette catégorie, pour un autre motif. Beaucoup d'entre les „prédicants" du décadi étaient protestants. Leur présence même dans la chaire de la Cathédrale devait paraître un sacrilège aux âmes pieuses et, par suite, ceux-là seuls allaient les entendre qui, d'avance, étaient convaincus La municipalité avait beau faire imprimer ces harangues, pour les distribuer ensuite, il n'est pas présumable que leur influence écrite ait été plus profonde que leur influence parlée.

---

(1) *Einige Rathschläge für die Wahlmänner, Rede im Tempel der Freiheit, gehalten am 20. Germinal. von J. F. Aufschlager.* Strassb., Dannbach, 14 p. 8º.

Pour réussir, il manquait au Directoire, malgré tous ses efforts, le prestige sanglant de la Terreur. Là où Robespierre lui-même et ses proconsuls avaient pu supprimer avec peine, et pour quelques mois seulement, les habitudes enracinées de l'ancien régime et les traditions de la civilisation chrétienne, les Barras et les Merlin n'auraient pas dû se flatter de réussir. Ils pouvaient bien exaspérer l'opinion publique par des mesures vexatoires ; ils devaient renoncer à la dompter. Parmi ces mesures de plus en plus impopulaires, il faut placer surtout les luttes incessantes pour maintenir le calendrier décadaire contre le calendrier grégorien. Le Directoire insistait partout, avec un soin jaloux, pour que l'année officielle fût seule employée, et le public, d'autre part, s'obstinait à n'en plus tenir compte. A Strasbourg le nombre des arrêtés, relatifs à cette question, fut considérable, „l'administration municipale considérant qu'elle n'avait pas de devoir plus sacré que de seconder, de tous ses moyens, les mesures propres à la conservation de la république, et à la destruction du royalisme et des routines théocratiques." Dans celui du 22 floréal, par exemple, il est ordonné que les paysans, même ceux d'outre-Rhin, qui viendraient porter leurs provisions au marché, un autre jour que les tridi et les octidi de chaque décade, seraient poursuivis comme ayant encombré la voie publique ; les travaux de la voierie ne pourront être suspendus que le décadi ; les ouvriers qui prendraient congé les jours de dimanche ou de fête de l'ancien calendrier, devront être congédiés ; les bals publics et autres lieux de rassemblement ne pourront être réglés que sur la décade et jamais ouverts le dimanche ; les écoles devront chômer exclusivement d'après le calendrier républicain, etc. (1). Mais ces menaces obligées n'étaient pas, semble-t-il, sérieuses de la part du bureau municipal, car les choses ne changèrent guère pour cela.

Afin d'amener le public aux fêtes décadaires, la loi du 13 fructidor (30 août 1798) prescrivit que dorénavant les mariages ne pourraient plus être célébrés que les jours de fête décadaire, au temple de la Liberté. C'était forcer, en effet, les plus récalcitrants parmi les

---

(1) Délibération de l'administration municipale de la commune de Strasbourg, du 22 floréal an VI (11 mai 1798). Strasb., Dannbach, placard in-folio.

catholiques, à pénétrer, une fois au moins dans leur vie, dans l'enceinte profanée de leurs anciennes églises, pour peu qu'ils fussent désireux de contracter mariage, mais les cœurs n'étaient pas gagnés pour cela: bien au contraire. A Strasbourg, cette loi fut appliquée pour la première fois le 10 vendémiaire (10 octobre 1798); la cérémonie eut lieu „au temple de la ci-devant Cathédrale, et ne manqua pas d'être belle et touchante, malgré que le local y mît de grands obstacles." Le citoyen Démichel, président de l'administration municipale, prononça à cette occasion un long discours, dont l'impression fut ordonnée par ses collègues, et dans lequel il faisait un pompeux éloge du décadi, „ce jour de repos et de fête nationale, proscrit par le fanatisme, l'ignorance et la déraison", qui allait devenir, grâce à cette loi. „un jour de réjouissance et de bonheur pour tous les citoyens français." Mais l'orateur était amené, dès l'exorde, à s'élever contre les intentions perfides de ceux qui tenteraient d'engager des citoyens timorés, enchaînés à la domination des prêtres, à se soustraire à l'exécution d'une loi si bienfaisante. Cela ne témoignait pas, chez „les jeunes et innocentes filles", pas plus que chez „les jeunes et tendres époux", d'un grand empressement „à venir payer le plus juste tribut à la nature et à la société, en présence de l'intéressante jeunesse qui doit imiter un jour leur exemple." La plupart d'entre eux n'étaient guère enflammés de „ce saint enthousiasme" qui devait les „délivrer des préjugés qui les ont tenus enchaînés, pendant quatorze siècles, au char du fanatisme et de la superstition" (1).

On dut reconnaître bientôt combien la Cathédrale était actuellement mal aménagée pour ces réunions décadaires et les fêtes nationales. Trois jours seulement après la célébration de cette première cérémonie, la municipalité adressait aux Strasbourgeois une proclamation solennelle, pour leur expliquer que le temple de la ci-devant Cathédrale présentait bien le local nécessaire à ces fêtes, mais que sa disposition actuelle ne saurait convenir à l'objet auquel il est destiné. Il faudrait que tous les citoyens pussent être placés commodément, que chacun puisse ar-

---

(1) Discours prononcé lors de la première célébration des mariages au temple de la Liberté, le 10 vendémiaire an VII, par le citoyen Démichel, président de l'administration municipale. Strasb., Dannbach, 11 p. 8º.

river à sa place sans désordre ni tumulte. La fête du dernier décadi n'a pu être environnée de l'éclat, de la décence, de la dignité qui doivent accompagner une cérémonie aussi auguste et devant attirer dans tous les temps un grand concours de citoyens. Malheureusement l'état de la caisse commune ne lui permet pas de fournir seule à la dépense nécessaire et les bons citoyens sont donc invités à se pénétrer de l'importance de cet objet, des avantages qui doivent en résulter pour eux-mêmes, et à contribuer, chacun selon ses facultés, aux frais de réparations aussi urgentes qu'elles sont utiles (1).

Cette adresse, imprimée dans les deux langues, fut „distribuée avec profusion" et une liste de souscription ouverte au bureau des travaux publics. Un architecte, alors renommé dans notre ville, le citoyen Weinbrenner, dressa le plan des constructions à faire pour rétablir l'ancien amphithéâtre, et présenta le devis, qui se montait à 10,846 fr. 40 c. Dans sa séance du 17 frimaire seulement, le Corps muni-

---

(1) L'administration municipale de la commune de Strasbourg à ses concitoyens, 13 vendémiaire (4 octobre 1798), 4 p. 8º.

cipal décida de faire commencer incessamment les travaux par les ouvriers de la commune (1). Deux mois s'étaient donc écoulés depuis l'ouverture de la souscription publique et l'on peut supposer qu'elle n'avait pas été très fructueuse. Peut-être aussi la municipalité elle-même n'avait-elle pas apporté grand zèle à hâter l'entreprise, vu les sentiments intimes de la plupart de ses membres. Nous voyons, en effet, dans l'intervalle le président même de l'administration, le citoyen Hirschel, et l'un des officiers municipaux, Schnéegans, être obligés de déposer l'écharpe municipale, et renvoyés devant les tribunaux comme accusés de faux en écriture publique pour une singulière histoire d'*escamotage* (c'est le mot topique) d'un prêtre réfractaire. Celui-ci, également nommé Hirschel, et parent sans doute du fonctionnaire, avait été arrêté à Geispolsheim, mais il put disparaître, durant le trajet à Strasbourg, sous le nom de Joseph Hægeli, instituteur, grâce à la dextérité d'un nommé Rosset et à la connivence présumée des susdits officiers municipaux (2). Peu

---

(1) Corps municipal, procès-verbaux manuscrits, 17 frimaire (7 décembre 1798).

(2) *Ibid.*, 1ᵉʳ brumaire (22 octobre 1798).

de jours après, la municipalité tout entière s'attirait également une verte semonce de la part du Département pour contrôler si mal les prescriptions de la loi sur les décadis, „au point que les bouchers poussaient l'insolence jusqu'à égorger leurs bestiaux dans la rue, ces jours-là, et que les poissonniers étalaient avec une scrupuleuse ponctualité les vendredis, mais avaient soin de supprimer leurs étalages les jours connus dans le calendrier des cultes sous le nom de dimanche" (1). Ces reproches ne changèrent en rien la disposition des esprits et les artisans, les ouvriers, les paysans continuèrent à ne tenir aucun compte du calendrier officiel, comme nous le montre l'amère philippique prononcée contre eux, à la Cathédrale, le 10 frimaire de l'an VII (31 décembre 1798) par le citoyen Bottin (2).

Etait-ce pour se laver de ce reproche d'indifférence ou par pur amour de l'art, je ne sais, mais la municipalité procéda vers la même époque à la réorganisation de l'orchestre municipal, qui fut

---

(1) Procès-verbaux manuscrits, 3 brumaire (24 octobre 1798).

(2) *Erste Rede über die Vollziehung der Gesetze, gehalten den 10. Frimaire... von dem Bürger Bottin.* Strassb., Levrault, 20 p. 8°.

placé sous la direction du violoncelle Dumouchau père, avec une dépense annuelle de 4950 livres (1). Elle souscrivit également à la „publication décadaire de plusieurs morceaux de poésie allemande, destinés à consacrer des époques de la Révolution et particulièrement à célébrer la morale et les fêtes républicaines". L'auteur en était le pasteur Schaller, de Pfaffenhofen, bien connu dans la littérature alsatique par son poème burlesque, la *Stuziade*, illustrée par le crayon de Zix. Mais la souscription de nos autorités est si modeste qu'il n'est guère probable qu'on ait pu distribuer un grand nombre d'exemplaires des dithyrambes patriotiques du ministre de Pfaffenhofen au public ordinaire des réunions de la Cathédrale (2).

Nous ne nous arrêterons plus longuement à la description de ces différentes fêtes, que nous ont conservé les journaux du temps ou ces plaquettes spéciales, procès-verbaux ou programmes, si recherchées de nos collectionneurs

---

(1) Corps municipal, procès-verbaux, 15 brumaire (6 novembre 1798).

(2) Procès-verbaux manuscrits, 29 frimaire (19 décembre 1798). — La municipalité prit des exemplaires de ces chants pour 16 livres 50 centimes.

d'alsatiques. Soit qu'on célèbre le 2 pluviôse (21 janvier) „la juste punition du dernier roi des Français" (1), soit qu'on fête, le 30 ventôse (20 mars), la Souveraineté du peuple (2), ou le 10 prairial (22 mai), la Reconnaissance (3), les détails de ces cérémonies ne varient guère et ressemblent à celles que nous avons fait, si souvent déjà, passer sous les yeux du lecteur. Elles ont peut-être un caractère plus factice encore et plus théâtral que par le passé, et l'on ne peut s'empêcher de sourire, en lisant, par exemple, dans le programme de la fête anniversaire du supplice de Louis XVI : „La cérémonie se terminera par des imprécations contre les parjures et une invocation à l'Etre suprême, pour la prospérité de la République, lesquelles pièces seront composées par les professeurs de l'Ecole centrale du Bas-Rhin." Purs exercices de rhétorique, où la violence du langage

---

(1) Corps municipal, procès-verbaux, 12 nivôse (1er janvier 1799).
(2) Procès-verbaux du corps municipal, 9 ventôse (27 février 1799).
(3) Fête de la Reconnaissance. L'administration centrale du Bas-Rhin aux municipalités, 3 prairial an VII, 4 p. 4º. — Corps municipal, procès-verbaux du 29 floréal et du 10 prairial (18, 29 mai 1799).

n'avait plus même l'excuse d'une passion sincère et où les fonctionnaires de tout rang se prêtaient, sans convictions bien profondes, au rôle de comparses et d'acteurs ! (1).

Un emportement plus spontané se fait sentir dans les nombreuses manifestations auxquelles donna lieu l'attentat contre les plénipotentiaires français de Rastatt, consommé le 28 avril 1799. Le nom des victimes, Roberjot et Bonnier, retentit fréquemment sous les voûtes de la Cathédrale, dans les semaines qui suivirent cette violation sauvage du droit des gens. Toutes les cérémonies décadaires s'y terminaient par le cri de : Vengeance contre la perfide Autriche ! Le 20 floréal, on y donne lecture d'une adresse de l'administration départementale (2); le 30 floréal, on y lit une proclamation du Directoire (3), relatives toutes deux à ce

---

(1) Nous avons le droit de parler de la sorte quand nous entendons au même moment la municipalité déclarer à l'administration départementale, en majorité jacobine, « qu'elle imprime le cachet fatal de sa réprobation sur le front obscène » des royalistes et des jacobins. (Corps municipal, 28 nivôse an VII.)

(2) Procès-verbaux du Corps municipal, 20 floréal (9 mai 1799).

(3) Procès-verbaux du Corps municipal, 30 floréal (19 mai 1799).

sujet, et si la grande fête funèbre du 20 prairial en l'honneur des deux envoyés français, se déroula principalement sur la place d'Armes, le temple décadaire, tout voilé de noir, „orné d'urnes, représentant les cendres des citoyens Roberjot et Bonnier", portait, lui aussi, ce jour-là „l'empreinte lugubre du deuil de tous les citoyens" (1).

L'assassinat de Rastatt devait amener également une recrudescence de haine contre tous ceux qu'on pouvait soupçonner de connivence secrète avec „les farouches Autrichiens". „Habitants du Bas-Rhin, s'écriait une proclamation de l'administration centrale du département, pourriez-vous ne pas ouvrir enfin les yeux sur les dangers imminents dont vous menace la présence de ces prêtres rebelles, de ces émigrés cachés, qui surprennent depuis longtemps votre bon cœur? Ah, ils sont vos ennemis les plus cruels, soyez en sûrs, ils ont le cœur *autrichien*. Repoussez-les... débarrassez-vous de ces hôtes dan-

---

(1) Procès-verbaux du Corps municipal, 13, 20, 30 prairial (1er, 8, 18 juin 1799). — *Trauerrede auf das Gedächtnissfest der zu Rastatt gemeuchelmordeten fränkischen Friedensgesandten.* Strassb., Rupffer, 8 p 8°.

gereux!" (1). Jusque dans l'intérieur des prisons, on redouble de vigilance pour empêcher les prêtres détenus de communiquer entre eux, et les surveillants sont sommés „d'observer scrupuleusement tous les mouvements parmi lesdits prêtres, qui pourraient intéresser l'ordre public et la cause de la liberté" (2). Plusieurs d'entre les ecclésiastiques, arrêtés alors, furent, sous le coup de l'effervescence générale, jugés sommairement par des commissions militaires et fusillés ; d'autres, traduits devant les tribunaux comme étant rentrés, malgré les lois, dans le pays, furent condamnés à être déportés à la Guyane. Parmi eux se trouvait un des membres du clergé de la Cathédrale, l'abbé Kaczorowski, ancien vicaire à Saint-Laurent (3). On peut dire, sans exagérer, qu'à aucun moment, depuis la chute de Robespierre, le gouvernement n'avait été plus hostile à l'Eglise catholique qu'à la veille du 18 brumaire. L'opinion publique s'en rendait compte et ce ne fut pas peut-

---

(1) L'administration centrale du département à ses concitoyens, 14 floréal an VII. Strasb., Levrault, placard gr. in-folio.

(2) Corps municipal, procès-verbaux, 23 floréal (12 mai 1799).

(3) Winterer, p. 289.

être une des moindres raisons pour lesquelles elle applaudit à l'usurpation triomphante du général Bonaparte (1).

XXVIII.

Quelques jours après le coup d'État du 18 brumaire, le nouveau ministre de l'intérieur, Laplace, lançait une circulaire aux administrations départementales, protestant de l'intention des consuls de maintenir la République, et les invitant „à ne négliger aucune occasion de prouver à leurs concitoyens que la superstition n'aura pas plus à s'applaudir que le royalisme des changements opérés" (2). Le ministre de la police générale, Fouché, suivait bientôt l'exemple de son collègue et écrivait aux citoyens administrateurs : „Que les insensés qui

---

(1) Notons, à titre de curiosité, que le nom de Bonaparte paraît, pour la première fois, passablement tard dans les procès-verbaux de la municipalité de Strasbourg. A la date du 29 nivôse (18 janvier 1799) nous y lisons : « Le citoyen Adorne ayant présenté un buste de Buonaparte, formé de bronze, l'administration municipale l'a acheté et a autorisé l'administration des finances à en payer au citoyen Adorne le prix demandé de 18 francs. »

(2) Paris, 30 brumaire an VIII (21 novembre 1799).

furent tour à tour persécuteurs et victimes se persuadent bien que l'autel de la justice est le seul asile commun qui leur reste après tant d'agitations et de troubles... Que les fanatiques n'espèrent plus faire dominer un culte intolérant; le Gouvernement les protège tous également, sans en favoriser aucun!" (1). Ce que le célèbre astronome disait en termes mesurés, et le jacobin défroqué dans un langage plus brutal, semblait devoir indiquer, de la part du gouvernement consulaire, l'observation du *statu quo* dans la question religieuse. Il n'en fut rien cependant. Sur ce terrain, plus encore que sur celui de la politique, le changement fut rapide. Il n'en pouvait être autrement d'ailleurs. Bonaparte l'eût-il voulu, qu'il n'aurait pu enrayer le mouvement de réaction, favorable au catholicisme; mais il n'y songeait pas. Le premier Consul n'était point encore ce César enivré de sa propre grandeur et qui, dans l'aplatissement universel, n'écoutait que la voix

---

(1) Paris, 6 frimaire an VIII (27 novembre 1799). -- Les deux lettres sont reproduites dans une délibération de l'administration centrale du Bas-Rhin, du 15 frimaire (6 décembre 1799). qui les porte à la connaissance du public. Strasb., Levrault, placard gr. in-folio, dans les deux langues.

de son orgueil immense. Il savait ce qu'attendait de lui l'opinion publique; il s'appliquait à la satisfaire, pour la maîtriser plus tard, et, dans cette affaire, rien ne fut plus contraire à la tradition jacobine que la conduite du „Robespierre couronné" (1). Absolument indifférent aux problèmes moraux comme aux sentiments religieux proprement dits, Bonaparte n'agit en ceci, comme toujours, qu'en vertu d'un intérêt politique bien entendu, et c'était être bien naïf ou bien servile que de saluer en lui le „grand chrétien", le „nouveau Constantin", le „nouveau Cyrus", le „pieux restaurateur des autels", comme le faisaient à l'envi les représentants de l'Eglise à la veille de la signature du Concordat.

Dès le premier jour, les nouvelles autorités supérieures, les préfets des départements reçurent pour instruction de fermer les yeux sur les contraventions aux lois ecclésiastiques existantes, en tant qu'on ne troublerait pas le repos public. Les prêtres réfractaires appa-

---

(1) Nous employons cette expression consacrée, mais sans la trouver exacte. Il n'y a point, à notre avis, de similitude entre le théoricien à outrance et le conquérant qui n'a jamais reconnu que le fait brutal.

rurent partout, reçus avec enthousiasme dans les villes et les campagnes, sauf par le parti républicain, qui se sentait désormais surveillé et vaincu d'avance, malgré que la République continuât à exister de nom. Dès le mois de décembre, l'un des plus hardis et des plus dévoués représentants de la propagande catholique, l'abbé Colmar, prêchait en pleine Cathédrale, sans autre ennui que d'avoir à partager le sanctuaire avec les rares sectateurs du culte du décadi (1).

Nous ne pouvons donner malheureusement que très peu de détails sur cette dernière période, embrassée par notre récit. Il est facile d'en comprendre la raison. La liberté de presse expire avec le 18 brumaire; donc, plus aucun de ces innombrables factums, pamphlets, discours, proclamations, arrêtés, programmes de fête, etc., qui nous ont fourni pour les dix années précédentes tant de traits oubliés et de renseignements curieux. Les journaux, eux aussi, se détournent absolument des questions religieuses et autres analogues, et sont tout à la grande épopée militaire qui commence. Les archives civiles n'ont

---

(1) Winterer, p. 299.

plus guère de documents à exploiter à partir du moment où les autorités délibérantes collectives sont remplacées par les agents directs du gouvernement central, qui ne délibèrent pas, écrivent et parlent peu, mais se contentent d'agir. De très précieux renseignements sont évidemment renfermés dans les archives épiscopales de Strasbourg, et c'est là que le futur historien trouvera sans doute les éléments nécessaires pour retrouver les détails de la renaissance du catholicisme strasbourgeois, à la veille et au lendemain du Concordat. Mais, en attendant, ces documents n'ont point été utilisés jusqu'ici par les nombreux ecclésiastiques de notre province qui se sont occupés de son histoire religieuse, et l'on peut douter que ces dossiers curieux soient confiés jamais à des mains profanes. Il faut donc nous borner à réunir ici les quelques renseignements glanés après de longues recherches, en souhaitant qu'ils soient complétés bientôt par des écrivains à même de le faire avec quelque profit pour la science.

Le premier document officiel que nous trouvions sur notre chemin, pour l'année 1800, c'est une nouvelle circulaire de Fouché en date du 28 prairial (17 juin) et relative à l'interprétation de la loi du

21 nivôse dernier (1), exigeant de tous les prêtres qui veulent commencer ou continuer l'exercice de leurs fonctions, une promesse de fidélité à la Constitution. Le ministre de la police y déclare que cette loi ayant aboli toutes les lois analogues ou antérieures, il est temps de l'interpréter comme elle doit l'être, et de ne plus examiner si les ministres d'un culte quelconque étaient assujettis à d'autres serments. En d'autres termes, tout ce que l'on demande dorénavant au clergé, c'est de s'engager à respecter la Constitution de l'an VIII; à cette seule condition l'on oubliera la conduite antérieure de tous les prêtres condamnés ou poursuivis avant le 18 brumaire. „Que les temples de toutes les religions soient donc ouverts, s'écriait d'un ton lyrique le fameux massacreur de Lyon; que toutes les consciences soient libres, que tous les cultes soient également respectés! Mais que leurs autels s'élèvent paisiblement à côté de celui de la patrie, et que la première des vertus publiques, l'amour de l'ordre, préside à toutes les cérémonies, inspire tous les discours et dirige tous les esprits."

Le nouveau préfet du département du

---

(1) 11 janvier 1800. C'était le don de joyeux avènement de Bonaparte à l'Eglise catholique.

Bas-Rhin, le citoyen Laumond, faisait suivre la reproduction de cette circulaire d'un arrêté comprenant sept articles. Ce document établissait que tout ministre d'un culte qui faisait la *promesse* de fidélité (il n'était plus même question d'un serment) devant le maire de sa commune ou le sous-préfet de son arrondissement, serait admis à l'exercer dans les édifices y destinés, quelque ait été leur état politique avant la loi du 21 nivôse dernier. Sans doute, ceux des ministres du culte qui exerceront les fonctions relatives à leur ministère, sans avoir fait la promesse demandée, seront dénoncés à la police et poursuivis. Mais en réalité ces poursuites n'ont été faites nulle part. Sans doute aussi le préfet défend encore l'exposition publique de signes relatifs à un culte, mais on les voit partout. Il interdit les cérémonies hors de l'enceinte de l'édifice choisi pour l'exercice du culte; mais il ajoute que l'on peut le célébrer dans l'enceinte des propriétés particulières, pourvu qu'outre les individus qui y ont leur domicile, il n'y ait pas de rassemblement de plus de dix personnes. Jamais, bien entendu, la police urbaine ni rurale n'apercevra dans les parcs, les jardins, les cours et les champs (tous propriétés particulières), plus de dix fidèles groupés pour une procession quelconque. Le port d'un costume ecclésiastique n'aura pas été poursuivi, je pense, avec plus de rigueur que les autres contraventions.

L'article le plus important peut-être de cet arrêté était celui qui mettait les différentes sectes ou congrégations religieuses entièrement sous la main de l'autorité civile. Il portait que „lorsque les citoyens d'une même commune exerceront des cultes différents ou prétendus tels, et qu'ils réclameront concurremment l'usage du même local, il leur sera commun, et les maires, sous l'approbation du sous-préfet, fixeront pour chaque culte les jours et les heures les plus convenables, ainsi que les moyens de maintenir la décence et d'entretenir la paix et la concorde" (1). On le voit, dans la pratique au moins, le maire ou plutôt le sous-préfet était désormais le régulateur de la situation religieuse. S'il n'était pas directement autorisé à suspendre le culte auquel il était hostile, il lui était loisible, soit de lui fixer des heures impossibles, soit des

---

(1) Arrêté du préfet du département du Bas-Rhin, du 29 messidor an VIII (18 juillet 1800). Strasb., Levrault, placard gr. in-folio.

jours qui ne cadraient pas avec le calendrier décadaire, et de supprimer ainsi virtuellement, soit le culte constitutionnel, soit les fêtes républicaines. Or, en présence des dispositions bien connues des autorités municipales, surtout dans nos campagnes, on pouvait prédire d'avance ce qui allait arriver. Le clergé constitutionnel ne vivrait plus que par la tolérance du gouvernement central, encore intéressé à rendre plus docile le clergé réfractaire, en mesurant les faveurs officielles à sa docilité croissante. Le jour où il l'aurait amené à n'être plus qu'un „instrument de police morale" entre les mains du pouvoir séculier, il lui sacrifierait sans hésitation son frère ennemi. Il n'y a pas seulement un manque de charité chrétienne dans ce mot d'un historien catholique que l'Eglise constitutionnelle se donna au nouveau gouvernement, comme à tous les autres, pour sauver sa misérable existence; il y a un manque d'équité scientifique absolu. Ce n'est pas l'Eglise „schismatique", c'est l'Eglise catholique qui „s'est donnée" au nouveau gouvernement dès qu'elle a senti qu'il était le plus fort, lui prodiguant toutes les promesses qu'elle avait refusées à ses prédécesseurs, acceptant sans doute ses avances, mais les payant de retour, et montrant sa souplesse traditionnelle dans les affaires politiques, pour se ressaisir de la domination religieuse à l'aide du bras séculier.

Il faut bien l'avouer, pour qui n'observe cette période finale de la Révolution religieuse qu'au point de vue de la vérité historique, sans sympathies aveuglantes pour aucun des champions en présence, le spectacle n'est pas précisément édifiant. Autant nous avons admiré l'énergie de l'Eglise proscrite, les périls et les dangers courus pour la foi, le martyre courageux de beaucoup de ses membres, autant le spectacle de cette alliance nouvelle qui se forme entre le trône et l'autel est peu fait pour éveiller les sympathies des amis de la liberté. C'est elle qu'on finit par sacrifier, d'un commun accord, quand il s'agira de cimenter l'alliance proclamée entre l'absolutisme sacerdotal et le despotisme césarien.

Fait caractéristique ! Dès le mois d'août 1800, cette entente entre le gouvernement consulaire et le clergé était assez avancée pour qu'un prêtre du diocèse de Strasbourg pût, non seulement rétracter en public son allégeance au schisme, mais déclarer, dans un écrit imprimé, qu'il reconnaissait comme chef spirituel et comme supérieur, après le pape, ce cardinal de Rohan, l'un des chefs de l'émigration, celui dont les mercenaires avaient combattu contre la France, et sur lequel pesait l'arrêt terrible dont étaient alors frappés encore légalement tous les émigrés (1). En septembre, le préfet fait afficher dans toutes les communes l'arrêté des consuls qui déclare l'observation des jours fériés du calendrier officiel obligatoire pour les seuls fonctionnaires. Les simples citoyens ont „le droit de vaquer à leurs affaires tous les jours, en prenant du repos suivant leur volonté." Les jours de marché seront dorénavant réglés par le préfet „selon les intérêts du commerce et la commodité des habitants„ (2).

Pourtant, au début, il y a certaines hésitations, certains frottements fâcheux, qui pourraient donner le change à un observateur superficiel. Tous les prêtres rentrés dans le pays ou sortis de leurs retraites cachées n'ont pu se

---

(1) *Ich Unterschriebener (Franz Joseph Gross, Weltpriester), u. s. w. Am 1. Augustmonat 1800.* S. l. d'impr., 7 p. 18º.

(2) Arrêté relatif à l'observation des fêtes, du 15 fructidor (2 septembre 1800). Strasb., Levrault, placard gr. in-folio.

résigner sur-le-champ à changer d'attitude. L'allure de combat, devenue chez eux presque une seconde nature, se maintient chez plusieurs ; ils veulent bien jouir de la liberté nouvelle qui leur est laissée, mais non la payer de retour. En Alsace, il en est beaucoup qui, revenus dans leurs paroisses et officiant au grand jour, persistent à refuser la promesse, aussi modérée que raisonnable, de respecter la Constitution. Mais Bonaparte n'est pas homme à laisser méconnaître ainsi ses volontés : une circulaire de Fouché, du 29 vendémiaire, enjoint aux préfets une enquête immédiate sur ces prêtres rénitents, et le préfet Laumond ordonne en conséquence que tout ecclésiastique qui ne justifiera pas d'avoir fait ladite promesse sera „transféré sur la rive droite du Rhin", c'est-à-dire déporté hors de France (1). Affiché dans toutes les communes du Bas Rhin, cet ordre supérieur contribua certainement à faire comprendre à la plupart des récalcitrants que l'ère des hostilités était fermée désormais et que l'opinion publique, avant tout affamée de repos, n'ap-

---

(1) Le ministre de la police générale au préfet du Bas-Rhin et Arrêté du préfet, du 15 frimaire (6 décembre 1800). Strasb., Levrault. placard gr. in-folio.

puierait plus des récriminations sur des points secondaires. Tous ne purent se résigner cependant à obéir du coup à cette législation civile, si longtemps méconnue ou violée par eux. Encore en mai 1801, le ministre devait appeler l'attention de Laumond sur les prêtres de plusieurs communes du département, qui, "abusant de la tolérance du gouvernement, cherchaient à donner aux cérémonies de leur culte la même publicité que s'il était encore dominant, et préparaient, à l'occasion des fêtes, connues sous la désignation de la Fête-Dieu et des Rogations, un appareil religieux qui serait moins le signe de la ferveur que de la désobéissance aux lois" (1).

Cela se passait au moment où déjà le Concordat avait été discuté à Paris et allait être définitivement établi, après de longues conférences, le 15 juillet 1801. Mais le premier Consul voulait montrer au pape qu'il était le maître et qu'il fallait se soumettre, afin que Pie VII n'eût pas la velléité de rouvrir la discussion, souvent orageuse,

---

(1) Le ministre de la police générale au préfet du Bas-Rhin, 23 floréal an IX, et Arrêté du préfet du 29 floréal (19 mai 1801). Strasb., Levrault, placard in-folio.

soutenue par ses commissaires et se hâtât de ratifier le grand traité qui amalgamait une fois de plus, en France, les affaires du pouvoir temporel et celles de l'Eglise. Quand une fois le pape eut apposé sa signature à ce document célèbre, ce qui eut lieu le 15 août, Bonaparte se montra plus coulant ; il laissa fonctionner des commissaires officieux qui, dans les futurs diocèses, réorganisèrent le culte et la discipline ecclésiastique, longtemps avant la promulgation officielle du Concordat. C'est ainsi qu'en Alsace une commission, représentant l'ancien évêque et composée des abbés Hirn, Kæuffer et Weinborn, réorganisa le culte dans le diocèse de Strasbourg, bien que la démission de Rohan eût déjà été imposée au pape, ainsi que celle de l'ancien vicaire général, M. d'Eymar. Ce furent eux qui nommèrent l'abbé Liebermann secrétaire diocésain (1). Ce dernier, que nous avons mentionné autrefois comme commissaire épiscopal de Rohan, avait prêché déjà le carême de 1801 à la Cathédrale avec un succès croissant. Mais il semble qu'à côté des ministres du culte catholique l'autorité civile ait

---

(1) Guerber, *Liebermann*, p. 165.

laissé fonctionner encore pendant quelque temps ceux du clergé constitutionnel. On nous raconte en effet que c'est le 4 octobre seulement que la Cathédrale fut rendue (exclusivement) au culte catholique. Le curé Hobron prêcha ce jour-là devant une foule sanglotant de joie, et la messe y fut servie par un petit garçon, Ferdinand Mühe, que beaucoup d'entre nous ont encore connu comme curé de Saint-Louis et comme l'un des représentants les plus respectables et les plus vénérés du clergé contemporain d'Alsace (1).

Le culte était encore *libre* à ce moment, c'est-à-dire que le clergé n'avait point d'investiture officielle et ne jouissait d'aucun traitement assigné par l'Etat. Les frais du culte et l'entretien du clergé étaient couverts à Strasbourg par des collectes volontaires faites à domicile. Mais les arrangements arrêtés l'année précédente entre le premier Consul et le Saint-Siège, et inopinément augmentés, au grand émoi de ce dernier, par les fameux soixante-dix-sept *Articles organiques*, allaient recevoir enfin force de loi. Parmi les questions soulevées à cette occasion, l'une des

---

(1) Guerber, *Liebermann*, p. 166-167.

plus graves avait été la démission forcée d'un certain nombre d'évêques de France, trop compromis dans leur lutte en faveur de l'ancien régime, pour pouvoir réoccuper leurs sièges, et surtout aussi l'introduction dans le corps épiscopal d'un certain nombre des évêques constitutionnels. Bonaparte avait voulu récompenser de la sorte quelques partisans fidèles et symboliser en outre la fusion des deux clergés ennemis. Après de longues hésitations, le pape se soumit à ce douloureux sacrifice; le Concordat put être porté devant le Corps législatif, et, le 18 avril 1802, celui-ci le votait à une majorité énorme.

Le Concordat, augmenté des articles organiques, donnait en substance à Bonaparte un pouvoir autrement grand que celui que réclamait jadis la Constituante. Jamais celle-ci n'aurait songé à revendiquer la domination sur le clergé dans la mesure où nous la verrons s'exercer durant le Consulat et sous l'Empire. Le pape Pie VII accordait à la pression énergique et presque brutale d'un général heureux ce que le pape Pie VI avait refusé sans cesse aux sollicitations respectueuses du faible Louis XVI. C'est le premier Consul qui *nomme* dorénavant les évêques; le pape n'a plus qu'à leur donner l'institution canonique. Ces évêques prêtent le *serment d'obéissance* à l'État, et leurs prêtres aussi. Le pape et le clergé reconnaissent expressément la légalité de la vente des biens ecclésiastiques. Il y a plus; malgré les protestations du Saint-Père, le clergé de France reconnaît les articles organiques et règle sa conduite d'après les prescriptions de ces articles, non encore ratifiés par le Saint-Siège. On se demande vraiment à quoi bon cette longue et douloureuse résistance, si l'on devait finir pourtant par se soumettre avec une humilité si complète. Pourquoi donc a-t-on dépensé tant d'héroïsme à refuser ses prières à la République, si l'on devait aboutir à la rédaction de ce fameux „Catéchisme de l'Empire français", l'un des plus tristes produits du servilisme clérical et politique?

Parmi les départements de la République française, ceux de l'Alsace furent des plus mal partagés par le Concordat du 18 avril, et l'on comprend l'amertume de leur clergé militant à la nouvelle de ce qui se préparait pour eux dans le domaine ecclésiastique. Nous avons déjà dit que Rohan avait dû présenter sa renonciation au Saint-Siège. Il ne pouvait convenir au gouvernement de voir cet ancien prélat de cour, tristement immortalisé par les scandales du procès du Collier, cet ex-prince du Saint-Empire, remonter sur son siège, si mal rempli autrefois. Il continua donc de résider à Ettenheim, dans le margraviat de Bade, où il mourut le 17 février 1803 (1). Mais le choix de son successeur offrait de grandes difficultés, vu la disposition générale des esprits. Pour enrayer sans doute l'esprit de réaction des membres du clergé rentrés depuis peu dans le pays, pour y empêcher l'explosion de haines longtemps contenues chez ceux qui y avaient été si durement poursuivis, le gouvernement finit par arrêter son choix sur un des douze évêques schismatiques qu'il voulait adjoindre au corps épiscopal nouveau. L'ancien évêque du Haut-Rhin, qui depuis plusieurs années avait également remplacé Brendel, avait été désigné pour le siège d'Aix-la-Chapelle. Mais un homme, plus énergique encore que lui pour la cause du schisme, vint

---

(1) Les bourgeois catholiques de Strasbourg organisèrent en son honneur, d'accord avec l'évêque Saurine, une cérémonie funèbre dans la Cathédrale tendue de noir et décorée des blasons des Rohan, comme au temps passé. (Boulay de la Meurthe, *Dernières années du duc d'Enghien*. Paris, 1886, p. 37.)

le remplacer en Alsace. Pierre Saurine, natif des Basses-Pyrénées, avait été nommé évêque constitutionnel des Landes en 1791, et fut, avec Grégoire, après la Terreur, un des plus actifs à reconstituer cette Eglise. Bonaparte le désigna pour le siège de Strasbourg, afin qu'il y tînt en respect un clergé qu'on supposait, non sans raison, fort tiède, au fond du cœur, pour le régime nouveau, et dont le gouvernement suspectait fortement les tendances politiques, acquises ou fortifiées pour beaucoup par de longues années de séjour sur le territoire des ennemis de la France (1). Après un acte de soumission tout extérieur au Saint-Siège, Saurine fut délié, le 4 avril 1802, des censures ecclésiastiques. Le 9 avril déjà, le premier Consul le nommait évêque de Strasbourg ; il recevait la confirmation pontificale le 29 avril, et, le 4 juin suivant, il arrivait dans sa nouvelle résidence.

On se préparait à l'y recevoir dans des dispositions d'esprit fort peu sym-

---

(1) Combien vivaces étaient ces soupçons de Bonaparte, c'est ce que montra bientôt après l'arrestation de Liebermann, accusé de complots royalistes et retenu longtemps captif à Sainte-Pélagie. Guerber, p. 189.

pathiques. Certains notables catholiques avaient voulu, la veille même de la promulgation du Concordat, donner un libre cours à leur joie en faisant mettre en branle toutes les cloches de la Cathédrale, et des délégués des paroisses protestantes s'étaient joints à eux pour solliciter également le libre usage de leurs cloches, autorisé désormais par la loi nouvelle. Mais Laumond avait refusé d'accéder à leur demande et en avait avisé le nouveau maire, J. F. Hermann. Il avait cédé sur un point seulement, qui tenait beaucoup à cœur aux catholiques, en autorisant l'ancien receveur de Notre-Dame, le citoyen Daudet, devenu receveur des domaines nationaux, à faire enlever de la flèche de la Cathédrale le fameux bonnet rouge qui l'ornait depuis la Terreur (1). Mais cet enthousiasme se changea bientôt en tristesse quand les catholiques de la ville apprirent qu'un évêque à peine sorti du schisme, et qu'on connaissait pour un homme d'un caractère entier, allait leur arriver de la capitale. Le mécontente-

---

(1) Procès-verbaux de la municipalité, 27 germinal an X (17 avril 1802). — Le poète populaire Jean-Daniel Pack consacra à l'évènement une poésie allemande, imprimée chez Levrault, 1 p. 8°.

ment général fut tel qu'il fallut faire haranguer les fidèles par le plus populaire des orateurs religieux d'alors, l'abbé Joseph-Louis Colmar; dans un sermon, prêché à la Cathédrale le premier dimanche après Pâques, il invita ses auditeurs à recevoir avec soumission celui que le Saint-Père leur octroyait comme évêque (1).

Pierre Saurine arrivait à Strasbourg avec la ferme résolution de faire le calme dans les esprits, et de ne pas permettre que les prêtres qui avaient partagé sa manière de voir et rentraient en même temps que lui dans les cadres officiels fussent sacrifiés aux pieuses rancunes du parti triomphant. Il ne voulait pas exiger de rétractation expresse des anciens prêtres constitutionnels et ne la leur extorqua jamais (2). Il encourut ainsi, dès l'abord, les colères des membres du clergé qui s'étaient distingués, dans le passé, par leur dévouement religieux, mais aussi par leur antipathie contre le schisme. Dès après leur première audience,

---

(1) Glœckler, II, p. 103.
(2) C'est seulement après 1814 que le fanatisme de la Restauration força les derniers débris de l'Eglise constitutionnelle à une abjuration solennelle ou à mourir sur la paille.

avant même que Saurine eut ouvert la bouche en public, leur jugement était arrêté sur son compte, et ce jugement était d'une dureté extrême. „Nous sommes perdus!" se seraient-ils écriés en sortant de l'antichambre épiscopale (1). Pourquoi? Parce que, cruellement persécutés naguère, on ne leur permettait pas de persécuter à leur tour? Parce que, l'ordre étant rétabli dans l'Eglise, on exigeait quelque obéissance de ceux qui avaient pris la douce habitude de diriger et de commander au temps des dangers? Etait-ce parce que, dans l'*Instruction* adressée aux curés, vicaires et desservants de son diocèse, le nouvel évêque déclarait que les dissensions entre les prêtres étaient un véritable fléau et pour la religion et pour la société, et que les prêtres qui s'y livrent, même de bonne foi, sont indubitablement coupables (2).

---

(1) Guerber, *Liebermann*, p. 171.
(2) Instruction adressée par l'évêque de Strasbourg aux curés, desservants et autres prêtres de son diocèse. Strasb., Levrault, 38 p. 8°. Ajoutons, pour être absolument impartial, qu'ils pouvaient avoir quelques griefs très légitimes, s'il est vrai, par exemple, que Saurine ait laissé prêcher à la Cathérale un ancien capucin, le P. André, qui, pendant la Terreur, prêchait en bonnet rouge dans les clubs, comparant Jésus-Christ à Robespierre et Marat.

Nous ne nous chargerons pas de décider lesquels de ces motifs, ou quels autres, guidèrent les meneurs de l'ancien clergé non-jureur dans leur attitude hostile à leur supérieur ecclésiastique. Nous devons constater seulement, d'après un témoignage indiscutable, que cette hostilité ne désarma point dans la suite et qu'elle poussa, par exemple, Liebermann à rédiger des factums anonymes contre son propre évêque, reconnu par le Saint-Père (1). Un de ces pamphlets que nous venons de parcourir, et dans lequel les évêques constitutionnels sont traités „d'écume du clergé de France", nous présente un tableau vraiment curieux de l'état d'esprit de certains prêtres au lendemain du Concordat. Si cela ne nous éloignait trop du sujet plus limité de cette étude, il faudrait citer ces élans lyriques à „Bonaparte, héros de la France", qu'on conjure „d'éloigner des rives paisibles du Rhin ces hommes dangereux que la cabale des jacobins a su mettre encore en avant pour fomenter les troubles, ces hommes pervers que la majorité des fidèles repousse parce qu'ils.... retracent dans leurs écrits et leur conduite

---

(1) Guerber, *Liebermann*, p. 175.

les temps les plus abhorrés de la Révolution" (1). Les courageux champions de la foi, que nous saluions naguère, et ces tristes dénonciateurs, ces calomniateurs de leur chef spirituel, sont-ce vraiment les mêmes personnages? Hélas! nous n'avions pas besoin de cette preuve nouvelle pour savoir que, même chez les représentants les plus autorisés de la religion sur terre, la nature humaine garde toujours quelques-unes de ses infirmités morales (2).

Mais revenons, pour en finir, à notre vieille Cathédrale. Ce fut le 6 juin 1802 que Saurine y fut solennellement installé, en présence des autorités civiles et militaires. Il prononça, du haut de la chaire, une allocution développée, dans laquelle il s'étendait surtout sur l'obéissance due à l'Etat et sur la tolérance envers les frères dont les opinions étaient divergentes. „Tout ce qui n'est

---

(1) Réponse à M. Saurine, évêque de Strasbourg. S. lieu ni date (caractères typographiques d'outre-Rhin), 28 p. 8º.

(2) Encore en 1803, le nouveau préfet, M. Shee dut, avec des circonlocutions polies, rappeler le clergé au respect de son évêque. (Le Conseiller d'Etat, préfet, du Bas-Rhin, aux fonctionnaires du culte catholique, apostolique et romain. Strasb., 13 floréal an XI (3 mai 1803), 2 p. 4º.

pas selon la charité, répète-t-il avec insistance, est hors de la religion de Jésus-Christ" (1). Le lendemain, 7 juin, il disait sa première messe au maître-autel, et sa stature imposante, sa voix sonore, ne manquèrent pas d'impressionner la foule, malgré les préventions répandues contre lui. „Dans ces moments il était beau comme un ange", disait longtemps plus tard l'abbé Mühe, qui lui servait la messe, comme élève du Séminaire, aux débuts de son épiscopat (2).

XXIX.

Nous sommes arrivés au but que nous nous étions fixé. Nous voulions grouper autour de l'histoire matérielle du splendide édifice, cher à tout cœur strasbourgeois, l'histoire des querelles religieuses dont il fut le théâtre. Depuis les débuts du grand mouvement de 1789 jusqu'au Concordat de 1802, nous avons fait passer sous les yeux du lecteur les spectacles variés qui se sont déroulés dans l'enceinte de notre Cathédrale, et ra-

---

(1) Discours d'installation prononcé par Mgr l'évêque de Strasbourg dans son église cathédrale,... le 17 prairial an X. Strasb., Levrault, 1802, 24 pages 8º.

(2) Glœckler, II, p. 104.

conté les péripéties des cultes opposés qui y ont momentanément élu domicile. Revenus à notre point de départ, à la prise de possession complète et paisible de la basilique du moyen âge par le culte qui l'a créée, nous considérons notre tâche comme finie.

Fruit de patientes recherches, prolongées durant plusieurs années, ce modeste travail n'échappera pas aux critiques les plus diverses. Les uns suspecteront son impartialité, malgré tous nos efforts ; d'autres feront de cette impartialité même un chef d'accusation nouveau. J'espère que quelques-uns du moins reconnaîtront la bonne volonté de l'auteur et sa préoccupation constante de ne blesser aucune conviction sincère, tout en maintenant avec fermeté le droit de manifester les siennes. Je demande surtout qu'on ne prenne pas pour une indécision de caractère fâcheuse la liberté avec laquelle j'ai dispensé parfois l'éloge et le blâme aux mêmes hommes, et semblé parler, à tour de rôle, en faveur des partis les plus hostiles. Si j'ai agi de la sorte, c'est précisément par un sentiment de justice. C'est que ces partis, dont nous avons raconté l'histoire, ont eu tour à tour l'honneur de défendre les vrais principes ou de souffrir pour eux, et le malheur de les oublier ou de les méconnaître également, à certains jours. L'histoire n'a pas le droit de sanctionner de semblables oublis et de pareilles défaillances. A ses yeux, ceux-là seuls devraient avoir le droit de parler hautement de tolérance, qui sont prêts à en accorder le bénéfice à tous; ceux-là seuls sont les vrais amis de la liberté qui la réclament aussi pour leurs adversaires. Assurément il faut sauvegarder la liberté de conscience de ceux même qui la refusent aux autres. Mais il ne faut pas leur permettre de proclamer qu'il est une liberté légitimement acquise à la Vérité et qu'on refuse à bon droit à l'Erreur, car cette théorie funeste, chère à tous les sacerdoces, autorise les plus dures oppressions et les pires despotismes. Il ne faut pas surtout que la palme des martyrs, noblement gagnée par les uns, nous cache les violences et les petitesses des autres. Il n'est pas permis à la science impartiale de canoniser en bloc les pures victimes de la foi et les champions égoïstes de l'ancien régime, les confesseurs dévoués des doctrines catholiques et les agents secrets ou les espions des ennemis de la patrie.

La Révolution française, comme tout

grand drame de l'histoire, est un ensemble complexe des idées les plus opposées et des faits les plus contradictoires. C'est se condamner d'avance à n'y rien comprendre que de vouloir juger ces idées et ces faits à un point de vue trop étroit, et en partant de doctrines préconçues. C'est se condamner surtout à n'avoir aucune prise sur son époque que de lui demander de renier ses origines, et de maudire les principes qui constituent jusqu'à ce jour sa vie morale. En lançant l'anathème contre tout ce qui s'est fait de 1789 au début du siècle, en confondant, dans un aveuglement volontaire, les violences odieuses de la Terreur avec les aspirations généreuses de la Constituante, d'imprudents rhéteurs ont bien pu souffler la haine au cœur des masses catholiques et préparer encore de mauvais jours aux idées sur lesquelles repose la société moderne. N'en ont-ils pas préparé de plus sombres au Christianisme lui-même, qui, longtemps avant la Révolution, proclamait l'égalité de tous les hommes et la fraternité du genre humain ?

TABLE DES MATIÈRES.

	Pages.
Préface	III
I. Strasbourg au moment de la Révolution. — La Cathédrale et le Grand-Chapitre. — Antagonisme politique et religieux des parties en Alsace	1
II. Le cardinal de Rohan. — Main mise sur les biens du clergé en Alsace. — Protestations du Grand-Chapitre. — Les élections municipales à Strasbourg et le parti catholique.	13
III. Installation solennelle de la nouvelle municipalité à la Cathédrale	23
IV. Les biens ecclésiastiques et l'attitude du clergé. — Fête de la Fédération. — Émigration de l'évêque et du Grand-Chapitre.	31
V. Le cardinal de Rohan à Ettenheimmünster. — Séquestre mis sur ses immeubles. — Dispositions des populations rurales en Alsace. — La presse politique. — Refus du cardinal de revenir en France . . .	43
VI. Le Grand-Chapitre en conflit direct avec le gouvernement. — Troubles dans les campagnes. — Mémoire justificatif de l'abbé d'Eymar. — Pétition du Grand-Chapitre au Roi.	55
VII. La constitution civile du clergé. — L'acuité de la crise en Alsace. — Instruction pastorale du cardinal de Rohan	68

Pages.

VIII. La lutte des autorités civiles contre l'Église. — Ventes de biens nationaux. — Mouvements à Strasbourg. — Cessation du culte à la Cathédrale 78

IX. Organisation de l'Association catholique-romaine-apostolique. — Les dames catholiques aux casernes. — La municipalité et la Société des Amis de la Constitution dénoncent les menées du clergé à l'Assemblée nationale. — Dissolution de l'Association 99

X. L'Assemblée nationale envoie des commissaires en Alsace. — Refus du clergé de prêter le serment civique. — Exceptions. — Brendel. — Rumpler. — Cérémonie du serment à la Cathédrale. - Pamphlets contre-révolutionnaires. 122

XI. Suspension du Directoire du département. — Déposition du cardinal de Rohan. — Élection de Brendel comme évêque. — Mandement de Rohan 140

XII. Intronisation de Brendel à la Cathédrale. — Polémiques virulentes de la presse clandestine contre lui 169

XIII. Monitoire canonique de Rohan. — *Te Deum* pour la convalescence de Louis XVI. — Le curé Jæglé traduit devant la Haute-Cour d'Orléans. — Lettre du pape Pie VI aux catholiques de Strasbourg 179

XIV. L'émigration royaliste sur les territoires épiscopaux d'outre-Rhin. — Le vicomte de Mirabeau. — Expulsion des prêtres non-jureurs. — Agitation croissante des campagnes. — Les nouveaux prêtres constitutionnels venus d'Allemagne ; Euloge Schnei-

Pages.

der. — Nouveaux commissaires de l'Assemblée nationale en Alsace 206

XV. Organisation lente et pénible du nouveau clergé. — Soulèvements dans certaines communes rurales. — La célébration du culte non-conformiste à Strasbourg. — Euloge Schneider réclame le mariage des prêtres. — Persécutions contre les réfractaires 241

XVI. Acrimonie croissante de la lutte entre les deux clergés. — Le gouvernement se désintéresse peu à peu du culte constitutionnel. — Laveaux et le Club du Miroir réclament la chasse aux prêtres. — Mesures de plus en plus rigoureuses contre le clergé non-assermenté 276

XVII. La France en guerre avec l'Europe. — Mandement de Brendel. — Chute de la royauté. — Déposition des autorités constitutionnelles à Strasbourg. — L'*Argos* d'Euloge Schneider. — Les prêtres réfractaires hors la loi. — Commissaires de la Convention en Alsace. — Les premières mutilations de la façade de la Cathédrale . . 311

XVIII. Insuffisance morale du clergé constitutionnel. — Euloge Schneider quitte le sacerdoce. — Mouvements hostiles au radicalisme strasbourgeois. — Nouvelle épuration de la municipalité, ordonnée par la Convention. — Destruction des symboles religieux. — Fêtes jacobines. 352

XIX. La Terreur à Strasbourg. — Confiscations des trésors d'église. — Cloches. — Violation de sépultures. — Cessation de tout culte officiel. — Correspondance entre la

Pages.

Cathédrale de Strasbourg et celle de Fribourg. — Le culte du Décadi — Le Temple de la Raison. — Le maire Monet et « les prêtres abjurant l'imposture » 398

XX. L'effondrement du culte constitutionnel. — Le vandalisme révolutionnaire et la Cathédrale. — Mutilations diverses. 448

XXI. Les luttes intestines du jacobinisme à Strasbourg. — Chute d'Euloge Schneider. — Martyrs catholiques. — La *Propagande* révolutionnaire et l'*Argos*. 466

XXII Fête en l'honneur de « la mort du dernier tyran ». — Le nouveau tribunal révolutionnaire installé au Temple de la Raison 480

XXIII. Téterel réclame la démolition de la flèche de la Cathédrale. — Le Temple de la Raison coiffé du bonnet rouge. — Nouveaux martyrs catholiques. — Fête de l'Être suprême. — Les représentants Hentz et Goujon en Alsace. — Paroxysme de la persécution religieuse 496

XXIV. Le 10 thermidor. Réaction politique et religieuse. — Mission du représentant Bailly. — Fin de la dictature de Monet. — Tentatives de restauration du culte catholique. — Loi du 11 prairial 527

XXV. Constitution de la Société des catholiques-romains. — La Cathédrale lui est abandonnée par la municipalité nouvelle. — Loi du 6 vendémiaire. — Conflits entre la municipalité et le Directoire du département jacobin. — Recherches de prêtres non-assermentés fonctionnant à Strasbourg. . 560

XXVI. Expulsion des prêtres. — Culte catholique *laïque* à la Cathédrale. — Grégoire et la reconstitution du culte constitutionnel. — Élection d'un évêque du Haut-Rhin. — Brendel se démet de ses fonctions. — Loi du 7 fructidor. — Coup d'État du 18 fructidor. — Fermeture des lieux de culte catholique. — La Cathédrale rendue au culte décadaire. 581

XXVII. Recrudescence des persécutions. — L'organisation secrète des non-conformistes en Alsace. — Les derniers martyrs. — Le culte décadaire à Strasbourg. — Le massacre de Rastatt 611

XXVIII. Coup d'État du 18 brumaire. — Rapports conciliants du pouvoir civil et de l'Église. — Le clergé se soumet aux exigences de Bonaparte. — Démission de Rohan. — Le concordat. — Installation de l'ex-évêque constitutionnel Saurine à la Cathédrale. 627

XXIX. Conclusion. 651

Strasbourg, typ. G. Fischbach. — 2685.

www.ingramcontent.com/pod-product-compliance
Lightning Source LLC
Chambersburg PA
CBHW050106230426
664CB00010B/1458